疏浚淤泥固化性能与微观结构表征

王东星　等 著

科学出版社

北京

内 容 简 介

本书系统介绍新型化学固化技术用于疏浚淤泥处理领域的基础知识、物理力学特性、长期稳定性、加固效能和微观结构表征。全书共 11 章，主要内容包括：试验材料与试验方法、疏浚淤泥絮凝调理与真空预压脱水效果、碱激发粉煤灰固化淤泥力学性状与微观机理、活性 MgO-粉煤灰固化淤泥力学性状与微观机理、MOC 固化淤泥力学性状与微观机理、工业废渣改性 MOC 固化淤泥力学性状与微观机理、MKPC 固化淤泥力学性状与微观机理、粉煤灰/硅灰改性 MKPC 固化淤泥力学性状与微观机理、CO_2-活性 MgO-粉煤灰碳化固化淤泥力学性状与微观机理、CO_2 碳化活性 MgO-矿渣加固淤泥力学性状与微观机理。本书尝试将水泥/混凝土研究领域的碱激发、镁基水泥、CO_2 碳化等热点方法发展为疏浚淤泥固化、稳定化技术，为突破传统土体加固与改性方法提供新途径。

本书可供土木工程、环境工程等专业领域的高校师生、科技人员及广大科技爱好者参考阅读。

图书在版编目（CIP）数据

疏浚淤泥固化性能与微观结构表征/王东星等著.—北京:科学出版社，2021.1
ISBN 978-7-03-066968-1

Ⅰ.① 疏… Ⅱ.① 王… Ⅲ. ① 疏浚工程-污泥处理-研究
Ⅳ. ① U616 ②X703

中国版本图书馆 CIP 数据核字（2020）第 230590 号

责任编辑：何 念/责任校对：高 嵘
责任印制：彭 超/封面设计：无极书装

科学出版社 出版
北京东黄城根北街 16 号
邮政编码：100717
http://www.sciencep.com

武汉精一佳印刷有限公司印刷
科学出版社发行 各地新华书店经销

*

开本：787×1092 1/16
2021 年 1 月第 一 版 印张：13 1/2
2021 年 1 月第一次印刷 字数：341 000

定价：98.00 元

（如有印装质量问题，我社负责调换）

前言

中国共产党第十八次全国代表大会提出了“美丽中国”的概念，强调把生态文明建设放在突出地位。在水生态文明建设与水环境综合治理推进的过程中，不可避免地会产生大量组分复杂、强度低、承载力弱、污染环境的疏浚淤泥，无法直接作为工程填土。一方面，基于绿色发展理念的疏浚淤泥化学固化处理与再生利用，已成为我国水利、土木、交通和环境工程领域普遍面临和亟待解决的共性难题。另一方面，水泥、石灰等传统材料存在高能耗、高排放、高污染等缺陷，研发、制备高性能生态型胶凝材料以突破传统淤泥固化技术的瓶颈迫在眉睫。绿色高效胶凝材料性能调控及微观响应机制是开展淤泥可持续固化技术研究的核心科学问题。为解决上述问题，本书尝试引入碱性激发、镁基水泥、CO_2 碳化等多种化学固化方法，以物理力学试验、材料结构表征和理论分析为手段，构建基于水化、激发、碳化等化学原理的复杂反应体系，研发集加固增强、废渣增值利用、再生资源填土为一体，兼具可持续发展理念的固化淤泥技术，是既具有重要理论意义又具备潜在工程应用前景的交叉学科研究。

鉴于当前疏浚淤泥化学固化技术与响应机理这一交叉学科领域中的学术专著在国内外尚属少见，作者认真梳理和总结了所负责的环境岩土工程研究组近几年的研究成果，特出版本书以期抛砖引玉。本书涵盖的具体内容如下：第 1 章绪论，第 2 章试验材料与试验方法，第 3 章疏浚淤泥絮凝调理与真空预压脱水效果，第 4 章碱激发粉煤灰固化淤泥力学性状与微观机理，第 5 章活性 MgO-粉煤灰固化淤泥力学性状与微观机理，第 6 章 MOC 固化淤泥力学性状与微观机理，第 7 章工业废渣改性 MOC 固化淤泥力学性状与微观机理，第 8 章 MKPC 固化淤泥力学性状与微观机理，第 9 章粉煤灰/硅灰改性 MKPC 固化淤泥力学性状与微观机理，第 10 章 CO_2-活性 MgO-粉煤灰碳化固化淤泥力学性状与微观机理，第 11 章 CO_2 碳化活性 MgO-矿渣加固淤泥力学性状与微观机理。

本书写作的具体分工如下：第 1 章、第 2 章由王东星撰写；第 3 章由王东星和唐弈锴撰写；第 4 章、第 5 章由王东星和王宏伟撰写；第 6 章、第 7 章由王东星和高向雲撰写；第 8 章、第 9 章由王东星和朱加业撰写；第 10 章、第 11 章由王东星和肖杰撰写。

本书的出版得到了国家自然科学基金面上项目“考虑絮凝-胶凝作用的磷酸镁/氯氧镁水泥固化淤泥力学性能与微观机制”（51879202）和“CO_2 碳化富 Ca/Mg 工业废渣固化淤泥性能调控与微观结构表征”（52079098）、国家自然科学基金青年科学基金项目“碳化-激发作用下 MgO-粉煤灰固化淤泥力学性状与微观机理研究”（51609180）和湖北省自然科学基金面上项目“MgO-粉煤灰改良淤泥强度与变形特性及微观机理研究”（2016CFB115）等多方面的支持，在此一并表示衷心的感谢。

在本书撰写过程中，作者认真拜阅了国内外众多高水平学术文献与科技资料，在此向所有辛勤付出的著作作者致以诚挚的感谢。

由于作者水平有限，书中难免出现疏漏或不当之处，敬请读者批评和指正。

作　者

2020 年 11 月于武汉大学

目录

第1章 绪论

1.1 疏浚淤泥处理概述

我国地域辽阔，河流湖泊和海域众多，拥有约 26.7 万 km^2 的陆地水域面积和 470 万 km^2 的海域面积[1]。为了改善水体质量，维持泄洪蓄洪能力和保证港口航道畅通，需要定期对河流湖泊和海岸港口开展大规模的清淤疏浚工程[2]。近年来，随着我国水环境综合治理、航道维护和港口建设的不断升级，淤泥排放压力日益加大，社会影响日益显著。据水利部门统计，截至 2018 年，我国共有淤泥坝 58 446 座，淤地面积 927.6 km^2[3]。我国每年仅河道与湖泊的清淤量就高达 8 000 万 t，再加上城市下水道的清淤量，每年产生的淤泥量高达 1 亿 t 以上[4]。2009～2010 年，武汉沙湖清淤量达 105 万 m^3；2012～2015 年，武汉南湖清淤工程累计清淤量高达 350 万 m^3；2016 年，浙江“五水共治”工程完成清淤量为 13 652 万 m^3；2017 年，深圳茅洲河流域水环境综合整治工程清淤量为 439 万 m^3；2018 年，湖北疏浚工程累计完成清淤量高达 974 万 m^3[5]。

《建筑地基基础设计规范》（GB 50007—2011）[6]规定：淤泥是在静水或缓慢的流水环境中沉积，并经生物化学作用形成的，其是天然含水率大于液限、天然孔隙比大于或等于 1.5 的黏性土。淤泥具有含水率高、压缩性大、有机质含量高、承载能力低等特点，是几乎没有强度的现代新近沉积物，难以直接作为工程填土和建筑材料。这些淤泥由于来源及成因不同，大多伴随着部分有机物、病原微生物及重金属等污染物，如不及时、合理地加以处置，极易威胁周边环境并造成二次污染[7-8]。在过去十余年间，我国对于疏浚淤泥的处理处置，以海洋抛弃与内陆填埋为主[9-10]。随着我国淤泥量的逐年增加，淤泥受污染的程度越来越严重，近海抛泥区的容量已趋近饱和，继续向近海抛泥会造成海洋污染，易给海洋生态系统造成不良影响。陆地吹填虽然成本较低，但占用较大土地面积并且自然干化过程耗时长，考虑到我国堆场用地越来越短缺，已无法满足现今大量吹填淤泥的堆放用地要求，急需探索行之有效的快速处理淤泥的技术，实现疏浚淤泥处理的减量化、无害化和资源化，具有较为重要的社会效益和经济效益。

目前，国内外研究越来越倾向于对淤泥进行固化处理与资源化利用，通过向淤泥中掺入化学固化剂，引起一系列物理化学反应，达到改善淤泥物理力学性质、稳定污染物等目的。它不仅可以节省淤泥堆积占用的土地，而且可以将固化淤泥用于填土工程[11]、道路工程[12-13]、地基处理[14-15]、筑堤加固[16]等工程中以实现资源化利用，是很多发达国家经常采用的处置方法。值得注意的是，固化稳定化技术以其工艺简单、效率较高、可减少污染和堆积占地，以及处理后淤泥可作为再生土资源等优点，被国内外普遍接受和大量采用——美国国家环境保护局确认为可有效处理 57 种有害废弃物的最佳处理技术。在欧盟国家，目前约有 55%的淤泥作为土地进行利用，26%的淤泥进行焚烧处理，16%的淤泥进行填埋，而且欧盟国家对淤泥的资源化利用率在持续上升。美国在淤泥土地利用方面很早就进行了风险评估并建立了较完善的研究体系，如今其淤泥处置以土地利用为主，基本上可以实现淤泥的无害化处理。在日本，整个土木建筑工程行业的淤泥等废弃土体的利用率已达到 60%[17]。在淤泥固化领域，使用较为广泛的固化材料主要为无机化合类材料，含石灰、水泥、粉煤灰、废石膏、高炉矿渣、钢渣等工业副产物，其中以石灰、波特兰水泥两种传统固化材料的使用最为普遍。值得注意的是，将高炉矿渣/粉煤灰等工业废渣作为水泥/混凝土掺合料制备建筑材料[18]、利用矿渣/钢渣自身固碳胶结性能制备建材[19]等多种废渣资源利用技术已较为成熟，这些掺入工业废渣的胶凝材料在减少占地、节约能源、降低环境污染和成本等方面具有显著的社会效益与经济效益。

为积极应对气候变化问题，2015 年《联合国气候变化框架公约》近 200 个缔约方达成《巴黎协定》，提出将 21 世纪全球平均气温上升幅度控制在 2 ℃以内，并将全球气温上升控制在前工业化时期水平之上 1.5 ℃以内。这要求全球在 21 世纪下半叶实现 CO_2“净零”排放[20]。然而，硅酸盐水泥作为土木工程建设中使用最为广泛的固化材料，存在 CO_2 排放量高、资源和能源消耗大、大气污染严重等负面影响。理论上，每生产 1 t 水泥会排放 0.94 t 的 CO_2[21]。英国智库查塔姆研究所（Chatham House）数据显示，全球约 8%的 CO_2 排放来自水泥[22]。然而，我国作为水泥生产和使用大国，2019 年水泥产量为 23.3 亿 t，占全球水泥产量的 51.54%，严重消耗不可再生资源并污染环境[23-24]。因此，土木建筑工程行业面临的资源和能源约束与生态环境压力日益增大，亟须研发绿色、低碳、高效胶凝材料并形成可持续固化淤泥技术，以期替代或部分替代传统硅酸盐水泥材料，达到资源化利用工业废渣、保护生态系统和固化疏浚淤泥的目的。

1.2 国内外研究现状

1.2.1 生石灰与硅酸盐水泥

1. 生石灰固化

生石灰具有价格低廉、性能优异等优点，大量用于工程建设中。生石灰的主要成分是CaO，与淤泥混合后主要发生以下 4 种反应[25]。

1）离子交换反应

生石灰与淤泥中的水分发生水化反应生成 $Ca(OH)_2$，之后水解形成 Ca^{2+}和 OH^-，Ca^{2+}与黏土矿物中单价阳离子 Na^+和 K^+进行交换吸附，置换出低价的 N^+和 K^+，从而中和黏土矿物表面及层间负电荷，使黏土颗粒表面的双电层结构的厚度变薄。

2）$Ca(OH)_2$结晶反应

$Ca(OH)_2$ 结晶反应使生石灰吸收水分形成含水晶格［$Ca(OH)_2 \cdot nH_2O$］，所形成晶体相互结合，并与土粒结合形成共晶体，把土粒胶结成整体，使固化淤泥的整体性提高。

3）碳化反应

$Ca(OH)_2$ 能吸收空气中的 CO_2，发生碳酸化反应，生成不易溶于水的碳酸钙，促使胶结土颗粒结构更加稳定，提高固化淤泥强度。

4）火山灰反应

火山灰反应是指在水存在时生石灰与黏土矿物中的活性组分 SiO_2 和 Al_2O_3 反应，生成

C-S-H 和 C-A-H 等胶凝物质，如式（1.1）～式（1.2）。这些胶凝物质逐渐由凝胶状态向晶体状态转化，使固化淤泥的强度不断提高。虽然火山灰反应生成黏结土颗粒的胶体可以提高固化土强度，但是该反应比较缓慢，而且受多种因素影响，包括土中矿物成分、颗粒级配、养护时间和养护温度等。

$$Ca^{2+}+2OH^{-}+SiO_2 \longrightarrow C\text{-}S\text{-}H \tag{1.1}$$

$$Ca^{2+}+2OH^{-}+Al_2O_3 \longrightarrow C\text{-}A\text{-}H \tag{1.2}$$

2. 水泥固化

作为最常用的淤泥固化剂，水泥能迅速与淤泥中的水分发生水化反应。水泥的主要成分是硅酸三钙（C_3S）、硅酸二钙（C_2S）、铝酸三钙（C_3A）和铁铝酸四钙（C_4AF）等。水泥水化反应过程如式（1.3）～式（1.7）所示。水化反应生成的水化硅酸钙（C-S-H）、水化铝酸钙（C-A-H）等产物具有胶结性，可黏结土颗粒使水泥土形成整体，这是水泥固化淤泥最主要的强度来源[26]。

$$2(3CaO\cdot SiO_2)+6H_2O \longrightarrow 3CaO\cdot 2SiO_2\cdot 3H_2O+3Ca(OH)_2 \tag{1.3}$$

$$2(2CaO\cdot SiO_2)+4H_2O \longrightarrow 3CaO\cdot 2SiO_2\cdot 3H_2O+Ca(OH)_2 \tag{1.4}$$

$$3CaO\cdot Al_2O_3+6H_2O \longrightarrow 3CaO\cdot Al_2O_3\cdot 6H_2O \tag{1.5}$$

$$4CaO\cdot Al_2O_3\cdot Fe_2O_3+Ca(OH)_2+10H_2O \longrightarrow 3CaO\cdot Al_2O_3\cdot 6H_2O+2CaO\cdot Fe_2O_3\cdot 6H_2O \tag{1.6}$$

$$3CaSO_4+3CaO\cdot Al_2O_3+3H_2O \longrightarrow 3CaO\cdot Al_2O_3\cdot 3CaSO_4\cdot 3H_2O \tag{1.7}$$

水泥生成各种水化物后，有些产物继续发生硬化形成水泥石骨架，有些则与土壤发生离子交换及团粒化作用、火山灰反应、碳酸化作用，最终水泥对淤泥的固化就是水泥石骨架的包裹作用与 $Ca(OH)_2$ 水化的物理化学作用相结合的结果。后者使黏土微粒和微团粒产生絮凝，形成相对稳定的团粒结构，而水泥石骨架则把这些团粒进行包裹连接并形成整体。

1.2.2 碱激发水泥

伴随着现代工业化的不断发展，产生了大量的工业废渣，若不能得到及时、有效处置，必然会带来一系列资源浪费和环境污染等问题。近年来，碱激发水泥作为一种绿色环保胶凝材料，受到了国内外学者的高度关注。利用碱激发剂激发具有胶凝组分的工业废渣，形成碱激发胶凝材料，既可以有效地减少不可再生资源的消耗，降低耗能和 CO_2 排放，又可以变废为宝，有效利用工业废渣以替代或部分替代硅酸盐水泥。

国外学者最早关注碱激发胶凝材料的研究，并取得了一系列创新性成果[27]。自 20 世纪 40 年代 Purdon 开创性地研究碱-矿渣体系后，碱激发胶凝材料的研究便逐渐受到学者的广泛关注[27]。1930 年，德国 Kuhl 率先研究了矿渣在 KOH 溶液中的凝结特性；1940 年，比利时 Purdon 研究了由 NaOH 激发的矿渣或由碱和碱性盐共同激发的矿渣；1957 年，苏联 Glukhovsky 发现可以使用低钙或无钙硅铝酸盐制备胶凝材料，称为“土壤水泥”；1982 年，法国 Davidovite 以碱溶液激发煅烧后的高岭土、石灰石和白云石的混合物，将所得胶凝材料命名为地聚合物，并申请了 Pyrament 水泥专利[27]。

自 20 世纪 80 年代以来，我国众多专家学者对碱激发胶凝材料进行了系统研究。Ding 等[28]和 Shi 等[29]利用 NaOH 和水玻璃激发矿渣，全面研究了碱激发矿渣水泥的水化、强度和反应机理等特征。史迪等[30]、叶家元等[31]利用水玻璃激发硅钙渣或铝土矿选尾矿制备胶凝材料，对其强度性能、影响因素及反应机理等进行了讨论。郑娟荣等[32-33]利用水玻璃激发偏高岭土，研究了碱激发偏高岭土胶凝材料的化学收缩/膨胀、耐久性等性质。殷志峰等[34]将水玻璃作为激发剂，研究了矿渣-水泥、赤泥-矿渣和磷渣-钢渣等材料的胶凝性能。陈科等[35]、姜奉华和徐德龙[36]等众多专家学者也对碱激发胶凝材料特性做了深入研究。

粉煤灰作为常用的水泥/混凝土掺合料，常用于铁路桥梁[37]、公路路面[38]和水利大坝[39]等实际工程。现有研究表明[40-41]，石灰等激发剂与粉煤灰混合后可作为粉煤灰基胶凝固化材料使用。国内外专家学者致力于研发粉煤灰基胶凝材料和混凝土材料，已取得了丰硕的成果。Poon 等[42]研究了大掺量低钙粉煤灰混凝土的性能，发现水灰值为 0.24、掺灰量为 45%时混合物浆体的 28 d 抗压强度即达到 80 MPa。Temuujin 等[43]研究了 CaO 和 $Ca(OH)_2$ 的加入对粉煤灰基聚合物性能的影响，发现在 20℃养护条件下两种物质均可提高材料的抗压强度，且 $Ca(OH)_2$ 优于 CaO。阎培渝和张庆欢[44]认为粉煤灰火山灰效应只有到水化反应后期才逐渐显现。Antiohos 和 Tsimas[45]证实添加 3%～5%的生石灰可加速粉煤灰-水泥胶凝体系的反应速率，提高其抗压强度。

矿渣是高炉炼铁副产物，主要成分为硅酸盐和铝硅酸盐，内部存在大量结构不稳定的活性玻璃体，因而矿渣具有潜在活性[46-47]。蒲心诚等[48]、徐彬和蒲心诚[49]对碱激发矿渣水化反应过程进行了详细研究，并将其分为 6 个阶段：第 1 阶段，矿渣溶解；第 2 阶段，矿渣溶解和中间络合物生成；第 3 阶段，水化产物附着在矿渣表面，阻碍水化反应进行，络合物开始聚合；第 4 阶段，附着于表面的水化产物被破坏，水化反应加速进行；第 5 阶段，中间络合物聚合速度快，高聚物形成及液相数量缩小使得离子受到的渗透阻力增加，孔隙溶液 pH 值降低，削弱碱组分激发能力，从而导致系统反应速度变慢；第 6 阶段，结晶期，水化产物开始结晶，但结晶速度缓慢。Huijgen 和 Comans[50-51]、Huijgen 等[52]通过大量试验对矿渣封存 CO_2 进行了系统研究，明确了碳化反应机理，即矿渣中 Ca^{2+} 的浸出和颗粒表面 $CaCO_3$ 的沉淀反应为矿渣碳化封存 CO_2 提供了理论支撑。

1.2.3 氯氧镁水泥

氯氧镁水泥（magnesium oxychloride cement，MOC）是由轻烧氧化镁拌和具有一定浓度的氯化镁水溶液，通过一系列水化反应凝结形成 $MgO\text{-}MgCl_2\text{-}H_2O$ 三元化合物结晶复盐硬化体的新型镁质气硬性胶凝材料。该水泥由法国人 Sorel[53]于 1867 年发明，因此称为 Sorel 水泥，其主要原料由菱镁石煅烧而成，故在学术界也被称为镁质胶凝材料或镁水泥。研究发现[54-57]，引起该水泥凝结硬化的主要胶凝产物的结晶相为 $3Mg(OH)_2 \cdot MgCl_2 \cdot 8H_2O$（简称 318 相或 3 相）和 $5Mg(OH)_2 \cdot MgCl_2 \cdot 8H_2O$（简称 518 相或 5 相），可用通式 $Mg_x(OH)_yCl_z \cdot nH_2O$ 表示。

目前，镁水泥研究学者公认的 MOC 凝结硬化反应过程有以下三个：

$$5MgO + MgCl_2 + 13H_2O \longrightarrow 5Mg(OH)_2 \cdot MgCl_2 \cdot 8H_2O \tag{1.8}$$

$$3MgO + MgCl_2 + 11H_2O \longrightarrow 3Mg(OH)_2 \cdot MgCl_2 \cdot 8H_2O \tag{1.9}$$

$$MgO + H_2O \longrightarrow Mg(OH)_2 \tag{1.10}$$

近些年，关于 MOC 的大量实践经验和理论基础都基于上述反应式，对 MOC 水化物相形成机理方面的研究，有以下几种代表性观点。最早有研究者认为，3 相和 5 相是由 $Mg(OH)_2$

与 $MgCl_2$ 水溶液反应形成的。Ved 等[58]则认为水化产物是由离子聚合形成的内核为 $[Mg(H_2O)_6]^{2+}$、外层为 $[Cl\text{-}(O\text{-}Mg\text{-}OH)_m]$ 的络离子组成的络合物。Bilinski 等[59]对比研究了 $MgO\text{-}MgCl_2\text{-}H_2O$ 和 $NaOH\text{-}MgCl_2\text{-}H_2O$ 三元体系，认为产物生成过程并非是 Ved 等[58]发表的观点，而是由 Mg^{2+}、Cl^- 和 OH^- 直接反应形成的。Zhang 等[60]通过热力学计算否定了上述观点，认为 3 相和 5 相是由 MgO 或 Mg^{2+} 直接与 $MgCl_2$ 水溶液反应形成的。余红发[61]提出"统一化学理论"，认为水化相由 $Mg(OH)_2$ 先在 $MgCl_2$ 溶液中离解成 Mg^{2+} 和 OH^-，再与 Cl^- 反应得到。Matkovic 和 Young[62]、Sorrell 和 Armstrong[55]采用 X 射线衍射（X-ray diffraction，XRD）方法分析了体系中的物相，证实了 5 相产物形成之前未曾出现 $Mg(OH)_2$ 相，故"统一化学理论"被否定。早期研究中，有学者提出 MOC 的硬化过程包括凝胶和水化物晶体的形成，后来 Urwongse 和 Sorrell[56]进一步证实体系中凝胶的形成要先于晶体出现。Deng 和 Zhang[63]基于上述研究成果提出"同核碱式盐"理论，认为 3 相和 5 相是由 Mg^{2+} 通过水解和配聚反应得到多核聚合物 $[Mg_x(OH)_y(H_2O)_z]_{2x\text{-}2y}$ 再结合 Cl^-、OH^- 而成的，该理论后来被 Urwongse 和 Sorrell[56]、Sorrell 和 Armstrong[55]所证实。综合以上观点，学者普遍认为水化产物形成过程可分为三步：首先，MgO 和 $MgCl_2$ 发生水解反应；其次，氯氧化物形成无定形凝胶体；最后，在凝胶表面析出结晶体。

从现有无机外加剂研究成果发现，磷酸和可溶性磷酸盐被认为是当前改善效果最优的改性剂[64-65]。为了探究磷酸和磷酸盐在 MOC 体系中的作用机制，诸多学者已开展了深入研究[66-70]。Mazuranic 等[57]和 Li 等[71]发现，PO_4^{3-} 与体系中 Mg^{2+} 结合形成难溶性磷酸盐包裹在水化产物表面，有效阻止了水化产物与水的接触，从而提高了 MOC 的耐水性。陈雪霏和王路明[72]检测出覆盖在水化产物表面的磷酸盐呈无定形不规则分布。余红发[73]和 Tan 等[74]指出，磷酸可有效提高镁水泥的耐水性，是因为磷酸的加入能延缓水化过程并明显改变水化产物结晶接触点的形态。邓德华和张传镁[75]、邓德华[76]认为体系中 PO_4^{3-} 与 Mg^{2+} 之间的离子配位会降低水化产物结晶所需 Mg^{2+} 的浓度，从而提高镁水泥在水中的稳定性。还有研究[77]认为，磷酸调节了体系中产物的结晶速度和结晶形态，堵塞了体系中的毛细通道并降低了结构的孔隙率，因此水泥耐水性得以改善。

众多学者将工业副产品作为 MOC 改性剂开展研究，既可改善镁水泥的工作性能，又能资源化利用工业副产品，有效降低生产成本。用作镁水泥改性剂的工业副产品种类繁多，以粉煤灰、矿粉和硅灰的应用最为广泛[78-80]。Chau 和 Li[81]、Chau 等[82]采用粉煤灰对 MOC 进行改性，结果表明：当粉煤灰掺量为氧化镁质量的 30%时，镁水泥浆体的力学性能和耐水性得到改善。He 等[83-84]采用 X 射线衍射半定量相分析（quantitative X-ray diffraction，QXRD）、扫描电子显微镜（scanning electron microscopy，SEM）、傅里叶变换红外光谱仪（Fourier transform infrared spectrometer，FTIR）等多种检测手段表征了粉煤灰改性试样，发现粉煤灰与 MOC 发生反应形成 M-Cl-S-H 凝胶，使硬化体的微观结构致密化，从而提高耐水性。然而，也有研究[85]指出，粉煤灰会削弱硬化体结构，从而降低镁水泥力学性能。余红发等[86]、Li 和 Yu[87]发现掺入硅灰可改变 5 相产物的结构和形态，促进 5 相凝胶体的形成，故而能增强镁水泥的耐水性。Huang 等[88]证明硅灰-磷酸-纳米 SiO_2 复合改性体系能明显提高 MOC 的耐水性，是因为体系中生成了 M-Cl-S-H 凝胶和 M-Cl-H 凝胶，复合改性剂有效抑制了 $Mg(OH)_2$ 相的形成。Lee 和 Soh[89]以矿粉为外加剂对 MOC 进行了改性研究，发现矿粉能提高镁水泥长期强度的主要原因在于体系内部形成的针状水合物使硬化体结构更加致密。

1.2.4 磷酸镁水泥

磷酸镁水泥（magnesium phosphate cement，MPC）是指基于 MgO 和磷酸盐（通常为 $NH_4H_2PO_4$ 或 KH_2PO_4）发生酸碱中和反应形成的具有胶凝性能且兼具可持续发展特色的磷酸盐胶凝材料。与传统硅酸盐水泥的水化反应过程不同，MPC 主要通过酸碱中和反应产生化学键合，从而产生强度。MPC 水化硬化反应是以酸碱中和为基础的放热反应，其水化硬化机理主要有局部化学反应机理和溶液-扩散机理，更多学者赞同 MPC 是通过后者即溶液-扩散机理进行的。MPC 具有以下特点[90-91]：①反应速度快，凝结时间短；②力学性能优异，早期强度高；③体积稳定性好，耐磨性能佳；④镁资源的来源广泛；⑤耐水性较差。

Soudee 和 Pera[92]认为磷酸氨镁体系的初始反应发生于水溶液介质中，$NH_4H_2PO_4$ 与等量 MgO 结合生成多分子结构化合物$(MgNH_4PO_4\cdot 6H_2O)_n$ 并进一步形成胶体状粒子，粒子通过类胶凝作用凝结在过量 MgO 颗粒表面，从而完成初始的固化反应。Wagh[93]研究 MPC 的水化凝结与硬化过程，认为 MPC 的凝结硬化过程可分为 3 个阶段：①MgO 溶解，形成“水溶胶”；②发生酸碱中和反应，形成凝胶体；③凝胶体饱和、结晶。Qiao[94]根据磷酸钾镁水泥（potassium magnesium phosphate cement，MKPC）反应过程中 pH 的变化、水化产物的组成和磷酸盐的浓度将其反应分为 5 个阶段：①KH_2PO_4 溶解；②$MgHPO_4\cdot 7H_2O$ 结晶；③$MgHPO_4\cdot 7H_2O$ 转变为 $Mg_2KH(PO_4)_2\cdot 15H_2O$；④$Mg_2KH(PO_4)_2\cdot 15H_2O$ 生成；⑤$Mg_2KH(PO_4)_2\cdot 15H_2O$ 转化为 $MgKPO_4\cdot 6H_2O$。

常远等[95]指出 MgO 粒径对 MKPC 早期强度没有明显影响，但对 7 d 养护龄期后的强度有较大影响。MgO 颗粒硬度远大于磷酸盐水化产物硬度，故磷酸盐水化产物生成量只需能够填满 MgO 颗粒之间的孔隙即可，并起到连接和胶凝作用，而过量 MgO 颗粒将作为细骨料成分，提高硬化体的抗压强度[96]。Weill 和 Bradik[97]发现，如果体系中 MgO 组分含量太少，会使很多磷酸盐未能参与水化反应而残留在体系中，该磷酸盐可溶于水，易造成基体强度不稳定和倒缩。Yang 和 Wu[98]、Qiao 等[99]所得研究结果表明，MPC 体系中 MgO 相对于磷酸盐应该是过量的，但 Qiao 等[99]给出的最佳 M 和 P 物质的量的比值范围为 10～12，Yang 和 Wu[98]给出的最佳 M 和 P 物质的量的比值范围为 5～6。Ding 等[100]认为当 MPC 试件的水灰比值从 0.16 增加至 0.21 时，试件抗压强度降低 40%。Yang 等[101]所得结果表明，粉煤灰的加入降低了试样早期（1 h）的抗压强度，但 1 d 后试样强度反而能得以提高；MPC 砂浆的抗盐冻剥蚀能力优于普通硅酸盐水泥。Ding[102]研究大掺量粉煤灰-MPC 基材料并将其命名为磷硅酸镁水泥，该研究中粉煤灰掺量高达 40%，结果证实掺入粉煤灰的试件的强度高于未掺粉煤灰试件的强度。林玮等[103]研究了粉煤灰对 MPC 宏微观特性的影响，提出粉煤灰在 MPC 体系中发挥 4 种效应，即粉煤灰的活性效应、形态效应、微集料效应及其对磷酸根离子的吸附效应。Tan 等[104]研究了矿渣对 MKPC 强度、耐水性和耐海水腐蚀性的影响，发现矿渣能提高 MKPC 的耐水性和耐海水腐蚀性，并且掺 20%矿渣的 MKPC 材料的性能符合快速修复材料要求。

Yang 等[101]证实 MPC 砂浆的热膨胀系数为 9.6×10^{-6} ℃$^{-1}$，相同条件下普通硅酸盐水泥砂浆的热膨胀系数为 7×10^{-6} ℃$^{-1}$，说明 MPC 砂浆与普通硅酸盐水泥砂浆的热膨胀性能相近，即由温度变化引起的两者体积的差异不大。李东旭等[105]证明，与空气养护条件相比，浸水养护条件下试件的 28 d 抗压强度倒缩 44.2%，环境湿度稍大的标准养护试件的抗压强度值也倒缩 29.6%；MPC 原料配比对其耐水性有较大影响，磷酸盐含量越高，MPC 的耐水性越差。

陈兵等[106]通过掺加粉煤灰、硅灰粉和分散乳胶粉对MPC进行改性，证实三种掺料均能显著改善MPC的耐水性。汪宏涛[107]采用Na_2SO_4和$MgSO_4$浸泡MPC试件，发现两种溶液的pH与MKPC水化产物的pH接近，故两者对试件的腐蚀影响小；相同条件下，Na_2SO_4溶液浸泡试样的强度低于$MgSO_4$溶液浸泡试样，这是因为$MgSO_4$溶液侵蚀MPC的同时会提供Mg^{2+}参与反应，生成水化产物，从而提高水化程度。蒋江波等[108]采用海水和海砂制备MPC，发现海水浸泡 180 d 后砂浆强度无明显损失，表明其具有良好的抗海水侵蚀性能。雒亚莉[109]将MPC浸泡于不同浓度的NaCl、NaOH、Na_2SO_4和HCl溶液中，以研究不同侵蚀时间后试样强度和外观形貌的变化，结果表明：NaOH 和 NaCl 溶液对 MPC 有较大的腐蚀性，NaCl和Na_2SO_4溶液对MPC的腐蚀较小。丁铸等[110]将养护3 d的磷硅酸盐水泥砂浆在4%氯化钙溶液中进行冻融循环试验，以冻16 h、融8 h为一个循环，他们发现30个循环后其表面仍完好且其强度无明显倒缩，内部微观结构并没有受到严重破坏。

1.2.5 CO_2-活性MgO

活性MgO水泥由Harrison[111]于2003年提出，因其环境友好、性能优异等优点被广泛使用。活性MgO主要通过煅烧镁矿石（菱镁矿、白云石等，主要成分为$MgCO_3$）生产，其反应方程式为

$$MgCO_3 \longrightarrow MgO+CO_2 \quad (1.11)$$

与生石灰类似，活性MgO的固化原理也是与水发生水化反应，水解生成$Mg(OH)_2$，其化学反应方程式为

$$MgO+H_2O \longrightarrow Mg(OH)_2 \quad (1.12)$$

水化产物$Mg(OH)_2$的物理胶结能力优于$Ca(OH)_2$，但弱于C-S-H、C-A-H等水泥水化胶凝产物。活性MgO代替水泥作为土体固化剂的研究在国内至今仍少有报道，其主要用作水泥膨胀剂。李延波等[112]发现轻烧MgO可提高混凝土结构的致密性，增强混凝土的力学性能。高培伟等[113]发现活性MgO的水化产物$Mg(OH)_2$晶体在水泥含量低时呈针状以填充孔隙，在高掺量水泥中呈现易聚集的六方板状。李文伟等[114]研究了MgO掺量和养护方式对水泥试样变形行为的影响，结果表明活性MgO作为膨胀剂具有持续稳定的膨胀性能。徐安等[115]发现含MgO的碾压混凝土的密实度增加，MgO水化产生的膨胀应力可以中和温度下降诱发的拉应力，MgO对碾压混凝土的抗裂性和力学性能具有明显的促进作用。

活性MgO作为外掺剂主要利用其延迟膨胀性补偿混凝土的后期收缩，未充分利用其水化产物$Mg(OH)_2$的胶结性。$Mg(OH)_2$与CO_2反应生成的镁碳酸盐具有很高的胶结强度，远强于$CaCO_3$和$Mg(OH)_2$，作为土体改良剂可以实现土体性能的改良，具有较高的应用前景。Vandeperre等[116]发现水镁石与水滑石分别是活性MgO水泥砌块的主要及次要水化产物。Liska等[117]认为经CO_2碳化后活性MgO水泥砌块的主要产物为碳酸镁石（$MgCO_3{\cdot}3H_2O$），随后的进一步研究[118-119]发现有两种碱式碳酸镁生成，分别为水碳镁石［$Mg_5(CO_3)_4(OH)_2{\cdot}5H_2O$］和球碳镁石［$Mg_5(CO_3)_4(OH)_2{\cdot}4H_2O$］，化学原理为

$$11Mg(OH)_2+9CO_2+9H_2O \longrightarrow$$
$$MgCO_3\cdot 3H_2O + Mg_5(CO_3)_4(OH)_2\cdot 5H_2O+Mg_5(CO_3)_4(OH)_2\cdot 4H_2O \quad (1.13)$$

国内部分学者于2010年左右将CO_2碳化方法引入土体固化领域后，而后开始进行相关研究[120]。易耀林[121]发现随碳化时间的增加，CO_2碳化活性MgO固化土的含水率及其变化率均降低。刘松玉和李晨[122]研究了MgO活性对淤泥质黏土碳化固化效果的影响，结果表明高活性MgO试样碳化6 h后的抗压强度可达到标准养护28 d后水泥土的强度，而低活性MgO试样的抗压强度仅为0.5 MPa。李晨[123]通过活性MgO固化粉土碳化试验，观察到碳化反应产物主要为碳酸镁石、水碳镁石和球碳镁石。Cai等[124]对比了5种掺量的活性MgO碳化加固土的抗压强度，提出了基于MgO含量和碳化时间的固化土强度预测模型。郑旭等[125]和刘松玉等[126]通过开展干湿循环试验和硫酸盐侵蚀试验，证实3 h碳化加固粉土试样具有较好的抗干湿循环与抗硫酸盐侵蚀的能力。王东星等[127]发现棱柱形碳酸镁石主要起骨架支撑作用，花骨状和片状的水碳镁石和球碳镁石起填充与黏结作用，多种碳化产物的骨架-填充-黏结协同作用可以有效黏结土颗粒并形成稳定空间骨架结构，使碳化试样具有较高的强度。

1.3 研究现状的不足

通过室内试验和理论分析，国内外学者对固化淤泥等特殊土的物理力学行为及微观结构特征等开展了大量卓有成效的工作。对现有文献调研发现：固化土的研究对象正由膨胀土等常见土转向河湖底泥和吹填淤泥等高含水率超软土；研究手段正由物理力学特征等宏观尺度转向孔隙结构、胶结产物识别等微观尺度；固化技术正由水泥、石灰等传统固化剂转向绿色环保的工业副产物基固化剂，甚至是高分子聚合物和纳米颗粒等新兴材料；固化效果正由单纯的室内试验评价转向路基填料和制砖原材料等的现场试验及工程应用。

由于固化问题的复杂性和试验条件的局限性，将碱激发水泥、新型镁基水泥、CO_2-活性MgO等绿色胶凝材料引入疏浚淤泥固化处理及再生资源填土的宏观效能评价与微观机理探索，有以下几个方面的研究工作亟待加强：

（1）以往混掺多种固化材料时，更侧重固化材料整体的加固效应，而在某种程度上忽略了组分之间复杂的物理化学反应和相互作用过程，不能准确地解释组分之间的协同作用固化淤泥的本质原因。因此，有必要通过化学分析和微观描述等手段明确碱激发水泥、镁基水泥和CO_2-活性MgO等多种类型的固化材料内部各组分间的物理化学作用，完善不同类型胶凝固化材料多元反应体系的理论解释。

（2）现有固化剂通常选取水泥等传统钙质胶凝材料，活性MgO基水泥、MPC、MOC、CO_2碳化活性MgO等新颖镁质胶凝材料用于疏浚淤泥固化领域的研究迄今为止却鲜见报道。因此，亟须开展考虑活性MgO和$MgCl_2$的物质的量的比、MgO和KH_2PO_4的物质的量的比、粉煤灰/矿渣掺量、CO_2碳化时间、碳化模式等不同因素时MPC/MOC等多种胶凝材料固化淤泥的物理力学特性研究，探明不同类型新型水泥固化淤泥的内在化学反应过程、水化产物形成及相变规律、孔隙结构和表观形貌特征等微观机理。

（3）以往的固化淤泥效果评价过多地强调90 d之内短期标准养护时的抗压强度等力学特征，一定程度上忽略了固化淤泥长期养护的强度表现和恶劣服役条件下性能的稳定性，导致对固化淤泥长期强度和长期稳定性的认识与预测能力较差。因此，有必要研究180 d和360 d等养护龄期对应的固化淤泥的长期强度及冻融循环等复杂气候条件下固化淤泥的长期稳定性。

（4）淤泥固化性能评价通常直接采用成本较低但耗时较长的天然晾晒等预处理方法所得的低含水率淤泥，有关高含水率疏浚淤泥快速、高效脱水技术等方面的探索至今尚属少见。因此，亟须开展考虑絮凝剂调理效应的疏浚淤泥真空抽滤脱水技术研究，以期实现淤泥快速减容，并便于后续固化处理。

1.4 本书主要内容

本书针对绿色、环保、可持续胶凝材料固化疏浚淤泥的宏观加固效能及其微观响应机制这一核心科学问题，以武汉地区典型废弃疏浚淤泥为研究对象，选取 MPC、MOC、碱激发水泥、CO_2-活性 MgO 等新颖胶凝材料为固化剂，采用室内配合比试验、抗压强度试验、耐久性试验、化学测试和微观试验等多种手段，研究多因素作用下固化淤泥的力学特性、耐久性能等宏观特征，揭示固化体内部胶结产物形成及转化机理与动态反应过程诱使孔隙结构调整和重构的规律，致力于形成多过程、多因素耦合控制的化学胶凝材料高效固化淤泥新思路。研究成果可为我国环境治理和工程建设中疏浚淤泥的固化处理提供理论依据与技术支撑。本书主要内容如下：

（1）采用化学絮凝-真空预压深度脱水技术对武汉东西湖区蔬五支沟的疏浚淤泥进行深度脱水。通过添加絮凝剂对淤泥进行调理，增大淤泥颗粒粒径，防止淤堵，结合真空预压技术对絮凝淤泥进行脱水减容。选取疏浚淤泥领域絮凝脱水性能较好的有机高分子、无机高分子、无机阴离子等 5 种絮凝剂，通过室内沉降柱试验，监测、分析疏浚淤泥的絮凝效果与沉降过程，以最优沉降速率为指标，确定 5 种絮凝剂的最优添加量。通过真空预压脱水装置进行自然沉降、真空预压、絮凝-真空预压试验，通过泥水界面高度、沉降速率、底泥含水率等多种指标，分析疏浚淤泥深度脱水效果与沉降过程，对化学絮凝-真空预压深度脱水效果进行综合评价。

（2）选取常用粉煤灰激发剂，通过改变养护时间、激发剂类型与掺合料配比等因素，得到激发粉煤灰固化武汉东湖淤泥的强度和变形特性。开展化学和微观测试，分析各种激发剂与粉煤灰的化学反应过程和固化淤泥空间结构的演变规律，并与石灰和水泥两种传统固化技术的试验结果进行对比。采用活性 MgO 复掺粉煤灰固化武汉东湖淤泥，分析 MgO 掺量、MgO 和粉煤灰的质量比等因素的影响，通过明确多因素作用时 MgO-粉煤灰固化淤泥的抗压强度、耐久性和微观结构等特征，得到活性 MgO 激发粉煤灰基低碳型水泥固化淤泥的力学特性、加固效能与固化作用机理，并与碱激发剂激发粉煤灰固化淤泥进行对比，评价其效果。

（3）依据 MOC 现有研究成果确定镁水泥各组分的配合比及掺量范围，利用轻烧 MgO 和 $MgCl_2$ 溶液现场制备胶凝材料，对武汉东西湖区蔬五支沟淤泥进行加固处理，通过无侧限抗压强度试验研究其强度发展过程，并与硅酸盐水泥固化土进行对比以评价 MOC 的加固效果。采用 pH、SEM、XRD、能量色散 X 射线谱（X-ray energy dispersive spectrum，EDS）和压汞法（mercury intrusion porosimetry，MIP）等手段，揭示反应体系中各组分间的相互作用机制。利用矿物外加剂粉煤灰和矿粉对 MOC 固化淤泥体系进行改性研究，对比分析改性剂类型和掺量等因素对固化土力学性能的影响，并通过 XRD、SEM 等一系列检测手段明确矿物外加剂的物理和化学效应及与镁水泥体系相互作用的微观机制。为模拟工程极端气候下 MOC 及改性水泥固化淤泥的服役性能，选取持续浸水试验、干湿循环试验和冻融循环试验，通过强度保留系数、质量变化率和体表健全度等指标评价 MOC 及改性水泥固化淤泥的耐久性，开展一系列微观试验探究镁水泥固化体系多元组分间的协同作用机理。

（4）采用新型、环保胶凝材料 MKPC 处理武汉东西湖区蔬五支沟疏浚淤泥，通过无侧限抗压强度试验系统研究固化剂掺量、MgO 和 KH_2PO_4 的物质的量的比、缓凝剂掺量和养护龄期等复杂因素对力学强度发展规律的影响，揭示考虑多种因素影响时 MKPC 固化淤泥的耐久性能的演变过程。通过 SEM、XRD 和 MIP 等测试手段，明确 MKPC 固化淤泥内部水化产物的微观结构演变和孔隙结构特征。选取高钙粉煤灰（FA）和硅灰（SF）两种矿物外加剂对 MKPC 固化武汉东西湖区蔬五支沟淤泥进行改性处理，通过无侧限抗压强度试验，对比研究两种矿物外加剂掺量、MgO 和 KH_2PO_4 的物质的量的比等多种因素对 MKPC 固化淤泥力学强度发展规律的影响，利用长期浸水、冻融循环等试验探明复杂气候作用下工业废渣改性 MKPC 固化淤泥长期稳定性的变化过程。通过 SEM、XRD、MIP 等测试手段，明确改性材料对 MKPC 固化淤泥内部矿物组分、水化产物形貌和孔隙结构的影响机制。

（5）采用 CO_2-活性 MgO-粉煤灰的碳化-固化技术对武汉东湖淤泥进行改性加固，选取自主研发的围压可调土样碳化仪器和抗压强度试验，研究活性 MgO 和粉煤灰的质量比、固化剂掺量及碳化时间等因素对 CO_2-活性 MgO-粉煤灰固化体力学特性和耐久性的影响。通过碳化-固化试样微观试验，明确固化淤泥内部的碳化胶结产物及 CO_2 封存的微观机制。选取矿渣、活性 MgO 作为钙/镁来源，联合 CO_2 碳化技术共同固化武汉东湖淤泥，通过无侧限抗压强度和质量变化明确碳化固化技术的宏观强度表现并对封存效果进行评价。采用 SEM、XRD 和热重/微分热量分析（thermal gravity/differential thermal gravity，TG/DTG）试验，识别 CO_2 碳化产物、断面形貌及微观结构，揭示长期浸水、干湿循环和冻融循环效应对碳化-固化淤泥试样内部结构、微观形貌和产物转化的影响机制，为 CO_2 碳化技术联合活性 MgO-矿渣/粉煤灰加固土体技术的研发及工程应用提供理论支撑和参考依据。

参 考 文 献

[1] 国家统计局. 中华人民共和国2019年国民经济和社会发展统计公报[R/OL]. (2020-02-28) [2020-06-18]. http: //www. gov. cn/shuju/2020-02/28/content_5484361. htm.

[2] 朱伟, 张春雷, 刘汉龙, 等. 疏浚泥处理再生资源技术的现状[J]. 环境科学与技术, 2002, 25(4): 39-41.

[3] 中华人民共和国生态环境部. 2018 中国生态环境状况公报[R/OL]. (2019-05-29) [2020-06-18]. http: //www. mee. gov. cn/hjzl/sthjzk/zghjzkgb/.

[4] 夏军. 基于疏浚淤泥利用的生态护坡基材研究[D]. 武汉: 湖北工业大学, 2019.

[5] 湖北省水利厅. 湖北省水利厅 2018 年部门决算[R/OL]. (2019-08-30)[2020-10-02]. http: //slt. hubei. gov. cn/fbjd/xxgkml/czgk/bmyjs/201908/t20190830_855856. shtml.

[6] 中华人民共和国住房和城乡建设部. 建筑地基基础设计规范: GB 50007—2011[S]. 北京: 中国计划出版社, 2011.

[7] 陈永辉, 王颖, 程潇, 等. 就地固化技术处理围海工程吹填土的试验研究[J]. 水利学报, 2015, 46(S1): 64-69.

[8] JONGPRADIST P, JUMLONGRACH N, YOUWAI S, et al. Influence of fly ash on unconfined compressive strength of cement-admixed clay at high water content[J]. Journal of materials in civil engineering, 2009, 22(1):

49-58.

[9] HUANG Y H, ZHU W, QIAN X D, et al. Change of mechanical behavior between solidified and remolded solidified dredged materials[J]. Engineering geology, 2011, 119(3/4): 112-119.

[10] ZENG L L, HONG Z S, CUI Y J. Time-dependent compression behaviour of dredged clays at high water contents in China[J]. Applied clay science, 2016, 123: 320-328.

[11] PARK J, SON Y, NOH S, et al. The suitability evaluation of dredged soil from reservoirs as embankment material[J]. Journal of environmental management, 2016, 183: 443-452.

[12] 陶君军. 工业废渣复合固化疏浚淤泥及路基分层填筑技术研究[D]. 杭州: 浙江工业大学, 2016.

[13] DUBOIS V, ABRIAK N E, ZENTAR R. The use of marine sediments as a pavement base material[J]. Waste management, 2009, 29(2): 774-782.

[14] YOZZOA D, WILBERB P, WILLE R. Beneficial use of dredged material for habitat creation, enhancement, and restoration in New York-New Jersey Harbor[J]. Journal of environmental management, 2004, 73(1): 39-52.

[15] SHEEHAN C, HARRINGTON J. Management of dredge material in the Republic of Ireland: A review[J]. Waste management, 2012, 32(5): 1031-1044.

[16] WANG M C, HULL J Q, JAO M. Stabilization of water treatment plant sludge for possible use as embankment material[J]. Transportation research record, 1992, 1345: 36-43.

[17] 张春雷, 朱伟, 大木宜章. 湖泊污染底泥的固化资源化技术在工程中的应用[C] //中国环境科学学会. 2008 年中国环境科学学会学术年会优秀论文集(上卷). 北京: 中国环境科学出版社, 2008: 684-687.

[18] 罗雪梅, 唐朝培, 韦星华, 等. 水淬矿渣的综合利用[J]. 中国资源综合利用, 2006, 24(4): 18-21.

[19] 吴昊泽, 周宗辉, 叶正茂, 等. 加速碳化养护钢渣混合水泥制备钢渣砖[J]. 新型建筑材料, 2009, 36(8): 4-6.

[20] IPCC. In climate change mitigation of climate change: Working group III contribution to the IPCC fifth assessment report[M]. Cambridge: Cambridge University Press, 2014: 14-15.

[21] GARTNER E. Industrially interesting approaches to "low-CO_2" cements[J]. Cement and concrete research, 2004, 34(9): 1489-1498.

[22] BENHELAL E, ZAHEDI G, SHAMSAEI E, et al. Global strategies and potentials to curb CO_2 emissions in cement industry[J]. Journal of cleaner production, 2013, 51: 142-161.

[23] HIGGINS D. Briefing: GGBS and sustainability[J]. Construction materials, 2007, 160(3): 99-101.

[24] 裴守宇, 徐鹏. 水泥工业的环境污染与防治[J]. 环境科学与技术, 2003, 26(S2): 66-68.

[25] 贾尚华. 石灰水泥复合土固化机理及力学性能的试验研究[D]. 呼和浩特: 内蒙古农业大学, 2011.

[26] 庞文台. 掺合粉煤灰的复合水泥土力学性能及耐久性试验研究[D]. 呼和浩特: 内蒙古农业大学, 2013.

[27] 史才军, 巴维尔·克利文科, 黛拉·罗伊, 等. 碱-激发水泥和混凝土[M]. 北京: 化学工业出版社, 2008.

[28] DING Y, DAI J G, SHI C J. Mechanical properties of alkali-activated concrete: A state-of-the-art review[J]. Construction and building materials, 2016, 127: 68-79.

[29] SHI C, HE F, FERNANDEZ-JIMIENEZ A, et al. Classification and characteristics of alkali-activated cements[J]. Journal of the Chinese ceramic society, 2012, 40(1): 69-75.

[30] 史迪, 张文生, 孙俊民, 等. 硅钙渣制备碱激发胶凝材料的实验研究[J]. 硅酸盐通报, 2015, 34(8): 2334-2339.

[31] 叶家元, 钟卫华, 张文生, 等. 铝土矿选尾矿制备碱激发胶凝材料的性能[J]. 水泥, 2010, 6: 5-7.

[32] 郑娟荣, 覃维祖, 张涛. 碱-偏高岭土胶凝材料的凝结硬化性能研究[J]. 湖南大学学报(自然科学版), 2004,

31(4): 60-63.

[33] 郑娟荣, 杨长利, 陈有志. 碱激发胶凝材料抗硫酸盐侵蚀机理的探讨[J]. 郑州大学学报(工学版), 2012, 33(3): 1-4.

[34] 殷志峰, 郑青, 程麟, 等. 碱激发废渣制备道路胶凝材料的力学性能试验研究[J]. 中国水泥, 2009(3): 60-62.

[35] 陈科, 杨长辉, 潘群, 等. 碱-矿渣水泥砂浆的干缩特性[J]. 重庆大学学报(自然科学版), 2012, 35(5): 64-68.

[36] 姜奉华, 徐德龙. 碱矿渣水泥硬化体孔结构的分数维特征[J]. 硅酸盐通报, 2007, 26(4): 830-833.

[37] 罗许国, 戴公连. 不同掺量高性能粉煤灰混凝土铁路桥梁试验研究[J]. 中国铁道科学, 2007, 28(6): 35-40.

[38] 曹长伟, 张文献, 王雁飞. 高掺量粉煤灰混凝土路面应用性能的试验研究[J]. 同济大学学报(自然科学版), 2007, 35(1): 50-55.

[39] 陈益民, 张洪涛, 林震. 三峡大坝粉煤灰的水化反应速率与大坝混凝土贫钙问题[J]. 水利学报, 2002, 33(8): 7-11.

[40] 李俊伟, 黄宏伟, 张日晨. 石灰-粉煤灰固化巷道泥岩泥化物试验研究[J]. 建筑材料学报, 2006, 9(4): 412-417.

[41] 王东星, 徐卫亚. 固化淤泥长期强度和变形特性试验研究[J]. 中南大学学报(自然科学版), 2013, 44(1): 332-339.

[42] POON C S, LAM L, WONG Y L. A study on high strength concrete prepared with large volumes of low calcium fly ash[J]. Cement and concrete research, 2000, 30(3): 447-455.

[43] TEMUUJIN J, RIESSEN A V, WILLIAMS R. Influence of calcium compounds on the mechanical properties of fly ash geopolymer pastes[J]. Journal of hazardous materials, 2009, 167(1/2/3): 82-88.

[44] 阎培渝, 张庆欢. 含粉煤灰或石英粉复合胶凝材料的抗压强度发展规律[J]. 硅酸盐学报, 2007, 35(3): 263-267.

[45] ANTIOHOS S, TSIMAS S. Activation of fly ash cementitious systems in the presence of quicklime: Part I. Compressive strength and pozzolanic reaction rate[J]. Cement and concrete research, 2004, 34(5): 769-779.

[46] 于博伟, 杜延军, 刘辰阳, 等. 活性 MgO 碱性激发粒化高炉矿渣固化黏土的抗硫酸盐侵蚀试验研究[J]. 岩土力学, 2015, 36(S2): 64-72.

[47] CHENG Y, YU H, ZHU B L, et al. Laboratory investigation of the strength development of alkali-activated slag-stabilized chloride saline soil[J]. Journal of Zhejiang University-science A, 2016, 17(5): 389-398.

[48] 蒲心诚, 甘昌成, 吴礼贤, 等. 碱矿渣(JK)混凝土的性能[J]. 硅酸盐通报, 1989, 5: 5-11.

[49] 徐彬, 蒲心诚. 固态碱组分矿渣水泥水化过程研究[J]. 混凝土与水泥制品, 1998, 3: 3-7.

[50] HUIJGEN W J J, COMANS R N J. Mineral CO_2 sequestration by steel slag carbonation[J]. Environmental science & technology, 2005, 39(24): 9676-9682.

[51] HUIJGEN W J J, COMANS R N J. Carbonation of steel slag for CO_2 sequestration: Leaching of products and reaction mechanisms[J]. Environmental science & technology, 2006, 40(8): 2790-2796.

[52] HUIJGEN W J J, COMANS R N J, WITKAMP G J. Cost evaluation of CO_2 sequestration by aqueous mineral carbonation[J]. Energy conversion and management, 2007, 48(7): 1923-1935.

[53] SOREL S. On a new magnesium cement[J]. Comptes rendus-academie des sciences, 1867, 65: 102-104.

[54] DENG D H, ZHANG C M. The formation mechanism of the hydrate phases in magnesium oxychloride cement[J]. Cement and concrete research, 1999, 29(9): 1365-1371.

[55] SORRELL C A, ARMSTRONG C R. Reactions and equilibria in magnesium oxychloride cements[J]. Journal of the American ceramic society, 1976, 59(1/2): 51-54.

[56] URWONGSE L, SORRELL C A. The system MgO-$MgCl_2$-H_2O at 23 ℃[J]. Journal of the American ceramic society, 1980, 63(9/10): 501-504.

[57] MAZURANIC C, BILINSKI H, MATKOVIC B. Reaction products in the system $MgCl_2$-$NaOH$-H_2O[J]. Journal of the American ceramic society, 1982, 65(10): 523-526.

[58] VED E I, ZHAROV E F, PHONG H V. Mechanism of magnesium oxychlorides formation during the hardening of magnesium oxychloride cements[J]. Zh. Prikl. Khim., 1976, 49(10): 2154-2158.

[59] BILINSKI H, MATKOVIC B, MAZURANIC C, et al. The formation of magnesium oxychloride phases in the systems MgO-$MgCl_2$-H_2O and $NaOH$-$MgCl_2$-H_2O[J]. Journal of the American ceramic society, 1984, 67(4): 266-269.

[60] ZHANG Z Y, DAI C L, ZHANG Q C, et al. Formation mechanism on phase 5 and phase 3[J]. Science China chemistry, 1991, 34(12): 1501-1509.

[61] 余红发. 氯氧镁水泥及其应用[M]. 北京: 中国建材工业出版, 1993: 114.

[62] MATKOVIC B, YOUNG J F. Microstructure of magnesium oxychloride cements[J]. Nature physical science, 1973, 246(153): 79-80.

[63] DENG D H, ZHANG C M. The formation mechanism of the hydrate phases in magnesium oxychloride cement[J]. Cement and concrete research, 1999, 29(9): 1365-1371.

[64] LI Y, LI Z J, PEI H F, et al. The influence of $FeSO_4$ and KH_2PO_4 on the performance of magnesium oxychloride cement[J]. Construction and building materials, 2016, 102: 233-238.

[65] LU H P, WANG P L, JIANG N X. Design of additives for water-resistant magnesium oxychloride cement using pattern recognition[J]. Materials letters, 1994, 20(3/4): 217-223.

[66] TAWFIK A, SERRY M A. Factors influencing the phase composition and properties of magnesium oxychloride cements[J]. InterCeram: International ceramic review, 2013, 62(5): 1-4.

[67] 王路明. 镁氯胶凝材料复合改性的研究[J]. 功能材料, 2012, 43(14): 1964-1968.

[68] 徐玲玲, 杨南如, 陶洪亮, 等. MgO 活性对氯镁石材料开裂和耐水性的影响[J]. 硅酸盐学报, 2003, 31(8): 759-762.

[69] TAN Y, LIU Y, GROVER L. Effect of phosphoric acid on the properties of magnesium oxychloride cement as a biomaterial[J]. Cement and concrete research, 2014, 56: 69-74.

[70] CHEN X, ZHANG T, BI W, et al. Effect of tartaric acid and phosphoric acid on the water resistance of magnesium oxychloride (MOC) cement[J]. Construction and building materials, 2019, 213: 528-536.

[71] LI J Q, LI G Z, YU Y Z. The influence of compound additive on magnesium oxychloride cement/urban refuse floor tile[J]. Construction and building materials, 2008, 22(4): 521-525.

[72] 陈雪霏, 王路明. 磷酸改性氯氧镁水泥耐水机理的研究[J]. 混凝土, 2018, 340(2): 68-71.

[73] 余红发. 掺外加剂氯氧镁水泥的显微结构和性能[J]. 新型建筑材料, 1995, 4: 38-41.

[74] TAN Y N, LIU Y, GROVER L. Effect of phosphoric acid on the properties of magnesium oxychloride cement as a biomaterial[J]. Cement and concrete research, 2014, 56: 69-74.

[75] 邓德华, 张传镁. 可溶性磷酸盐改善氯氧镁水泥耐水性的研究[J]. 华南建设学院西院学报, 1999, 2: 21-30.

[76] 邓德华. 磷酸根离子对氯氧镁水泥水化物稳定性的影响[J]. 建筑材料学报, 2002, 5(1): 9-12.

[77] 朱燕凤, 朱效兵, 朱玉杰. 改性剂在氯氧镁胶凝材料中对硬化结晶相的影响及对游离氯离子减少的试验研究[J]. 江苏建材, 2019, 1: 36-41.

[78] JIN Y J, XIAO L G, LUO F. Influence of fly ash on the properties of magnesium oxychloride cement[J]. Advanced materials research, 2013, 662: 406-408.

[79] DENG D H. The mechanism for soluble phosphates to improve the water resistance of magnesium oxychloride cement[J]. Cement and concrete research, 2003, 33(9): 1311-1317.

[80] LI Y, YU H F, ZHENG L, et al. Compressive strength of fly ash magnesium oxychloride cement containing granite wastes[J]. Construction and building materials, 2013, 38: 1-7.

[81] CHAU C K, LI Z J. Microstructures of magnesium oxychloride Sorel cement[J]. Advances in cement research, 2008, 20(2): 85-92.

[82] CHAU C K, CHAN J, LI Z J. Influences of fly ash on magnesium oxychloride mortar[J]. Cement and concrete composites, 2009, 31(4): 250-254.

[83] HE P P, POON C S, TSANG D C W. Effect of pulverized fuel ash and CO_2 curing on the water resistance of magnesium oxychloride cement[J]. Cement and concrete research, 2017, 3(5): 115-122.

[84] HE P P, POON C S, TSANG D C W. Comparison of glass powder and pulverized fuel ash for improving the water resistance of magnesium oxychloride cement[J]. Cement and concrete composites, 2018, 86: 98-109.

[85] WU J Y, CHEN H X, GUAN B W. Effect of fly ash on rheological properties of magnesium oxychloride cement[J]. Journal of materials in civil engineering, 2019, 31(3): 1-10.

[86] 余红发. 硅灰改性氯氧镁水泥机理的研究[J]. 硅酸盐通报, 1994, 13(6): 58-62.

[87] LI C D, YU H F. Influence of fly ash and silica fume on water-resistant property of magnesium oxychloride cement[J]. Journal of Wuhan University of Technology (materials science edition), 2010, 25(4): 721-724.

[88] HUANG Q, WEN J, LI Y, et al. The effect of silica fume on the durability of magnesium oxychloride cement[J]. Ceramics-Silikáty, 2019, 63(3): 338-346.

[89] LEE J K, SOH J S. Performance of magnesia cement using $MgCO_3$ and serpentine[J]. Journal of the Korean ceramic society, 2016, 53(1): 116-121.

[90] DUAN X Z, LIAO J G, LI Y Q, et al. Preparation and biomedicine application of magnesium phosphate cement[J]. Materials review, 2016, 30(4): 60-67.

[91] 汪宏涛, 钱觉时, 王建国. 磷酸镁水泥的研究进展[J]. 材料导报, 2005, 19(12): 46-51.

[92] SOUDEE E, PERA J. Influence of magnesia surface on the setting time of magnesia-phosphate cement[J]. Cement and concrete research, 2002, 32(1): 153-157.

[93] WAGH A S. Chemically bonded phosphate ceramics: Twenty-first century materials with diverse applications[M]. Oxford: Elsevier Science Ltd, 2004.

[94] QIAO F. Reaction mechanisms of magnesium potassium phosphate cement and its application[D]. Hong Kong: Hong Kong University of Science and Technology, 2011.

[95] 常远, 史才军, 杨楠, 等. 不同细度 MgO 对磷酸钾镁水泥性能的影响[J]. 硅酸盐学报, 2013, 41(4): 492-499.

[96] WANG A, YUAN Z, ZHANG J, et al. Effect of raw material ratios on the compressive strength of magnesium potassium phosphate chemically bonded ceramics[J]. Materials science and engineering: C, 2013, 33(8): 5058-5063.

[97] WEILL E, BRADIK L J. Magnesium phosphate cement systems: US 856924756[P]. 1988 -11-22.

[98] YANG Q B, WU X L. Factors influencing properties of phosphate cement based binder for rapid repair of concrete[J]. Cement and concrete research, 1999, 29(3): 389-396.
[99] QIAO F, LIN W, CHAU C K, et al. Setting and compressive strength characteristics of magnesium phosphate cement paste[J]. Advances in cement research, 2009, 21(4): 175-180.
[100] DING Z, DONG B, XING F, et al. Cementing mechanism of potassium phosphate based magnesium phosphate cement[J]. Ceramics international, 2012, 38(8): 6281-6288.
[101] YANG Q, ZHANG S, WU X. Deicer-scaling resistance of phosphate cement-based binder for rapid repair of concrete[J]. Cement and concrete research, 2002, 32(1): 165-168.
[102] DING Z. Research of magnesium phosphate silicate cement[D]. Hong Kong: Hong Kong University of Science and Technology, 2005.
[103] 林玮，孙伟，李宗津. 磷酸镁水泥中的粉煤灰效应研究[J]. 建筑材料学报, 2012, 13(6): 716-721.
[104] TAN Y, YU H, LI Y, et al. The effect of slag on the properties of magnesium potassium phosphate cement[J]. Construction and building materials, 2016, 126: 313-320.
[105] 李东旭，李鹏晓，冯春花. 磷酸镁水泥耐水性的研究[J]. 建筑材料学报, 2009, 12(5): 505-510.
[106] 陈兵，吴震，吴雪萍. 磷酸镁水泥改性试验研究[J]. 武汉理工大学学报, 2011, 33(4): 29-34.
[107] 汪宏涛. 高性能磷酸镁水泥基材料研究[D]. 重庆：重庆大学, 2006.
[108] 蒋江波，薛明，汪宏涛，等. 海工磷酸镁水泥基材料强度特性及其微观机理分析[J]. 材料导报，2013, 27(6): 115-139.
[109] 雒亚莉. 新型早强磷酸镁水泥的试验研究和工程应用[D]. 上海：上海交通大学, 2010.
[110] 丁铸，邢锋，李宗津. 高早强磷硅酸盐水泥修复性能的研究[J]. 工业建筑, 2008, 38(9): 77-81.
[111] HARRISON A J W. Reactive magnesium oxide cements: US 20030041785A1[P]. 2003-03-06.
[112] 李延波，邓敏，莫立武，等. 不同约束条件下掺轻烧 MgO 混凝土的力学性能[J]. 中南大学学报(自然科学版), 2012, 43(7): 2534-2541.
[113] 高培伟，吴胜兴，林萍华，等. 氧化镁在不同养护条件下水化产物的形貌分析[J]. 无机化学学报，2007, 23(6): 1063-1068.
[114] 李文伟，唐明述，张守治. 轻烧 MgO 膨胀剂对水泥浆体变形行为的影响[J]. 混凝土与水泥制品，2009, 170(6): 5-8.
[115] 徐安，曾力，刘刚. MgO 对碾压混凝土抗裂性能的影响研究[J]. 水力发电学报, 2015, 34(10): 20-26.
[116] VANDEPERRE L J, LISKA M, AL-TABBAA A. Microstructures of reactive magnesia cement blends[J]. Cement and concrete composites, 2008, 30(8): 706-714.
[117] LISKA M, VANDEPERRE L J, AL-TABBAA A. Influence of carbonation on the properties of reactive magnesia cement-based pressed masonry units[J]. Advances in cement research, 2008, 20(2): 53-64.
[118] LISKA M, AL-TABBAA A. Performance of magnesia cements in pressed masonry units with natural aggregates: Production parameters optimization[J]. Construction and building materials, 2008, 22: 1789-1797.
[119] LISKA M, AL-TABBAA A, CARTER K, et al. Scaled-up commercial production of reactive magnesia cement pressed masonry units. Part II: performance[J]. Construction materials, 2012, 165(4): 225-243.
[120] CAI G H, DU Y J, LIU S Y, et al. Physical properties, electrical resistivity, and strength characteristics of carbonated silty soil admixed with reactive magnesia[J]. Canadian geotechnical journal, 2015, 52(11): 1699-1713.
[121] 易耀林. 基于可持续发展的搅拌桩系列新技术与理论[D]. 南京：东南大学, 2013.

[122] 刘松玉, 李晨. 氧化镁活性对碳化固化效果影响研究[J]. 岩土工程学报, 2015, 37(1): 148-155.
[123] 李晨. 氧化镁活性对碳化搅拌桩加固效果影响研究[D]. 南京: 东南大学, 2014.
[124] CAI G H, LIU S Y, DU Y J, et al. Strength and deformation characteristics of carbonated reactive magnesia treated silt soil[J]. Journal of Central South University, 2015, 22(5): 1859-1868.
[125] 郑旭, 刘松玉, 蔡光华, 等. 活性 MgO 碳化固化土的干湿循环特性试验研究[J]. 岩土工程学报, 2016, 38(2): 297-304.
[126] 刘松玉, 郑旭, 蔡光华, 等. 活性 MgO 碳化固化土的抗硫酸盐侵蚀性研究[J]. 岩土力学, 2016, 37(11): 3057-3064.
[127] 王东星, 肖杰, 李丽华, 等. 基于碳化-固化技术的武汉东湖淤泥耐久性演变微观机理[J]. 岩土力学, 2019, 40(8): 3045-3053.

第2章 试验材料与试验方法

2.1 试验材料

2.1.1 东西湖淤泥

研究所用部分淤泥取自武汉东西湖区蔬五支沟、蔬十支沟水体提质工程，明渠底部沉积的淤泥先经过管道输送至沉降池，待自然沉降一段时间后使用淤泥压滤机械进行固结脱水处理，从而实现泥水深度分离，形成体积压缩量达70%的泥饼。将取回的泥饼先进行烘干处理，以降低泥饼内部有机质的含量，再进行初步破碎、粉磨、过2 mm筛等步骤，以保证淤泥土颗粒粒径均匀。试验用淤泥土外观呈灰褐色、粉末状，测得淤泥土pH为6.62，呈弱酸性。自然沉淀等不同阶段淤泥的外观形貌如图2.1所示。

（a）自然沉降池

（b）块状泥饼

（c）过筛淤泥土

图2.1 试验用东西湖淤泥

参照《公路土工试验规程》（JTG 3430—2020）[1]对东西湖淤泥进行基本物理性质测定，主要包括淤泥粒径级配、初始含水率、最优含水率、最大干密度、相对密度、液限和塑限等。其中，颗粒级配采用筛析法和密度计法联合测定，最大干密度采用重型击实试验方法测定。由表2.1可以看出，东西湖淤泥的液限为59.23%，塑限为32.00%，最优含水率为23.50%，最大干密度为1.50 g/cm^3。根据细粒土分类标准，可定义本试验淤泥属于高液限黏土。

表2.1 淤泥主要物理指标

黏粒含量/%	粉粒含量/%	砂粒含量/%	初始含水率/%	液限/%	塑限/%	最优含水率/%	最大干密度/(g/cm^3)	pH	相对密度
35	47	18	22.06	59.23	32.00	23.50	1.50	6.62	2.66

2.1.2 东湖淤泥

试验所用淤泥取自武汉东湖通道穿湖隧道淤泥疏浚工程，临时堆积于湖内场地，且经过长时间天然晾晒而使淤泥初始含水率较低。将取回的土样烘干、粉碎并过筛，以去除土中杂质并确保所研究试样颗粒的尺寸均匀，过筛后的淤泥土外观呈灰色。

对武汉东湖淤泥进行界限含水率、相对密度、颗粒分析等基本物理指标试验，所有试验均参照《公路土工试验规程》（JTG 3430—2020）[1]中的相关规定进行，测试得到东湖淤泥基本物理指标如表 2.2 所示。可以看出，东湖淤泥初始含水率为 40%，远低于液限 54.9%，其塑性指数为 24.9%，相对密度为 2.66，黏粒（粒径＜0.002 mm）含量为 18%，粉粒（0.002 mm＜粒径＜0.075 mm）含量为 45%，砂粒（0.075 mm＜粒径＜0.25 mm）含量为 37%。根据《公路土工试验规程》（JTG 3430—2020）[1]中土的分类标准，该淤泥属于高液限粉质黏土。东湖淤泥重型击实曲线具有“双峰”特性，最优含水率为 24.4%，最大干密度为 1.543 g/cm^3。

表 2.2　试验用东湖淤泥基本物理指标

相对密度	黏粒含量/%	粉粒含量/%	砂粒含量/%	塑限/%	液限/%	塑性指数/%	初始含水率/%	最优含水率/%	最大干密度/(g/cm^3)
2.66	18	45	37	30.0	54.9	24.9	40	24.4	1.543

2.1.3　镁水泥组分

1. 氧化镁

试验用活性 MgO 购于山东某镁业有限公司，其外观呈白色，细粉末状。按照规范《轻烧氧化镁化学活性测定方法》（YB/T 4019—2006）[2]测定活性 MgO 的基本性能参数，活性 MgO 含量采用水合法测试，用水化 MgO 的质量分数来表示活性 MgO 的含量。采用柠檬酸中和法测试 MgO 的活性，根据轻烧 MgO 在 200 mL 柠檬酸溶液（0.07 mol/L）中呈现红色的时间衡量轻烧 MgO 的活性。将活性 MgO 各项测试结果汇总，如表 2.3 所示。

表 2.3　活性 MgO 基本指标

名称	w(MgO)/%	w(CaO)/%	盐酸不溶物含量/%	柠檬酸活性值/s	吸碘值	活性
MgO	97.01	0.25	0.05	35	110	高活性

2. 氯化镁

氯化镁（$MgCl_2$）是组成 MOC 胶凝材料硬化体的基础材料之一，主要用于调和、促凝，工业上经常使用六水氯化镁（$MgCl_2·6H_2O$）生产 MOC 胶凝材料。本试验采用化学纯试剂 $MgCl_2·6H_2O$ 作为 MOC 基本原料，其外观呈无色结晶体，细颗粒状。六水氯化镁的基本化学组分如表 2.4 所示。

表 2.4　六水氯化镁化学组分

$MgCl_2·6H_2O$ 含量/%	水不溶物含量/%	硫酸盐含量/%	总氮含量/%	钙含量/%	重金属含量/%（以 Pb 计）
≥98.00	≤0.005	≤0.005	≤0.005	≤0.05	≤0.000 5

3. 磷酸二氢钾

磷酸二氢钾（KH_2PO_4）是白色带光泽的斜方晶体，以离子键为主的多键型晶体。晶体的对称性较高，外形生长简单。其相对密度为 2.34 g/cm^3，20 ℃时在水中的溶解度为 22.6 g，溶解热为−4.78 kcal/mol①。空气中稳定的磷酸二氢钾在温度高于 400 ℃时会失去结晶水，之后会转变为偏磷酸盐。采用的磷酸二氢钾由中和法生产，主粒径为 350～245 μm，由国药集团化学试剂有限公司生产，为白色晶体，产品为分析纯，KH_2PO_4 含量≥98%。

4. 硼砂

磷酸盐溶液与氧化镁颗粒之间的化学反应非常迅速，且放出大量热，若不加缓凝剂，将极大地影响 MKPC 的性能和应用。采用掺缓凝剂硼砂，即四硼酸钠（$Na_2B_4O_7·10H_2O$），控制 MKPC 的凝结时间。硼砂是既软又轻的无色结晶物质，属于强碱弱酸盐，在水中能电离出 $B_4O_7^{2-}$ 和 Na^+。当与磷酸盐溶液混合后，$B_4O_7^{2-}$ 与磷酸盐电离出的 H^+ 结合成 $H_2B_4O_7$，从而使溶液的 H^+ 减少，提高溶液的 pH。采用的硼砂由国药集团化学试剂有限公司生产，为白色晶体粉末，具有一定的吸湿性，能溶于水，产品为分析纯，$Na_2B_4O_7·10H_2O$ 含量≥98%。

2.1.4 工业废渣

1. 矿粉

粒化高炉矿渣微粉（简称矿粉）是在高炉冶炼生铁时生成的以硅酸盐和硅铝酸盐为主要成分的副产品，后经水萃急冷处理工艺得到，主要化学成分如表 2.5 所示。试验用矿粉取自武汉某新型建材公司，外观呈灰色，粉末状。

表 2.5 矿粉化学成分及含量

材料名称	化学成分含量/%					
	CaO	SiO_2	Al_2O_3	Fe_2O_3	MgO	其他
矿粉	42.00	33.00	12.00	1.00	6.00	6.00

2. 粉煤灰

试验用粉煤灰取自河南巩义某砖机制造厂生产的一级 FA（CaO 含量为 14.55%），外观呈灰黑色，粉末状。采用 X 射线荧光光谱全量分析测得粉煤灰的主要化学成分及含量，结果如表 2.6 所示。试验使用由德国 Bruker AXS 公司生产的 S4 Pioneer 型 X 射线荧光光谱仪。

表 2.6 粉煤灰化学成分与含量

名称	密度/（g/cm^3）	烧失量/%	化学成分含量/%						
			Al_2O_3	SiO_2	Fe_2O_3	CaO	MgO	Na_2O	SO_3
粉煤灰	2.10	4.90	22.12	54.76	1.86	14.55	2.03	1.10	3.50

① 1 kcal/mol = 4186.6 J/mol。

3. 硅灰

硅灰是冶炼硅铁和工业硅（金属硅）过程中铁合金经高温产生的粒径极细的工业副产物，外观为灰色粉末，主要成分为 SiO_2。硅灰能填充水泥颗粒间的孔隙，可与碱性材料氧化镁反应生成凝胶体镁硅酸盐 $MgSiO_3$，常应用于水泥混凝土以提高水泥混凝土的物理力学性能。选用武汉新必达硅材料有限公司生产的硅灰，主要化学成分和性能指标如表2.7和表2.8所示。

表 2.7　硅灰化学成分表

化学成分含量/%							烧失量/%
SiO_2	Al_2O_3	Fe_2O_3	CaO	SO_3	MgO	K_2O	
86.62	0.51	1.52	1.02	0.58	2.77	2.03	3.88

表 2.8　硅灰性能指标

密度/（g/cm^3）	比表面积/（m^2/g）	含水率/%	容重/（kg/cm^3）	耐火度/℃
2.23	30.1	1.4	173	1 710～1 730

2.2　试验方法

2.2.1　试样制备与养护

经过预处理后可得到粒径小于 2 mm 的不同颗粒级配的淤泥土，再经低温 40 ℃烘干后可作为试验用土。试验采用静压法制备直径为 50 mm、高度为 50 mm 的圆柱试样，步骤如下。

（1）配料：根据试验方案，称取一定量的淤泥土、活性 MgO、粉煤灰和矿粉等材料，配制 $MgCl_2$ 水溶液。

（2）搅拌：使用室内小型搅拌机低速搅拌 10 min 保证干粉混合均匀，最后加入 $MgCl_2$水溶液充分搅拌 20 min 形成均匀混合料。

（3）填料：称取单个试样所需混合料并均匀分成三份，依次填入内壁事先涂好凡士林的圆柱试样模具中。

（4）脱模：待油压千斤顶压实并排出试样气泡后，用脱模器小心脱出试样。

（5）养护：快速利用保鲜膜对试样进行密封并编号，随即移入恒温恒湿养护箱（温度为20 ℃±2 ℃，相对湿度≥95%）内养护至设定龄期。

2.2.2　抗压强度试验

无侧限抗压强度是试样在无侧向压力条件下抵抗轴向压力的极限强度，通常是衡量材料强度等级的重要性能指标。试验采用长春某试验机有限公司制造的 WDW-50kN 微机控制电子万能试验机。将加载速率控制在 1 mm/min，每组试样采用三个平行样的平均值作为强度实测值，按式（2.1）测定试样的无侧限抗压强度。

$$\mathrm{UCS}=\frac{P}{A_a} \tag{2.1}$$

式中：UCS 为试样无侧限抗压强度，MPa；P 为试样破坏时的压力，N；A_a 为试样校正后截面积，mm^2。

2.2.3 微观测试试验

1. XRD 试验

为探究固化淤泥试样内部水化产物的类型，特对代表性试样开展 XRD 测试。试验所用仪器为武汉大学测试中心购置的荷兰帕纳科公司生产的 XPert Pro 型号的 XRD 仪，基本原理是 X 射线管发射出 X 射线，照射到粉末试样表面产生衍射现象，再用辐射探测器接收衍射线 X 线光子，后经量测电路放大处理后在显示装置上给出试样精确的衍射图谱。设定扫描速度不高于 1（°）/ min，扫描角度为 10°～80°。试样制备方法与试验流程如下所示。

（1）取样：选取无侧限抗压强度试验破坏试样内部破裂面上的适量小碎块。

（2）干燥：将试样碎块置于 40℃烘箱中低温烘干 48 h。

（3）研磨：使用玛瑙研钵将烘干试样碎块仔细研磨成粉，过筛（0.075 mm）称取 20 mg 左右试样粉末密封、编号并送检。

2. SEM 试验

开展 SEM 试验旨在观察胶凝材料固化淤泥试样的断面微观形貌、水化产物形态及分布、胶结程度和结构特征。所用仪器是武汉大学测试中心购置的德国卡尔·蔡司公司生产的 ZEISS Sigma 型场发射扫描电子显微镜（field emission scanning electron microscope，FESEM），通过该仪器可获得忠实原貌、立体感极强的样品表面超微形貌结构信息，还能同时进行样品表层的微区点线面元素的定性、半定量及定量分析，具有微观形貌和化学组分综合分析能力。其基本原理是，利用高能电子束在试样上扫描并激发出各种物理信息，通过对这些信息的接受、放大和显示成像，获得该试样表面形貌并以图片形式呈现。试样制备方法和试验流程如下所示。

（1）取样：选取试样内部破裂面上的较大碎块，小心掰成约 0.5 cm×0.5 cm×0.5 cm 具有自然断面的小试块，切忌触摸或碰撞自然断面（否则会严重影响试验效果）。

（2）干燥：将小试块移入洁净烘箱中，40℃低温烘干 48 h 后，小心移入试样盒内，编号并密封保存。

（3）电镀：使用离子溅射仪（JEOL 的 JFC-1600）在待测试块表面镀上一薄层金属膜，目的是提高试块的导电性，防止产生放电现象而影响测试结果，之后送检，观察试块在 FESEM 下不同放大倍数时的微观形貌。

3. 电镜-能谱联合试验

为精确识别水化物相类型及元素组成，采用武汉大学物理科学与技术学院购置的荷兰 FEI 公司生产的 Sirion 200 型 FESEM 联合 X 射线能谱仪对产物元素进行测定并计算各元素的含量，为识别胶凝材料固化淤泥体系作用机理提供支撑。电镜-能谱联用仪借助高能量电子束激发样品表面，产生特征 X 射线，从而根据波长识别元素种类，根据强度测定元素相对含量。电镜-能谱联合试验具有分析速度快、微区元素定量分析准确、图谱直观和损伤小等优势。试样制备方法及试验流程同 SEM 试验。

4. 压汞试验

压汞试验旨在定量分析固化淤泥试样内部的微观孔隙分布特征。其基本原理是，依据非浸润性液体在没有压力作用时不会流入固体孔隙，从而获得圆柱形孔隙注入液体所需压力大小与孔隙体积的关系，进一步得到土中孔隙分布、比表面积等孔隙特征参数。试验采用美国康塔仪器公司设计制造的 PoreMaster 33 型全自动压汞仪，最大进汞压力达 231 MPa，可测孔隙直径为 0.0064～950 μm。试样制备方法与试验流程如下所示。

（1）干燥：将无侧限抗压强度试验破坏后试样放置在洁净烘箱中，40℃低温烘干 48 h。

（2）制样：小心掰开选取试样，使之成为约 5 mm×5 cm×5 cm 具有自然断面（不可抛光）的小试块，注意保持自然断面新鲜不被碰撞，不要用手触摸、嘴吹或水洗断面，以免影响试验效果。

（3）试验：使用精度为 0.0001 g 的电子天平称重后放置于内径为 2 mm 的样品管内，先进行低压操作，再进行高压操作。

2.2.4 耐久性试验

1. 水稳性试验

水稳性试验用于评价试样抵抗自然条件中持续浸水效应对力学性能产生不利影响的能力，模拟现场固化土原位浸水环境对试样水稳定性能的影响。本试验参考《混凝土物理力学性能试验方法标准》（GB/T 50081—2019）[3]和《公路工程水泥及水泥混凝土试验规程》（JTG E30—2005）[4]进行改进与简化，采用上海康路仪器设备有限公司制造的 HBY-40B 型恒温恒湿标准养护箱控制养护温度。试验采用蒸馏水作为浸泡液，养护箱温度恒定在室温（20℃）时进行持续浸水试验，每组试验均制备三个平行试样，取其平均值作为代表性结果。

（1）试样制备与养护参考 2.2.1 小节。将标准养护 28 d 试样进行持续浸水试验，养护与浸水期间应避免浸泡液的人为扰动和叠放试样等现象，室内温度是指浸泡液温度而非空气温度。

（2）试验步骤与方法。

步骤一：浸水试验开始前，需将对照组和浸水试验组试样进行编号、拍照记录、体积测量、质量称重，并测定无侧限抗压强度值作为浸水前基准值。

步骤二：将浸水试验组试样完全浸泡于蒸馏水并经 20 ℃恒温箱养护 0、2 d、4 d、6 d、8 d、10 d、14 d、20 d、28 d 后取出，使用滤纸将其体表水珠擦拭干净后，测量试样强度等指标。

2. 干湿循环试验

干湿循环试验可以快速模拟固化试样在干湿交替时出现增湿与脱湿循环所产生的体积、质量、含水率和强度等性质的变化，评价试样在干湿循环交替作用下保持原有强度的能力。参考 *Standard Test Method for Wetting and Drying Test of Solid Wastes*（ASTM D4843-88）[5]进行改进和简化，采用美国康塔仪器公司制造的 KB-TH-S-150Z 型恒温恒湿试验箱控制温度，将蒸馏水作为浸泡液，每组试验均制备三个平行试样，取其平均值作为代表性结果。

（1）试样制备与养护方法参考 2.2.1 小节。将试样标准养护 28 d 后，进行干湿循环试验。

（2）试验步骤与方法。

步骤一：干湿循环试验开始前，需将对照组和试验组每个试样进行编号、拍照记录、体表尺寸测量、质量称重，并测定抗压强度值作为干湿循环初始值。

步骤二：取干湿循环试验组，先置于恒温 60 ℃烘箱中烘干 24 h，此为一次干循环；再在室温养护箱中静置 1 h，最后置于 20 ℃浸泡液中养护 23 h，此为一次湿循环；待湿循环试验组结束后，应立即对待测试样组各项指标进行测量记录，此为一级完整的干湿循环。

步骤三：重复上述步骤二，直至设计的干湿循环级数结束。以初始测量值为基准，计算、对比各级循环结束后试样各指标测量值，定量评价固化试样的耐干湿性能。

3. 冻融循环试验

冻融循环试验用于研究固化土在季节更替中出现水分冰冻和热熔交替循环时所产生的体积、质量、含水率和强度等指标的变化，对其物理力学特性的影响，以此来评价试样在温度变化最不利的情况下抵抗冻融环境的能力。本试验参考 *Standard Test Methods for Freezing and Thawing Compacted Soil-Cement Mixtures*（ASTM D560/D560M-15）[6]进行改进和简化，采用湖北高天试验设备有限公司制造的 GT-TH-S-408G 型恒温恒湿试验箱自动控制温度及循环程序，每组试验均制备三个平行试样，取其平均值作为代表性结果。

（1）试样制备与养护方法参考 2.2.1 小节。将试样标准养护 28 d 后进行冻融循环试验，冻融组试样应保持密封，避免水分散失。

（2）试验步骤与方法。

步骤一：冻融循环试验开始前，需将对照组和试验组每个试样进行编号、形貌拍照、体积测量、质量称重，并测定试样抗压强度值作为冻融循环初始值。

步骤二：取冻融循环试验组，先置于恒温−20 ℃冻融箱中养护 24 h，再在升温至 20 ℃的养护箱中养护 24 h，结束后立即对待测试样组各项指标进行测量，此为一级完整冻融循环。

步骤三：重复步骤二，直至设计的冻融循环级数结束。以初始测量值为基准，计算、对比各级循环结束后试样各指标测量值，以此评价固化土的抗冻融性能。

以质量变化率为例，直观说明各项指标的计算过程，计算公式为

$$w_n = \frac{m_n - m_{28}}{m_{28}} \times 100\% \tag{2.2}$$

式中：w_n 为试样经 n 级循环后的质量变化率；m_n 为试样经 n 级循环后的平均质量；m_{28} 为试样经标准养护 28 d 后的初始质量。

2.2.5 pH 试验

参照规范《森林土壤 pH 值的测定》（LY/T 1239—1999）[7]和《土壤元素的近代分析方法》[8]对各配合比试样的 pH 进行测定，分析不同因素影响下试样无侧限抗压强度等性质与试样内部孔隙溶液 pH 之间的联系。本试验所选 pH 测量仪器是上海仪电科学仪器股份有限公司生产的 PHS-3C 型 pH 计（数显精度为 0.02）。试样制备方法与试验流程如下所示。

（1）取样、干燥：选取设计配合比固化试样经无侧限抗压强度破坏后内部破裂面附近的小碎块，放置于 40℃烘箱低温干燥 48 h。

（2）研磨、过筛：将干燥小试块在玛瑙研钵中研磨成粉并过 0.25 mm 筛。

（3）配置、测试：称取 10 g 过筛土样和 25 mL 蒸馏水配置成悬浊液，经搅拌 5 min 后静置 30 min，最后取上层清液测定 pH。

2.3 本章小结

本章详细介绍了疏浚淤泥的物理性质、固化剂材料的组成及性质、工业废渣的组分等试验材料的基本特征，阐述了试样制备养护、抗压强度、微观结构、耐久性等多种类型试验的具体操作方法及步骤，为评价疏浚淤泥固化增强效果、揭示化学作用诱发淤泥胶结硬化机理提供了前期基础。

参考文献

[1] 中华人民共和国交通部. 公路土工试验规程: JTG 3430—2020[S]. 北京: 人民交通出版社, 2020.

[2] 中钢集团洛阳耐火材料研究院. 轻烧氧化镁化学活性测定方法: YB/T 4019—2006[S]. 北京: 冶金工业出版社, 2007.

[3] 中华人民共和国建设部, 国家市场监督管理总局. 混凝土物理力学性能试验方法标准: GB/T 50081—2019[S]. 北京: 中国建筑工业出版社, 2019.

[4] 中华人民共和国交通部. 公路工程水泥及水泥混凝土试验规程: JTG E30—2005[S]. 北京: 人民交通出版社, 2005.

[5] ASTM INTERNATIONAL. Standard test method for wetting and drying test of solid wastes: ASTM D4843-88[S]. West Conshohocken, PA: ASTM International, 2016.

[6] ASTM INTERNATIONAL. Standard test methods for freezing and thawing compacted soil-cement mixtures: ASTM D560/D560M-15[S]. West Conshohocken, PA: ASTM International, 2016.

[7] 中国林业科学研究院林业研究所. 森林土壤 pH 值的测定: LY/T 1239—1999[S]. 北京: 中国标准出版社, 1999.

[8] 中国环境监测总站. 土壤元素的近代分析方法[M]. 北京: 中国环境科学出版社, 1992.

第3章 疏浚淤泥絮凝调理与真空预压脱水效果

3.1 疏浚淤泥絮凝沉降与泥水分离过程

3.1.1 沉降柱试验

选取有机高分子、无机高分子和无机等5种絮凝剂，分别使用50 mg/L、100 mg/L、200 mg/L、300 mg/L、400 mg/L、500 mg/L、750 mg/L、1 000 mg/L、1 250 mg/L、1 500 mg/L、2 000 mg/L 等多种添加量，跟踪絮凝调理淤泥的泥水分离和沉降过程。沉降柱试验所用容器是横截面积为32.17 cm^2、容积为1 000 mL的玻璃量筒，外壁上附有精度为1 mm的刻度线。通过添加现场取回的上部清液，将疏浚淤泥配制成初始含水率为180%的试验用泥。取880 mL均匀搅拌淤泥，与220 mL特定浓度絮凝剂溶液共同倒入烧杯并搅拌至均匀，配制成1 100 mL的絮凝调理淤泥混合液。将其中的1 000 mL淤泥混合液倒入量筒后用保鲜膜封顶，静置两周，观察絮凝淤泥在不同时刻对应的沉降过程并记录相关数据。

3.1.2 泥水分界面

通过量筒肉眼观察并记录絮凝淤泥泥水分界面高度的变化，绘制底泥体积随絮凝时间的演变曲线。分析可知，疏浚淤泥絮凝沉降过程大致分为三个阶段：初始絮凝阶段、沉降阶段和压缩阶段。第一阶段为初始絮凝阶段，均匀搅拌过程结束后，絮凝剂未能及时与淤泥颗粒充分接触，导致絮体内部并未静置稳定，初始絮凝阶段的沉降速率明显较慢，随后有更多粗粒絮团形成，并开始逐步发生沉降。絮凝剂种类、添加量不同，使得淤泥混合液稠度、电性、离子浓度等指标不一，导致阻力水平各异，初始絮凝阶段持续时间不同。第二阶段为沉降阶段，絮凝淤泥混合液中密度相似的絮凝体的颗粒沉降速度与其尺寸的平方成正比，较大絮凝体因重力作用快速下沉，使絮体沉降速率不同而产生差异絮凝，导致不同尺寸的絮体相互碰撞、继续结合，沉降过程中絮凝体尺寸逐渐增大，沉降速率逐步增加，直到阻力与重力平衡，达到极限速度，最终发生群体沉降。第三阶段为压缩阶段，絮凝体经快速沉降后逐渐堆积，密度持续增加，从而使底部淤泥沉积到达压密点状态，压缩区高浓度淤泥在上层压力作用下，逐渐把存在于颗粒间的部分水向上挤压排出，压缩区体积逐渐缩小，发生缓慢压缩与固结，直至该过程终止。

1. 阴离子聚丙烯酰胺

由图3.1可知，随阴离子聚丙烯酰胺（anionic polyacrylamide，APAM）添加量的增加，絮凝淤泥泥水界面的下降速度呈上升趋势，前期初始絮凝阶段的持续时间及抵达压缩阶段所需时间逐渐减小。当APAM添加量为500 mg/L时，泥水界面下降速率达到峰值(14.0 mL/min)。随添加量的持续上升，高添加量絮凝剂处理的底泥压缩区上层有微小颗粒悬浮，导致上层清液与压缩区之间无明显界面且沉降速度渐缓，甚至对絮凝沉降起到减速效果，此时初始絮凝阶段持续时间及抵达压缩阶段所需时间逐渐增加。初始絮凝阶段完成后，絮凝剂添加量的增加诱使絮凝沉降两周后底泥体积的逐渐上升，由原状淤泥对应的471 mL升至2 000 mg/L APAM时的595 mL。

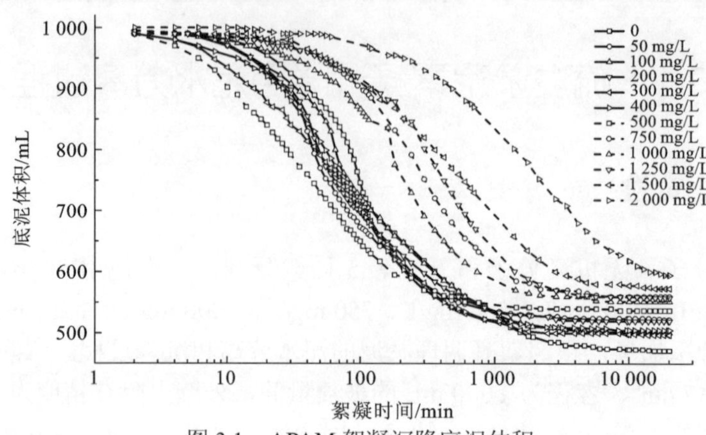

图 3.1 APAM 絮凝沉降底泥体积

APAM 与淤泥颗粒表面的电位发生电中和作用，使ζ电位降低，颗粒排斥力减小，絮凝剂高分子链状结构上的带电基团与多个淤泥颗粒发生吸附，它们彼此之间以电化学键形式结合，形成桥联。随絮凝剂添加量的逐渐增加，絮凝剂长链架桥附着的颗粒增多，重力增大引起沉降速率明显增加。APAM 自身较强的网捕、吸附及卷扫能力，使淤泥颗粒进一步团聚，形成更大的絮体颗粒，诱使初始絮凝阶段在较短时间内完成。过量添加絮凝剂，使淤泥混合液稠度增加且使多余絮凝剂高分子长链无法吸附淤泥颗粒，长分子链结构产生严重卷曲，形成线团状，即絮凝作用无法有效发挥，添加量增加使卷曲现象变得更为严重，最终使淤泥混合液的阻力增速大于颗粒的重力增速，无法快速吸附、卷扫颗粒，致使沉降效果变差，即初始絮凝阶段时间增长、沉降速率缓慢。与此同时，APAM 絮凝剂添加量增加，使絮凝体体积逐渐增大，导致底泥密实程度相应下降。APAM 浓度过高、黏性过大，使得上层清液含有大量微小颗粒而难以快速沉降，导致絮凝剂添加量较高时淤泥上层清液与压缩区之间不能形成较为清晰的泥水界面。

2. 聚二甲基二烯丙基氯化铵

分析图 3.2 可知，添加 50 mg/L 的聚二甲基二烯丙基氯化铵[poly（diallyldimethylammoniuml chloride），HCA]絮凝剂，可使淤泥相对快速地达到沉降阶段并逐渐絮凝稳定。随添加量的持续增长，HCA 反而会降低淤泥沉降速率，甚至使之低于原泥沉降速率，导致淤泥初始絮凝时间逐渐大幅增加，沉降阶段维持时间显著缩短。底泥厚度随 HCA 添加量的增加呈快速上升趋势，由原状淤泥对应的 529 mL 最高上升至 HCA 添加量为 1 500 mg/L 时的 689 mL。上述分析充分说明：HCA 絮凝剂无法促使试验淤泥发生比较有效的絮凝沉降。

HCA 与淤泥混合水解生成的季铵盐类作用基团带有一定的正电荷，低 HCA 添加量时低价阳离子基团与淤泥中部分阴离子发生少量电中和作用，能够减短初始絮凝阶段时长。随 HCA 添加量的增加，分解的高分子阳离子基团与淤泥中金属阳离子产生强烈的排斥作用，阳离子产生的排斥负面作用远大于其与阴离子电中和引发的积极作用，使得高 HCA 添加量时

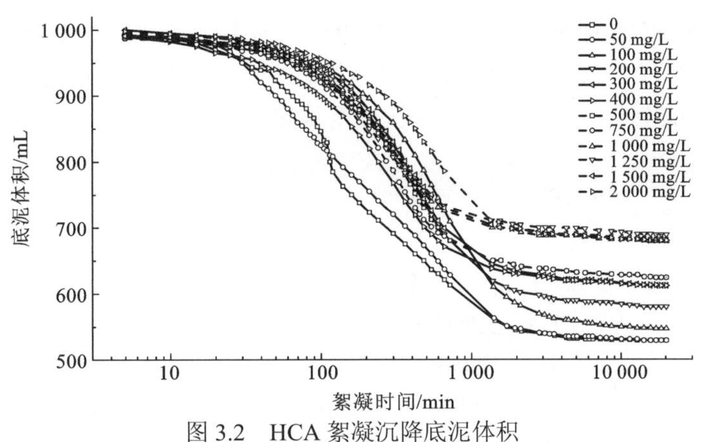

图 3.2 HCA 絮凝沉降底泥体积

初始絮凝阶段时长大幅增加，沉降过程缓慢。沉降后期的吸附与卷扫作用因同向离子的高排斥力而无法正常发挥，明显削弱了淤泥的脱水沉降性能，导致底泥难以深度压缩，底泥体积逐渐增大。

3. 聚合硅酸铝铁

分析图 3.3 发现，低聚合硅酸铝铁（polyaluminum ferric silicate，PAFSI）添加量对原状淤泥具有较好的絮凝沉降效果，过高添加量反而会弱化絮凝作用。低 PAFSI 絮凝剂添加量能使絮凝淤泥快速达到沉降阶段，且在沉降前期底泥体积变化曲线的斜率陡增，即沉降速率明显加快。继续添加絮凝剂，使沉降速率持续上升，添加量为 200 mg/L 时沉降速率达到峰值（5.6 mL/min），之后逐渐开始减缓。添加量增至 1 000 mg/L 时，初始絮凝阶段持续时间明显延长，前期沉降速率显著降低，导致底泥体积进一步累积且相对更高。值得注意的是，经压缩阶段后，无机高分子絮凝剂添加量对底泥体积的影响程度比有机高分子絮凝剂（APAM 絮凝剂、HCA 絮凝剂）更小，即底泥体积仅由 494 mL 增至 542 mL。

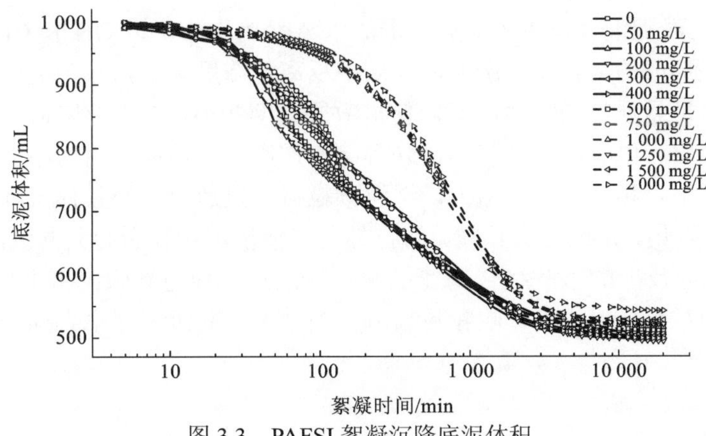

图 3.3 PAFSI 絮凝沉降底泥体积

PAFSI 与淤泥混合发生羟基桥联聚合反应，分解为聚硅酸和 Fe、Al 的多核羟基络合物。Al 多核羟基络合物将淤泥颗粒聚集而形成大体积絮凝体，Fe 多核羟基络合物对絮凝体进行密实，使絮体能够快速沉降，有效加快了原状淤泥的前期沉降速率。通过聚硅酸的阴离子性和高分子性，淤泥沉降过程中 PAFSI 产生高黏结聚集能力和吸附架桥作用，对金属阳离子进行电中和反应，从而降低底泥颗粒的排斥性。随 PAFSI 添加量的增大，多余 PAFSI 并不能充分水解，进而产生大量游离 Fe、Al 的简单离子、单核络合物和氢氧化物等成分，使淤泥所带电荷恢复排斥性，即发生再稳现象，颗粒重新处于稳定的排斥分散状态，最终使底泥体积有所提升。

4. 聚合氯化铝

如图 3.4 所示，低添加量的聚合氯化铝（polyaluminium chloride，PAC）絮凝剂可显著促使原状淤泥发生絮凝沉降，但过量 PAC 反而会对絮凝过程产生弱化效应。随 PAC 絮凝剂添加量的持续增加，原状淤泥絮凝效果逐渐得以改善，添加量升至 200 mg/L 时上层清液体积达到峰值（490 mL），底泥体积最小（510 mL），之后迅速进入沉降阶段且沉降前期斜率显著增大，沉降速率明显增加。当 PAC 添加量超过 300 mg/L 时，初始絮凝阶段明显延长，沉降阶段持续时间显著缩减，进入压缩阶段渐渐稳定后底泥体积变化幅度较小，仅由 510 mL 提升至 553 mL。

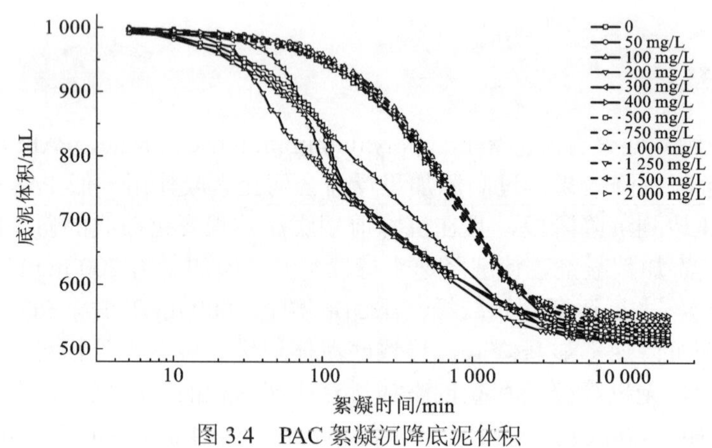

图 3.4　PAC 絮凝沉降底泥体积

絮凝剂 PAC 与淤泥混合发生水解后，形成以 Al^{3+} 为中心，以 OH^- 和 Cl^- 为配位体，通过羟基架桥作用交联形成的络合物。淤泥混合液中反离子浓度增高，吸附混合液中异向电位颗粒、中和淤泥微粒及悬浮物的表面电荷，使扩散层厚度变小，ζ 电位降低，胶粒间的斥力减小。通过压缩双电层、电中和、羟基间桥联等综合作用，颗粒间吸附力不受水相组成影响，颗粒相撞时距离减小，相互间吸力增大，淤泥颗粒得以迅速凝聚。絮体沉降过程中，淤泥颗粒相互碰撞、重新聚集，形成更大颗粒，卷扫邻近其他淤泥颗粒引起共同沉降。随 PAC 添加量的升高，未能充分反应的水解络合物使已脱稳的淤泥颗粒重新吸附带电离子，达到新的电荷平衡，使淤泥颗粒重新聚集，影响颗粒絮凝压缩效果，其沉降速率大幅降低且底泥体积有一定程度的提升。

5. 氢氧化钙

依据图 3.5 发现，氢氧化钙[$Ca(OH)_2$]添加量低于 1 250 mg/L 时，不同含量絮凝剂对应的淤泥沉降效果在宏观上并无显著差别。直至 1 250 mg/L 和 1 500 mg/L 添加量时，$Ca(OH)_2$ 诱使初始絮凝阶段持时缩短且前期沉降速率明显增加，该添加量可以被认为是最适宜的絮凝剂浓度。当 $Ca(OH)_2$ 添加量升至 2 000 mg/L 时，淤泥初始絮凝时长明显增加，沉降速率变缓。

在低添加量时，沉降过程完成后底泥体积有所降低，说明低添加量的 $Ca(OH)_2$ 在一定程度上可以改善底泥压缩效果。尤其是在 200 mg/L 添加量时，底泥达到最低体积（475 mL），减容效果最优，之后随絮凝剂添加量的上升，底泥体积反而稍有增加，即由 475 mL 提升至 531 mL。

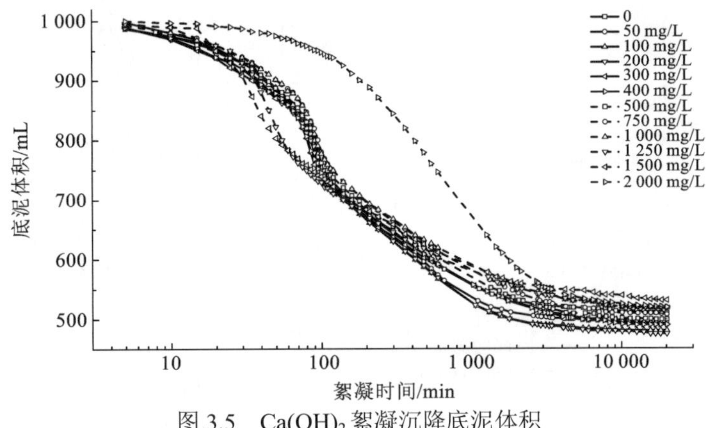

图 3.5　$Ca(OH)_2$ 絮凝沉降底泥体积

$Ca(OH)_2$ 中和淤泥颗粒表面电荷，使淤泥颗粒间斥力减弱，极性降低，碰撞概率增大，由分散状态脱稳形成絮凝体。$Ca(OH)_2$ 的桥联与胶结作用使颗粒形成具有一定强度的团块状结构，起到骨架构建作用。淤泥中金属阳离子与 $Ca(OH)_2$ 中的 Ca^{2+} 进行吸附交换，进而与 OH^- 结合形成氢氧化物，离子等量交换作用使淤泥颗粒表面吸附 Ca^{2+} 所形成的扩散层减薄，有效降低了淤泥颗粒的分散程度并形成了较大的絮体，随后通过网捕作用发生群体沉降现象。随着添加量的增加，中和表面电位的效果更显著，离子交换产生的氢氧化物沉淀更多，故在 1 250 mg/L 和 1 500 mg/L 高添加量时达到更优的淤泥沉降效果。然而，随着沉积过程的不断进行、淤泥底泥体积的持续增加，添加量过大（2 000 mg/L）反而使已脱稳淤泥颗粒重新吸附带电离子，形成新的电荷平衡，淤泥颗粒重新聚集，影响淤泥絮凝浓缩，导致初始絮凝阶段时间大幅延长。

3.1.3　沉降速率

由底泥体积变化曲线图可知，5 种絮凝剂在前 250 min 内可使淤泥从初始絮凝阶段过渡到沉降阶段。选取原状淤泥、最快沉降速率和最慢沉降速率对应的絮凝剂添加量调理淤泥，对 5 种絮凝剂的三条沉降过程曲线在前 300 min 时段内的沉降速率进行深入分析。图 3.6 展示了 APAM、HCA、PAFSI、PAC 和 $Ca(OH)_2$ 絮凝调理淤泥在 300 min 内的泥水分离变化过程。

分析图 3.6 可知，对照组原状淤泥在初始絮凝阶段沉降速率多位于 1～2 mL/min，之后沉降速率在 90～130 min 达到峰值（接近 4.0 mL/min），沉降速率最终稳定在 0.5 mL/min。值得注意的是，尽管图 3.6（b）中原状淤泥沉降速率峰值高达 5.8 mL/min，但图中 5 组原状淤泥沉降速率曲线的变化规律基本一致。这是由于量筒中均匀搅拌的淤泥未静置稳定，颗粒受到混合液体分子的不平衡撞击作用，引起无规则布朗运动，导致前期沉降阶段低速率沉降持时较长。在重力作用下，淤泥颗粒持续沉降并发生群体沉降，沉降速率加快，达到沉降速率峰值。最后，底泥体积逐渐增加，沉降速率减缓，达到压密点状态后底泥进入匀速缓慢压缩阶段。

图 3.6（a）显示，原状淤泥沉降速率在 90 min 时达到峰值 4.0 mL/min。500 mg/L 的 APAM

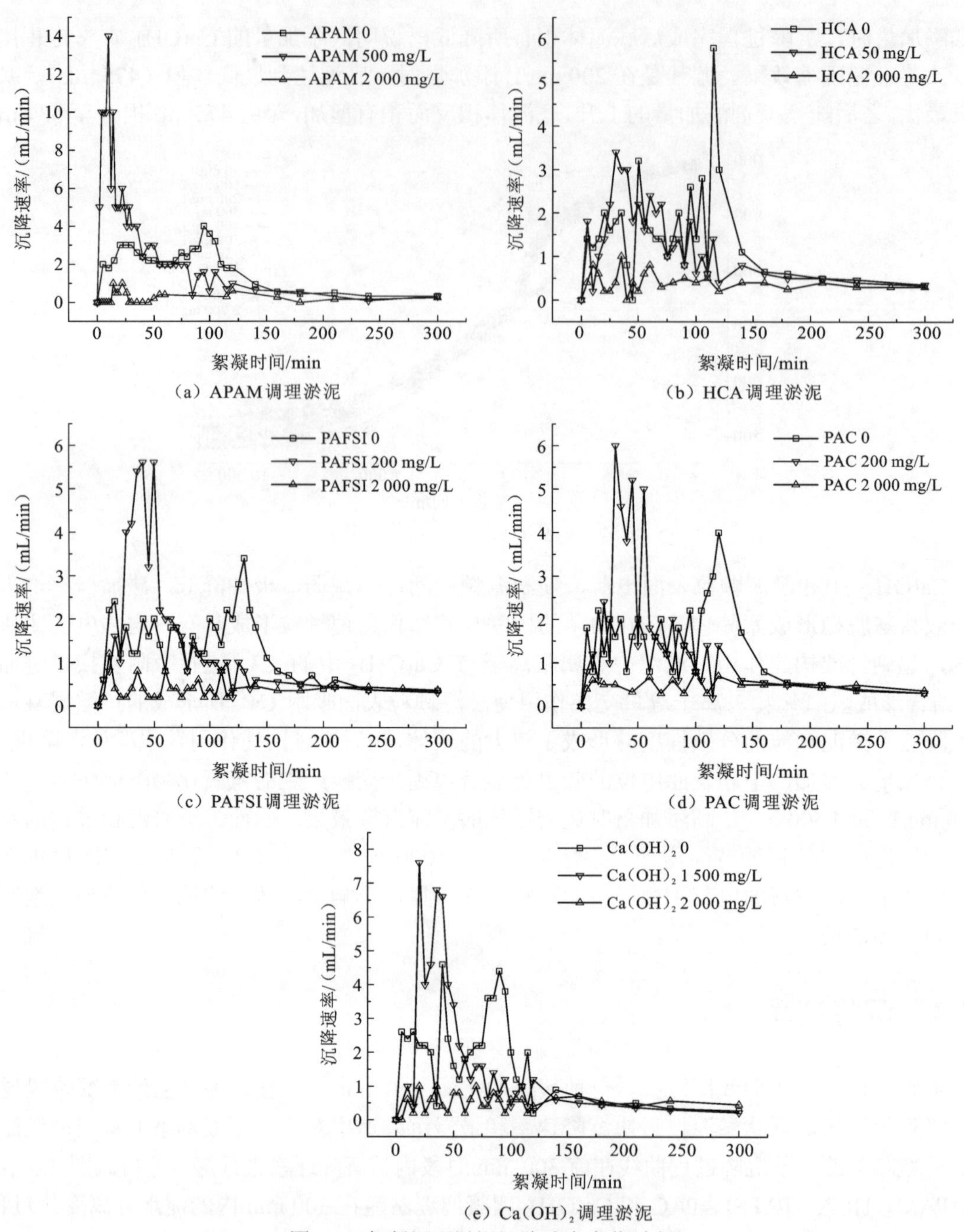

图 3.6　絮凝调理淤泥沉降速率变化过程

使淤泥混合液在 10 min（较原状淤泥缩短 88.9%）时升至沉降速率峰值 14.0 mL/min，是原状淤泥沉降速率的 3.5 倍。2000 mg/L 的 APAM 絮凝调理淤泥在 14.0 min 时沉降速率达到微弱峰值 1.0 mL/min，仅为原状淤泥对应速率的 1/4。结果表明：适宜的 APAM 添加量会大幅提高原状淤泥的沉降效率，即峰值沉降速率升高，达到峰值所需时间缩短，过量的 APAM 反而会显著延缓沉降速率。

由图 3.6（b）可知，原状淤泥在 115 min 时达到沉降速率峰值 5.8 mL/min。HCA 浓度在 50 mg/L 时混合液在 30 min（较原状淤泥缩短 73.9%）达到沉降速率峰值 3.4 mL/min，仅为原状淤泥的 58.6%。短时间内快速到达峰值沉降速率，但峰值沉降速率水平偏低，导致 115 min 后原状淤泥底泥体积小于絮凝淤泥（原状淤泥泥水界面高度低于絮凝淤泥），絮凝淤泥沉降效果更差。2 000 mg/L 的 HCA 絮凝调理淤泥沉降速率在 35 min 时形成微小峰值，仅为 1.0 mL/min（原状淤泥的 17.2%）。HCA 絮凝剂对所选淤泥无法产生有效絮凝，甚至会劣化沉降效果。

由图 3.6（c）可知，原状淤泥在 130 min 时达到沉降速率峰值 3.4 mL/min。添加 200 mg/L 的 PAFSI，使淤泥混合液在 40 min 时（较原状淤泥缩短 69.2%）达到沉降速率峰值 5.6 mL/min（原状淤泥的 1.65 倍）。2 000 mg/L 的 PAFSI 絮凝调理泥浆在 10 min 时达到微弱峰值 1.2 mL/min，仅为原状淤泥的 35.3%。结果表明：适宜的 PAFSI 添加量使淤泥的沉降性能有了一定的提升，沉降速率峰值增加，对应时间缩短，但过高添加量反而会降低峰值沉降速率，延缓原状淤泥沉降过程。

由图 3.6（d）可知，原状淤泥在 120 min 时达到沉降速率峰值 4.0 mL/min。添加 200 mg/L 的 PAC 絮凝剂可使淤泥混合液在 30 min 时（较原状淤泥缩短约 75.0%）就能达到沉降速率峰值 6.0 mL/min，即原状淤泥的 1.5 倍。若添加 2 000 mg/L 的 PAC，絮凝调理淤泥则以低于 1.0 mL/min 的速率均匀沉降。分析表明：从峰值沉降速率与对应时间角度分析，最优 PAC 添加量对原状淤泥沉降性能有一定程度的提高，过量的 PAC 絮凝剂则大幅劣化原状淤泥的沉降性能。

分析图 3.6（e）可知，原状淤泥在 90 min 时达到沉降速率峰值 4.4 mL/min。1 500 mg/L 的 $Ca(OH)_2$ 可使淤泥混合液在 20 min 时（较原状淤泥缩短 77.8%）就达到沉降速率峰值 7.6 mL/min（即原状淤泥的 1.73 倍）。添加 2 000 mg/L 的 $Ca(OH)_2$ 时，絮凝淤泥则以低于 1.0 mL/min 的速率进行均匀沉降。分析表明：从峰值沉降速率及对应时间角度分析，最优 $Ca(OH)_2$ 添加量对原状淤泥沉降性能的改良具有明显的效果，添加过量的 $Ca(OH)_2$ 絮凝剂会大幅延缓原状淤泥的沉降性能。

依据上述分析与表 3.1，适量絮凝剂可有效调理淤泥沉降性能，明显提升淤泥沉降速率，这是由于絮凝初期淤泥混合液内部发生压缩双电层、吸附电中和、吸附架桥等一系列反应且已开始形成絮凝体，混合液能更快地进入稳定絮凝阶段。在淤泥沉积过程中，絮凝剂继续通过吸附、卷扫等作用，使得絮体团聚，尺寸继续增大。另外，由于电中和作用，颗粒间排斥力降低，絮凝体具有更快的沉降速率，所需沉降时间更短。

表 3.1　峰值沉降速率值　（单位：mL/min）

絮凝剂类型	浓度											
	0	50 mg/L	100 mg/L	200 mg/L	300 mg/L	400 mg/L	500 mg/L	750 mg/L	1 000 mg/L	1 250 mg/L	1 500 mg/L	2 000 mg/L
$Ca(OH)_2$	4.4	4.0	4.6	5.2	4.8	4.8	4.2	4.0	4.0	6.0	7.6	1.0
PAFSI	3.4	3.8	4.0	5.6	4.4	3.4	4.6	3.4	2.2	1.0	5.0	1.2
PAC	4.0	3.4	4.4	5.2	2.4	1.2	1.6	0.66	1.6	0.8	0.7	0.8
HCA	3.2	3.4	2.2	1.2	1.2	2.0	1.6	2.0	1.6	1.2	1.8	1.0
APAM	4.0	7.2	6.0	7.2	10.0	5.0	14.0	2.5	5.0	5.0	3.0	1.0

3.1.4　淤泥沉降比

结合絮凝淤泥沉降速率可知，絮凝效果主要体现在前 250 min 之内。通过定义淤泥沉降比，可定量、直观地体现絮凝剂对淤泥泥水分离的作用。淤泥沉降比，即淤泥混合液在量筒内静置 60 min 后沉降底泥体积占原淤泥混合液体积的百分比：

$$C = \frac{V_{60}}{V_0} \times 100\% \tag{3.1}$$

式中：V_{60} 为静置 60 min 絮凝淤泥底泥体积，mL；V_0 为混合液初始总体积，即 1 000 mL。

由图 3.7 中淤泥沉降比随絮凝剂添加量的变化可知，APAM 絮凝淤泥沉降比整体上低于其他絮凝剂对应的比值，即其絮凝沉降效果显著优于其他絮凝剂。随絮凝剂添加量的增加，淤泥加速沉降效果愈发明显，尤其在 APAM 添加量达到 500 mg/L 时淤泥沉降比较原状淤泥降低 14.8%，之后淤泥沉降比显著上升。絮凝剂 HCA 整体效果不佳，除 50 mg/L 添加量之外（淤泥沉降比较原状淤泥降低 2.6%），其余添加量均使淤泥沉降比处于较高水平（92%～96%），再次证实添加 HCA 并不能明显改良淤泥的沉降絮凝效果。PAFSI 与 PAC 两种高分子无机絮凝剂对淤泥沉降效果的影响基本相似，200 mg/L PAFSI 与 PAC 分别能使淤泥沉降比降低 8.9% 和 7.7%，絮凝剂掺量超过 200 mg/L 时淤泥沉降比升高。PAC 对淤泥中的大量金属阳离子进行电中和，但无法生成 PAFSI 水解所含的聚硅酸，并不能在沉降过程中产生高黏结聚集能力和吸附架桥作用，故 PAFSI 前期阶段的絮凝效果比 PAC 表现更优。$Ca(OH)_2$ 掺量小于 1 000 mg/L 时对淤泥沉降比影响不大，1 250 mg/L、1 500 mg/L 时才有更优效果，使淤泥沉降比降低 8.7%（由 87%降至 78.3%）。

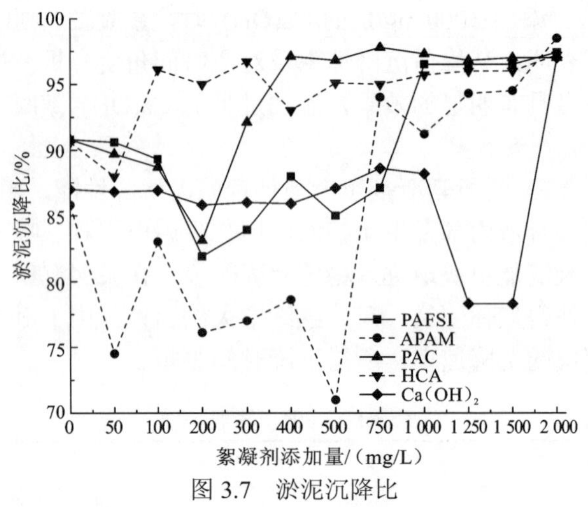

图 3.7　淤泥沉降比

3.1.5　淤泥浓缩倍数及底泥含水率

通过淤泥浓缩倍数，可评价絮凝淤泥沉降过程完成后最终的絮凝沉降效果。淤泥浓缩倍数越高，说明絮凝作用完成后淤泥具有更优异的泥水分离效果。淤泥浓缩倍数定义为淤泥混合液初始总质量与沉降完成后底部沉积淤泥质量之比。

$$T = \frac{m_0}{m_0 - m_t} \tag{3.2}$$

式中：m_0 为淤泥混合液初始总质量，g；m_t 为淤泥混合液沉降 t 时间后上层清液的质量，g。

结合图 3.8 可知，HCA 絮凝调理的淤泥浓缩倍数随絮凝剂添加量的升高而持续降低，这无疑进一步验证了 HCA 絮凝剂对所选淤泥并无显著改良效果。$Ca(OH)_2$ 等其余 4 种絮凝剂添加量的增加，均促使淤泥浓缩倍数呈现先升高至峰值，之后逐渐降低的趋势。这说明：存在最优絮凝剂添加量，使得淤泥浓缩倍数达到峰值；添加过量絮凝剂无法使淤泥发生有效的沉降挤密，甚至会引起底泥体积不同程度的上升而影响淤泥泥水分离效果。

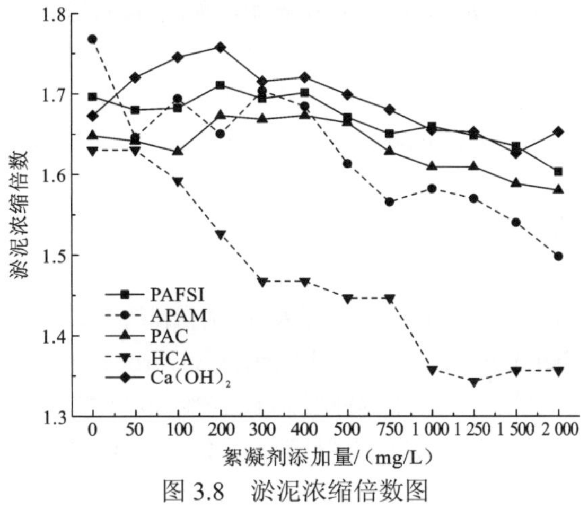

图 3.8　淤泥浓缩倍数图

通过淤泥浓缩倍数和底泥含水率的综合分析，进一步明确絮凝剂类型及掺量对淤泥泥水分离效果的影响。沉降柱试验结束时，所测底泥含水率随絮凝剂添加量的变化曲线如图 3.9 所示。分析可知：除 HCA（持续上升）和 $Ca(OH)_2$（先升后降）之外，絮凝剂 APAM、PAFSI 和 PAC 均使底泥含水率整体上呈现先下降后上升的变化趋势。

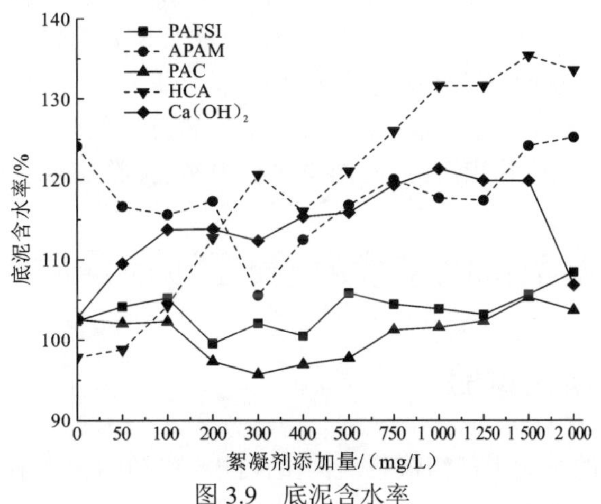

图 3.9　底泥含水率

结合图 3.8 和图 3.9，APAM 絮凝淤泥浓缩倍数峰值 1.7 与底泥含水率谷值 105.57%位于掺量 300 mg/L 处，比原状淤泥（1.77、124.12%）分别降低 0.07 和 18.55%。HCA 絮凝剂水解形成高分子阳离子基团，与淤泥中金属阳离子产生强烈排斥作用，颗粒间存在较大孔隙，无法有效脱水，导致淤泥浓缩倍数偏小，底泥含水率偏高。

在 200 mg/L PAFSI 时，絮凝淤泥浓缩倍数和底泥含水率达到最优（1.71、99.53%），与原状淤泥相比（1.70、102.4%）变化并不大，即 PAFSI 泥水分离效率有待提升，这与调理淤泥沉降速率峰值较低的现象一致。在最优 PAC 添加量 200 mg/L 时，絮凝淤泥浓缩倍数与底泥含水率分别为 1.67、97.32%，优于原状淤泥（1.65、102.57%）和 1 500 mg/L PAC 调理淤泥（1.59、105.35%）。最优添加量时，PAC 絮凝淤泥底泥含水率降幅高于 PAFSI，但由于 PAC 中并无聚硅酸进行辅助作用，淤泥浓缩倍数整体低于 PAFSI，故而 PAFSI 效果总体优于 PAC。

相比原状淤泥（1.67、102.75%），200 mg/L $Ca(OH)_2$（1.76、113.81%）、1500 mg/L $Ca(OH)_2$（1.63、119.81%）絮凝淤泥的底泥含水率显著增加，淤泥浓缩倍数升高，这说明 $Ca(OH)_2$ 絮凝剂掺量对淤泥泥水分离性能影响显著，适宜的掺加量可有效改善淤泥脱水效果。添加过量絮凝剂，则会阻碍絮凝剂分子链的完全伸展，淤泥颗粒由于电荷排斥效应而重新分散稳定，不利于改善淤泥脱水性能，絮凝剂添加量达到一定程度后底泥含水率略有上升。

3.1.6 絮凝调理原理

通过添加适量的絮凝剂，在淤泥颗粒表面发生电中和等物理化学反应，可高效、快速地改变淤泥性质。DLVO（Deijaguin-Landau and Verwey-Overbeek）理论利用胶粒间吸引能和排斥能的相互作用产生的相互能，可有效解释胶体稳定性和产生絮凝的原因，已得到国内外学者的广泛认可。结合前人研究[1-2]和本章所得结果，所选 PAC 等 5 种絮凝剂在絮凝调理和脱水沉降全阶段的反应过程与驱动机理总结如下。

（1）压缩双电层作用。絮凝剂在淤泥中发生电解，反粒子置换使淤泥颗粒表面反粒子数减少，双电位厚度变薄，ζ 电位和排斥能降低，使淤泥颗粒失稳，产生凝聚作用。

（2）吸附电中和作用。淤泥颗粒表面吸附异号离子、异号胶粒或链状异号电荷高分子，从而中和淤泥颗粒本身所带部分电荷，减少淤泥颗粒之间的静电斥力，使淤泥颗粒更易于沉降。

（3）吸附架桥作用。通过絮凝剂吸附架桥作用，淤泥颗粒之间相互连接，最终形成絮凝体而逐渐沉淀。高分子絮凝剂大都具有线性结构，其线性两端可以各自吸附不同淤泥颗粒，不同颗粒之间吸附架桥，从而形成越来越大的絮状体。

（4）网捕卷扫作用。添加到淤泥混合液中的铝盐、铁盐等絮凝剂，水解生成大量具有三维立体结构的氢氧化物并从水中析出沉淀，在沉降过程中网捕、卷扫悬浮液中的颗粒而共同下沉。

3.2 疏浚淤泥化学絮凝-真空预压深度脱水过程

3.2.1 絮凝-真空预压试验

通过添加现场取回的淤泥上部清液将疏浚淤泥配制成初始含水率为 200%的 25 L 试验用泥，静置后取上层清液配置絮凝剂溶液（应保证试验用泥初始含水率不变）。均匀搅拌试验用泥后，将特定浓度絮凝剂溶液[$Ca(OH)_2$（1 500 mg/L）、PAFSI（200 mg/L）、PAC（200 mg/L）、HCA（50 mg/L）、APAM（500 mg/L）]倒入搅拌桶并持续搅拌直至均匀。将配置的淤泥混合液倒入淤泥脱水箱至 30 cm 高度（体积为 22.643 L），电子天平归零后开启真空预压脱水装置，观察并记录 90 kPa 真空负压抽滤作用下不同时刻对应的絮凝调理淤泥的深度脱水过程。

如图 3.10 所示，疏浚淤泥真空预压脱水装置由真空加压装置、絮凝脱水装置构成，主要包含真空泵、真空饱和缸、电子天平、淤泥脱水箱、真空抽滤管（钢丝弹簧与无纺土工布组合）及连接部件。通过各部分构件的有序组合，构成完整的疏浚淤泥真空预压脱水装置。

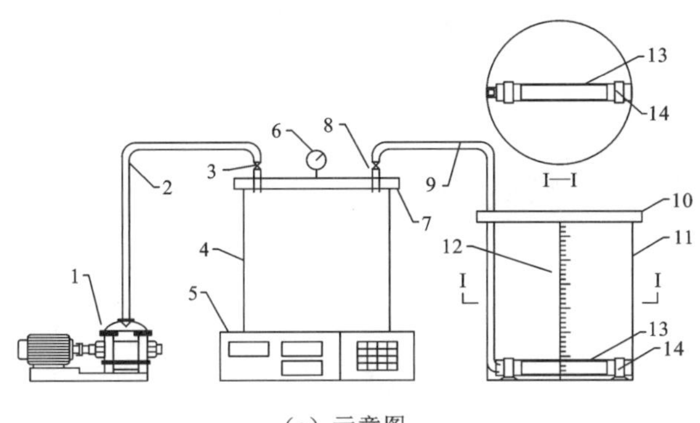

(a) 示意图

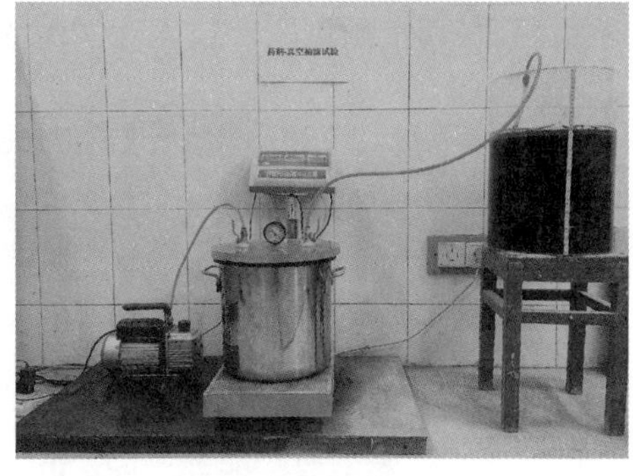

(b) 实物图

图 3.10　真空预压脱水装置

1—真空泵；2—真空抽气管；3—第一阀门；4—真空饱和缸；5—电子天平；6—真空度表；7—密封顶板；8—第二阀门；9—排水管；10—淤泥脱水箱顶板；11—淤泥脱水箱；12—刻度线；13—真空抽滤管；14—固定卡扣

1. 真空加压装置

真空加压装置包括真空饱和缸、真空抽气管、真空泵。真空饱和缸放置于电子天平（量程为 75 kg，精度为 1 g）上方，用于监测抽入真空饱和缸的分离水分的质量，上部放置饱和缸密封顶板，通过橡胶圈与饱和缸形成密封环境，进行二次真空传递。密封顶板附有真空度表，监测真空饱和缸内的压力值，真空度表两侧连接处与排水管（直径为 14 mm）顶部、真空抽气管（直径为 14 mm）顶部相连，连接处设有第一阀门、第二阀门，用于控制真空压力传递。真空抽气管顶部连接单级 RM-4 真空泵，其电机功率为 265 W，抽气速率为 2 L/s，极限真空度为 2 Pa，通过真空泵可产生 90 kPa 的真空负压。

2. 絮凝脱水装置

絮凝脱水装置包括淤泥脱水箱、真空抽滤管、排水管。为满足强度承载要求，所述淤泥脱水箱是侧壁厚度为 8 mm，底部厚度为 10 mm，净横截面积为 754.77 cm^2 的圆柱形有机玻璃桶，上部放置厚度为 3 mm 的有机玻璃顶板，防止试验中淤泥混合液的水分蒸发，外壁附有精度为 1 mm 的刻度线，有效降低试验监测误差，内部由固定卡扣将真空抽滤管横向固定于淤泥脱水箱底部。真空抽滤管由侧壁无缝包裹无纺土工布（有效孔隙直径为 200 μm，单位克重为 200 g/m^2）的钢丝弹簧（内径为 20 mm）构成，由钢丝弹簧形成骨架，无纺土工布在外侧形成隔泥层，两者结合充分发挥各自优点提供排水与防淤堵功能，真空抽滤管顶、底部各量取 3 cm 通过保鲜膜进行密封，顶部连接排水管下端，排水管上端连接至真空饱和缸。通过真空抽滤管将 90 kPa 真空负压传递至淤泥脱水箱，形成压力差并作用于淤泥混合液，淤泥颗粒被无纺土工布阻挡并使水分穿过无纺土工布（即透水反滤作用）进入排水管，最终将水分抽送至真空饱和缸。

3.2.2　泥水分离变化过程

对淤泥脱水箱沉降界面高度进行实时监测、采集并记录，建立淤泥混合液总高度(图 3.11)、泥水分界面高度（图 3.12）及上层清液厚度（图 3.13）随真空抽滤时间变化的关系曲线，突显絮凝调理-真空预压联合技术对淤泥脱水过程与脱水效率的优势。

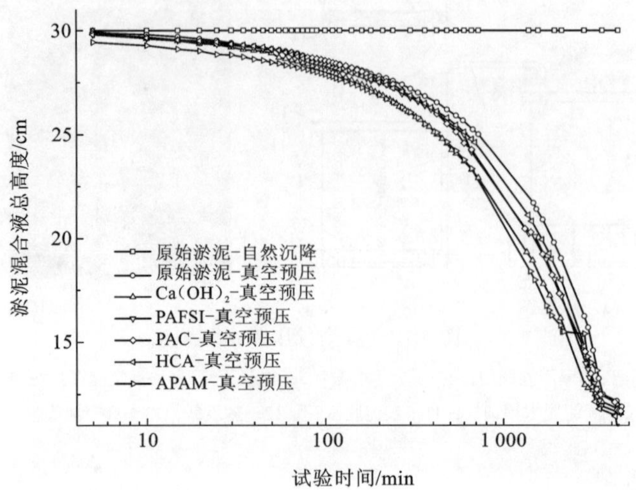

图 3.11　淤泥混合液总高度

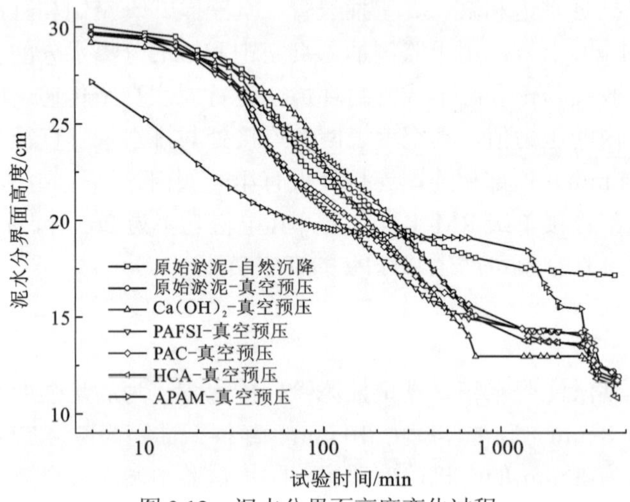

图 3.12　泥水分界面高度变化过程

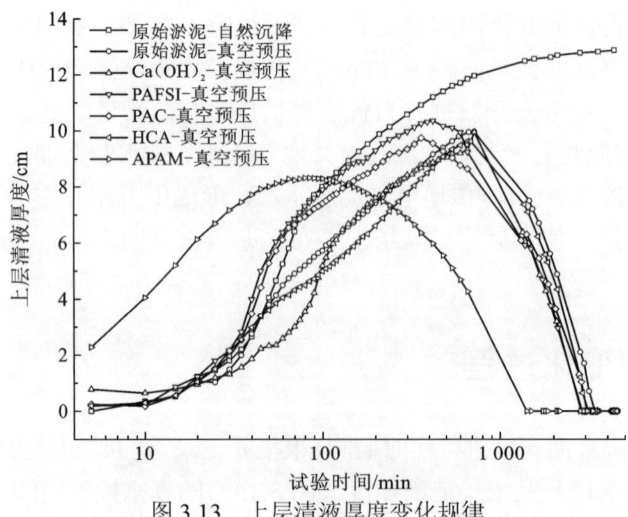

图 3.13　上层清液厚度变化规律

由图 3.11 可知，原始淤泥自然沉降过程中上层清液无排出路径，无法在泥水分离过程中同时完成脱水，如图 3.14（a）所示，淤泥混合液总高度始终保持在 30.0 cm。在真空预压作用（−90 kPa）下，淤泥脱水箱内部的真空抽滤管即淤泥排水路径，负压促使孔隙水及上部清液排出，淤泥混合液总高度随时间逐渐下降，见图 3.14（b），直至抽滤液质量维持恒定。在淤泥中添加最优添加量的絮凝剂，絮凝作用促使淤泥颗粒互相碰撞、聚集形成更大的颗粒絮体，淤泥颗粒间孔隙增大，大幅提高了淤泥渗透系数而减轻了淤堵程度，自由水更容易被排出，即絮凝-真空预压联合脱水效果明显更优。真空预压试验 24 h 后，原始淤泥总高度下降 8.19 cm，比自然沉降下降高度提高了 27.67%，$Ca(OH)_2$、PAFSI、PAC、HCA、APAM 联合真空预压处理淤泥总高度分别下降了 11.03 cm、9.83 cm、9.81 cm、9.20 cm、11.75 cm，比真空预压原始淤泥增加了 34.68%、20.02%、19.78%、12.33%、43.47%。添加适宜掺量的絮凝剂对淤泥真空预压脱水性能的改善效果较为显著。

（a）自然沉降

（b）真空抽滤

图 3.14　自然沉降与真空抽滤试验效果直观对比

分析图 3.12，自然沉降结束后泥水分界面高度为 17.14 cm，真空预压作用下泥水分界面高度为 10.8～13.63 cm，比自然沉降时的底泥体积进一步压缩了 20.48%～36.99%。淤泥中的自由水通过真空抽滤管底部排出，真空负压作用下土体被逐渐压密固结，促使淤泥体积进一步减小。添加絮凝剂调理淤泥，真空预压作用下底泥沉降效果显著优于原始淤泥，即添加絮凝剂能够加快底泥的沉降固结过程。

分析图 3.12 中曲线发现：APAM 为最优絮凝剂，通过有机高分子进行电中和作用，高分子链状结构与淤泥颗粒相互吸附，且彼此以电化学键形式结合形成桥链，促使 APAM 对应的曲线在沉降阶段拥有较大斜率并迅速进入压缩阶段。然而，APAM 促使淤泥颗粒团聚、粒径增大，颗粒间通过桥链构建形成稳定的骨架结构，絮团具有稳定性和整体性，导致表层清液通过真空抽滤管排出并进入淤泥脱水箱后不会破坏淤泥沉积形态，而是沿中心垂线向圆心收缩（真空抽滤管位于中心），收缩后圆周边缘出现孔隙且没有通过重力作用使淤泥下沉填满，即呈现圆柱状淤泥体，这就是压缩阶段初期底泥体积压缩效果较差的主要原因。

除 APAM 之外，无机高分子絮凝剂 PAFSI 与 PAC 促使底泥抽滤沉降效果较为明显。PAFSI 水解为聚硅酸和 Fe、Al 的多核羟基络合物，Al 多核羟基络合物将淤泥聚集形成更大体积的絮凝体，Fe 多核羟基络合物使絮凝体进一步密实，加快了絮体沉降和淤泥的前期沉降速率。聚硅酸的阴离子性和高分子性能产生高黏结聚集能力和吸附架桥作用，对淤泥中金属阳离子进行电中和反应，降低了底泥颗粒的排斥性。PAC 与淤泥混合水解后，生成以 Al^{3+}为中心，以 OH^- 和 Cl^-为配位体，通过羟基架桥作用交联形成的络合物，促进底泥发生沉降。

HCA 与淤泥混合，低价阳离子基团与淤泥中部分阴离子发生少量电中和作用，能够减短初始絮凝阶段的持续时长。$Ca(OH)_2$ 通过桥联与胶结作用，促使淤泥内部形成具有一定强度的团块状结构，主要起到骨架构建作用，并能在淤泥沉降阶段后期起到一定的加速作用。

从图 3.13 可知，自然沉降过程中（无排水）原始淤泥上层清液厚度随沉积底泥高度的减小而逐渐增大。真空预压作用下，絮凝淤泥上层清液厚度呈先上升后下降最后归零的规律。

在自重下沉、絮凝成团、真空负压等多重作用下淤泥产生高速下沉，迫使骨架向下压密，真空抽滤初期自由水排出速率小于底泥沉降速率，导致上层清液分离出来且高度呈逐渐增大的趋势。随沉降过程的持续进行，底泥发生沉积挤密现象，沉降速率开始降低，某时刻底泥沉降速率等于上层清液抽滤速率，此时上层清液厚度达到峰值。底泥沉降过程抵达压缩阶段时沉降速率减弱，上层清液抽滤速率保持均匀并大于底泥沉降速率，上层清液厚度开始降低，直至上层清液被完全抽滤。经真空预压作用后原始淤泥上层清液消失时间为 3 385 min，$Ca(OH)_2$、PAFSI、PAC、HCA、APAM 与真空预压联合作用后上层清液消失时间分别为 2 840 min、2 870 min、3 055 min、3 116 min、1 410 min，对应降低 16.10%、15.21%、9.75%、7.95%、58.35%。上述分析说明：化学絮凝作用有效促使细小淤泥颗粒发生凝聚成团现象，可降低颗粒黏性，增大渗透性，有效缓解了真空预压过程中的淤堵现象，即在一定程度上起到促排防堵作用。

3.2.3 沉降速率变化规律

对底泥总高度和淤泥混合液总高度进行实时观察监测，结合观测时间计算得出底泥总高度和淤泥混合液总高度的沉降速率变化过程，如图 3.15 和图 3.16 所示。分析沉降速率曲线可知，沉降速率波动主要集中在 120 min 以内，即可选取前 200 min 内沉降速率数据进行全面分析，从沉降速率角度定量揭示淤泥加速沉降规律和絮凝-真空预压技术的促排效果。

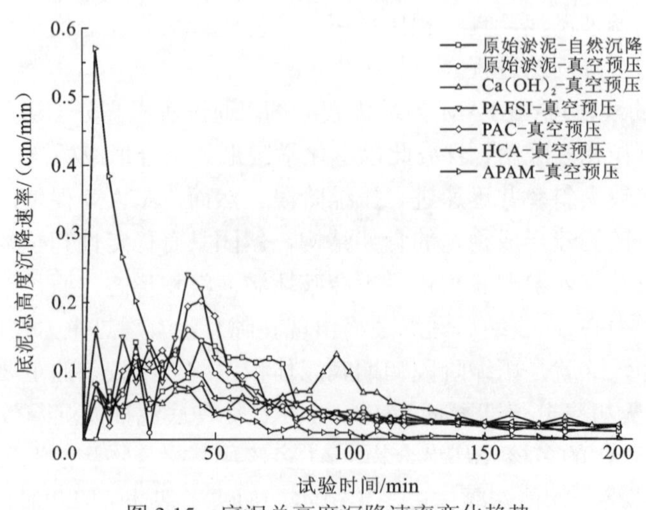

图 3.15 底泥总高度沉降速率变化趋势

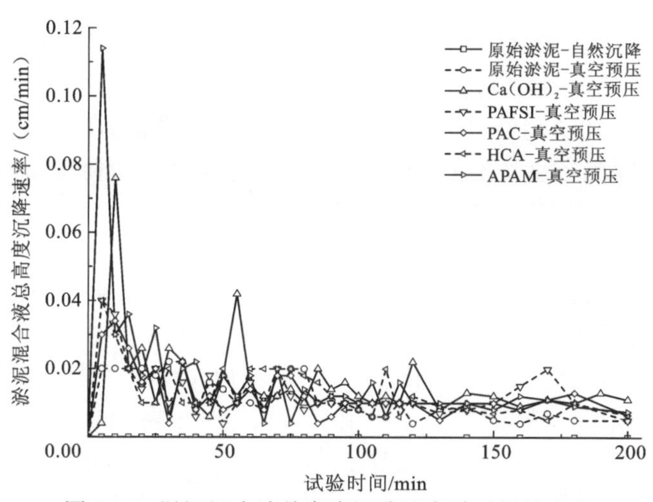

图 3.16　淤泥混合液总高度沉降速率随时间的变化

分析图 3.15 发现，试验前期底泥总高度沉降速率产生较大浮动且迅速增大，在 50 min 内达到速率峰值，后期逐渐下降并趋于稳定。这是由于均匀搅拌淤泥在初始阶段未静置稳定，颗粒受到混合液体分子的不平衡撞击作用，引起无规则布朗运动，导致前期低沉降速率大幅变动。在真空抽滤负压作用下，淤泥脱水箱中上层清液向真空抽滤管定向流动，使固液两相产生较大的相对速率，两者之间会由于速率差异产生较大的作用力。在等速界面以下，淤泥颗粒摩擦产生向下拖拽力并发挥网捕、卷扫作用形成大颗粒，从而加速颗粒沉降[3]，达到沉降速率峰值。最后，沉积底泥含量逐渐增加，沉降速率减缓，达到压密点状态后底泥进行匀速缓慢压缩挤密。

经自然沉降 45 min 后原始淤泥达到沉降速率峰值 0.144 cm/min，经真空预压 40 min（至峰值所需时间较自然沉降缩短 11.11%）后达到沉降速率峰值 0.16 cm/min（是自然沉降速率峰值的 1.111 倍）。这说明：真空预压作用在试验前期对提高底泥沉降速率具有更加显著的效果。

$Ca(OH)_2$ 絮凝联合真空预压技术使淤泥混合液在持续作用 5 min（较原始淤泥真空预压对应时间缩短 87.5%）时达到沉降速率峰值 0.16 cm/min，比真空预压处理原始淤泥抵达沉降速率峰值所需时间大幅降低。这说明：$Ca(OH)_2$ 能够使淤泥颗粒更快地进入沉降挤密阶段。

PAFSI 中 Fe、Al 离子的系列反应对淤泥颗粒产生电中和作用，通过聚硅酸大分子对吸附水解产物和悬浮物产生架桥与吸附作用，产生更大尺寸絮体，促使混合液在 40 min 时达到最大沉降速率 0.24 cm/min（即原始淤泥真空预压对应沉降速率的 1.5 倍）。

与 PAFSI 相比，PAC 缺少 Fe 多核羟基络合物对大体积絮凝体起到的密实作用，无聚硅酸的阴离子性和高分子性使之无法产生高黏结聚集能力，因而其对淤泥的脱水效果相比 PAFSI 稍差。PAC 依然可提供高价的聚合 Al 离子，发生絮凝作用，在 45 min 抵达沉降速率峰值 0.202 cm/min，相比真空预压原始淤泥沉降速率提高了 0.26 倍。

35 min（较真空预压原始淤泥对应时间缩短 12.5%）时 HCA 调理淤泥抵达沉降速率峰值 0.13 cm/min，仅为真空预压固结原始淤泥峰值速率的 81%。HCA 能够使真空预压较快到达沉降速率峰值，但峰值速率值偏低，导致真空预压固结原始淤泥的最终底泥体积小于 HCA 絮凝-真空预压联合处理后的底泥体积。HCA 对所选淤泥并不能产生明显加速絮凝脱水的优势。

由于电中和吸附、长分子链架桥等作用，APAM 调理效应促使底泥仅需 5 min（较真空预压固结原始淤泥峰值速率对应时间缩短 87.5%）即可达到沉降速率峰值 0.57 cm/min（原始淤泥真空预压的 3.56 倍）。由此说明：APAM 联合真空预压方法能够大幅提升原始淤泥的沉降效率，即峰值沉降速率升高，达到峰值所需时间减少。

由图 3.16 可知，原始淤泥经自然沉降固结后总高度沉降速率始终保持为 0。真空预压作用下，原始淤泥总高度沉降速率在 120 min 内产生波动并出现沉降速率峰值。真空预压作用前期，原始淤泥总高度沉降速率约维持在 0.02 cm/min，HCA、PAFSI、PAC 通过絮凝作用能够对淤泥混合液总高度沉降速率产生明显加速效应，淤泥混合液总高度沉降速率峰值提升 1.5～2.0 倍。APAM 和 $Ca(OH)_2$ 能够对沉降速率峰值产生较为明显的提升效果，APAM 最高沉降速率达 0.114 cm/min，即原始淤泥真空预压的 5.18 倍，$Ca(OH)_2$ 最高沉降速率值达 0.076 cm/min（原始淤泥真空预压的 3.45 倍）。在试验初期真空系统传递负压时，未在真空抽滤管外围表层形成细颗粒淤堵覆盖层，无纺土工布利用率较高。试验后期淤泥絮团发生聚积、错动过程而重新排列，沉降固结底泥高度覆盖真空抽滤管，压缩颗粒间孔隙，使之趋于密实。随着水分的不断排出，孔隙持续减小，底泥体积被压缩，导致淤泥总高度下降（清液抽取）的速率逐渐降低并趋于稳定。经絮凝调理、改善的淤泥颗粒特性及组成，在淤泥真空预压脱水过程中起到关键的主动防淤堵作用[4]。

3.2.4 底泥含水率空间分布

真空加压系统将 90 kPa 负压传递至淤泥脱水箱，利用无纺土工布阻拦淤泥颗粒，将上层清液抽至真空饱和缸。通过实时监测，绘制淤泥脱水量随真空预压作用时间的变化曲线，见图 3.17。通过淤泥混合液密度换算，计算得出淤泥脱水箱内底泥含水率随时间的变化曲线，如图 3.18 所示。

原始淤泥真空预压脱水量达 10 kg 时消耗时间为 2 782 min，$Ca(OH)_2$、PAFSI、PAC、HCA、APAM 联合真空预压脱水淤泥耗时对应为 2 020 min、2 297 min、2 452 min、2 487 min、1 737 min，比原始淤泥真空预压提速 27.39%、17.43%、11.86%、10.60%、37.56%。分析图 3.18 可知，原始淤泥真空预压固结后底泥含水率降至 100%时所消耗的时间为 2 540 min，$Ca(OH)_2$、PAFSI、PAC、HCA、APAM 絮凝-真空预压固结淤泥耗时分别为 1 704 min、1 964 min、2 096 min、2 171 min、1 508 min，比原始淤泥真空预压对应耗时缩短 32.91%、22.68%、17.48%、14.53%、40.63%。上述分析表明：添加适量的絮凝剂能够在真空预压固结过程中起到有效的防堵促排作用。

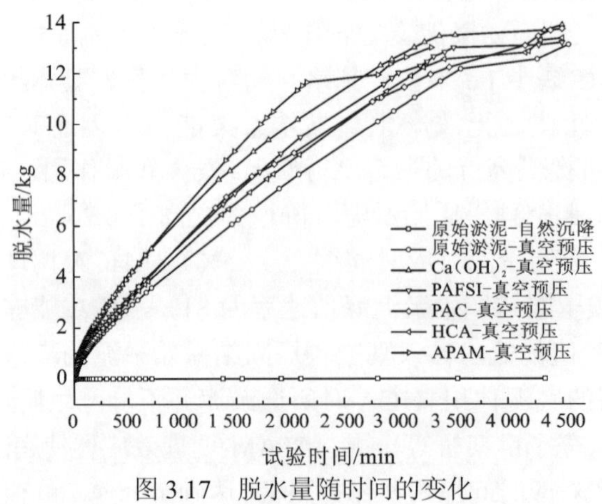

图 3.17　脱水量随时间的变化

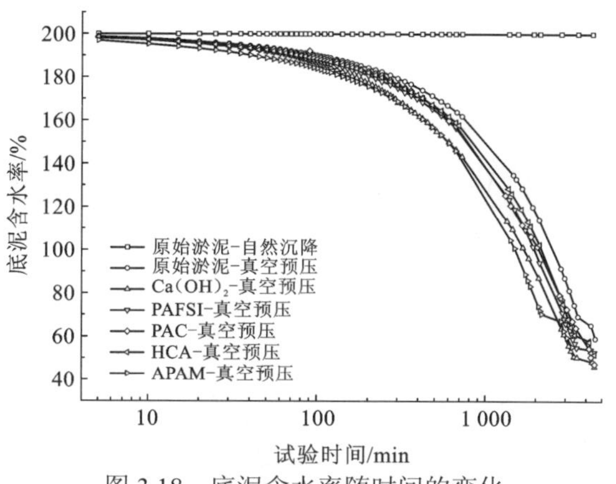

图 3.18　底泥含水率随时间的变化

将试验底泥从高到低分为三个均匀厚度层，如图 3.19（a）～（c）所示，在整个圆形断面范围内划定上、下、左、右、中 5 个区域进行取样[共 15 个区域点，如图 3.19（e）所示]，利用土工刀在真空抽滤管上刮取淤泥试样[图 3.19（d）]，最终将所有淤泥集中于搅拌桶内[图 3.19（f）]，搅拌均匀后进行整体含水率测量。通过对底泥全面取点测试含水率，绘制不同脱水固结工况下底泥含水率的空间分布曲线（图 3.20），分析真空预压作用对不同区域底泥含水率的影响规律。

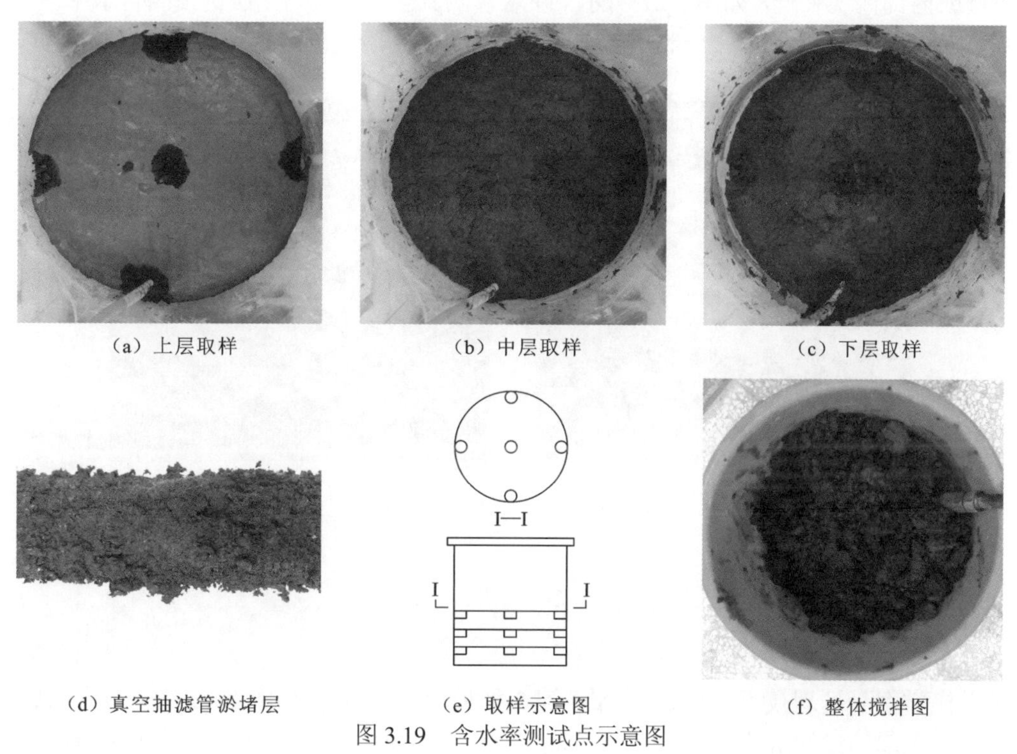

（a）上层取样　（b）中层取样　（c）下层取样

（d）真空抽滤管淤堵层　（e）取样示意图　（f）整体搅拌图

图 3.19　含水率测试点示意图

由图 3.20 可知，自然沉降底泥密实程度不足，含水率较高，整体含水率为 96.82%，是所有真空预压试样整体平均含水率（53.47%）的 1.81 倍。真空预压作用下底泥含水率分布和与真空抽滤管的距离呈正相关趋势，真空抽滤管附近底泥含水率最低且分布趋于一致（平均含水率为 46.02%）。随与真空抽滤管距离的增加，脱水底泥骨架结构更加松散，密实程度更低，含有更多水分。

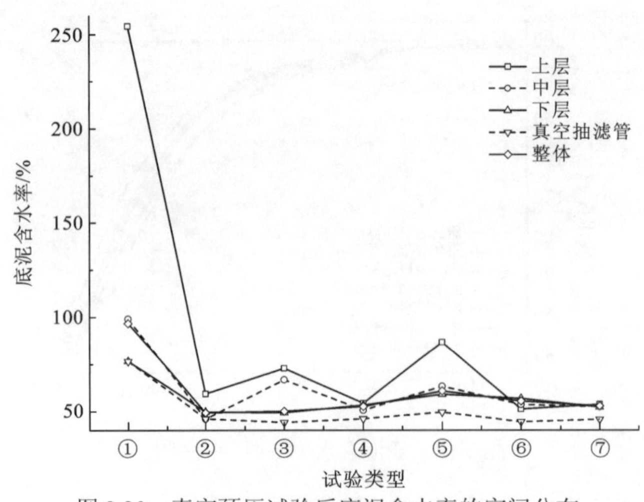

图 3.20　真空预压试验后底泥含水率的空间分布

①原始淤泥-自然沉降；②原始淤泥-真空预压；③$Ca(OH)_2$-真空预压；④PAC-真空预压；⑤PAFSI-真空预压；⑥HCA-真空预压；⑦APAM-真空预压

值得注意的是，絮凝剂调理淤泥的中层和上层含水率较高，这主要是由于真空预压过程中底泥表层或内部偶现裂缝，如图 3.21 所示，显著影响真空度传递，无法诱使高含水率区域进一步压缩，上层清液蓄积于底泥上部，导致上层含水率偏高，底部因持续抽滤减水效果更佳。

(a) 表层裂缝

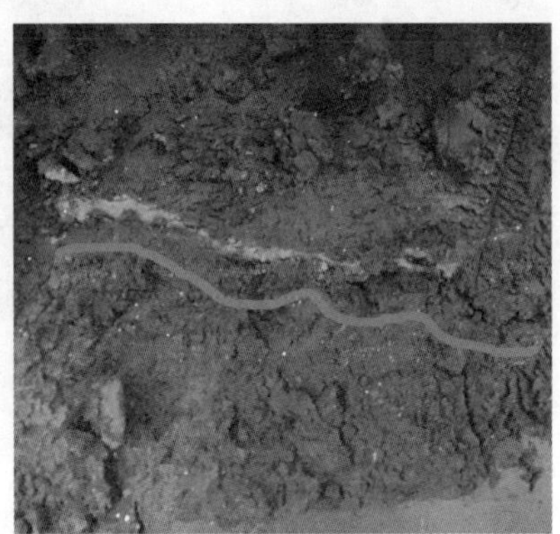

(b) 内部裂缝

图 3.21　真空抽滤裂缝示意图

3.3　本章小结

基于化学絮凝调理技术，选取 APAM 等 5 种类型絮凝剂对疏浚淤泥进行沉降柱试验，深入探究絮凝引起的淤泥沉降过程与泥水分离效果。通过泥水界面高度、底泥体积等指标进行全过程分析，明确了不同絮凝剂调理淤泥的沉降变化过程及其内在机理。主要结论如下。

（1）适量絮凝剂经水解反应有效作用于淤泥颗粒，可加快疏浚淤泥的沉降过程与泥水分离效率。因具有阴离子性与有机高分子性，APAM 对疏浚淤泥絮凝速度的促进作用最显著。HCA 分解形成高分子阳离子基团，与淤泥中金属阳离子产生强烈的排斥作用，对疏浚淤泥沉降过程或起减缓作用。PAFSI 和 HCA 无机高分子的絮凝效果相近，但由于 PAFSI 含具备阴离子性和高分子性的聚硅酸而效果相对更佳。适当提高 $Ca(OH)_2$ 的添加量，对淤泥沉降性能具有提升效果。

（2）絮凝剂主要在前 250 min 内对疏浚淤泥絮凝调理和泥水分离过程发挥作用。原状淤泥初始平均沉降速率约为 4 mL/min，APAM 在最佳添加量 500 mg/L 时达到最高沉降速率 14.0 mL/min，即原状淤泥的 3.5 倍，淤泥沉降比较原状淤泥降低 14.8%，絮凝效果最佳。不同絮凝剂添加量时，淤泥初始絮凝阶段平均沉降速率约为 1.0 mL/min，250 min 后以低于 1.0 mL/min 的速率发生沉降，并逐渐降低直至压缩过程结束。

（3）与原状淤泥相比，APAM 絮凝淤泥浓缩倍数下降 0.07，底泥含水率降低 18.55%，即 APAM 对降低底泥含水率有积极作用。HCA 水解形成高分子阳离子基团，与淤泥中金属阳离子产生强烈的排斥作用，导致颗粒间孔隙较大，无法有效压缩。PAFSI 和 PAC 对淤泥泥水分离的影响效果相似，具有一定的体积压缩效果。$Ca(OH)_2$ 沉降速率较快，但底泥含水率较高，无法对淤泥进行有效压缩。

（4）结合泥水分界面、沉降速率、淤泥浓缩倍数和底泥含水率等指标，对疏浚淤泥沉降过程和泥水分离效果进行对比，发现不同类型絮凝剂的最优添加量及调理性能优劣排序为 APAM（500 mg/L）＞PAFSI（200 mg/L）＞PAC（200 mg/L）＞$Ca(OH)_2$（1 500 mg/L）＞HCA（50 mg/L）。

（5）从疏浚淤泥施工可行性角度考虑，建议将沉降速率小于 10 mL/d 时对应的时间定义为最佳絮凝调理时间，各絮凝剂对应的最优絮凝时间依次为 APAM 对应 1 800 min（30 h），PAFSI 对应 3 540 min（59 h），PAC 对应 3 000 min（50 h），$Ca(OH)_2$ 对应 2 160 min（36 h），HCA 对应 2 100 min（35 h）。

基于真空预压和化学絮凝技术，选取 5 种絮凝剂对疏浚淤泥进行絮凝-真空预压联合脱水试验，通过沉降速率、底泥含水率等指标进行全过程监测，探究真空预压作用对淤泥深度脱水固结效果的影响，明确絮凝调理对淤泥真空预压过程的加速促排与防淤堵作用。主要结论如下。

（1）絮凝-真空预压联合技术可有效加快泥水分离和固结效率。APAM 因其阴离子性与有机高分子性，对疏浚淤泥絮凝沉降的促进作用最为显著。HCA 分解形成高分子阳离子基团，与淤泥中金属阳离子产生强烈的排斥作用，并不具备明显的絮凝优势。PAFSI 和 PAC 无机高分子絮凝剂的效果相近，但 PAFSI 因含有具备阴离子性和高分子性的聚硅酸而呈现更佳的脱水效果。适当提高 $Ca(OH)_2$ 的添加量，对淤泥沉降脱水性能的改良具有较好的提升效果。

（2）真空预压作用使原始淤泥进一步固结压密，可有效降低含水率。与自然沉降（底泥高度为 17.14 cm，含水率为 96.82%）相比，真空预压固结后底泥体积被进一步压缩 20.48%～36.99%，平均含水率降至 53.47%。

（3）相比真空预压固结原始淤泥，添加絮凝剂能够起到有效的防淤堵与促排作用，加速淤泥中水分的深度排出。絮凝调理作用促使淤泥颗粒互相碰撞、聚集，形成更大的颗粒絮体，淤泥颗粒间孔隙增大，大幅度提高淤泥渗透系数而减缓淤堵，自由水更容易排出，真空预压效果更优。原始淤泥经真空预压后上层清液消失时间为 3 385 min，APAM 絮凝-真空预压固结淤泥对应的上层清液消失时间为 1 410 min，时间缩短幅度达到 58.35%，脱水效果最佳，$Ca(OH)_2$、PAFSI、PAC、HCA 均具有促排效果，时间缩短幅度为 7.95%～16.10%。

（4）絮凝-真空预压处理淤泥在 50 min 时达到沉降速率峰值，疏浚淤泥絮凝、泥水分离和固结效率在前 120 min 内发挥主导作用。相比真空预压固结原始淤泥，絮凝-真空预压联合效应可有效提升淤泥沉降速率并缩短达到沉降速率峰值所需的时间，底泥沉降速率和淤泥混合液总高度沉降速率到达各自峰值对应的时间缩短 87.5%、83.33%，沉降速率峰值分别增加 2.56 倍、4.18 倍。

（5）底泥最终含水率分布及水平与距离真空抽滤管的远近密切相关（正相关，与真空抽滤管距离越远，含水率越高），真空抽滤管附近底泥含水率最低且分布趋于一致。真空抽滤管周围的底泥平均含水率为 46.02%，随与真空抽滤管距离的增加，脱水底泥骨架结构更松散，密实程度更低，含有更多水分。

参 考 文 献

[1] 陈锋, 朱淑媛.混凝沉淀物的电镜观察[J]. 中国给水排水, 1991(2): 35-38, 41.

[2] 肖曲. 城市河道淤泥高效脱水剂的制备与应用[D]. 武汉: 湖北工业大学, 2016.

[3] 周源, 高玉峰, 陶辉, 等. 透气真空快速泥水分离技术对淤泥水分的促排作用[J]. 岩石力学与工程学报, 2010, 29(S1): 3064-3070.

[4] 武亚军, 陆逸天, 骆嘉成, 等. 药剂真空预压法在工程废浆处理中的防淤堵作用[J]. 岩土工程学报, 2017, 39(3): 525-533.

第4章 碱激发粉煤灰固化淤泥力学性状与微观机理

4.1 力学特性

4.1.1 应力-应变特性

图 4.1～图 4.4 是 NaOH、Na_2CO_3、Na_2SO_4、$Na_2SiO_3·9H_2O$ 激发粉煤灰固化淤泥试样的应力-应变曲线，应力-应变特性与激发剂种类及掺量、养护龄期、粉煤灰掺量等因素相关。为便于比较，将 5%、10%掺量的 Na_2CO_3、Na_2SO_4、$Na_2SiO_3·9H_2O$ 定义为与 5%、10%掺量的 NaOH 具有相同的 Na^+浓度。图中 F、NH、NC、NSi 对应代表粉煤灰、NaOH、Na_2CO_3、$Na_2SiO_3·9H_2O$。*a* NH*b*F 表示 *a* %掺量的 NaOH（NH）激发 *b*%掺量的粉煤灰（F）的固化淤泥试样，其余配比以此类推。

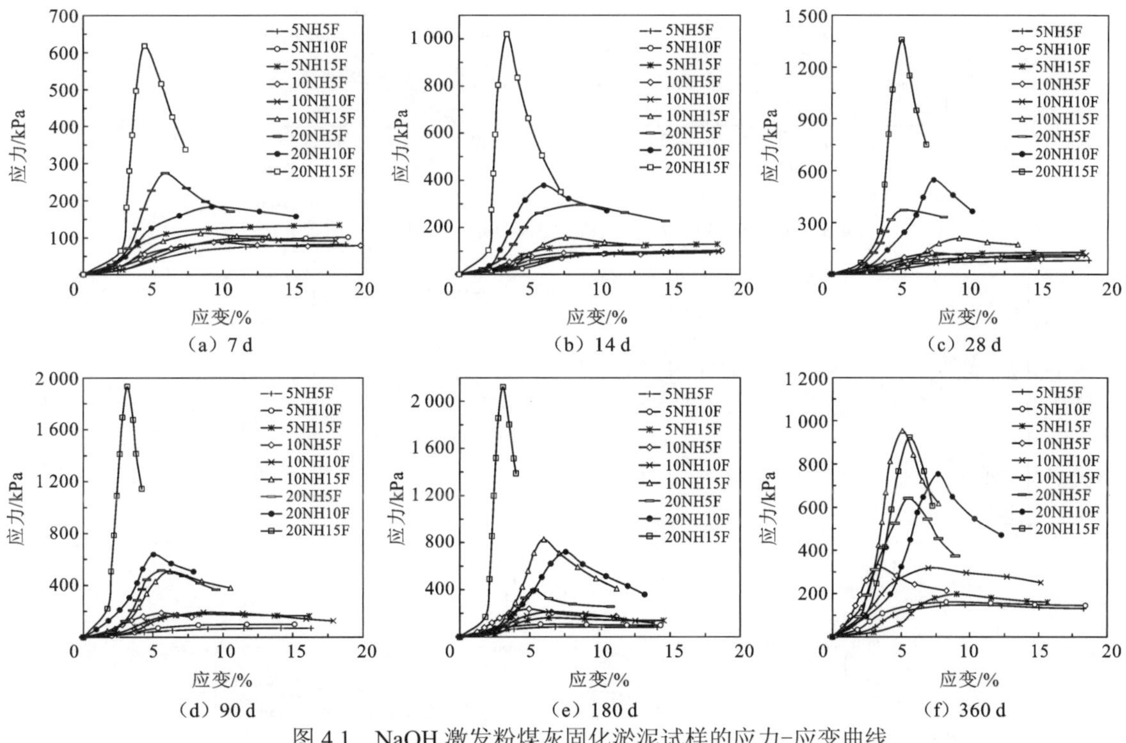

图 4.1 NaOH 激发粉煤灰固化淤泥试样的应力-应变曲线

图 4.1 是 NaOH 激发粉煤灰固化淤泥试样的应力-应变曲线。高掺量 NaOH（20%）激发的粉煤灰固化淤泥试样在 7～360 d 养护龄期时的应力-应变曲线均为应变软化型。此时，试样的应力-应变曲线发展历程包括初始加载、快速上升和破坏后陡降三个阶段。在初始加载阶段，应力随应变发展缓慢，两者近似呈线性关系；随着应变的增加，应力水平迅速上升直至达到峰值破坏点，即无侧限抗压强度；峰值后试样发生明显的脆性破坏，应力随应变的增加进入陡降阶段。20%NaOH 高掺量时，除 7 d 养护龄期外，14 d、28 d、90 d、180 d、360 d

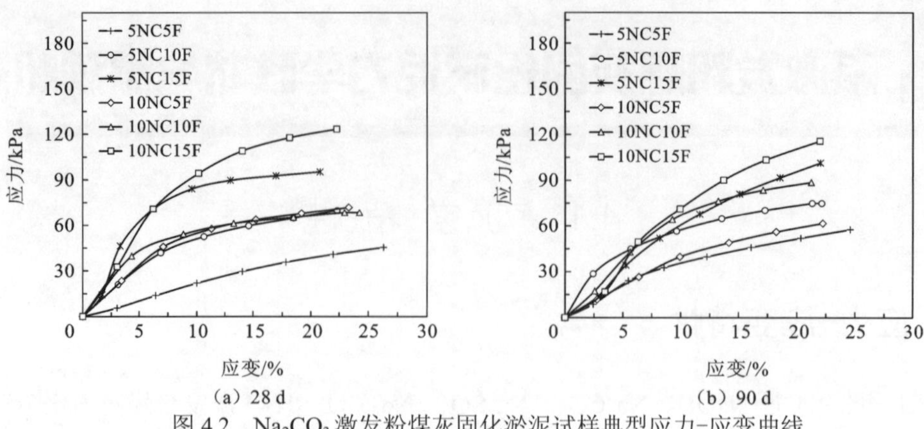

图 4.2　Na_2CO_3 激发粉煤灰固化淤泥试样典型应力-应变曲线

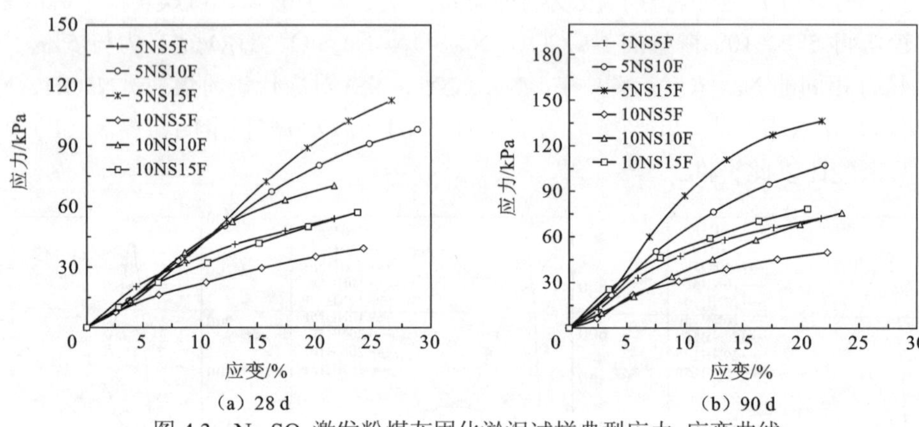

图 4.3　Na_2SO_4 激发粉煤灰固化淤泥试样典型应力-应变曲线

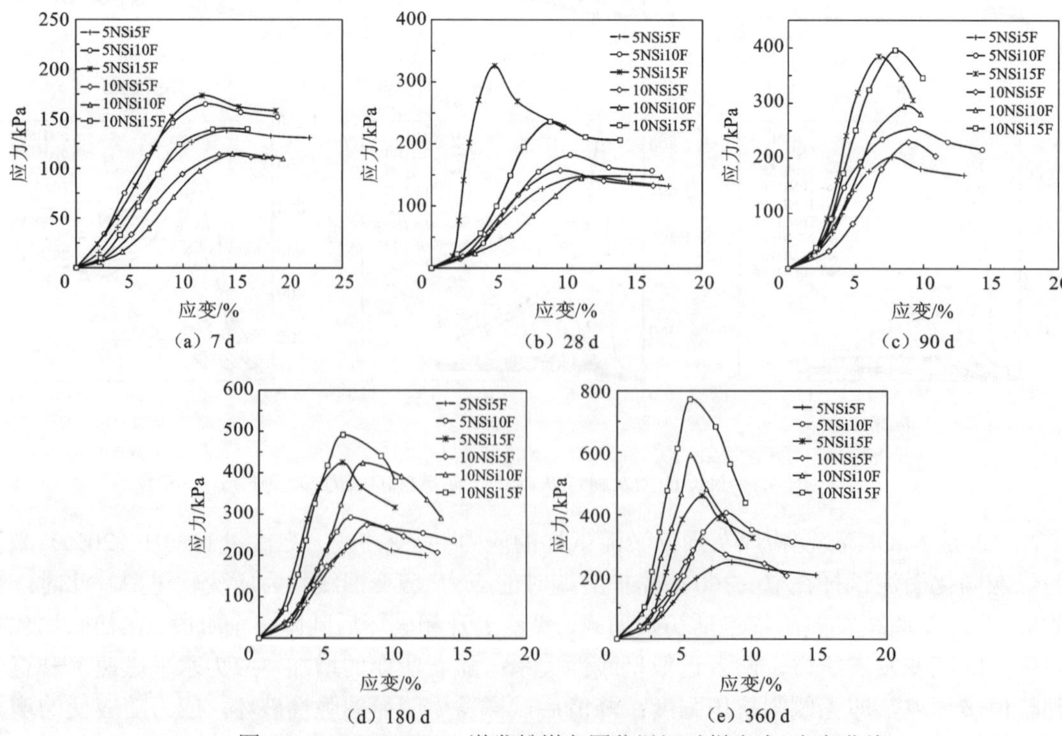

图 4.4　$Na_2SiO_3·9H_2O$ 激发粉煤灰固化淤泥试样应力-应变曲线

试样中粉煤灰掺量越大，试样脆性越强且峰值应力越大，应力-应变曲线由初始加载阶段进入快速上升阶段的拐点越明显；反之，粉煤灰掺量越小，试样的应力-应变曲线进入快速上升阶段越缓慢，峰值应力也相应越小。低掺量 NaOH（10%）激发的粉煤灰固化淤泥试样，在早期（7 d、14 d、28 d）应力-应变曲线均呈应变硬化型。应力随应变的增加并未出现明显的强度峰值，试样呈塑性破坏特征。标准养护至 90 d、180 d、360 d 后，应力-应变曲线逐渐出现明显峰值，由应变硬化型转化为应变软化型。高掺量粉煤灰试样（10NH15F）在 90 d 时就出现峰值现象，低掺量粉煤灰试样（10NH10F、10NH5F）直至 360 d 养护龄期才由应变硬化型转化为应变软化型。

相同 NaOH 掺量下，提高粉煤灰掺量、养护龄期能有效增强 NaOH-粉煤灰固化淤泥的力学性能。低掺量 NaOH（5%）激发的粉煤灰固化淤泥试样在不同养护龄期下应力-应变曲线均呈应变硬化型，即使是 360 d 试样，其应力随应变的增加也未出现明显峰值，试样仍呈塑性破坏特征。

图 4.2 是 Na_2CO_3 激发粉煤灰固化淤泥试样典型应力-应变关系曲线。Na_2CO_3 激发的粉煤灰固化淤泥试样的应力-应变曲线主要为应变硬化型，应力随应变的增加并未出现明显峰值，试样呈塑性破坏特征。这主要是因为 Na_2CO_3 是弱碱性盐，常温下溶于水中电离的 OH^- 较少，碱性太弱，很难有效活化粉煤灰并形成较多聚合物胶凝产物，致使固化淤泥力学性能过低。相同 Na_2CO_3 掺量的粉煤灰固化淤泥试样的应力-应变曲线峰值随粉煤灰掺量的增大而提高，高掺量粉煤灰试样（5NC15F、10NC15F）在不同养护龄期下的应力-应变曲线均高于其他试样。

Na_2SO_4 激发粉煤灰固化淤泥试样典型应力-应变曲线见图 4.3。Na_2SO_4 在水中水解程度较低，呈弱碱性，产生的 OH^- 使粉煤灰玻璃体结构发生解聚反应，生成聚合度较低的 Al、Si 单聚体或双聚体，随着体系中低聚硅（铝）氧四面体基团数量的增多，基团之间发生碰撞，进行重构和重组，通过缩聚反应形成具有三维网状结构的聚合物，黏结颗粒增强固化体整体结构性，提升固化淤泥力学性能。由于这种激发作用较弱，不同养护龄期时 Na_2SO_4 激发粉煤灰固化淤泥试样的应力-应变曲线为应变硬化型，应力随应变的增加均未出现明显峰值，呈塑性破坏特征。

在不同养护龄期下，10%高掺量 Na_2SO_4 激发的粉煤灰固化淤泥试样（10NS5F、10NS10F、10NS15F）的应力-应变曲线均低于 5%低掺量 Na_2SO_4 试样（5NS15F）。提高 Na_2SO_4 掺量相当于增加了体系中 SO_4^{2-} 含量，粉煤灰中释放少量 Ca^{2+} 生成更多硫酸钙附着于粉煤灰表面，一定程度上抑制了粉煤灰的溶解侵蚀，并减少了有效的激发面积，从而降低了固化淤泥的力学特性。

观察 $Na_2SiO_3·9H_2O$ 激发粉煤灰固化淤泥试样应力-应变曲线（图 4.4），7 d 试样曲线呈塑性破坏特征，应力随应变的增加未出现明显峰值，属应变硬化型，养护 28 d 试样曲线逐渐演化为应变软化型，分为初始加载、快速上升和破坏后陡降三个阶段，峰值应力随养护龄期的增加而增大。

7 d、28 d 较短养护龄期时，对于相同粉煤灰掺量，10%高掺量 $Na_2SiO_3·9H_2O$ 固化淤泥试样的应力-应变曲线均低于 5%低掺量 $Na_2SiO_3·9H_2O$ 试样，这可能是因为当 $Na_2SiO_3·9H_2O$ 的掺量增加到一定程度时，混合体系的早期黏度增加而不利于反应进行。随着养护龄期的增加，水玻璃水解产生的 OH^- 和 SiO_3^{2-} 不断扩散，促进粉煤灰溶解和聚合反应的持续进行，因而 90 d 养护龄期之后 10%高掺量 $Na_2SiO_3·9H_2O$ 试样的力学特性优于 5%低掺量 $Na_2SiO_3·9H_2O$ 试样。

4.1.2 无侧限抗压强度

NaOH、Na_2CO_3、Na_2SO_4、$Na_2SiO_3·9H_2O$ 激发粉煤灰固化淤泥试样的无侧限抗压强度演化规律见图 4.5～图 4.8。激发剂种类、养护龄期与粉煤灰掺量等因素对固化淤泥强度的影响显著。图 4.5（a）～（c）分别是 5%、10%和 20%掺量 NaOH 激发粉煤灰固化淤泥试样无侧限抗压强度随养护龄期的变化过程。以图 4.5（a）为例，不同养护龄期下，5%掺量 NaOH 激发的 5%掺量粉煤灰固化淤泥试样无侧限抗压强度为 69.26～147.19 kPa，若粉煤灰掺量升至 10%、15%，固化淤泥试样无侧限抗压强度为 97.28～160.94 kPa、125.80～197.61 kPa，对应提高 9.34%～40.46%、34.26%～81.63%；7 d 养护龄期固化淤泥试样无侧限抗压强度为 79.96～131.91 kPa，当继续养护至 360 d 时，无侧限抗压强度提高 49.81%～84.08%，达到 147.19～197.61 kPa。对于 15%粉煤灰掺量固化试样，添加 5%（5NH15F）、10%（10NH15F）、20%（20NH15F）NaOH，养护 90 d 时试样无侧限抗压强度分别为 177.23 kPa、506.24 kPa、1934.31 kPa。对于其他 NaOH 与粉煤灰掺量、养护龄期，对应试样也展现出类似的变化规律。上述分析说明：增加 NaOH 与粉煤灰掺量、延长养护龄期对固化淤泥无侧限抗压强度具有显著的促进作用。

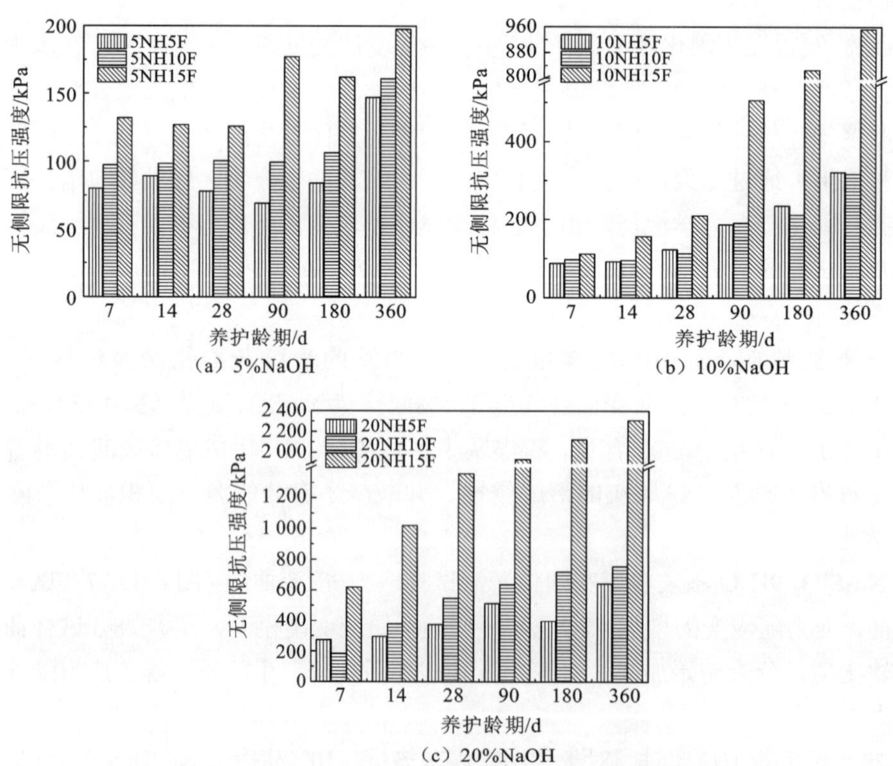

图 4.5　NaOH 激发粉煤灰固化淤泥试样的无侧限抗压强度演化规律

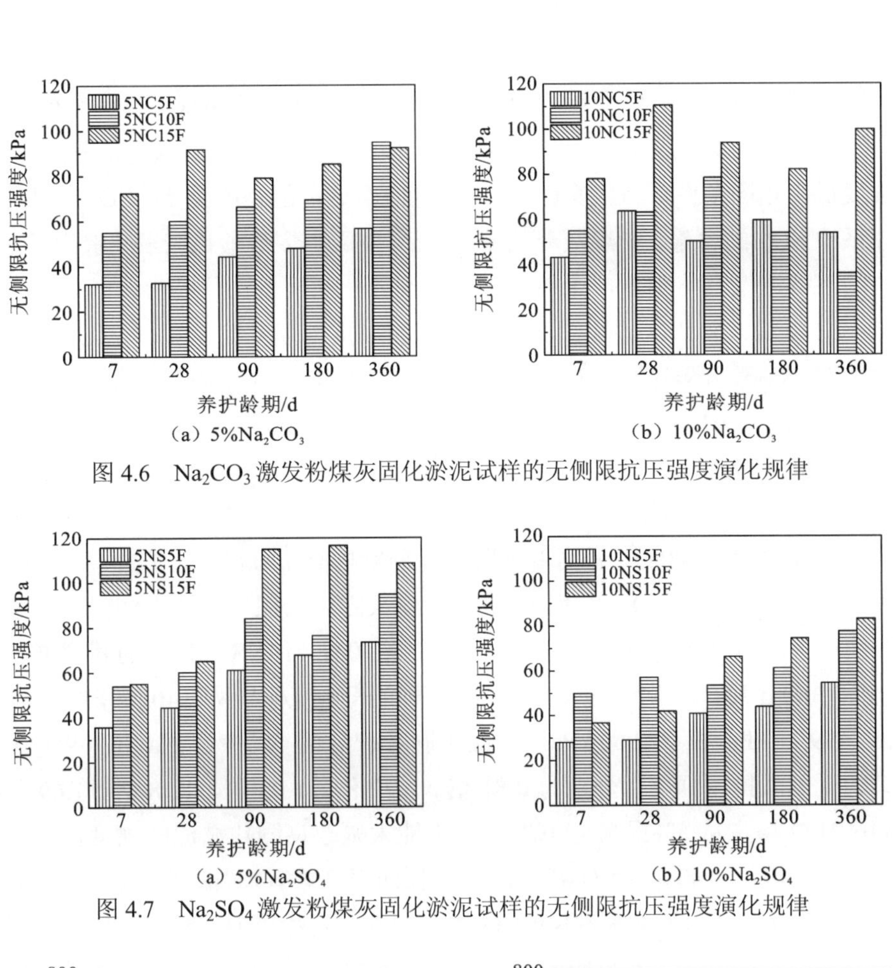

（a）5%Na_2CO_3 （b）10%Na_2CO_3

图 4.6 Na_2CO_3 激发粉煤灰固化淤泥试样的无侧限抗压强度演化规律

（a）5%Na_2SO_4 （b）10%Na_2SO_4

图 4.7 Na_2SO_4 激发粉煤灰固化淤泥试样的无侧限抗压强度演化规律

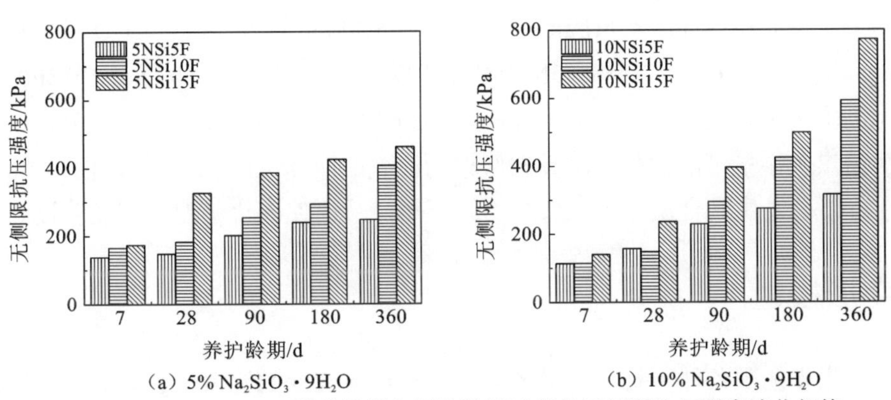

（a）5% $Na_2SiO_3 \cdot 9H_2O$ （b）10% $Na_2SiO_3 \cdot 9H_2O$

图 4.8 $Na_2SiO_3 \cdot 9H_2O$ 激发粉煤灰固化淤泥试样的无侧限抗压强度演化规律

对于 5%和 10%掺量 Na_2CO_3 激发的粉煤灰固化淤泥试样，标准养护 7 d、28 d、90 d、180 d 和 360 d 后无侧限抗压强度如图 4.6 所示。可以发现，Na_2CO_3 激发粉煤灰固化淤泥试样的无侧限抗压强度非常低，7～360 d 养护龄期试样的最大无侧限抗压强度值仅为 110.5 kPa。这说明：Na_2CO_3 对粉煤灰潜在火山灰活性的碱性激发效果比较有限，未能有效促进粉煤灰的活化过程。

图 4.7 展示了 5%与 10%掺量 Na_2SO_4 激发粉煤灰固化淤泥试样的无侧限抗压强度随养护龄期的变化规律。Na_2SO_4 激发粉煤灰固化淤泥试样的无侧限抗压强度在不同养护龄期下均很

低，7～360 d 养护龄期试样最大无侧限抗压强度仅为 116.6 kPa。Na_2SO_4 在水中水解程度较低，呈弱碱性，很难有效激发粉煤灰的潜在活性。10%掺量 Na_2SO_4 激发粉煤灰固化淤泥试样的无侧限抗压强度低于相同条件下 5%掺量 Na_2SO_4 试样，这可能是因为 Na_2SO_4 掺量的提高相当于增加了体系中 SO_4^{2-} 的含量，粉煤灰释放少量 Ca^{2+} 生成更多硫酸钙附着于其颗粒表面，抑制粉煤灰颗粒的溶解速度及溶出量，未能进一步提高固化淤泥的力学特性。

$Na_2SiO_3 \cdot 9H_2O$ 激发粉煤灰固化淤泥试样的无侧限抗压强度演化规律见图 4.8。分析可知，延长养护龄期对 $Na_2SiO_3 \cdot 9H_2O$ 激发粉煤灰固化淤泥试样的无侧限抗压强度具有显著的促进作用，但增加 $Na_2SiO_3 \cdot 9H_2O$ 掺量并未能有效提高固化淤泥试样的早期无侧限抗压强度（7 d、28 d）。对于 5%$Na_2SiO_3 \cdot 9H_2O$ 激发的 15%粉煤灰固化淤泥试样（5NSi15F），标准养护 28 d、90 d、180 d、360 d 后，无侧限抗压强度分别为 325.95 kPa、384.52 kPa、424.75 kPa 和 461.42 kPa。对比 7 d 养护龄期（173.67 kPa），无侧限抗压强度分别提高了 0.88 倍、1.21 倍、1.45 倍和 1.66 倍。这说明：相同条件下，$Na_2SiO_3 \cdot 9H_2O$ 激发粉煤灰固化淤泥试样的无侧限抗压强度随养护龄期的增加而增大。若将 $Na_2SiO_3 \cdot 9H_2O$ 掺量增加至 10%（10NSi15F），标准养护 7 d、28 d、90 d、180 d 和 360 d 后，固化淤泥试样的无侧限抗压强度分别为 140.06 kPa、236.31 kPa、395.72 kPa、499.11 kPa 和 772.60 kPa，相比于同养护龄期 5%掺量 $Na_2SiO_3 \cdot 9H_2O$ 固化试样（5NSi15F）的无侧限抗压强度，分别为 0.81 倍、0.72 倍、1.03 倍、1.18 倍、1.69 倍。分析表明：$Na_2SiO_3 \cdot 9H_2O$ 掺量从 5%提高至 10%，并不能大幅改良固化淤泥的强度特性，甚至对强度偶有劣化作用。90 d、180 d 和 360 d 时试样的长期强度略有增加，但 7 d、28 d 对应的早期强度有所降低，这或许是因为 $Na_2SiO_3 \cdot 9H_2O$ 掺量达到一定程度时，碱-粉煤灰-淤泥体系黏度增加，不利于早期潜在活性激发反应的进行。对于 5%掺量的 $Na_2SiO_3 \cdot 9H_2O$ 激发粉煤灰固化淤泥试样，标准养护 90 d 后，5%（5NSi5F）、10%（5NSi10F）、15%（5NSi15F）粉煤灰掺量试样的无侧限抗压强度分别为 201.68 kPa、253.63 kPa、384.52 kPa。这充分说明：相同条件下，增加粉煤灰掺量可溶解更多游离态低聚物铝氧四面体 AlO_4^- 和硅氧四面体 SiO_4^-，在存在 OH^- 的环境下易发生聚合反应生成聚合物胶凝相，从而使固化淤泥强度显著提高。

4.1.3 变形模量

变形模量指无侧限条件下材料所受竖向应力与对应应变的比值，通常用 50%峰值应力对应的割线模量表示材料的变形特性，记为 E_{50}。图 4.9（a）～（d）是 NaOH、Na_2CO_3、Na_2SO_4、$Na_2SiO_3 \cdot 9H_2O$ 激发粉煤灰固化淤泥试样变形模量 E_{50} 与无侧限抗压强度 UCS 之间的关系。不同激发剂激发的粉煤灰固化淤泥试样的变形模量 E_{50} 随 UCS 呈近似线性增加趋势，E_{50} 与 UCS 之间符合线性变化规律。表 4.1 列出了不同激发剂下粉煤灰固化淤泥试样变形模量与无侧限抗压强度关系的线性拟合结果。

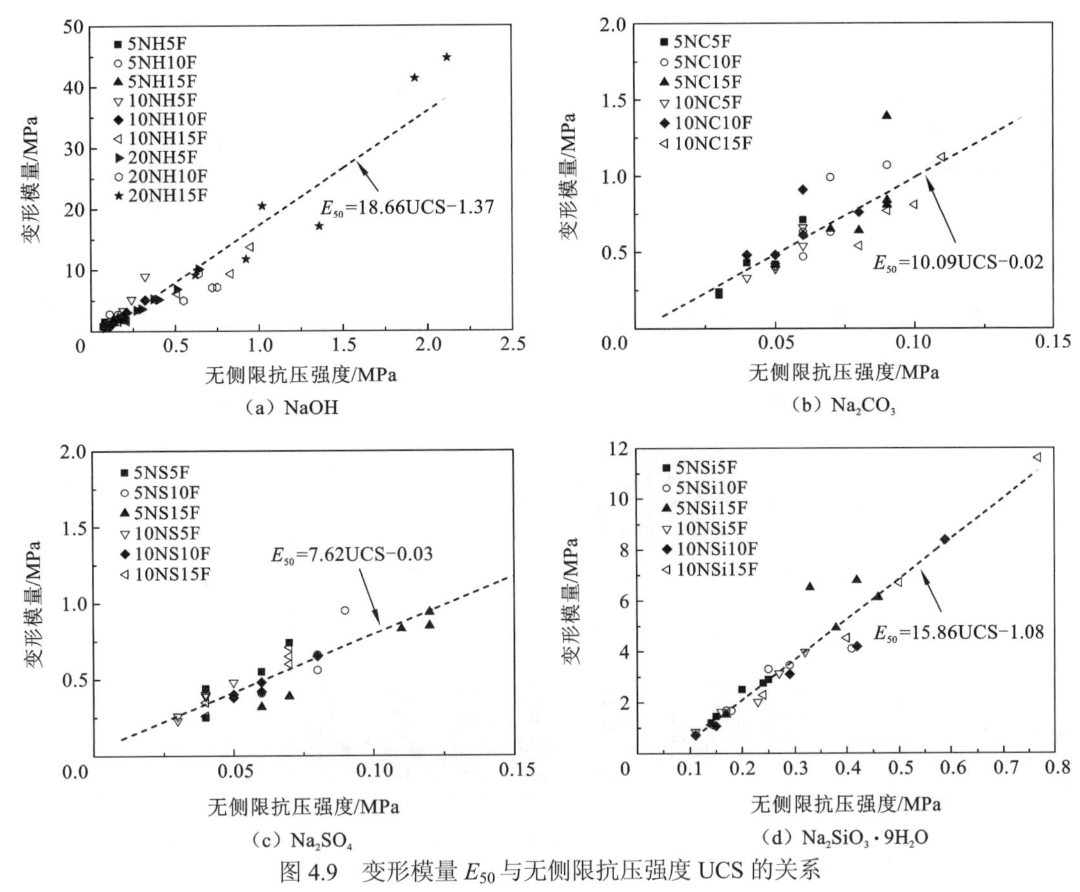

图 4.9 变形模量 E_{50} 与无侧限抗压强度 UCS 的关系

表 4.1 变形模量 E_{50} 与无侧限抗压强度 UCS 关系的线性拟合结果

碱激发剂类型	拟合结果	R^2
NaOH	E_{50}=18.66 UCS－1.37	0.92
Na_2CO_3	E_{50}=10.09 UCS－0.02	0.62
Na_2SO_4	E_{50}=7.62 UCS＋0.03	0.79
$Na_2SiO_3·9H_2O$	E_{50}=15.86 UCS－1.08	0.93

4.1.4 与硅酸盐水泥和石灰固化效果对比

为更好地评价碱激发粉煤灰固化淤泥效果，将其与传统固化剂水泥和石灰进行对比，结果如图 4.10 所示。图中 aC 表示 a%掺量水泥，aL 表示 a%掺量石灰，其他符号含义与前述一致。由于 Na_2CO_3、Na_2SO_4 对粉煤灰的激发效果有限，固化淤泥试样的最大无侧限抗压强度仅为 100 kPa 左右，显著弱于石灰和水泥的固化效果，故图中并未进行对比分析。

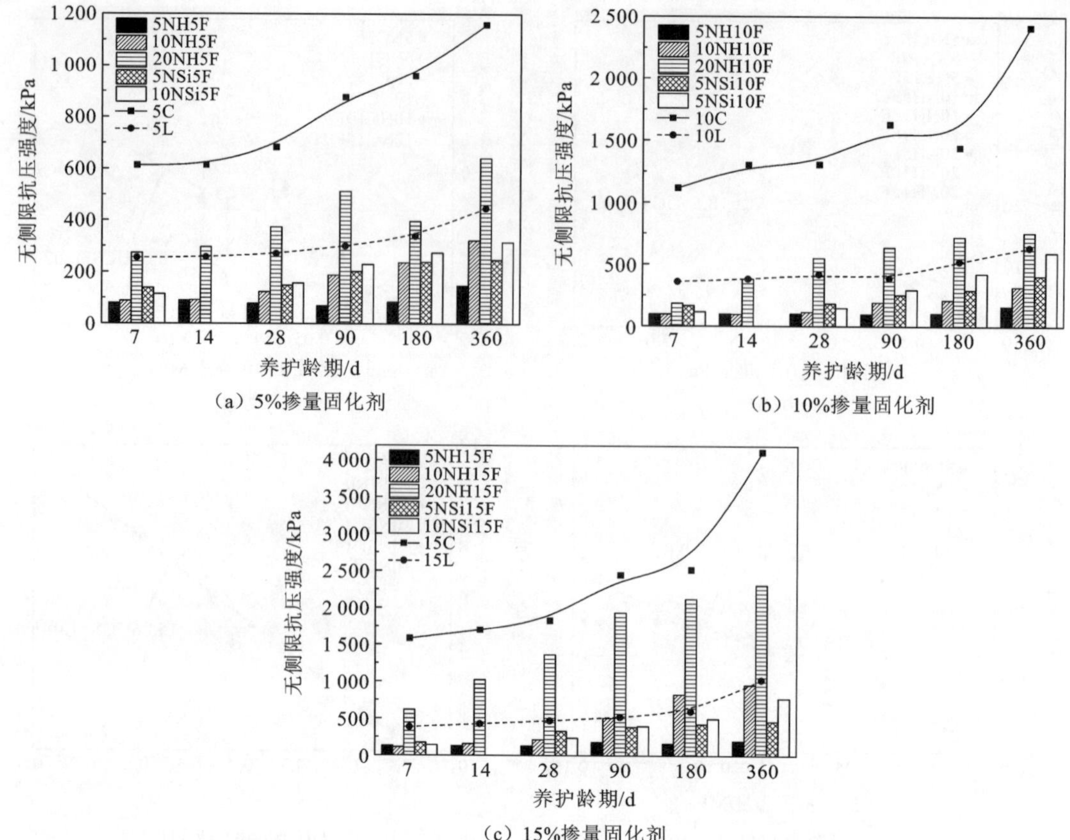

（a）5%掺量固化剂

（b）10%掺量固化剂

（c）15%掺量固化剂

图 4.10　碱激发粉煤灰与传统固化剂固化淤泥无侧限抗压强度对比

由图 4.10 可知，相同条件下水泥固化淤泥效果显著并具有显著优势，其固化淤泥的无侧限抗压强度远大于石灰及碱激发粉煤灰固化淤泥。对于 5%粉煤灰掺量、养护 360 d 时的碱激发粉煤灰固化淤泥，20%高碱掺量试样（20NH5F）的无侧限抗压强度为 642 kPa，分别是相应水泥、石灰固化淤泥抗压强度（1 159 kPa、448 kPa）的 55%、143%；5%、10%低掺量碱激发剂对应的试样最大无侧限抗压强度为 322 kPa（10NH5F），分别是相应水泥、石灰固化淤泥无侧限抗压强度的 28%和 72%，其他掺量和养护龄期试样也呈现出类似的规律。由此可知：整体而言，5%和 10%低掺量碱激发剂下，传统固化剂水泥和石灰固化淤泥的无侧限抗压强度特性明显优于碱激发粉煤灰固化淤泥；而在 20%高掺量碱激发剂时，碱激发粉煤灰固化淤泥的无侧限抗压强度表现优于传统固化剂石灰，却远低于水泥。

4.2　微观机理

4.2.1　XRD

为探明碱激发粉煤灰固化淤泥水化产物的组成，对 90 d 养护龄期试样进行 XRD 试验。NaOH、Na_2CO_3、Na_2SO_4、$Na_2SiO_3 \cdot 9H_2O$ 等不同类型碱激发剂激发粉煤灰固化淤泥试样的 XRD 图谱如图 4.11（a）～（d）所示。根据各组分衍射峰位置的分布，可明显观察到石英、高岭石及云母，且在衍射角 $2\theta<45°$ 区域有明显的类沸石产物硅铝酸盐聚合物凝胶 N-A-S-H（也

称为“沸石前体”）生成。在水介质作用下，碱激发剂能有效激发粉煤灰的潜在活性组分，使粉煤灰玻璃体结构中 Si—O 键和 Al—O 键发生断裂，重新聚合生成硅铝酸盐凝胶（N-A-S-H）。

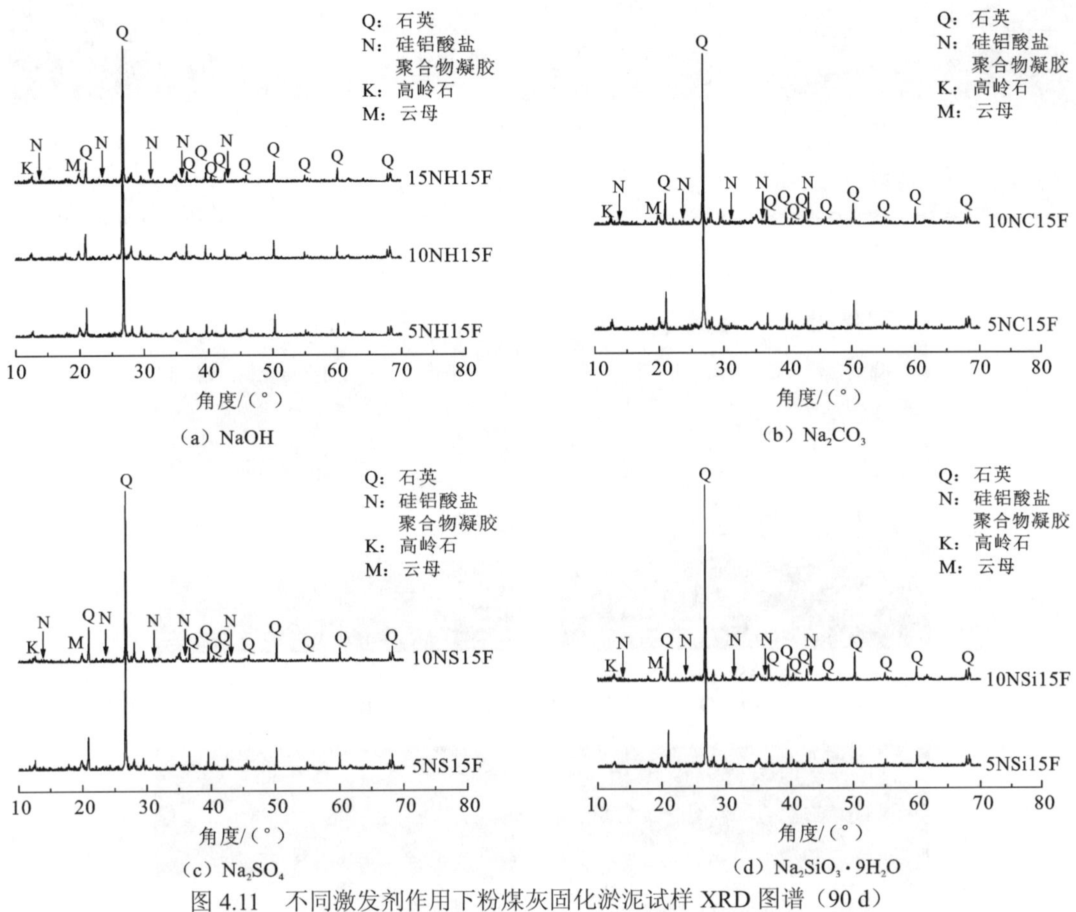

图 4.11　不同激发剂作用下粉煤灰固化淤泥试样 XRD 图谱（90 d）

4.2.2 SEM

通过 SEM 试验，观察碱激发粉煤灰固化淤泥的孔隙结构和反应产物的微观形貌。图 4.12～图 4.15 是 NaOH、Na_2CO_3、Na_2SO_4、$Na_2SiO_3·9H_2O$ 激发粉煤灰固化淤泥试样 SEM 图。分析图 4.12（a）中 5%掺量 NaOH 激发粉煤灰固化淤泥试样，发现大量球状粉煤灰玻璃体表面已不再光滑，出现明显的侵蚀破坏现象，不规则胶凝产物将片状土颗粒和被侵蚀粉煤灰胶结形成整体。NaOH 掺量若提高至 10%，图 4.12（b）中粉煤灰进一步活化，生成更多无定形凝胶，球形粉煤灰颗粒表面侵蚀破坏现象更加严重。这表明：具有坚硬玻璃体外壳的粉煤灰在较强碱性环境中可以被更好地活化。这无疑使球形粉煤灰表面被进一步侵蚀，内部活性组分被有效激发，生成更多无定形钠基硅铝酸盐凝胶 N-A-S-H，导致球形粉煤灰颗粒逐渐被产物覆盖。如图 4.12（c）所示，20%掺量 NaOH 激发的粉煤灰固化淤泥试样的断面几乎完全被 N-A-S-H 所覆盖，内部颗粒被充分黏结、加固，形成整体，无法观察到裸露的粉煤灰颗粒。

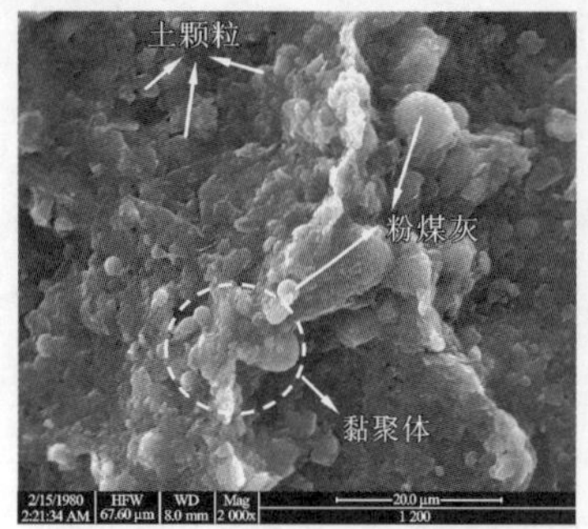

(a) 5NH15F

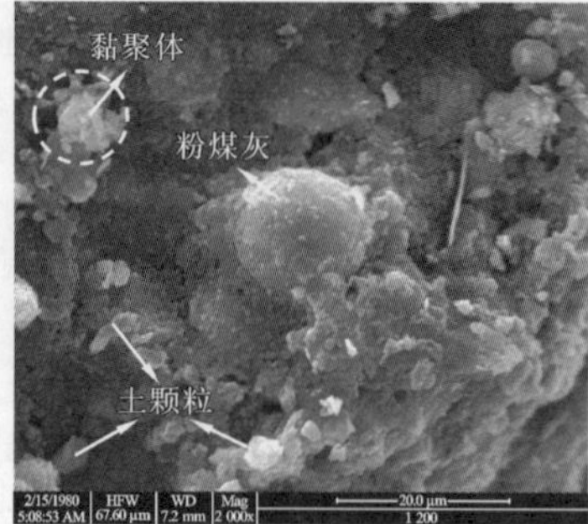

(b) 10NH15F

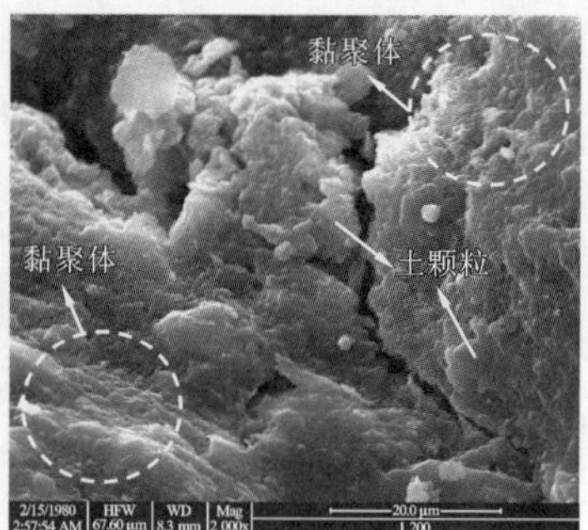

(c) 20NH15F

图 4.12　NaOH 激发粉煤灰固化淤泥试样 SEM 分析（90 d）

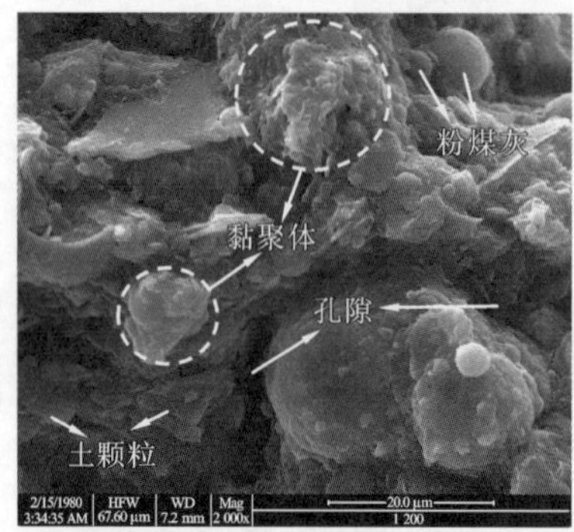

(a) 5NC15F

(b) 10NC15F

图 4.13　Na_2CO_3 激发粉煤灰固化淤泥试样 SEM 分析（90 d）

(a) 5NS15F

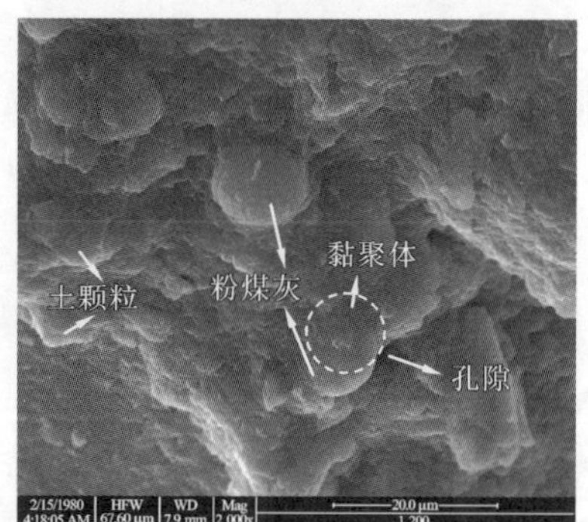

(b) 10NS15F

图 4.14　Na_2SO_4 激发粉煤灰固化淤泥试样 SEM 分析（90 d）

(a) 5NSi15F

(b) 10NSi15F

图 4.15　$Na_2SiO_3 \cdot 9H_2O$ 激发粉煤灰固化淤泥试样 SEM 分析（90 d）

分析图 4.13（a）、（b）中 5%和 10%掺量 Na_2CO_3 激发的粉煤灰固化淤泥试样，可以明显观察到颗粒间或团粒间形成了较多孔隙，存在大量表面光滑的球状粉煤灰和较少量的不规则凝胶相。分析表明：Na_2CO_3 对粉煤灰活性组分的激发作用较弱，导致固化淤泥整体性较差。

图 4.14（a）、（b）是 5%和 10%掺量 Na_2SO_4 激发粉煤灰固化淤泥试样 SEM 图。试样断面出现大量表面光滑的球状粉煤灰、片状土颗粒和较少的不规则凝胶相。这说明：Na_2SO_4 对粉煤灰的激发作用较弱，养护 90 d 后试样仍有大量未反应的粉煤灰和未被胶结形成整体的土颗粒存在。

图 4.15（a）、（b）是 5%和 10%掺量 $Na_2SiO_3 \cdot 9H_2O$ 激发粉煤灰固化淤泥试样 SEM 图。5%掺量 $Na_2SiO_3 \cdot 9H_2O$ 激发的粉煤灰固化淤泥试样的断面显示[图 4.15（a）]，其上存在较多被侵蚀破坏的球形粉煤灰颗粒与大量无定形凝胶相产物。10%掺量 $Na_2SiO_3 \cdot 9H_2O$ 对应试样[图 4.15（b）]的断面几乎完全被生成的无定形物质所包裹，试样结构致密，整体性良好，很难观察到球形粉煤灰颗粒和粒间孔隙。上述分析可以有效解释试样长期抗压强度（90 d）随 $Na_2SiO_3 \cdot 9H_2O$ 掺量的增加而升高的现象，$Na_2SiO_3 \cdot 9H_2O$ 掺量的提高可以更有效地促进粉煤灰活性的激发而生成更多的无定形凝胶相，从而更坚固地黏结颗粒，并提高固化淤泥的整体性和抗压强度。

以上分析充分说明：NaOH、$Na_2SiO_3 \cdot 9H_2O$ 激发粉煤灰潜在活性、固化淤泥的效果最好，Na_2CO_3、Na_2SO_4 的激发作用相对有限。提高碱激发剂掺量，可有效改善碱激发粉煤灰固化体系中 Si、Al 等活性物质“溶解—聚合”的反应程度，生成的硅铝酸盐聚合物凝胶 N-A-S-H 能较好地黏聚颗粒并填充粒间孔隙，使固化淤泥的整体结构更加密实，强度更高。

4.2.3 TG/DTG

对 NaOH 等碱激发粉煤灰固化淤泥试样进行热重分析试验，利用样品烧失量研究碱激发剂类型及掺量对反应产物生成量的影响，进一步验证 XRD 和 SEM 的测试结果。NaOH、Na_2CO_3、Na_2SO_4、$Na_2SiO_3 \cdot 9H_2O$ 激发粉煤灰固化淤泥试样的热重分析结果如图 4.16（a）～（d）所示。TG 曲线为热重分析试验所测试样的质量随温度变化的关系曲线。将 TG 曲线对温度求一阶导数，即得到试样的质量微分曲线（DTG）。

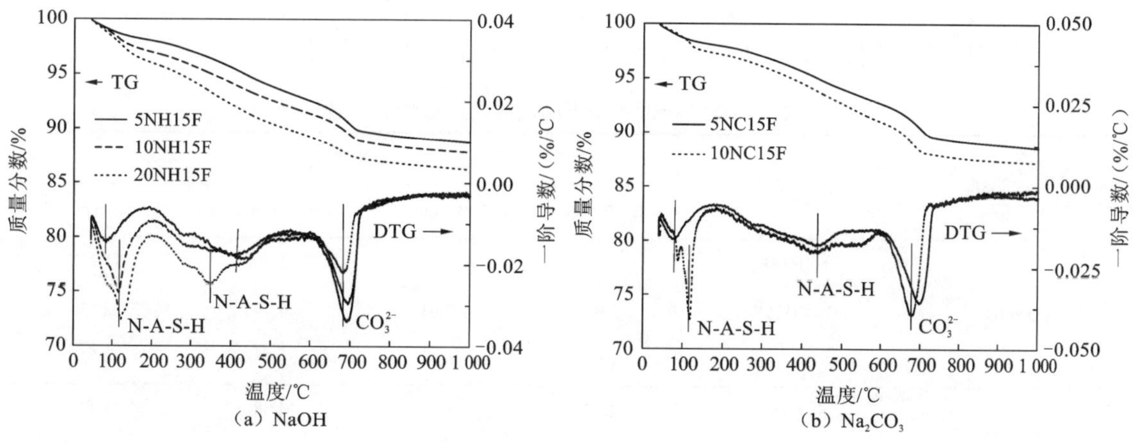

（a）NaOH

（b）Na_2CO_3

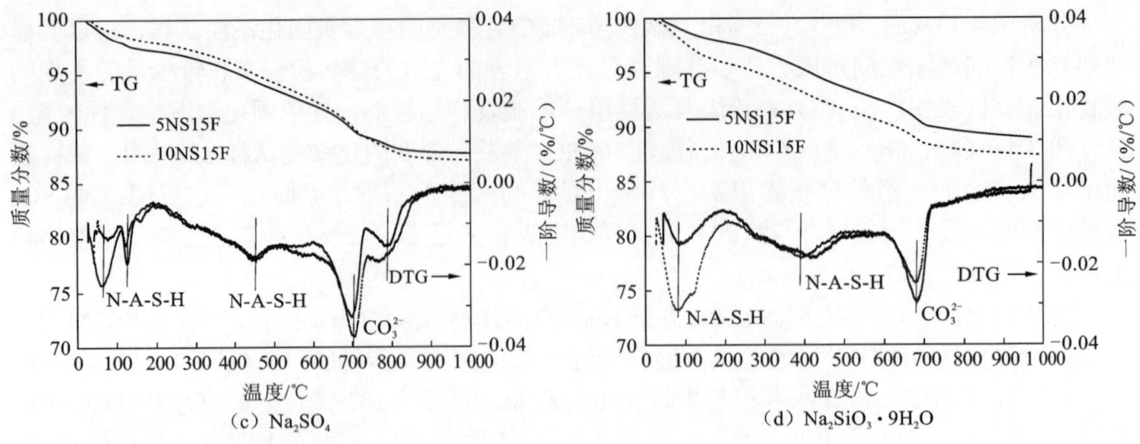

图 4.16　碱激发粉煤灰固化淤泥试样的热重分析结果（90 d）

图 4.16 中固化淤泥 DTG 曲线出现三处明显的峰值，温度区间可划分为 0～200℃、200～600℃和 600～1 000℃。0～200℃出现第 1 个失重峰，主要归因于样品内自由水和硅铝酸盐聚合物 N-A-S-H 吸附水的蒸发，小部分因体系中羟基（Si—OH、Al—OH）的聚合作用而失水。第 2 个峰值出现在 200～600℃，主要是由温度升高致使硅铝酸盐凝胶 N-A-S-H 中的结合水失重引起的。600～1 000℃出现第 3 个失重峰，由碳酸盐高温分解 CO_2 而产生损失所致，也可能与硅铝酸盐凝胶 N-A-S-H 完全脱羟基的过程有关。对比可知，上述发现与前人研究结果相吻合[1]。

TG 曲线中各试样质量随温度的升高均不断降低，主要是因为温度持续升高，导致反应产物和原料中的碳酸盐等发生脱水与分解。表 4.2 统计了各固化淤泥试样在不同温度区间内的质量烧失量。以掺 5%、10%和 20%NaOH 激发粉煤灰固化淤泥试样为例，0～200℃质量烧失量分别为 1.97%、3.03%、4.02%，200～600℃质量烧失量分别为 5.48%、5.61%、6.74%，600～1 000℃质量烧失量则分别为 3.76%、3.49%、2.96%。分析可知：0～200℃和 200～600℃试样的质量烧失量随 NaOH 掺量的增加而逐渐增大，这是因为 NaOH 掺量的提高能更好地侵蚀、破坏粉煤灰玻璃体结构，生成更多硅铝酸盐凝胶 N-A-S-H，导致其所含的吸附水量和结合水量增多。然而，600～1 000℃试样质量烧失量随 NaOH 掺量的增加而减小，可能是因为高 NaOH 掺量下固化体系内部淤泥颗粒占比降低，即碳酸盐含量减少。$Na_2SiO_3\cdot9H_2O$ 和 Na_2CO_3 激发粉煤灰固化淤泥的热重分析结果也呈现相似的变化规律。

表 4.2　热重分析试验中不同试样的质量烧失量统计

激发剂类型	试样编号	质量烧失量/%			
		0～200℃	200～600℃	600～1 000℃	总计
NaOH	5NH15F	1.97	5.48	3.76	11.21
	10NH15F	3.03	5.61	3.49	12.13
	20NH15F	4.02	6.74	2.96	13.72
Na_2CO_3	5NC15F	2.07	5.27	4.08	11.42
	10NC15F	2.85	6.17	3.76	12.78

续表

激发剂类型	试样编号	质量烧失量/%			
		0～200℃	200～600℃	600～1 000℃	总计
Na_2SO_4	5NS15F	2.82	5.01	4.45	12.28
	10NS15F	2.06	5.29	5.56	12.91
$Na_2SiO_3·9H_2O$	5NSi15F	2.16	5.49	3.33	10.98
	10NSi15F	4.07	5.52	3.00	12.59

Na_2SO_4激发粉煤灰固化淤泥试样的热重分析结果有所不同，0～200℃试样的质量烧失量随Na_2SO_4掺量的增加而减小，这是由于Na_2SO_4掺量提高相当于增加体系内部SO_4^{2-}的含量，粉煤灰释放少量Ca^{2+}生成更多硫酸钙附着于颗粒表面，抑制其深度溶解，降低硅铝酸盐聚合物凝胶N-A-S-H的生成量，这与$Na_2SO_4^-$-粉煤灰固化淤泥的力学强度表现一致，即10%掺量Na_2SO_4激发粉煤灰固化淤泥抗压强度均低于相同条件下的5%掺量Na_2SO_4试样。然而，200～600℃和600～1000℃试样的质量烧失量随Na_2SO_4掺量的增加而增加，具体原因有待进一步试验来加以明确。值得注意的是，若要得到更加准确的数据，需要进行大量热重分析试验，而由于试验条件有限，只能进行一组热重分析试验，故所得结果的准确性还有待深入探讨。

4.2.4 MIP

微观孔隙结构变化是引起土体物理力学性质改变的重要因素。随着碱与粉煤灰之间化学反应的持续进行，固化淤泥内部孔隙的形状和大小将发生变化。利用压汞试验，测定碱激发粉煤灰固化淤泥试样的孔隙特征，揭示碱激发剂类型及掺量对固化淤泥微观孔隙结构的影响规律。

图4.17（a）～（d）分别是为NaOH、Na_2CO_3、Na_2SO_4、$Na_2SiO_3·9H_2O$激发粉煤灰固化淤泥试样的MIP曲线。其中，累计进汞量间接表征固化淤泥孔隙的总体积，孔隙分布密度表征固化淤泥相应孔隙直径的孔隙体积所占的比例。针对图4.17（a）中NaOH激发粉煤灰固化淤泥试样（粉煤灰掺量为15%），5%、10%和20%掺量NaOH对应试样的累计进汞量分别为0.2636 mL/g、0.2911 mL/g和0.1262 mL/g。分析可知：碱激发剂NaOH掺量从5%增至10%和20%时，试样累计进汞量先略有增加而后显著降低。整体而言，提高碱激发剂掺量将形成更多硅铝酸盐凝胶N-A-S-H，包裹、黏结淤泥颗粒，填充孔隙结构，引起颗粒间与团粒内孔隙的增多（根据Shear等[2]给出的孔隙划分标准，见表4.3），进一步降低固化淤泥整体的孔隙率。上述分析与TG试验结果高度一致，即随着碱激发剂掺量的增加，固化淤泥微观孔隙结构特征表现为累计进汞量逐渐减小，宏观上表现为试样的力学特性逐渐增强，即宏观与微观之间表现出高度的一致性。

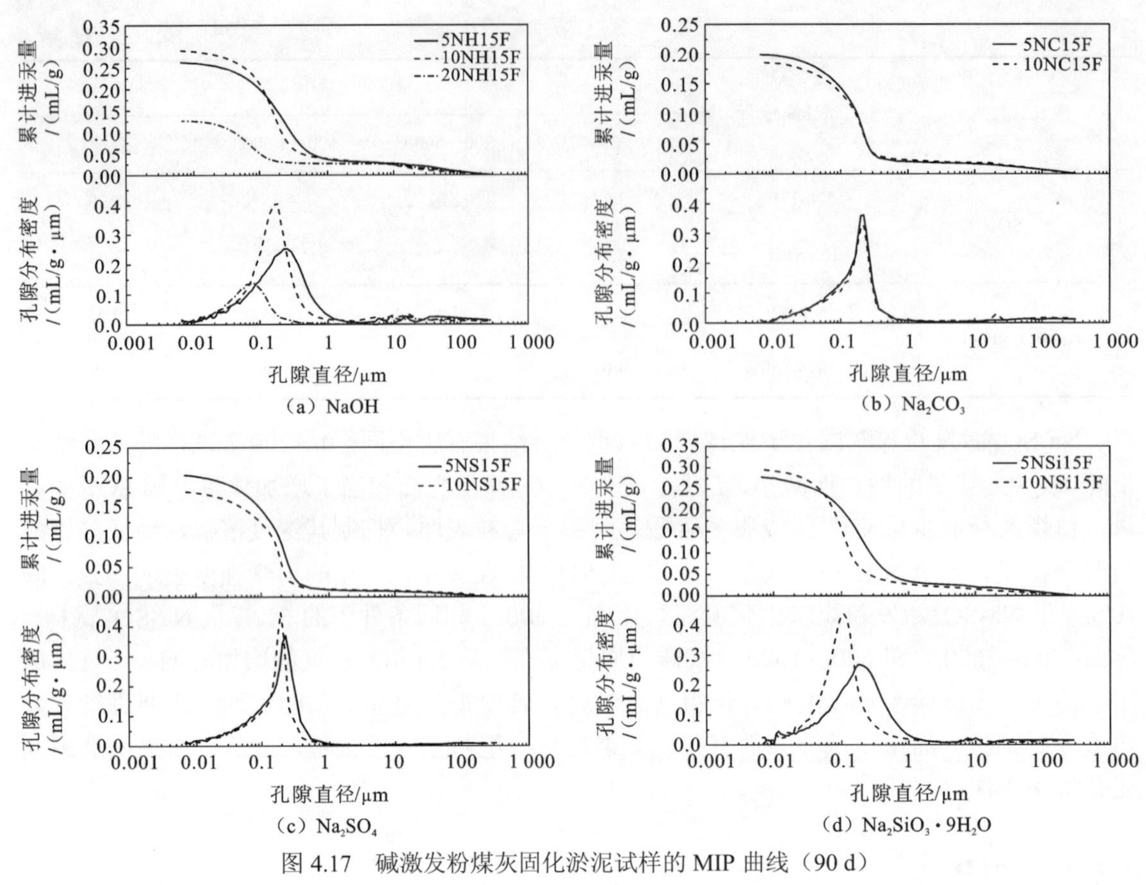

图 4.17　碱激发粉煤灰固化淤泥试样的 MIP 曲线（90 d）

表 4.3　孔隙划分标准[2]

孔隙类型	孔隙直径/μm
颗粒内孔隙	＜0.014
颗粒间孔隙	0.014～1.8
团粒内孔隙	1.8～70
团粒间孔隙(＞300 μm 为巨大孔)	70～4 000

进一步分析图 4.17 可知，固化淤泥试样孔隙分布密度曲线呈典型的单峰特征，孔隙直径分布范围主要为 0.01～2 μm，即试样内部孔隙以颗粒间孔隙为主（据表 4.3）。图 4.17（a）中掺 5%、10%和 20% NaOH 激发粉煤灰固化淤泥试样的最可几孔隙直径分别为 0.2603 μm、0.1729 μm 和 0.0791 μm。5%和 10%掺量 Na_2CO_3 对应试样[图 4.17（b）]的最可几孔隙直径分别为 0.2191 μm 和 0.2047 μm。5%和 10%掺量 Na_2SO_4 对应试样[图 4.17（c）]的最可几孔隙直径分别为 0.2306 μm 和 0.1953 μm。图 4.17（d）中 5%和 10%掺量 $Na_2SiO_3·9H_2O$ 对应试样的最可几孔隙直径为 0.1778 μm 和 0.1109 μm。对比发现，对于不同类型碱激发剂激发的粉煤灰固化淤泥试样，其最可几孔隙直径随碱掺量的增加均呈现减小趋势。这主要是因为碱激发剂掺量的提高使标准养护 90 d 试样内反应产物 N-A-S-H 的生成量增加，更好地填充、密

实孔隙并黏结颗粒，使部分团粒内的孔隙转化为颗粒间的孔隙，即小孔隙增多，最可几孔隙直径相应减小。该结论有效地验证了前述 SEM 和热重分析等试验的测试结果。

4.3 碱激发粉煤灰固化淤泥反应模型

基于 XRD、SEM、TG/DTG 和 MIP 等测试结果，并结合 Fernández-Jiménez 等[3]的研究结论，本章提出了碱激发粉煤灰固化淤泥微观作用机制模型，如图 4.18 所示。碱激发粉煤灰掺入淤泥并均匀搅拌后，固化体系内部的化学反应全过程分为下述 4 个阶段。

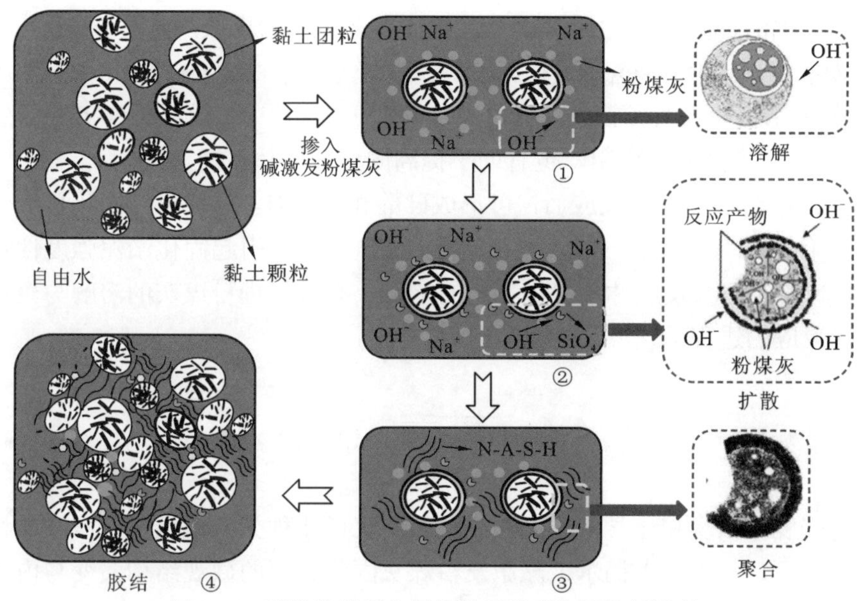

图 4.18 碱激发粉煤灰固化淤泥微观作用机制模型

（1）溶解：当碱溶液与粉煤灰等材料均匀混合后，形成的 OH^-便开始对粉煤灰颗粒表面进行化学侵蚀破坏。

（2）扩散：OH^-逐渐破坏粉煤灰颗粒硅氧/铝氧三维网络结构，扩散进入玻璃体内部，使玻璃体结构进一步解离，致使部分活性 Si 和 Al 溶解，变为硅氧四面体和铝氧四面体等低聚体。

（3）聚合：由于硅氧四面体和铝氧四面体结构不稳定，易发生缩聚反应，形成新的硅氧四面体与铝氧四面体相互交联的具有高聚合度和空间网状结构的硅铝酸盐凝胶（N-A-S-H），沉积在粉煤灰颗粒玻璃体表面，包裹、覆盖未反应部分，进而阻碍反应的继续进行。

（4）胶结：生成的硅铝酸盐凝胶 N-A-S-H 将粉煤灰玻璃体及淤泥颗粒紧密黏结，形成致密的网状结构，从而显著提高固化淤泥的整体性。固化淤泥抗压强度水平主要取决于硅铝酸盐凝胶 N-A-S-H 的生成量，即取决于体系中活性 Si 和 Al 组分的溶解量。

在反应初期，NaOH 溶液主要通过溶出的 OH^-对粉煤灰玻璃体起“解聚”作用，致使粉煤灰颗粒玻璃体外壳由外至内逐渐剥落，即发生活性 Si 和 Al 的溶解现象。在反应后期，溶解 Na^+作为体系中的阳离子，被吸附至 Si-O-Al 三维网状结构，形成含 Na^+的无定形或低结晶度的硅铝酸盐凝胶（N-A-S-H），Na^+起到平衡 N-A-S-H 中负电荷的作用，凝胶物进一步包裹、黏结颗粒且填充孔隙，形成结构致密的整体。相同条件下，高 NaOH 掺量可提供更多的 OH^-，有效激发更多粉煤灰溶解并参与聚合反应，生成更多胶结产物，而使固化淤泥抗压强度得以提高，微观结构与宏观强度表现紧密相关。

Na_2CO_3 溶液中的部分 CO_3^{2-} 可发生弱水解生成 HCO_3^{2-} 和 OH^-，进而逐步侵蚀粉煤灰颗粒玻璃体结构，与 NaOH 类似，通过上述一系列反应最终可生成硅铝酸盐凝胶（N-A-S-H）。值得注意的是，Na_2CO_3 水解程度较低，使得碱溶液中活性 Si 和 Al 的溶解量较少，导致最终生成的胶凝相较少，而此时大部分未溶解粉煤灰只能作为填充料存在，导致试样结构较为疏松，固化淤泥的抗压强度较低。

Na_2SO_4 与 Na_2CO_3 类似，水解程度较低，无法有效溶解、侵蚀粉煤灰颗粒，导致固化淤泥抗压强度较低。值得注意的是，由于本章使用的是 F 类低钙粉煤灰，钙离子在反应体系中的作用基本可以忽略。若采用 Na_2SO_4 溶液作用于 FA，除上述水解产生 OH^- 的作用之外，SO_4^{2-} 在 Ca^{2+} 的作用下，与夹杂在粉煤灰颗粒表面的凝胶及溶解于液相中的活性 Al_2O_3 反应，生成钙矾石（AFt），钙矾石有一定的膨胀作用，也有助于提高固化反应体系的强度。

$Na_2SiO_3·9H_2O$ 溶液经水解反应后，可形成硅酸和 NaOH。硅酸可为固化反应体系提供一部分活性 Si，使硅铝酸盐凝胶（N-A-S-H）的生成量增多，引起固化淤泥强度性状的进一步改良。同时，NaOH 可为反应体系提供充足的 OH^-，有效促进粉煤灰的溶解与聚合，明显加速碱激发化学反应的进程。

4.4 本章小结

本章采用强度、微观和化学测试方法，深入研究了 4 种类型碱激发剂激发的粉煤灰固化淤泥的宏微观特征，从本质上揭示了碱激发粉煤灰固化淤泥的微观结构演变与内在化学反应机制，最终提出了碱激发粉煤灰固化淤泥微观结构形成的全过程模型。该研究可为深化碱激发粉煤灰固化淤泥技术及其推广应用提供理论依据。主要结论如下。

（1）碱激发粉煤灰混合料能有效提高固化淤泥无侧限抗压强度，NaOH、$Na_2SiO_3·9H_2O$ 激发效能优异，Na_2CO_3、Na_2SO_4 激发效果比较有限。

（2）碱性 OH^- 作用于粉煤灰玻璃体内外，受激发经“溶解—聚合”过程形成不同聚合度的硅铝酸盐凝胶 N-A-S-H，黏结、包裹淤泥颗粒，进而提高固化淤泥的整体结构强度。

（3）碱激发剂掺量升高，致使反应产物 N-A-S-H 凝胶的生成量增多，热重质量烧失量增多，团粒内孔隙更多地转化为颗粒间孔隙，导致固化淤泥微观结构更加密实，整体性更强，宏观上表现为试样力学特性的大幅改善。

（4）提出了碱激发粉煤灰内在化学反应诱发固化淤泥性能改良的全过程模型，深入揭示了碱激发粉煤灰固化淤泥的微观结构演变与化学反应机制。

参考文献

[1] DUXSON P, LUKEY G C, DEVENTER J S J V. Thermal evolution of metakaolin geopolymers: Part 1-physical evolution[J]. Journal of non-crystalline solids, 2006, 352(52/53/54): 5541-5555.

[2] SHEAR D L, OLSEN H W, NELSON K R. Effects of desiccation on the hydraulic conductivity versus void ratio relationship for a natural clay[M]. Washington D.C.: National Academy Press, 1993: 1365-1370.

[3] FERNÁANDEZ-JIMÉNEZ A, PALOMO A, CRIADO M. Microstructure development of alkali-activated fly ash cement: A descriptive model[J]. Cement and concrete research, 2005, 35(6): 1204-1209.

第5章 活性MgO-粉煤灰固化淤泥力学性状与微观机理

5.1 力学特性

5.1.1 应力-应变关系

1. 养护龄期

图 5.1（a）～（c）分别展示了 5%、10%、15%活性 MgO-粉煤灰掺量下，不同养护龄期时活性 MgO-粉煤灰固化淤泥典型试样（SD2M8F）应力-应变曲线的变化规律。其中，SD*a*M*b*F 表示质量比为 *a*∶*b* 的活性 MgO（M）与粉煤灰（F）固化淤泥试样（SD），后文将不再赘述。

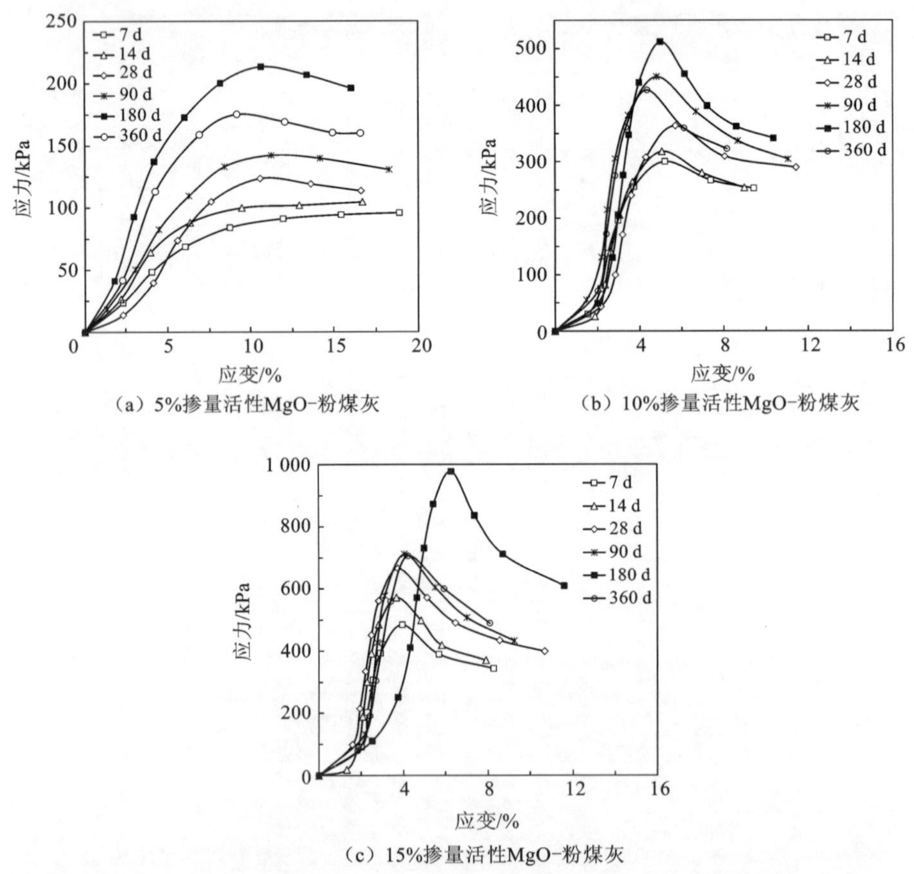

图 5.1　不同养护龄期时活性 MgO-粉煤灰固化淤泥典型试样的应力-应变曲线（SD2M8F）

从图 5.1 中可以看出，对于图 5.1（a）所示的低掺量活性 MgO-粉煤灰（5%）对应曲线，不同养护龄期时活性 MgO-粉煤灰固化淤泥的应力-应变曲线呈应变硬化型，应力-应变曲线达到峰值后并未出现明显的陡降现象。针对图 5.1（b）、（c）中的高掺量（10%、15%）活性

MgO-粉煤灰固化淤泥应力-应变关系曲线，不同养护龄期时活性 MgO-粉煤灰固化淤泥的应力-应变曲线呈应变软化型。

活性 MgO-粉煤灰固化淤泥的应力-应变过程大致分为三个阶段：初始加载阶段、非线性变形阶段和试样破坏阶段。第一阶段，初始加载阶段是试样压密阶段，试样应力随应变的增加近似呈线性增加趋势，主要原因是固化淤泥中孔隙较多，在压力作用下孔隙发生闭合，使固化体变形较大；第二阶段，非线性变形阶段，应力随应变的增加非线性增大并达到峰值，主要原因是固化淤泥孔隙减小，固化淤泥逐渐成为密实结构体；第三阶段，试样破坏阶段，应力-应变曲线出现陡降，固化淤泥表现出明显的应力减小（软化）现象，主要原因是应力超过固化淤泥屈服应力，固化土发生破坏。180 d 养护龄期之前，不同活性 MgO-粉煤灰掺量下固化淤泥试样的应力-应变曲线峰值随养护龄期的增加呈增大趋势，而且养护龄期越大，第一阶段与第二阶段之间的拐点越明显，360 d 养护龄期试样的应力-应变曲线峰值相比于 180 d 有所降低。

2. 活性 MgO 和粉煤灰的质量比

图 5.2（a）～（c）显示了 5%、10%和 15%活性 MgO-粉煤灰掺量时，不同质量比活性 MgO-粉煤灰固化淤泥试样（180 d）应力-应变曲线的变化规律。低活性 MgO 和粉煤灰质量比时，活性 MgO-粉煤灰固化淤泥试样由于水化反应严重滞后，未能形成坚实的固化淤泥结构，应力-应变曲线未表现出明显的三阶段特征，试样发生较大变形后达到峰值强度，为应变

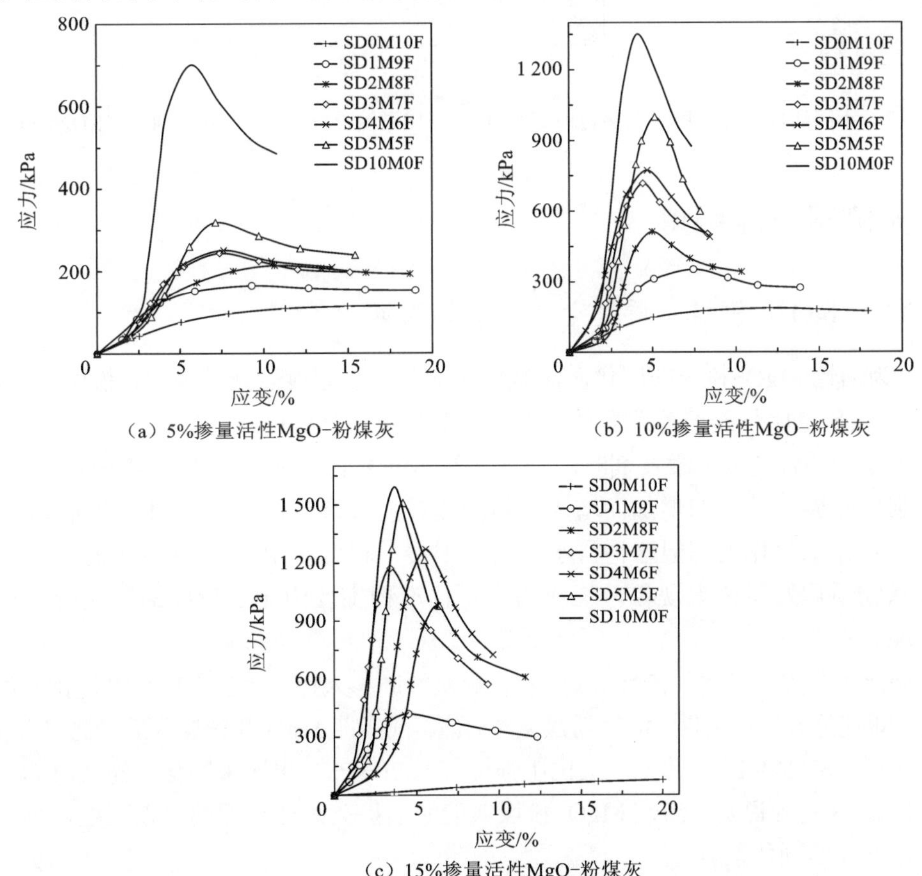

（a）5%掺量活性MgO-粉煤灰

（b）10%掺量活性MgO-粉煤灰

（c）15%掺量活性MgO-粉煤灰

图 5.2　不同活性 MgO 和粉煤灰质量比时固化淤泥试样的应力-应变曲线（180 d）

硬化型。高活性 MgO 和粉煤灰质量比试样的应力-应变曲线呈现明显的三阶段，出现应力陡降的脆性破坏特征，表现为应变软化型，随活性 MgO 和粉煤灰质量比的提高，试样破坏阶段的陡降程度更加显著，即脆性破坏特征越发明显。

3. 活性 MgO-粉煤灰掺量

图 5.3 是 90 d 养护龄期时，不同活性 MgO-粉煤灰掺量对应的固化淤泥试样（SD2M8F）的应力-应变曲线。高活性 MgO-粉煤灰掺量（10%、15%）时，固化淤泥试样的应力-应变曲线为应变软化型，表现为明显的三阶段特征，试样达到极限强度后，很快出现脆性破坏特征；低活性 MgO-粉煤灰掺量（5%）试样的应力-应变曲线为应变硬化型，强度增长缓慢，呈现塑性破坏特征。

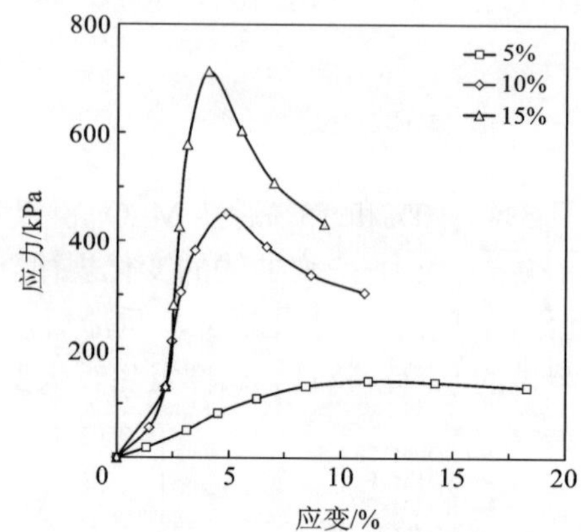

图 5.3 不同活性 MgO-粉煤灰掺量时养护 90 d 固化淤泥试样的应力-应变曲线（SD2M8F）

5.1.2 无侧限抗压强度

1. 活性 MgO 和粉煤灰质量比及掺量等因素

图 5.4 为活性 MgO-粉煤灰固化淤泥试样无侧限抗压强度随活性 MgO-粉煤灰掺量、活性 MgO 和粉煤灰质量比与养护龄期多种因素的演变规律。分析可知：

（1）未添加活性 MgO 激发剂时，三种活性 MgO-粉煤灰掺量下，SD0M10F 试样的无侧限抗压强度随养护龄期的增加而增大，但增速较为缓慢，这与吴传明[1]的研究成果一致。低钙粉煤灰存在水化作用，但这种自水化速度很慢，粉煤灰中含 CaO 较多的颗粒在自水化产生絮凝状物质后发生团聚现象，生成的自水化产物主要为无定形硅铝质凝胶，具有一定的胶凝性能。

（2）相比于未固化淤泥，活性 MgO 和粉煤灰共同掺入可有效提高固化淤泥试样的无侧限抗压强度，即使是低掺量活性 MgO-粉煤灰（5%）、低活性 MgO 和粉煤灰质量比时养护 7 d 的固化淤泥试样（SD1M9F），其无侧限抗压强度（93.20 kPa）也比未固化淤泥（61.88 kPa）提高约 50.61%。这充分说明，活性 MgO-粉煤灰能明显提高固化淤泥的早期强度，可被视为新型、绿色、环保的固化剂。

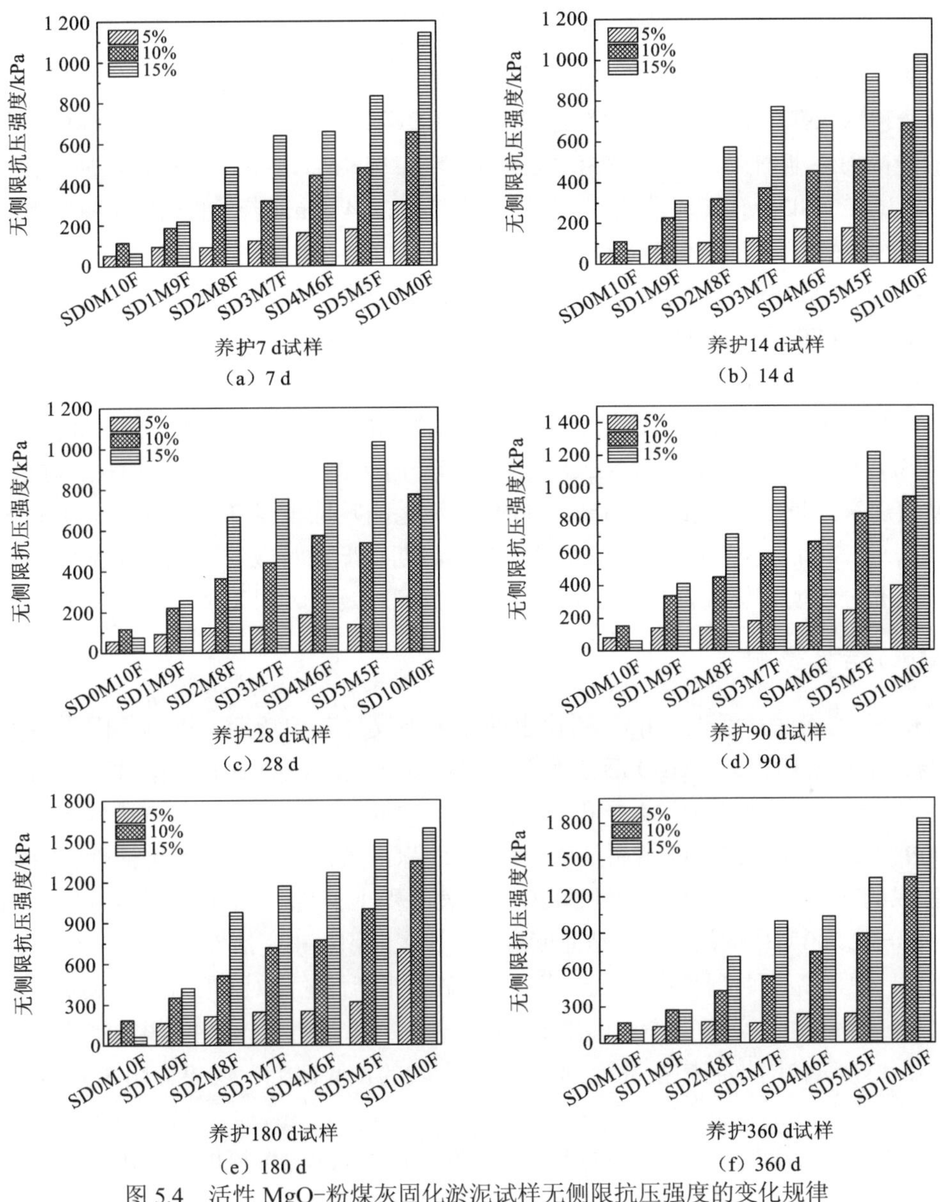

（a）7 d　（b）14 d　（c）28 d　（d）90 d　（e）180 d　（f）360 d

图 5.4　活性 MgO-粉煤灰固化淤泥试样无侧限抗压强度的变化规律

（3）180 d 养护龄期前，活性 MgO-粉煤灰固化淤泥试样的无侧限抗压强度均随养护龄期的延长而提高。以 10%掺量、活性 MgO 和粉煤灰质量比为 3∶7 对应的 SD3M7F 为例，标准养护 7 d 试样的无侧限抗压强度为 320.86 kPa，养护至 14 d 时无侧限抗压强度增加 15.71%，达到 371.28 kPa，继续养护至 28 d、90 d、180 d，分别增加 37.46%（增至 441.05 kPa）、85.08%（增至 593.84 kPa）和 123.33%（增至 716.58 kPa）。其他活性 MgO-粉煤灰掺量和配比试样，也呈现类似的规律。

这充分论证了养护龄期增加对活性 MgO-粉煤灰固化淤泥试样的无侧限抗压强度具有显著的促进作用。值得注意的是，除 10%和 15%活性 MgO-粉煤灰掺量下 SD10M0F 试样在 360 d 养护龄期时的无侧限抗压强度仍增大外，其余不同活性 MgO 和粉煤灰质量比、不同活性 MgO-粉煤灰掺量时固化淤泥试样在 360 d 长期养护时无侧限抗压强度相比 180 d 均有所降低。

（4）活性 MgO 和粉煤灰质量比对固化淤泥的无侧限抗压强度特性具有显著影响。相同活性 MgO-粉煤灰掺量时，活性 MgO-粉煤灰固化淤泥无侧限抗压强度随活性 MgO 和粉煤灰质量比的升高而逐渐增大。对于 10%活性 MgO-粉煤灰，活性 MgO 和粉煤灰质量比为 0∶10 时养护 7 d 试样（SD0M10F）的无侧限抗压强度为 62.64 kPa，若活性 MgO 和粉煤灰质量比增至 1∶9（SD1M9F）、2∶8（SD2M8F）、3∶7（SD3M7F）、4∶6（SD4M6F）、5∶5（SD5M5F）及 10∶0（SD10M0F），固化淤泥的无侧限抗压强度对应达到 SD0M10F 试样的 2.98 倍（186.40 kPa）、4.79 倍（299.98 kPa）、5.12 倍（320.86 kPa）、7.10 倍（444.62 kPa）、7.68 倍（480.78 kPa）和 10.44 倍（653.94 kPa）。

（5）分析活性 MgO-粉煤灰固化淤泥试样随活性 MgO-粉煤灰掺量的变化规律可知，14 d 养护龄期 SD3M7F 试样，5%活性 MgO-粉煤灰掺量时无侧限抗压强度为 123.25 kPa，随着活性 MgO-粉煤灰掺量增大至 10%、15%，固化淤泥无侧限抗压强度分别增大至 371.28 kPa 和 768.53 kPa，提高幅度达 2.01 倍和 5.24 倍。其他龄期、配比对应的固化淤泥试样也呈现类似的规律。这充分说明，提高活性 MgO-粉煤灰掺量可有效增大固化淤泥的无侧限抗压强度。

2. MgO 活性影响

相关研究[2-3]表明：活性 MgO 固化土的效果不仅与养护龄期、掺量等因素有关，还与 MgO 自身的活性密切相关。MgO 活性本身是相对概念，指 MgO 在特定条件下参与物理化学反应的能力，即与水反应生成 Mg^{2+}和 OH^{-}的能力。MgO 活性水平与生产过程中的煅烧温度有关：1 000 ℃以下生成的 MgO 结晶度最低，比表面积最大，活性最高，称为活性 MgO；1 000～1 400 ℃生成的 MgO 结晶度大于活性 MgO，比表面积小于活性 MgO，活性较低，称为重烧 MgO；1 400～2 000 ℃生成的 MgO 结晶度最高，比表面积最小，活性最低，称为死烧 MgO。本节采用低、中、高三种活性 MgO（此处活性高低是指活性的相对高低）混掺粉煤灰对淤泥进行固化处理，研究 MgO 活性对淤泥固化效果的影响。选取活性 MgO 和粉煤灰质量比为 5∶5，5%、10%、15%三种固化剂掺量进行 MgO 活性影响的试验研究，结果如图 5.5（a）～（c）所示。

从图 5.5 可以看出，不同固化剂掺量下，不同活性 MgO 混掺粉煤灰固化淤泥的无侧限抗压强度有显著差别。以图 5.5（c）中 15%掺量 MgO-粉煤灰为例，7 d 养护龄期时中、高活性 MgO-粉煤灰固化淤泥的无侧限抗压强度分别为 565.93 kPa、832.19 kPa，分别是低活性 MgO-粉煤灰固化淤泥无侧限抗压强度（185.38 kPa）的 3.05 倍和 4.49 倍。活性 MgO-粉煤灰固化淤泥的无侧限抗压强度随养护龄期的增加而持续增大，低活性 MgO-粉煤灰固化淤泥 90 d 养护龄期的无侧限抗压强度增至 821.49 kPa，仍低于高活性 MgO-粉煤灰固化淤泥 7 d 抗压强度（832.19 kPa）。相同掺量下，高活性 MgO-粉煤灰固化淤泥的无侧限抗压强度明显高于中、低活性 MgO-粉煤灰固化淤泥试样的无侧限抗压强度，即 MgO 活性越高，试样的无侧限抗压强度越高。究其原因，高活性 MgO 结晶度最低，比表面积最大，活性最高，可快速完成水化等一系列物理化学反应，所生成的胶结产物快速填充、挤密试样孔隙，并使强度增加。综上所述，MgO 活性对 MgO-粉煤灰固化淤泥的效果有显著影响，MgO 活性越高，试样内部的产物越多，孔隙体积越小，微观结构越密实，试样的宏观力学特性越优异。

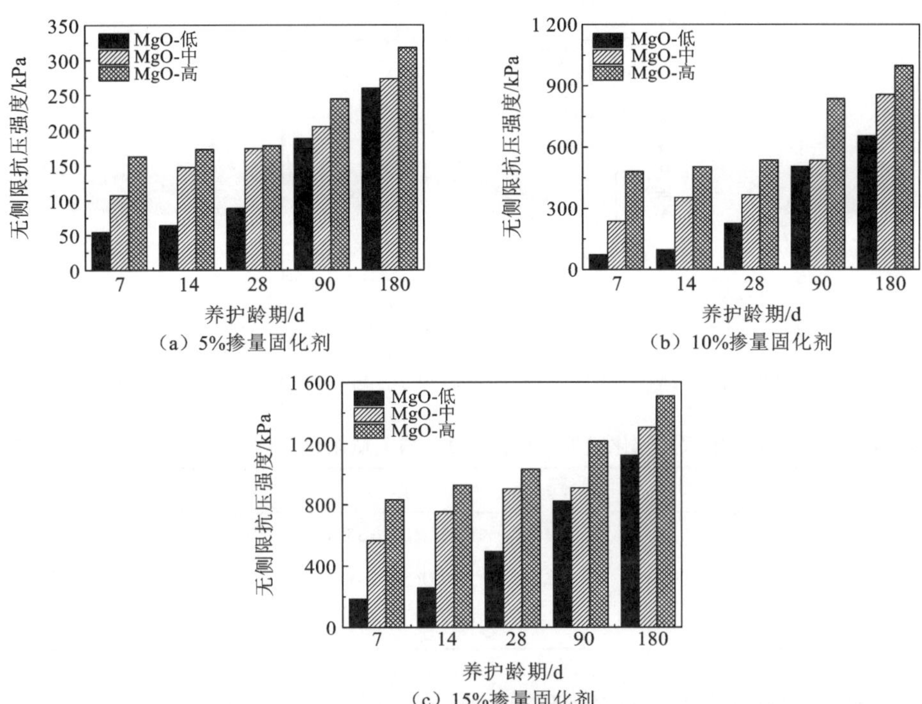

图 5.5　MgO-粉煤灰固化淤泥试样无侧限抗压强度随 MgO 活性的变化规律

5.1.3　变形模量

变形模量是指无侧限条件下材料所受竖向应力与对应应变的比值，其能够较好地反映出材料抵抗弹塑性变形的能力，通常用50%峰值应力所对应的割线模量来表示材料的变形特性，记为 E_{50}。图 5.6 是三种活性 MgO-粉煤灰掺量（5%、10%、15%）时固化淤泥变形模量与无侧限抗压强度关系的散点图。从图中可以看出：活性 MgO-粉煤灰固化淤泥试样的变形模量与无侧限抗压强度大致呈线性关系，线性拟合的具体结果如表 5.1 所示。

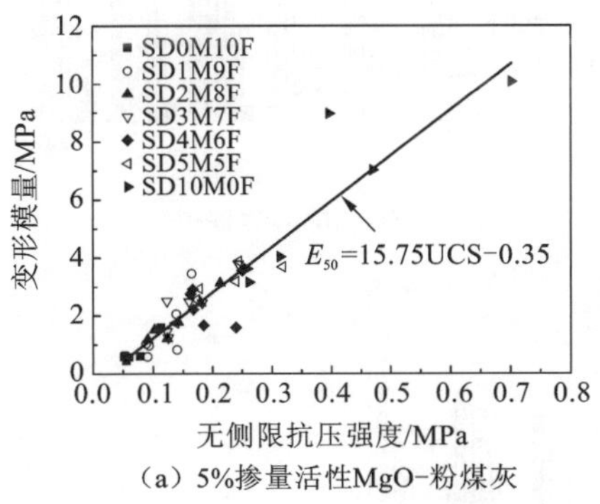

(a) 5%掺量活性MgO-粉煤灰

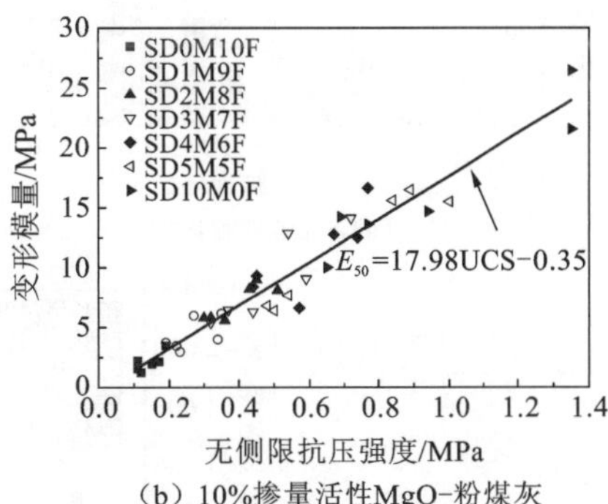

(b) 10%掺量活性MgO-粉煤灰

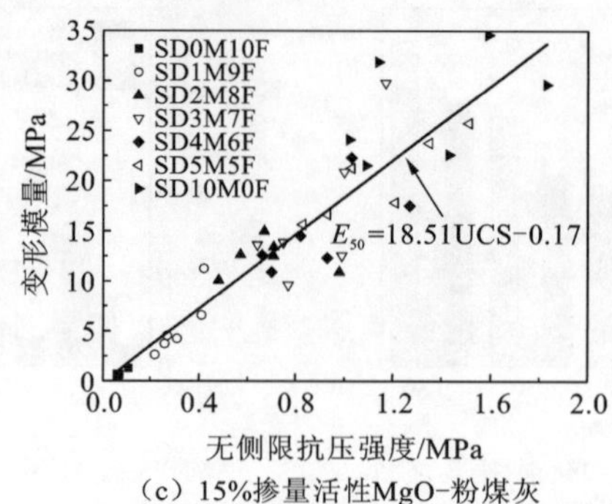

（c）15%掺量活性MgO–粉煤灰

图 5.6 活性 MgO–粉煤灰固化淤泥变形模量 E_{50} 与无侧限抗压强度 UCS 的关系

表 5.1 活性 MgO–粉煤灰固化淤泥变形模量 E_{50} 与无侧限抗压强度 UCS 关系的拟合结果

活性 MgO–粉煤灰掺量/%	拟合结果	R^2
5	E_{50}=15.75 UCS−0.35	0.94
10	E_{50}=17.98 UCS−0.35	0.96
15	E_{50}=18.51 UCS−0.17	0.92

5.1.4 与碱激发粉煤灰固化效果对比

为合理评价活性 MgO–粉煤灰固化淤泥的效果，图 5.7 给出了其与碱激发粉煤灰固化淤泥无侧限抗压强度的对比结果。需要说明的是，由于 Na_2CO_3、Na_2SO_4 对粉煤灰的激发效果有限，固化淤泥最大无侧限抗压强度仅为 100 kPa 左右，明显弱于相同条件下活性 MgO–粉煤灰固化淤泥的无侧限抗压强度，故图中仅列出了 NaOH、$Na_2SiO_3·9H_2O$ 激发粉煤灰的试验结果。

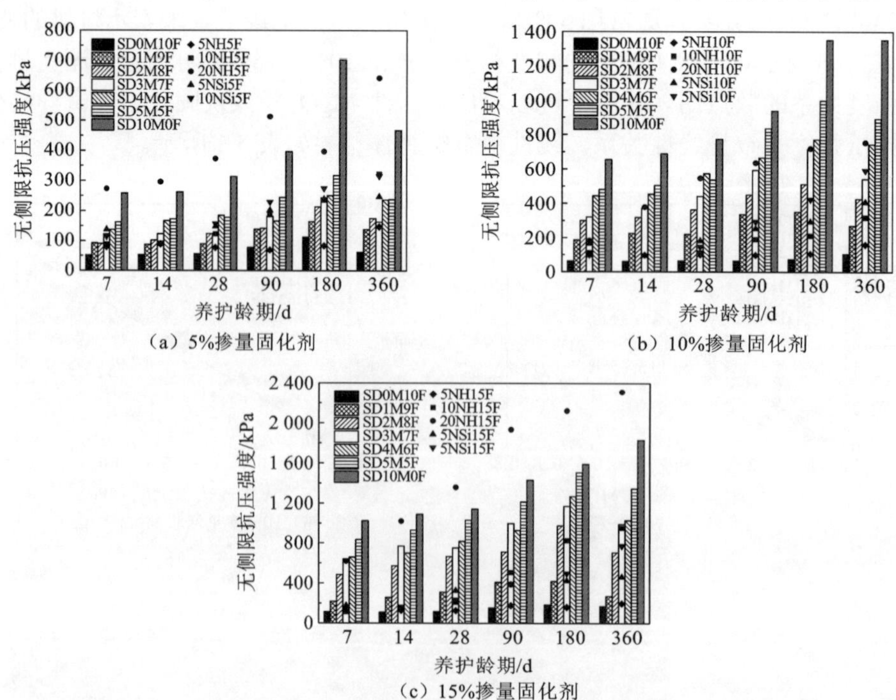

图 5.7 活性 MgO–粉煤灰与碱激发粉煤灰固化淤泥无侧限抗压强度的对比

由图 5.7 可知，对于 20%高 NaOH 掺量、标准养护 90 d 的试样，5%、10%、15%粉煤灰掺量对应的 NaOH 激发粉煤灰固化淤泥的无侧限抗压强度分别为 513 kPa、636 kPa、1934 kPa，是相应掺量活性 MgO–粉煤灰固化淤泥最大无侧限抗压强度（397 kPa、940 kPa 和 1432 kPa）的 129%、68%、135%。综合其他养护龄期试样的无侧限抗压强度规律可知：整体而言，不同固化剂掺量和养护龄期下，20%高 NaOH 掺量对应的 NaOH 激发粉煤灰固化淤泥的无侧限抗压强度优于活性 MgO–粉煤灰固化淤泥。

对于 5%、10%碱掺量，养护 90 d 的试样，5%、10%、15%粉煤灰掺量对应的碱激发粉煤灰固化淤泥的最大无侧限抗压强度分别为 322 kPa、592 kPa、953 kPa，是相应掺量活性 MgO–粉煤灰固化淤泥最大无侧限抗压强度（397 kPa、940 kPa、1432 kPa）的 81%、63%、67%。由此可见，活性 MgO–粉煤灰固化淤泥的无侧限抗压强度特性比 5%、10%低碱掺量对应的碱激发粉煤灰固化淤泥具有更明显的优势。

5.2 微观机理

选取典型试样进行 XRD、SEM、TG/DTG 和 MIP 等一系列试验，对活性 MgO–粉煤灰固化淤泥的微观反应机理进行深入研究。

5.2.1 XRD

为探明活性 MgO–粉煤灰固化淤泥水化产物的组成，对 90 d 养护龄期典型试样进行 XRD 试验。5%、10%和 15%掺量活性 MgO–粉煤灰固化淤泥试样的 XRD 图谱如图 5.8（a）～（c）所示。

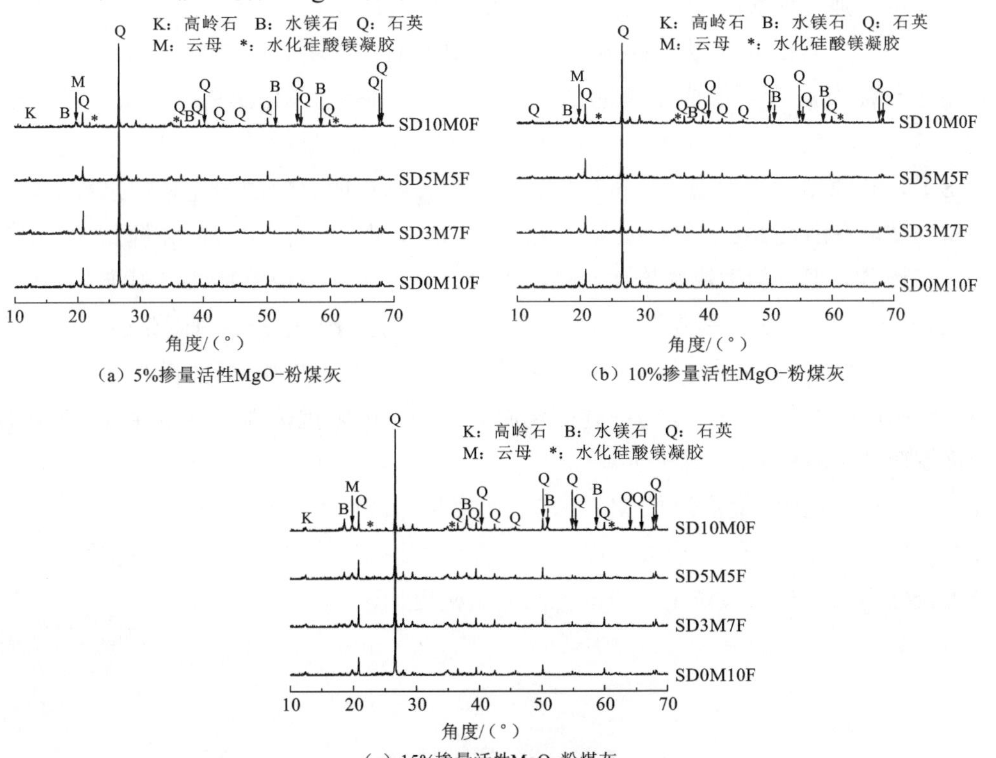

图 5.8 不同活性 MgO 和粉煤灰质量比时固化淤泥试样 XRD 分析（90 d）

明显观察到水化产物 $Mg(OH)_2$ 和水化硅酸镁凝胶 M-S-H 的生成，$Mg(OH)_2$ 衍射峰出现在 2θ= 18.6°、38.0°、50.8° 和 68.2°，M-S-H 衍射峰出现在 2θ=22.5°、36° 和 61°。这表明：在水介质作用下，活性 MgO 与粉煤灰之间发生水化和激发反应而生成这两种胶结产物。$Mg(OH)_2$ 和 M-S-H 衍射峰强度受活性 MgO-粉煤灰掺量与活性 MgO 和粉煤灰质量比等多种因素影响，提高活性 MgO-粉煤灰掺量与 MgO 和粉煤灰质量比能引起相应衍射峰峰高的增强。这主要归因于活性 MgO 与粉煤灰之间化学反应的激烈程度加剧，胶结产物生成量明显增多。值得注意的是，所测试样 XRD 图谱中未探测到活性 MgO 的存在，说明 90 d 养护龄期时，活性 MgO-粉煤灰固化体系已充分反应，活性 MgO 被完全水化或消耗。试样 SD10M0F 中发现少量水化硅酸镁凝胶 M-S-H，这可能是因为活性 MgO 水化生成的 $Mg(OH)_2$ 与淤泥活性组分 SiO_2 等发生微弱反应而形成少量的 M-S-H。

5.2.2 SEM

通过 SEM 试验，观察活性 MgO-粉煤灰固化淤泥的产物形态、微观形貌和孔隙结构。图 5.9～图 5.11 分别为 5%、10%及 15%活性 MgO-粉煤灰掺量固化淤泥典型试样的 SEM。对于 5%掺量活性 MgO-粉煤灰固化淤泥试样（图 5.9），活性 MgO 和粉煤灰质量比为 0∶10 时[图 5.9（a）]可观察到大量表面光滑的球状粉煤灰和片状黏土颗粒，并未发现水化产物的形成。这说明：未掺入活性 MgO 时，粉煤灰自水化反应较弱，很难观测到胶结产物的生成，这与无侧限抗压强度和 XRD 测试结果高度一致。将活性 MgO 和粉煤灰质量比提高至 3∶7 [图 5.9（b）]，出现少量絮状水化硅酸镁凝胶 M-S-H，说明此时活性 MgO 与粉煤灰之间已经发生了碱激发反应而形成了新的产物相。继续提升活性 MgO 和粉煤灰质量比至 5∶5 [图 5.9（c）]，球状粉煤灰表面已被明显腐蚀而不再光滑，周围覆盖有显著絮状水化硅酸镁凝胶 M-S-H，孔隙结构更加密实，试样整体性更好，这说明分散的淤泥颗粒已被水化产物良好包裹和胶结。在活性 MgO 和粉煤灰质量比为 10∶0 时，试样 SD10M0F[图 5.9（d）]断面出现胶结产物凝聚形成的大块黏聚体，试样得以充分加固，形成整体，已很难发现较大的孔隙结构。图 5.10 和图 5.11 分别为活性 MgO-粉煤灰掺量为 10%与 15%时固化淤泥试样的 SEM 图。相比于图 5.9，能明显观察到试样内部生成了更多的水化产物，断面微观孔隙结构更加密实，整体结构的胶结性更强。这与前述固化淤泥试样无侧限抗压强度随活性 MgO-粉煤灰掺量的变化规律及 XRD 测试结果一致。

以上分析充分说明：提高活性 MgO-粉煤灰掺量与活性 MgO 和粉煤灰质量比，可有效改善活性 MgO-粉煤灰固化体系的水化程度，生成的水化硅酸镁凝胶 M-S-H 等胶结产物对试样孔隙产生较好的填充和黏聚作用，使固化淤泥结构更加密实，强度更高。

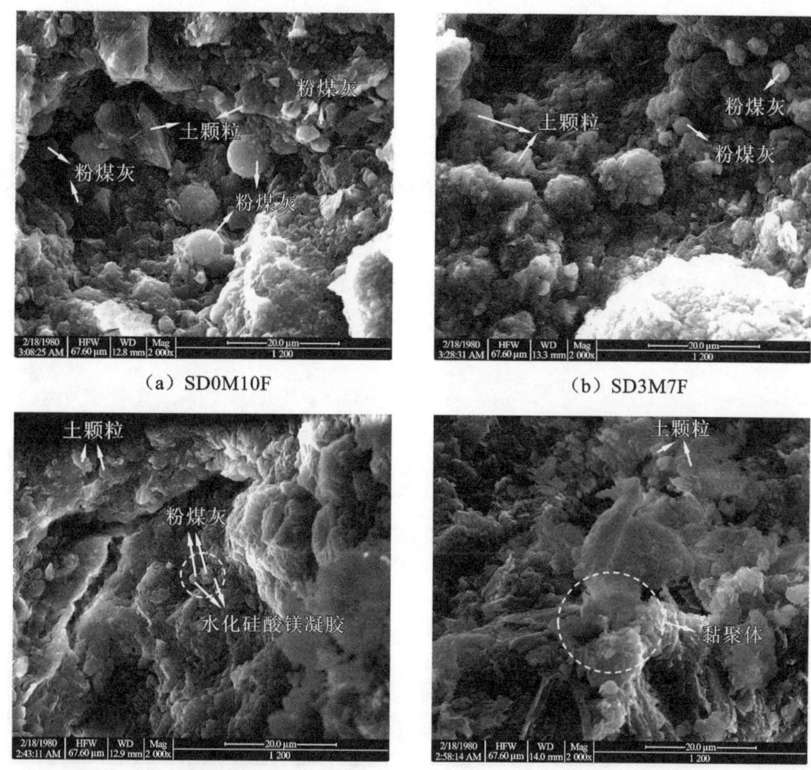

（a）SD0M10F （b）SD3M7F

（c）SD5M5F （d）SD10M0F

图 5.9　5%掺量活性 MgO-粉煤灰固化淤泥典型试样 SEM 照片（90 d）

（a）SD0M10F （b）SD3M7F

（c）SD5M5F （d）SD10M0F

图 5.10　10%掺量活性 MgO-粉煤灰固化淤泥典型试样 SEM 照片（90 d）

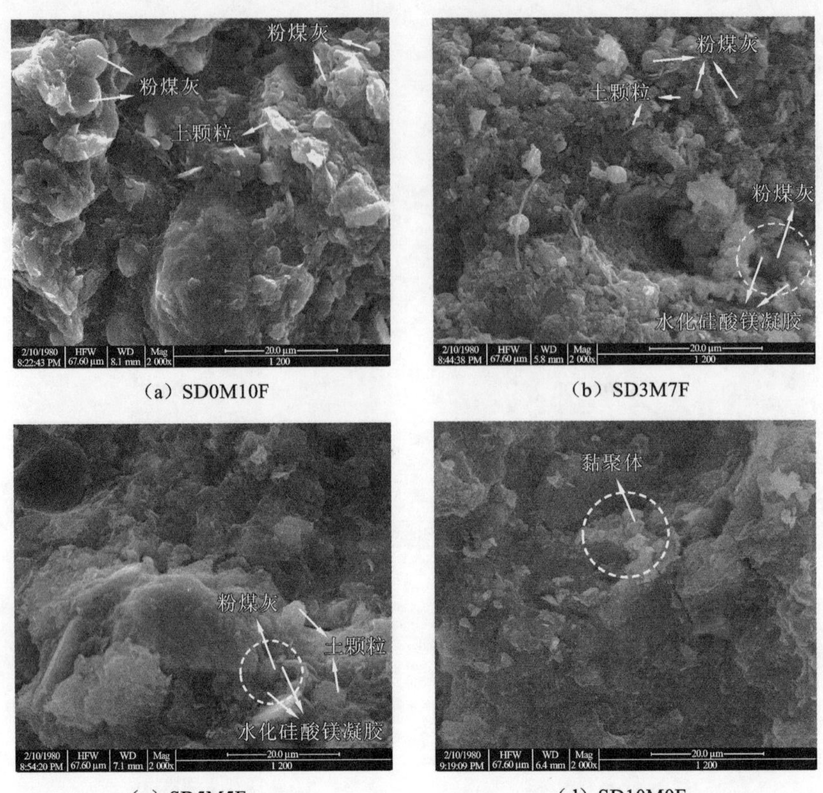

（a）SD0M10F　（b）SD3M7F

（c）SD5M5F　（d）SD10M0F

图 5.11　15%掺量活性 MgO-粉煤灰固化淤泥典型试样 SEM 照片（90 d）

5.2.3　TG/DTG

对活性MgO-粉煤灰固化淤泥试样进行热重分析试验，从质量烧失量角度探析活性MgO-粉煤灰掺量与活性 MgO 和粉煤灰质量比对水化产物生成量的影响，进一步验证 XRD 和 SEM 的测试结果。图 5.12（a）～（c）为 5%、10%和 15%掺量活性 MgO-粉煤灰固化淤泥试样的 TG/DTG 曲线。发现不同活性 MgO 和粉煤灰质量比时固化淤泥试样的质量分数均随温度的升高而不断降低，这主要是因为温度不断升高使水化产物和碳酸盐等发生脱水与分解。以 5%掺量活性 MgO-粉煤灰固化淤泥试样为例，SD0M10F、SD3M7F、SD5M5F 和 SD10M0F 的质量烧失量分别为 10.13%、10.17%、10.74%和 12.0%。对于活性 MgO 和粉煤灰质量比为 5∶5 的试样（SD5M5F），5%、10%和 15%固化剂掺量时质量烧失量分别为 10.74%、11.4%和 12.22%。这表明：活性 MgO-粉煤灰掺量与活性 MgO 和粉煤灰质量比对固化淤泥试样水化产物的生成量有很大影响，提高活性 MgO-粉煤灰掺量与活性 MgO 和粉煤灰质量比能使水化产物增多，质量烧失量增大。

将 TG 曲线对温度求一阶导数得到 DTG 曲线，不同活性 MgO-粉煤灰掺量与活性 MgO 和粉煤灰质量比的固化淤泥试样的 DTG 曲线呈现四个明显峰值。结合 Jin 和 Al-Tabbaa 的研究[4]与 DTG 曲线可知：20～200 ℃出现第 1 个失重峰，主要是由温度升高诱使固化淤泥试样中的孔隙水和水化硅酸镁凝胶 M-S-H 中的吸附水失重引起；第 2 个和第 3 个失重峰出现在 300～400 ℃和 400～600 ℃，主要归因于水镁石 $Mg(OH)_2$ 分解和水化硅酸镁凝胶 M-S-H 中配位水的失重。DTG 曲线第 2 和第 3 个失重峰强度随活性 MgO-粉煤灰掺量与活性 MgO 和粉

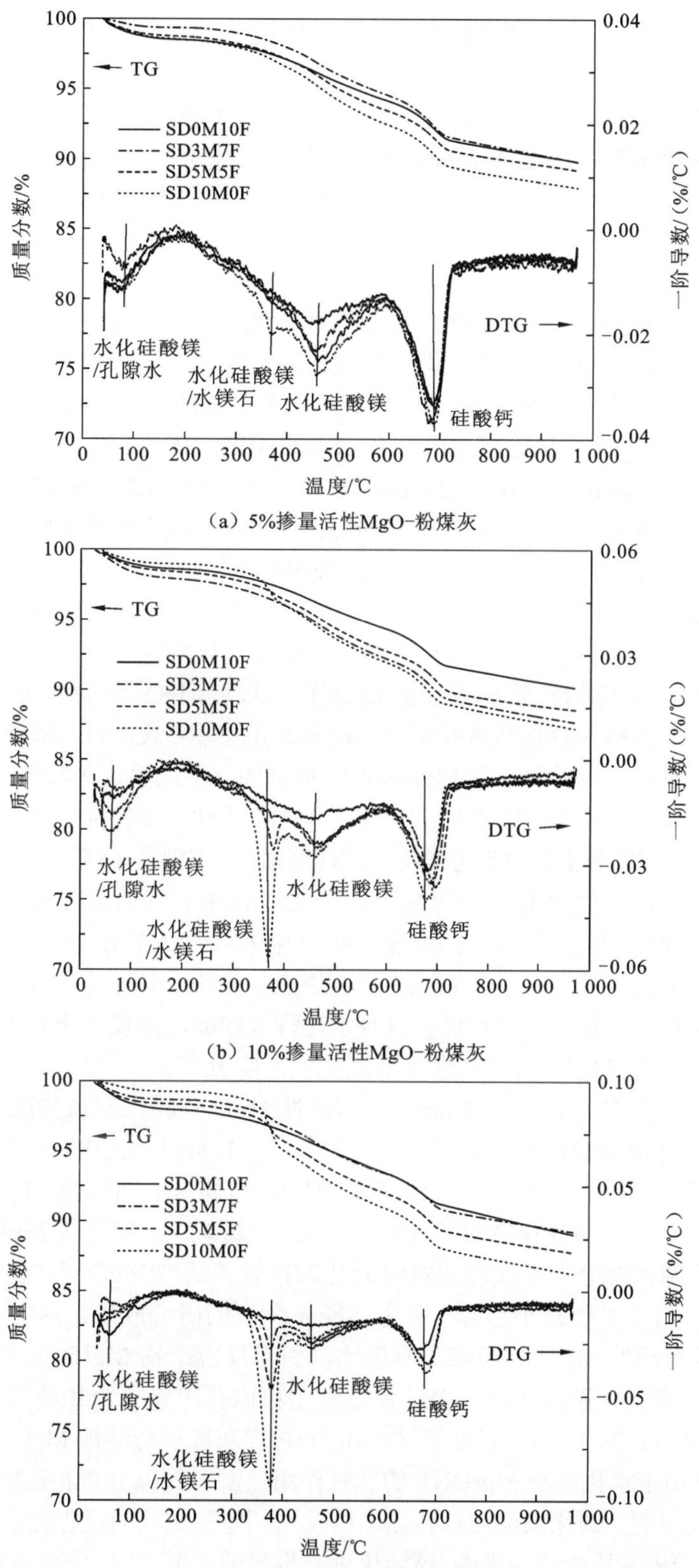

(a) 5%掺量活性MgO-粉煤灰

(b) 10%掺量活性MgO-粉煤灰

(c) 15%掺量活性MgO-粉煤灰

图 5.12　活性 MgO-粉煤灰固化淤泥试样的 TG/DTG 曲线（90 d）

煤灰质量比的增加而增强，这与试样总质量烧失量随活性 MgO-粉煤灰掺量及活性 MgO 和粉煤灰质量比的提高而增加的现象一致。试样在 600～710℃出现第 4 个失重峰，归因于 $MgCO_3$ 或 $CaCO_3$ 等碳酸盐的分解，它们一方面来源于土体本身所含的 $CaCO_3$，另一方面试样在养护过程中也许未能完全密封，与空气中的 CO_2 有所接触而生成少许 $MgCO_3$ 等。

5.2.4 MIP

对不同 MgO-粉煤灰掺量与不同活性 MgO 和粉煤灰质量比时固化淤泥试样开展压汞试验，揭示这些因素对活性 MgO-粉煤灰固化淤泥微观孔隙结构的影响规律。图 5.13（a）～（c）分别为 5%、10%、15%活性 MgO-粉煤灰掺量固化淤泥试样的 MIP 曲线。以图 5.13（c）中 15%掺量活性 MgO-粉煤灰固化淤泥试样为例，SD0M10F、SD3M7F、SD5M5F、SD10M0F 总累计进汞量分别为 0.1844 mL/g、0.3172 mL/g、0.3098 mL/g 和 0.2799 mL/g，活性 MgO 和粉煤灰质量比为 3∶7、5∶5 和 10∶0 时对应试样的总累计进汞量远大于 SD0M10F，随活性 MgO 和粉煤灰质量比的升高而减小。活性 MgO 水化生成溶解度较低的 $Mg(OH)_2$，饱和后沉淀析出，且层状结构 $Mg(OH)_2$ 晶体具有一定的体积膨胀性，不断填充孔隙，使颗粒间孔隙、体积降低；同时，$Mg(OH)_2$ 与粉煤灰中的活性组分 SiO_2 反应生成水化硅酸镁凝胶 M-S-H，黏结、包裹土颗粒形成团聚体，填充颗粒间孔隙形成致密胶结体。活性 MgO 和粉煤灰质量比的升高引起 $Mg(OH)_2$ 与黏结性产物 M-S-H 的生成量增多，填充大孔隙并黏聚颗粒，诱使颗粒间小孔隙和团粒内孔隙增多（根据 Shear 等[5]的孔隙划分标准），降低固化淤泥整体孔隙率，这与 TG 试验结果一致。也就是说，活性 MgO 和粉煤灰质量比逐渐增加，固化淤泥特征变化在微观上表现为累计进汞量的逐渐减小，在宏观上表现为力学特性的逐渐增强，宏观与微观之间表现出高度一致性。

值得说明的是，不同活性 MgO-粉煤灰掺量下 SD0M10F 试样的活性 MgO 含量最低（0），累计进汞量却最小。此时，固化剂组分全部为粉煤灰，颗粒粒径绝大部分小于粉土粒径（0.075 mm），可以较好地填充颗粒间孔隙，微观上表现为累计进汞量最小。体系中不存在活性 MgO，无法生成镁质胶结物来包裹土颗粒，且粉煤灰自身水化程度较弱，致使其宏观力学性能最差。

分析不同掺量活性 MgO-粉煤灰固化淤泥孔隙密度分布曲线，发现其孔隙密度分布均呈单峰特征，孔隙直径主要为 0.005～2 μm。不同活性 MgO 和粉煤灰质量比及掺量时固化淤泥孔隙密度分布曲线峰值及对应孔隙直径如表 5.2 所示。分析可知：0.1～0.3 μm 孔隙直径对应孔隙密度分布曲线峰值，由低掺量时（5%活性 MgO-粉煤灰）随活性 MgO 和粉煤灰质量比的增加而增大，逐渐演变为高掺量时（15%活性 MgO-粉煤灰）随活性 MgO 和粉煤灰质量比的增加而减小；孔隙密度分布曲线峰值对应的孔隙直径随活性 MgO-粉煤灰掺量与活性 MgO 和粉煤灰质量比的增加呈现减小趋势。参考 Shear 等[5]的研究成果，这主要是由于提高活性 MgO-粉煤灰掺量与活性 MgO 和粉煤灰质量比，引起反应产物 $Mg(OH)_2$ 和 M-S-H 生成量的增加，能更好地填充固化淤泥内部孔隙，使部分团粒内孔隙转化为颗粒间孔隙，即小孔隙增多。同时，超过 10 μm 的大孔隙数量随活性 MgO-粉煤灰掺量与活性 MgO 和粉煤灰质量比的增加而增多，这是由于水化产物 $Mg(OH)_2$ 的膨胀作用使淤泥孔隙分布和孔隙结构发生变化，形成更多大孔隙。这说明，固化淤泥内部孔隙结构发生调整和重构的过程受活性 MgO-粉煤灰掺量与活性 MgO 和粉煤灰质量比的影响。该结论进一步验证了前述固化淤泥的 SEM 等试验结果。水化硅酸镁凝胶等胶结产物可对试样孔隙产生良好的填充和黏聚作用，减小固化淤泥的孔隙体积，使固化淤泥的微观结构更加密实，宏观强度更高。

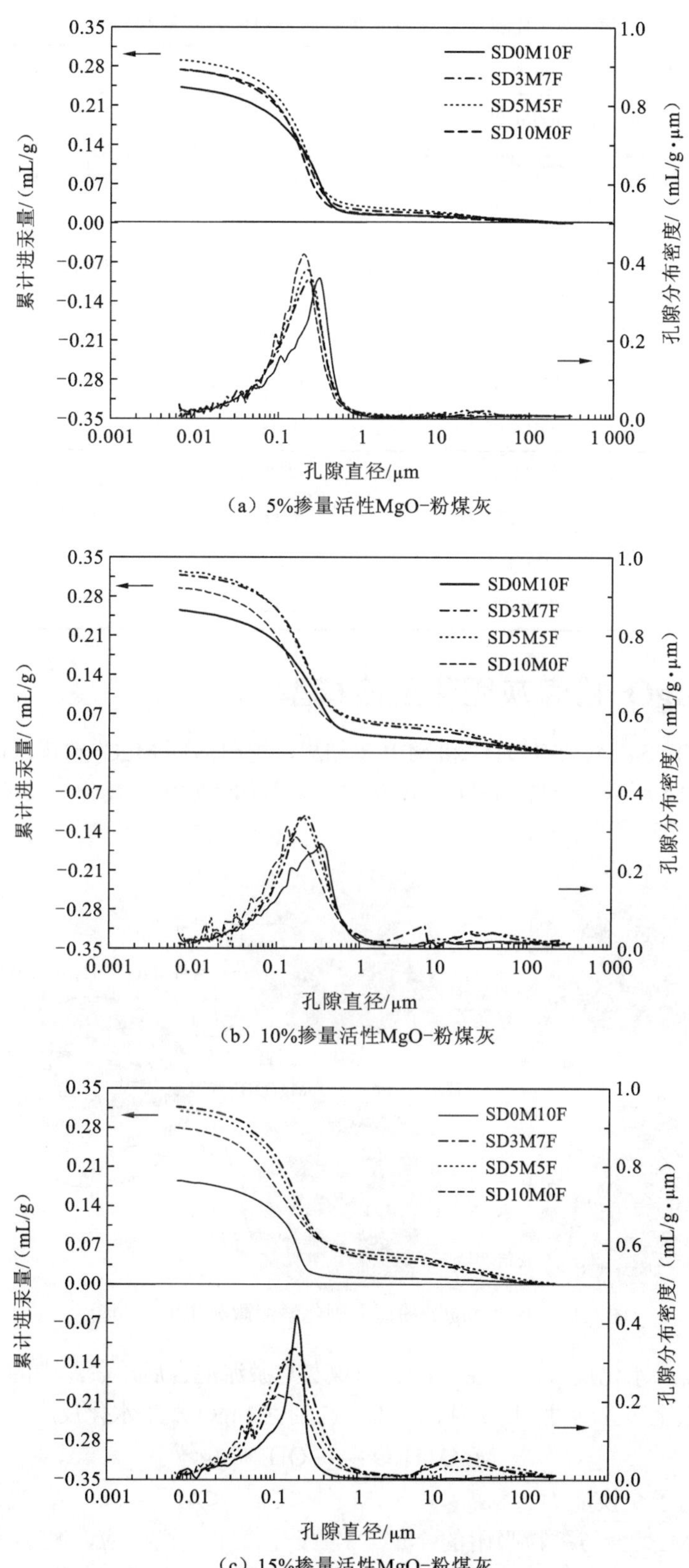

（a）5%掺量活性MgO-粉煤灰

（b）10%掺量活性MgO-粉煤灰

（c）15%掺量活性MgO-粉煤灰

图 5.13　活性 MgO-粉煤灰固化淤泥试样的 MIP 曲线（90 d）

表 5.2 孔隙密度分布曲线峰值及对应孔隙直径统计

活性 MgO–粉煤灰掺量/%	试样	曲线峰值/(mL/g·μm)	峰值对应的孔隙直径/μm
5	SD0M10F	0.358	0.321
	SD3M7F	0.355	0.235
	SD5M5F	0.378	0.212
	SD10M0F	0.420	0.200
10	SD0M10F	0.267	0.346
	SD3M7F	0.341	0.224
	SD5M5F	0.334	0.209
	SD10M0F	0.311	0.136
15	SD0M10F	0.42	0.185
	SD3M7F	0.33	0.165
	SD5M5F	0.30	0.153
	SD10M0F	0.22	0.108

5.2.5 活性 MgO–粉煤灰固化反应模型

综合上述 XRD、SEM、TG/DTG 和 MIP 等结果，提出活性 MgO–粉煤灰固化淤泥微观作用机制模型，如图 5.14 所示。活性 MgO–粉煤灰固化淤泥体系发生下述化学反应全过程。

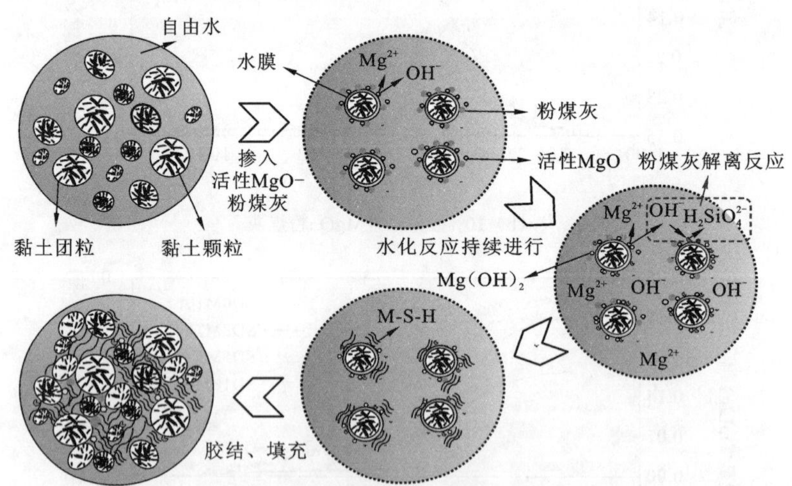

图 5.14 活性 MgO–粉煤灰固化淤泥微观作用机制模型

（1）活性 MgO 水化反应：活性 MgO–粉煤灰与淤泥混合后，淤泥中的水分被吸附至活性 MgO 表面，并扩散至多孔活性 MgO 颗粒内部，与活性 MgO 发生水化反应，生成 OH^- 和 Mg^{2+}。

$$MgO+H_2O \longrightarrow OH^-+Mg^{2+} \tag{5.1}$$

根据金属阳离子交换能力（$Na^+<K^+<Mg^{2+}<Ca^{2+}<Al^{3+}<Fe^{3+}$），当水中 Mg^{2+} 达到一定浓度时，部分 Mg^{2+} 会与黏粒吸附的 Na^+、K^+ 发生离子交换反应，减小水化离子半径，使得黏粒水膜厚度减小，有利于黏粒联结和团粒化，一定程度上增强了固化淤泥的无侧限抗压强度。

（2）粉煤灰解离反应：活性 MgO 水解产生 OH^-，破坏粉煤灰致密玻璃体结构，释放部分活性组分并生成 $H_2SiO_4^{2-}$。

$$SiO_2+2OH^- \longrightarrow H_2SiO_4^{2-} \tag{5.2}$$

（3）$Mg(OH)_2$ 生成反应：由于 $Mg(OH)_2$ 溶解度较小，随着活性 MgO 的不断水化，生成的 OH^- 和 Mg^{2+} 不断增多，达到饱和后析出膨胀性产物 $Mg(OH)_2$。

$$2OH^-+Mg^{2+} \longrightarrow Mg(OH)_2 \tag{5.3}$$

（4）M-S-H 生成反应：粉煤灰解离，释放活性 $H_2SiO_4^{2-}$，在 OH^- 作用下与 Mg^{2+} 经过复杂化学反应过程，生成弱结晶相 M-S-H 凝胶。

$$H_2SiO_4^{2-}+OH^-+Mg^{2+} \longrightarrow \text{M-S-H (gel)} \tag{5.4}$$

生成的 M-S-H 凝胶和膨胀性 $Mg(OH)_2$ 可有效黏结、包裹土颗粒并填充颗粒孔隙，进而提高活性 MgO-粉煤灰固化淤泥的宏观力学性能。

5.3 耐久特性

5.3.1 持续浸水

1. 外观变化

图 5.15 展示了未固化淤泥试样随浸水时间（0～90 min）的渐进破坏过程。浸水之初，试样表面光滑平整，无裂缝和气泡产生。浸水 35 min 后，试样端部开始有明显的表层剥落现象，伴随少量气泡产生。这说明：35 min 内水分已逐渐渗入试样内部并开始产生侵蚀等不利影响。

（a）0

（b）35 min

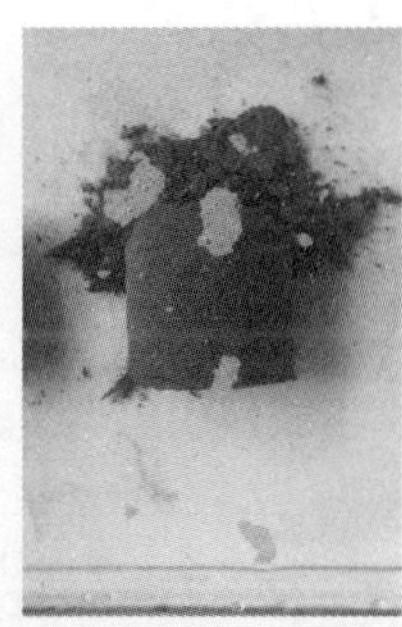
（c）60 min

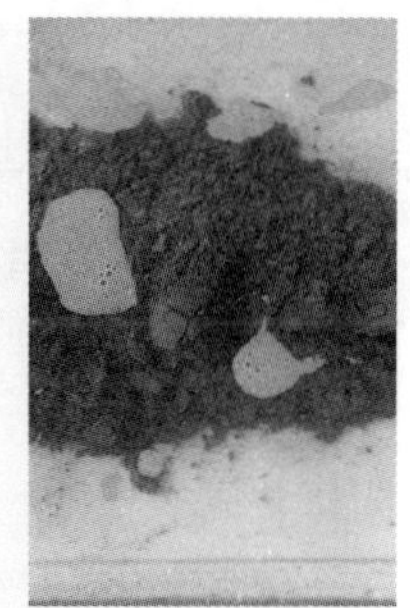
（d）90 min

图 5.15　未固化淤泥试样的浸水破坏过程

试样浸水 60 min 后，观察到试样出现严重的崩解破坏现象，并有大量气泡产生。直至浸水 90 min，试样完全遭受崩解破坏，呈散沙状分布。这就是说，未固化试样抵抗浸水弱化的能力较弱，数小时内便由于土颗粒间的物理化学作用和颗粒间黏结力的衰减而逐渐崩塌，直至完全破坏。

图 5.16 直观反映了活性 MgO-粉煤灰能明显改善淤泥的水稳性。掺入活性 MgO-粉煤灰后，28 d 养护龄期的固化淤泥试样在完全浸水 20 d 后仍然完好无损，试样表面未能观察到明显的裂缝等表观破坏现象。固化淤泥水稳性的改善主要归功于活性 MgO 水化反应生成的

$Mg(OH)_2$及活性 MgO-粉煤灰激发反应生成的水化硅酸镁凝胶 M-S-H，它们黏结淤泥土颗粒形成整体骨架结构，从而增强固化淤泥的水稳性。

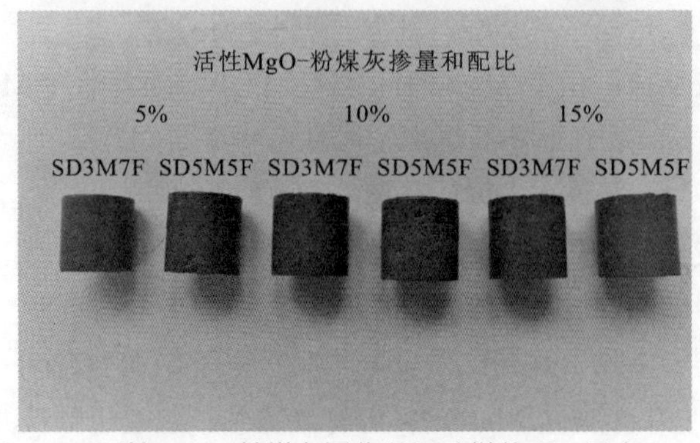

图 5.16　活性 MgO-粉煤灰固化淤泥试样外观（浸水 20 d）

2. 无侧限抗压强度

图 5.17（a）～（c）分别是 5%、10%和 15%掺量活性 MgO-粉煤灰时，不同活性 MgO 和粉煤灰质量比试样在标准养护、持续浸水条件下无侧限抗压强度随标准养护时间、浸水时

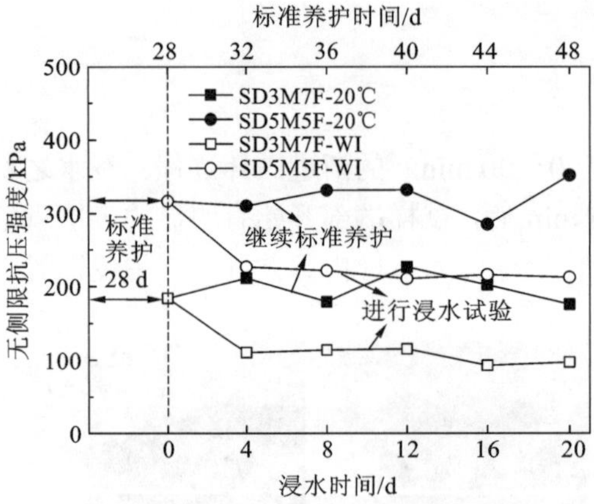

（a）5%掺量活性MgO-粉煤灰

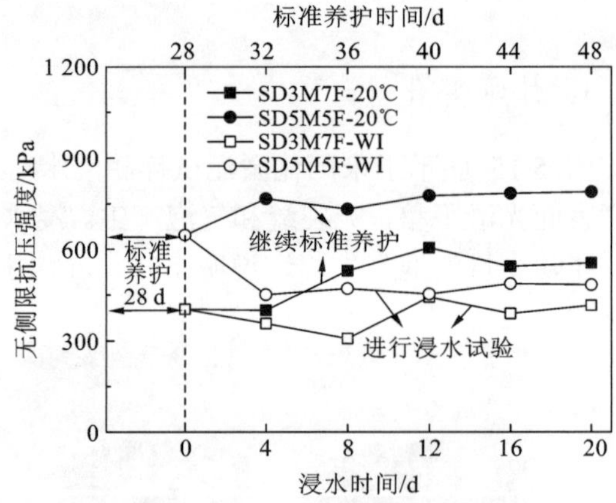

（b）10%掺量活性MgO-粉煤灰

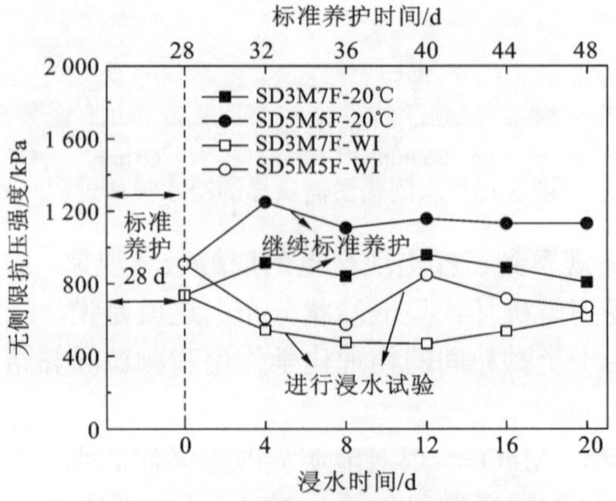

（c）15%掺量活性MgO-粉煤灰

图 5.17　试样无侧限抗压强度随标准养护时间、浸水时间的变化规律

间的变化曲线。分析可知：标准养护试样无侧限抗压强度随养护龄期的延长而增加，浸水试样无侧限抗压强度随浸水时间的延长表现为先降低后趋于稳定趋势，明显低于同龄期标准养护试样。5%、10%、15%活性 MgO–粉煤灰掺量下，活性 MgO 和粉煤灰质量比为 3∶7 时对应的固化淤泥浸水试样（SD3M7F–WI）在 0～20 d 浸水时间内无侧限抗压强度均低于活性 MgO 和粉煤灰质量比为 5∶5 时对应的浸水试样（SD5M5F-WI）。

对于 5%掺量活性 MgO–粉煤灰固化淤泥，浸水 20 d 后 SD3M7F、SD5M5F 试样的无侧限抗压强度比浸水前（183.86 kPa、316.78 kPa）发生明显衰减，无侧限抗压强度减至 97 kPa、212.38 kPa，对应降低 47.24%、32.96%。对于 SD5M5F，浸水前 5%、10%、15%掺量活性 MgO–粉煤灰试样无侧限抗压强度分别为 316.78 kPa、646.81 kPa、907.57 kPa，经 20 d 浸水作用后固化淤泥无侧限抗压强度分别降低 32.96%、25.33%、26.26%，减至 212.38 kPa、483 kPa、669.21 kPa。这说明：提高活性 MgO–粉煤灰掺量与活性 MgO 和粉煤灰质量比，可有效增强活性 MgO–粉煤灰固化淤泥试样的水稳性。

定义强度残余系数为浸水条件下试样的无侧限抗压强度与同龄期标准养护试样的无侧限抗压强度之比，结果如图 5.18 所示。图 5.18 展示了浸水时间对固化淤泥试样无侧限抗压强度的影响程度，即强度残余系数值越偏离 1，试样无侧限抗压强度的受损伤程度越大。可以发现：浸水后活性 MgO–粉煤灰固化淤泥试样的强度残余系数分布于 0.46～0.89，且总体呈下降趋势，这说明浸水作用使活性 MgO–粉煤灰固化淤泥试样的强度产生明显劣化。浸水 20 d 后，5%掺量活性 MgO–粉煤灰对应的试样 SD3M7F、SD5M5F 的强度残余系数分别为 0.51、0.63；对于 SD3M7F，活性 MgO–粉煤灰掺量增至 10%和 15%后试样的强度残余系数升至 0.75 与 0.77。因而，提高活性 MgO–粉煤灰掺量及活性 MgO 和粉煤灰质量比可增大固化淤泥浸水后的强度残余系数，即可有效增强固化淤泥的水稳性。

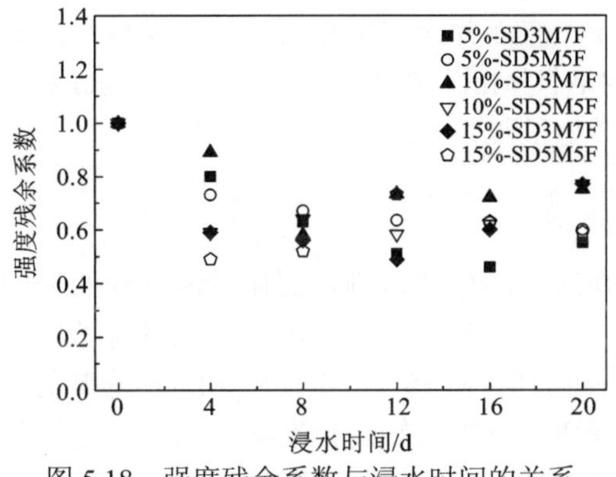

图 5.18　强度残余系数与浸水时间的关系

5.3.2　干湿循环

1. 外观变化

图 5.19 为活性 MgO–粉煤灰固化淤泥试样在不同干湿循环（dry-wet cycles，DW）次数时的外观变化照片。观察发现：对于 5%掺量活性 MgO–粉煤灰固化淤泥试样，活性 MgO 和粉煤灰质量比为 3∶7 时（SD3M7F），1 次干湿循环结束后试样便出现明显的整体崩落现象，散落成碎块状。

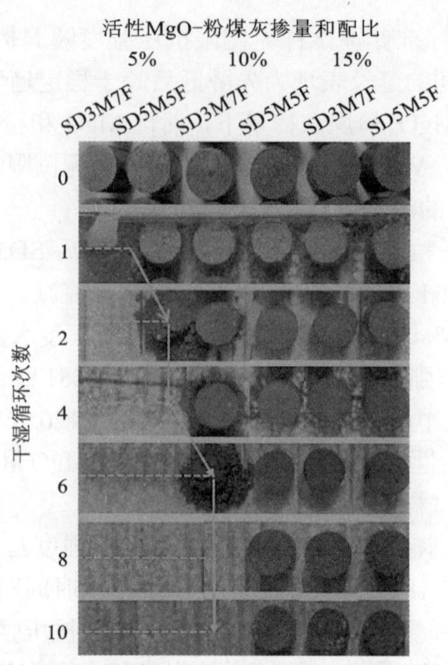

图 5.19 活性 MgO–粉煤灰固化淤泥试样干湿循环后的外观变化

活性 MgO 和粉煤灰质量比升至 5∶5 时（SD5M5F），从第 2 次干湿循环开始试样底部出现局部脱落现象，至第 4 次干湿循环后试样已完全崩塌。将活性 MgO–粉煤灰掺量提高至 10%，活性 MgO 和粉煤灰质量比为 3∶7 时（SD3M7F），试样从第 4 次干湿循环开始出现细微裂痕和小块脱落现象，到第 6 次干湿循环结束时裂缝和脱落现象已较为明显。直至第 10 次干湿循环结束，10%掺量活性 MgO–粉煤灰对应的试样 SD5M5F 与 15%掺量活性 MgO–粉煤灰对应的试样 SD3M7F、SD5M5F，表面并未产生显著裂纹及表皮脱落现象，试样整体结构较为完整。上述现象表明：适宜的活性 MgO–粉煤灰掺量与活性 MgO 和粉煤灰质量比的活性 MgO–粉煤灰固化淤泥试样具有较好的抵抗干湿循环破坏的性能。

2. 无侧限抗压强度

经 0、2、4、6、8、10 次干湿循环，测定固化淤泥试样的无侧限抗压强度，并与同龄期标准养护试样进行对比。5%掺量活性 MgO–粉煤灰固化淤泥试样在第 4 次干湿循环结束后就已全部破碎，图 5.20 仅显示了 10%和 15%掺量活性 MgO–粉煤灰固化淤泥试样无侧限抗压强度随干湿循环次数的演化规律。分析可知：标准养护试样的无侧限抗压强度整体上随养护龄期的延长而增加；干湿循环条件下试样的无侧限抗压强度随干湿循环次数的增加呈现降低的趋势，且均低于同龄期标准养护试样的无侧限抗压强度。

以 15%掺量活性 MgO–粉煤灰固化淤泥为例，活性 MgO 和粉煤灰质量比为 3∶7（SD3M7F）、5∶5（SD5M5F）时对应的试样经 10 次干湿循环后无侧限抗压强度分别为 493 kPa、519 kPa，相比 0 次干湿循环时无侧限抗压强度（737 kPa、907.6 kPa）分别下降 33.1%、42.8%。对于 SD3M7F 试样，10%、15%掺量活性 MgO–粉煤灰试样在 0 次干湿循环时无侧限抗压强度分别为 402.85 kPa、736.95 kPa，10 次冻融循环后固化淤泥无侧限抗压强度分别减小为 0（即完全破坏）、493 kPa，即强度损失程度达 100%、33.1%。这表明：活性 MgO–粉煤灰掺量及活性 MgO 和粉煤灰质量比的增加，可有效提高活性 MgO–粉煤灰固化淤泥试样抵抗干湿循环破坏的性能。

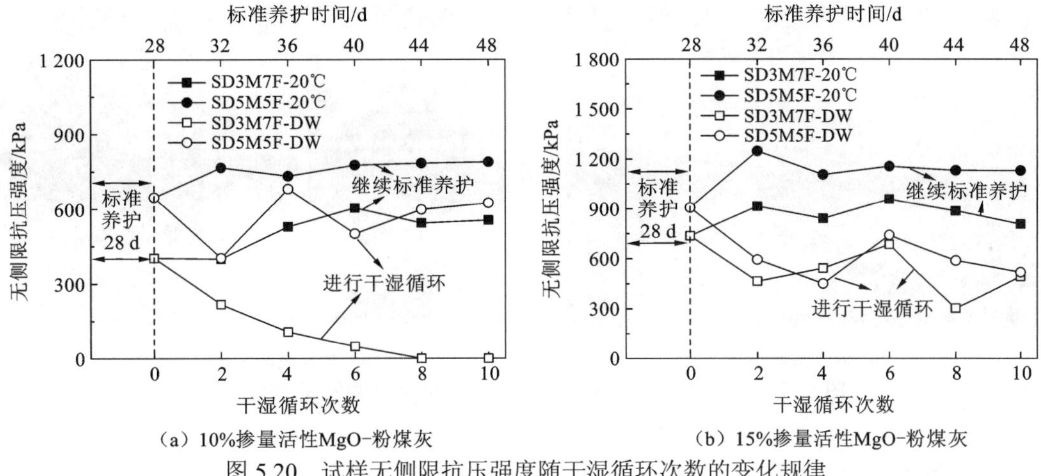

（a）10%掺量活性MgO-粉煤灰　（b）15%掺量活性MgO-粉煤灰

图 5.20　试样无侧限抗压强度随干湿循环次数的变化规律

干湿循环条件下试样的无侧限抗压强度与标准养护试样的无侧限抗压强度之比，即强度残余系数随干湿循环次数的变化规律如图 5.21 所示。干湿循环破坏试样与标准养护试样无侧限抗压强度之比均小于 1，说明干湿循环作用诱使活性 MgO-粉煤灰固化淤泥试样的强度性状发生了明显的劣化。经 10 次干湿循环后，10%掺量活性 MgO-粉煤灰固化淤泥试样 SD3M7F、SD5M5F 的强度残余系数分别为 0、0.79；若活性 MgO-粉煤灰掺量增至 15%，SD3M7F 试样的强度残余系数变为 0.61。这说明：提高活性 MgO-粉煤灰掺量及活性 MgO 和粉煤灰质量比，可增大固化淤泥的强度残余系数，即有效增强固化淤泥抵抗干湿循环的性能，减小干湿循环作用对固化淤泥无侧限抗压强度的弱化。

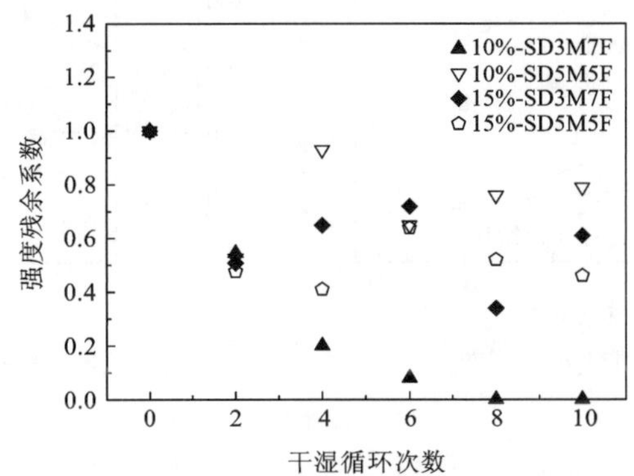

图 5.21　试样强度残余系数随干湿循环次数的变化规律

5.3.3　冻融循环

1. 外观变化

图 5.22（a）为 10 次冻融循环（freeze-thaw cycles，FT）作用后活性 MgO-粉煤灰固化淤泥试样的外观形貌变化。观察发现：经过 10 次冻融循环过程后，活性 MgO-粉煤灰固化淤泥试样表面并未产生显著的裂纹等表观破坏现象；随着冻融循环的进行，第 4 次冻融循环结束后便发现部分试样表面由最初的光滑平整逐渐变得较为粗糙，甚至局部（如试样端部）产生碎屑等崩解破坏[图 5.22（b）]。

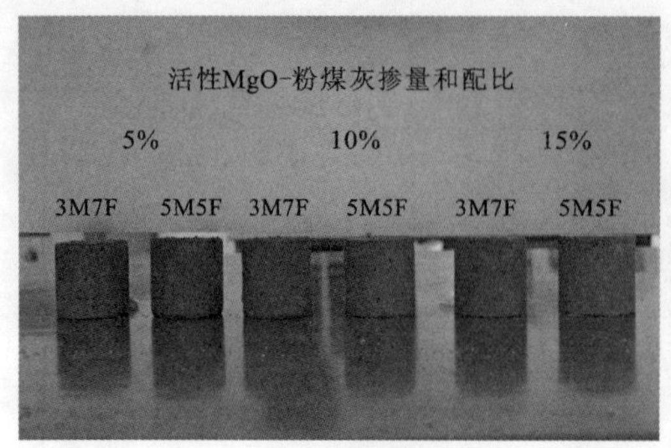

（a）10次冻融循环

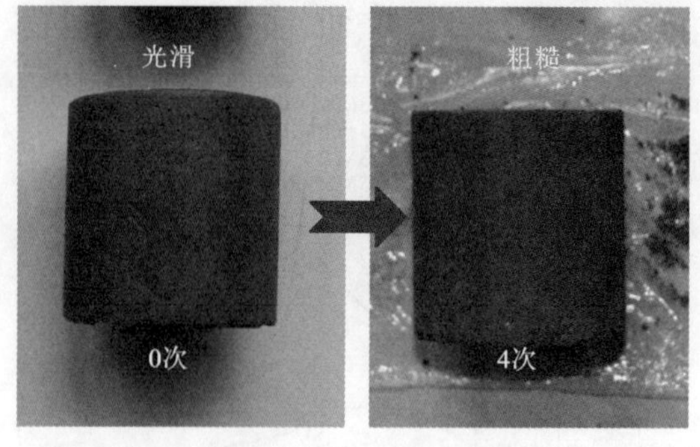

（b）试样表面由光滑变为粗糙

图 5.22　活性 MgO-粉煤灰固化淤泥冻融试样的外观形貌变化

2. 无侧限抗压强度

经 0、2、4、6、8、10 次冻融循环试验后，对试样开展无侧限抗压强度测试，并与同龄期标准养护试样的无侧限抗压强度进行对比，结果如图 5.23 所示。图 5.23 上方横坐标轴表示对照组固化淤泥试样标准养护 28 d 后继续进行标准养护的龄期，下方横坐标轴则表示试验组固化淤泥试样标准养护 28 d 后转而进行冻融循环试验的次数。

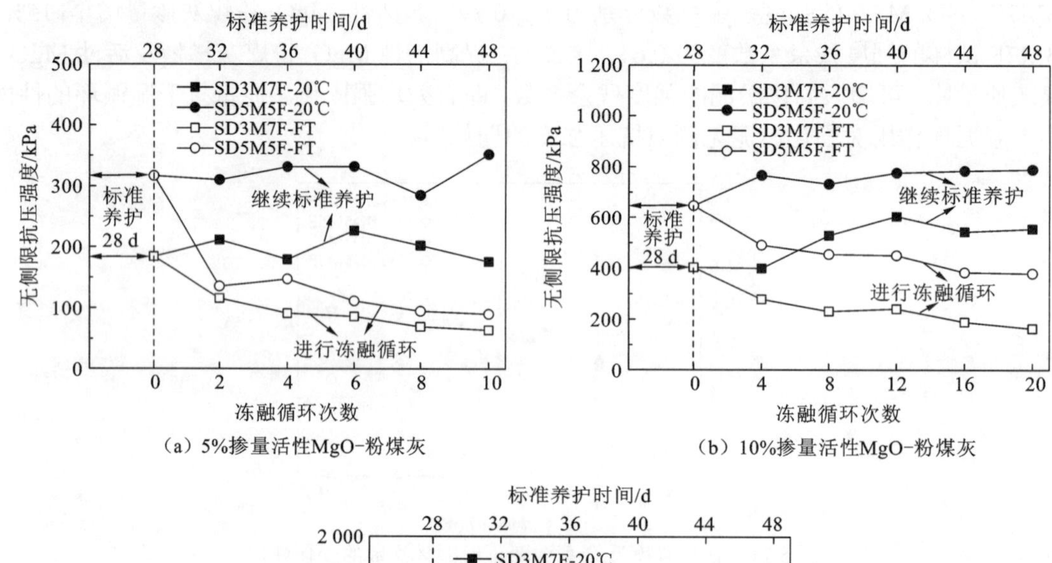

（a）5%掺量活性MgO-粉煤灰　　（b）10%掺量活性MgO-粉煤灰

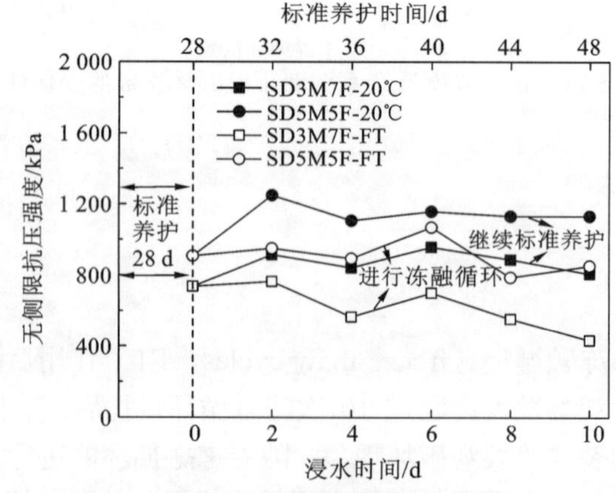

（c）15%掺量活性MgO-粉煤灰

图 5.23　试样无侧限抗压强度随冻融循环次数的变化规律

不同活性 MgO–粉煤灰掺量与活性 MgO 和粉煤灰质量比时，固化淤泥试样无侧限抗压强度随冻融循环次数的增加呈现逐渐降低的趋势；标准养护对照试样的无侧限抗压强度值均高于相同龄期冻融循环试样，整体上表现为随龄期的延续而逐渐升高。冻融循环过程引起了水—冰的多次转换和冻胀融缩的反复作用，破坏了土颗粒之间的相互咬合和胶结作用，使试样内部骨架颗粒间的物理和化学联结被弱化或破坏，宏观上表现为试样无侧限抗压强度的降低。以10%掺量活性 MgO–粉煤灰固化淤泥试样为例，活性 MgO 和粉煤灰质量比为 3∶7（SD3M7F）、5∶5（SD5M5F）的试样在 0 次冻融循环时无侧限抗压强度分别为 402.85 kPa、646.81 kPa，10 次冻融循环后 SD3M7F、SD5M5F 试样的无侧限抗压强度对应降低 59.3%、41.3%，即对应降至 163.99 kPa、379.9 kPa。对于 SD3M7F，5%、10%、15%活性 MgO–粉煤灰掺量试样在 0 次冻融循环时无侧限抗压强度分别为 183.86 kPa、402.85 kPa、736.95 kPa，10 次冻融循环后试样相应的无侧限抗压强度分别为 63.66 kPa、163.99 kPa、432.39 kPa，对应强度损失率达到 65.4%、59.3%、41.3%。以上分析表明：活性 MgO–粉煤灰掺量与活性 MgO 和粉煤灰质量比的提高，可有效增强活性MgO–粉煤灰固化淤泥试样抵抗冻融循环破坏的性能。

为清晰表达固化淤泥试样经冻融循环作用后无侧限抗压强度的变化规律，定义试样强度残余系数为冻融循环条件下试样无侧限抗压强度与相同龄期标准养护试样无侧限抗压强度之比，结果如图 5.24 所示。强度残余系数越小，说明试样无侧限抗压强度受冻融循环损伤的程度越大。发现：不同活性 MgO–粉煤灰掺量及活性 MgO 和粉煤灰质量比时，固化淤泥试样的强度残余系数随冻融循环次数的变化规律较为一致，即强度残余系数大体上随冻融循环次数的增加而逐渐减小。第 10 次冻融循环结束后，试样的强度残余系数为 0.26～0.75，活性 MgO–粉煤灰掺量为 15%时，SD3M7F、SD5M5F 的强度残余系数分别为 0.54、0.75；活性 MgO–粉煤灰掺量降至 10%和 5%时，SD3M7F、SD5M5F 试样的强度残余系数对应降至 0.30、0.36 和 0.48、0.26。上述分析表明：活性 MgO–粉煤灰固化淤泥经冻融循环过程后，强度残余系数随活性 MgO–粉煤灰掺量及活性 MgO 和粉煤灰质量比的提高而增大，即试样抵抗冻融破坏的能力增强，受冻融循环影响的幅度减小。

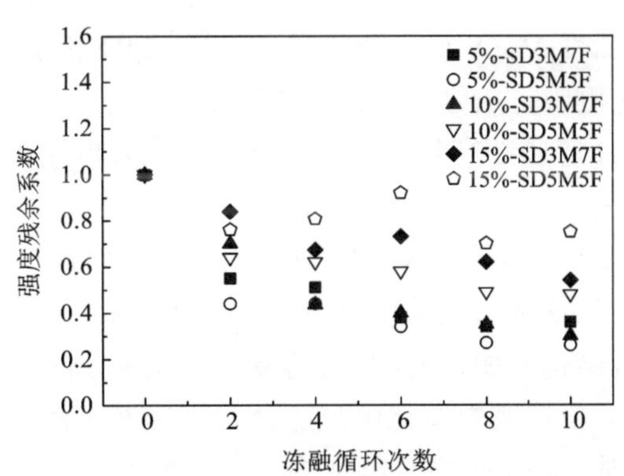

图 5.24 强度残余系数随冻融循环次数的变化规律

5.3.4 耐久性演变机制

结合固化淤泥微观作用机制的测试与分析，概念性地提出活性 MgO–粉煤灰固化淤泥耐久性演变的微观机制。活性 MgO–粉煤灰固化淤泥胶结产物 M-S-H 和 $Mg(OH)_2$ 及未反应的球形粉煤灰能有效填充颗粒间孔隙，土颗粒被胶结产物黏结，从而形成致密结构。

冻融循环作用下，试样内部水—冰的多次转换促使其体积发生变化，导致试样内部结构的细微损伤，不断发展形成微孔洞，破坏土颗粒之间的相互咬合和胶结作用，使试样内部骨架颗粒间的物理和化学联结被弱化或破坏，造成局部损伤[6]；随着冻融循环次数的增加，这些局部损伤区域逐步扩大并连通成裂缝，诱使固化淤泥的无侧限抗压强度不断降低[7-8]。

持续浸水作用下，水分子不断侵蚀固化淤泥的致密结构，使固化体系中水化胶结产物和其他物质溶出，土颗粒表面和颗粒间起胶结作用的水化产物减少而形成较多的孔隙，水分子填补这些孔隙，导致固化淤泥结构疏松，宏观抗压强度降低[9]。

干湿循环过程中，固化淤泥试样内部发生干缩湿胀变形，诱使内部孔隙体积发生变化，一旦变形产生的破坏应力超过固化淤泥自身的结构强度，就会在土颗粒团间相互连接的薄弱处产生应力集中，不断发展，形成微裂缝。随着干湿循环次数的增加，试样的干缩湿胀变形进一步发展，导致微裂缝不断扩展，致使失水和吸水程度持续增大，从而加剧了干缩湿胀效应对固化淤泥的结构破坏，宏观上表现为强度逐渐衰减[10]。部分试样在干湿循环后期强度略有增加的原因可能是，试样制备不均匀（搅拌不均等）导致标准养护期间活性 MgO-粉煤灰未能完全水化，干湿循环过程中干循环的 60 ℃高温环境促使试样内部残余的活性 MgO-粉煤灰发生进一步水化-激发反应，从而使部分试样在干湿循环后期的强度略有提高。

5.4 本章小结

通过一系列试验研究活性 MgO-粉煤灰固化淤泥的宏微观特征发现，活性 MgO-粉煤灰掺量与活性 MgO 和粉煤灰质量比等因素是诱发固化淤泥宏观强度与微观结构演化的主要因素。结论如下：

（1）活性 MgO-粉煤灰能有效提高固化淤泥的无侧限抗压强度，180 d 养护龄期之前无侧限抗压强度随养护龄期、活性 MgO-粉煤灰掺量及活性 MgO 和粉煤灰质量比的增加而提高，360 d 长期养护条件下的无侧限抗压强度相比于 180 d 有所降低。

（2）$Mg(OH)_2$ 和 M-S-H 等胶结产物的生成是活性 MgO-粉煤灰复合胶凝体系固化淤泥宏观力学强度提高的本质原因。

（3）活性 MgO-粉煤灰掺量与活性 MgO 和粉煤灰质量比的升高，诱使水化产物 $Mg(OH)_2$ 和 M-S-H 的衍射峰峰高逐渐增强，热重质量烧失量逐渐增多，团粒内孔隙更多地转化为颗粒间孔隙，导致固化淤泥微观结构更加致密，整体性更强，宏观上表现为力学特性的大幅度改善。

（4）建立了活性 MgO-粉煤灰内在化学反应诱发固化淤泥性能改良的全过程模型，深入完善了活性 MgO-粉煤灰固化淤泥宏微观特征的演变过程。

（5）相比于同龄期标准养护试样，持续浸水、冻融循环及干湿循环效应促使活性 MgO-粉煤灰固化淤泥试样的强度特性发生明显劣化。提高活性 MgO-粉煤灰掺量及活性 MgO 和粉煤灰质量比，可有效增强固化淤泥的耐久性。

（6）概念性地提出了活性 MgO-粉煤灰固化淤泥耐久性演变的内在微观机制模型，有助于深入理解和明确外界环境干扰诱使活性 MgO-粉煤灰固化淤泥耐久性的演化规律。

参 考 文 献

[1] 吴传明. 水介质长期作用下的粉煤灰性能研究[D]. 重庆: 重庆大学, 2009.

[2] 蔡光华, 刘松玉, 杜延军, 等. 不同活性氧化镁碳化粉土对比试验[J]. 东南大学学报(自然科学版), 2015, 45(5): 958-963.

[3] 刘松玉, 李晨. 氧化镁活性对碳化固化效果影响研究[J]. 岩土工程学报, 2015, 37(1): 148-155.

[4] JIN F, AL-TABBAA A. Strength and hydration products of reactive MgO-silica pastes[J]. Cement and concrete composites, 2014, 52(21): 27-33.

[5] SHEAR D L, OLSEN H W, NELSON K R. Effects of desiccation on the hydraulic conductivity versus void ratio relationship for a natural clay[M]. Washington D.C.: National Academy Press, 1993: 1365-1370.

[6] 王东星, 徐卫亚. 大掺量粉煤灰淤泥固化土的强度与耐久性研究[J]. 岩土力学, 2012, 33(12): 332-339.

[7] 郑郧, 马巍, 邴慧. 冻融循环对土结构性影响的试验研究及影响机制分析[J]. 岩土力学, 2015, 36(5): 1282-1287.

[8] 刘寒冰, 张互助, 王静. 冻融及含水率对压实黏质土力学性质的影响[J]. 岩土力学, 2018, 39(1): 158-164.

[9] 王东星, 王宏伟, 肖杰. 活性 MgO 固化淤泥水稳特性试验研究[J]. 浙江大学学报(工学版), 2018, 2(4): 719-726.

[10] 郑军, 阎长虹, 夏文俊, 等. 干湿循环对新型固化土承载强度影响的试验研究[J]. 岩石力学与工程学报, 2009, 28(S1): 3051-3056.

第6章 MOC 固化淤泥力学性状与微观机理

6.1 力学特性

6.1.1 MOC 掺量

图 6.1 展示了不同 MOC 掺量下固化淤泥试样抗压强度随养护龄期的演变过程。MOC 掺量（MOC 干粉质量占淤泥干重的百分比）设定为 5%、10%、15%、20%，每种掺量下设置 5 种 MgO 和 $MgCl_2$ 的物质的量的比，即 6∶1、7∶1、8∶1、9∶1、10∶1。每组试样的养护龄期设定为 3 d、7 d、14 d、28 d、60 d、90 d、180 d、360 d，养护条件设置为温度 20℃±2℃、湿度≥95%。xPyn-zd 代表养护龄期为 z d、MOC 掺量为 x%、MgO 和 $MgCl_2$ 的物质的量的比值为 y 时的固化淤泥试样。

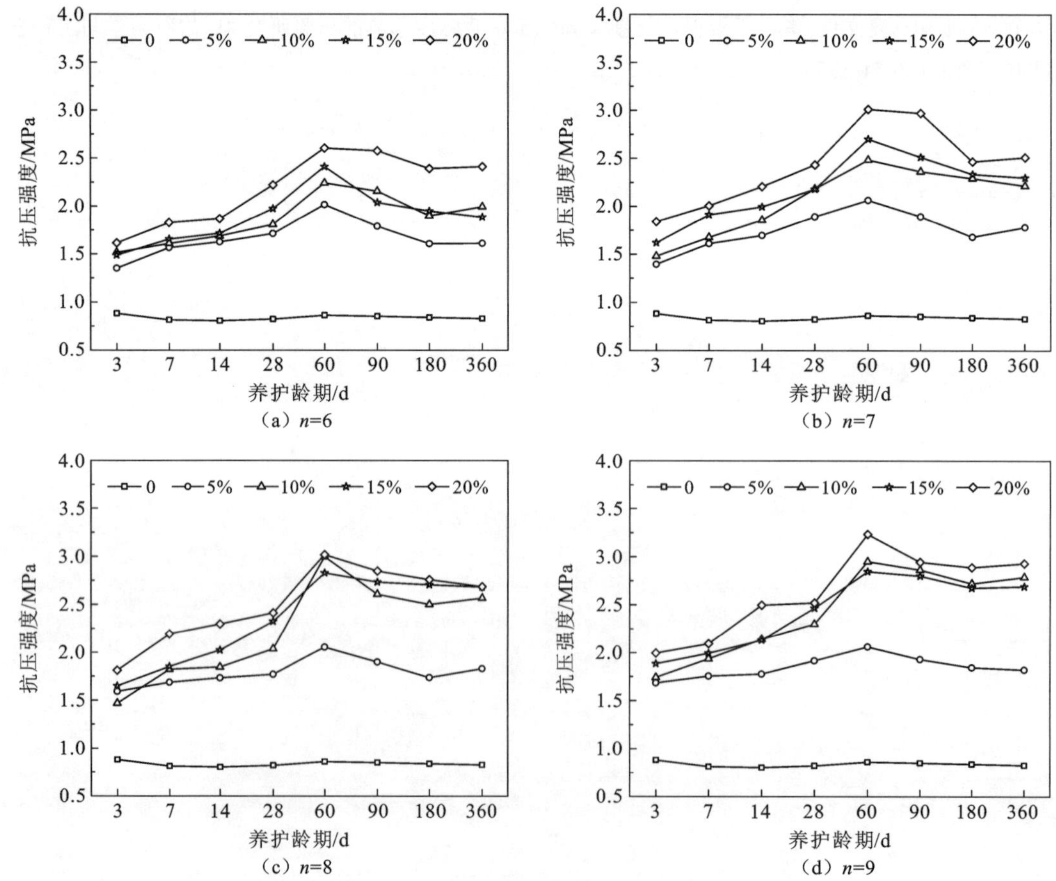

（a）n=6　（b）n=7　（c）n=8　（d）n=9

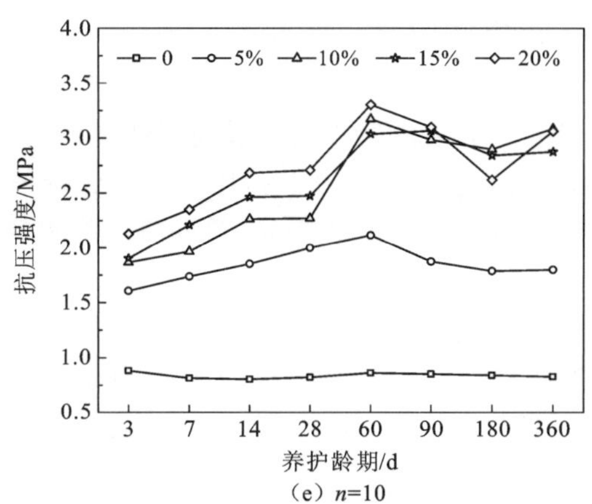

（e）n=10

图 6.1　不同 MOC 掺量下固化淤泥试样抗压强度随养护龄期的演变过程

n 为 MgO 和 $MgCl_2$ 的物质的量的比值

（1）与未掺 MOC 的纯淤泥相比，MOC 掺量增加、MgO 和 $MgCl_2$ 的物质的量的比增大、养护龄期延长均使固化淤泥试样的抗压强度大幅提升。在相同养护龄期和物质的量的比条件下，固化试样抗压强度随着 MOC 掺量的增大表现出更优的力学性能。

（2）随 MOC 掺量从 0 增至 20%，固化淤泥抗压强度整体呈升高趋势。养护 3 d 时，各配合比试样的抗压强度相较于同龄期纯淤泥提高了 62.83%～156.37%。以 MgO 和 $MgCl_2$ 的物质的量的比值为 7、养护 3 d 的固化试样为例，MOC 掺量为 5%、10%、15%和 20%时试样的抗压强度分别为 1.39 MPa、1.48 MPa、1.62 MPa 和 1.84 MPa，达到 90 d（实际工程中大多采用的设计龄期为三个月）抗压强度的 73.60%、62.62%、64.44%和 61.97%。结果表明，MOC 固化剂在加固淤泥体系中仍然可实现 MOC 胶凝材料的快硬、早强性能。究其原因，固化试样采用静压法制备，静压力使 MOC 胶凝组分和淤泥颗粒在试样成型时被紧密压实，使体系内颗粒重新排列，形成具有一定承载力的 MOC-淤泥骨架结构；MOC 胶凝组分随着养护龄期的延长在淤泥体系内部发生物理化学反应并生成具有胶结能力的水化产物，填充、密实骨架结构。固化体系内部的活性 MgO 与 $MgCl_2$ 水溶液迅速发生水化反应，生成大量的 OH^-、Mg^{2+}和 Cl^-等，反应不断进行，孔隙溶液中各离子浓度不断上升。在高 OH^-浓度环境下，会进一步加快 $MgCl_2$ 水化反应的速率，促进活性 MgO 和 $MgCl_2$ 的水化反应速率与水化程度，使溶液中的 OH^-、Mg^{2+}、Cl^-和 H_2O 不断被消耗，生成水化相凝胶介质，凝胶相在适宜条件下析出晶体。水化产物在淤泥颗粒间自由搭接、交织、堆积生长，形成致密的硬化体结构，有效填充了颗粒间的孔隙。随着水化反应的进行，固化试样内部的孔隙被不断细化，体系孔隙率明显降低，土体骨架结构被具有较强黏聚力和结合力的水化产物紧密包裹，显著提升了试样的力学性能，MOC 固化淤泥试样仍具有快硬、早强的特点。

6.1.2　养护龄期

（1）纯淤泥试样内部未掺有任何有助于强度提升的固化组分，其强度在整个养护龄期内变化幅度非常小，几乎可以忽略不计。从微观角度分析，淤泥的主要黏土矿物为高岭石和伊利石，从结晶构造上看，它们都是由联结能最大的化学键联结的，而土颗粒之间、土颗粒与水分子之间的吸引力则是由分子键和氢键联结的。虽然土颗粒间的联结力远小于土颗粒自身的强度，但是土体强度主要取决于土颗粒间的联结强度，养护龄期的延长会使淤泥含水率发生改变，但不会改变土颗粒间的作用方式，所以试样的抗压强度始终维持在 0.83 MPa 左右。

（2）不同 MOC 配合比试样的抗压强度随养护龄期的演变过程分为 4 个阶段。第一阶段为快速发展期（0～3 d），早期抗压强度随龄期的延长而快速增加；第二阶段为稳定发展期（3～60 d），抗压强度随龄期的延长稳定增长，60 d 抗压强度达到峰值；第三阶段为强度倒缩期（60～180 d），抗压强度随龄期的增加而迅速降低；第四阶段为平稳过渡期（180～360 d），倒缩现象停止，抗压强度趋于稳定。

以 MgO 和 $MgCl_2$ 的物质的量的比 6∶1 为例，MOC 掺量为 5%、10%、15%和 20%的试样的峰值抗压强度分别为 2.02 MPa、2.24 MPa、2.41 MPa 和 2.60 MPa，养护至第三阶段发现试样的抗压强度出现不同程度的损失，抗压强度损失程度随养护龄期的延续而增大。当养护龄期增至 90 d、180 d 时，各掺量试样的抗压强度对应降至峰值抗压强度的 88.79%和 79.73%、96.22%和 84.65%、84.52%和 80.76%、98.89%和 91.84%。值得注意的是，第四阶段（180～360 d）试样的抗压强度不再损失，反而有所回升，此时 MOC 固化淤泥体系的水化反应仍在继续。在其他 MOC 掺量、MgO 和 $MgCl_2$ 的物质的量的比的试样中抗压强度的倒缩现象也普遍存在，原因是 MOC 固化体系中提供给活性 MgO 与 $MgCl_2$ 充分反应的部分自由水在反应初期被淤泥颗粒浸润吸收，导致 MOC 体系中的水化反应程度和水化产物类型因反应体系的变化而发生改变甚至分解。缺少水介质的 MOC 体系，活性 MgO 颗粒内部离子的溶出速率和溶液中离子相互结合生成产物所需的生长空间与能量受到极大限制，$MgCl_2$ 浓度越高，MgO 水化率越低[1]，该结论可在后续 XRD 和 SEM 试验的结果中得以证实。

观察不同养护龄期（3 d、7 d、28 d 和 60 d）试样的外观形貌发现，试样表面出现了零星的白色斑点，随养护龄期的延长转变成一层白色粉末，从事镁水泥研究的专家学者称之为"白霜"，如图 6.2 所示。邓德华和张传美[2]曾对镁水泥制品表面的白霜开展过 XRD 测试，发现白霜的主要成分是 5 相和其他含 $MgCl_2$ 的相。结合已有研究成果和本试验养护环境分析固化淤泥表面析出白霜的原因，发现其源于试样成型时受到的静压力作用和反应初期淤泥吸收水分的影响，在 MOC 固化体系中或许会形成一些特殊的反应空间，游离 $MgCl_2$ 利用其自身较强的吸湿性和水溶性在体系中形成浓度梯度，通过 $Mg(OH)_2$ 结晶膨胀产生的孔隙通道迁移和扩散，在试样表面析晶形成白霜。

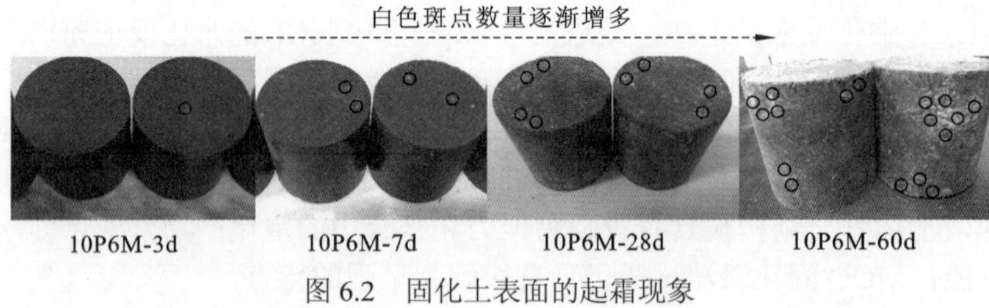

图 6.2　固化土表面的起霜现象

综上所述，MOC 固化土强度出现倒缩现象的主要原因是，$Mg(OH)_2$ 结晶膨胀应力和游离 $MgCl_2$ 的溶解-析晶作用严重削弱了硬化体结构的强度。本章中压汞试验结果恰恰表明，固化试样平均孔隙直径和总孔隙体积随养护龄期的延长而增大。

6.1.3　MgO 和 $MgCl_2$ 的物质的量的比

养护至设定龄期后，不同 MOC 掺量下固化淤泥试样的抗压强度随 MgO 和 $MgCl_2$ 的物质的量的比的变化规律如图 6.3 所示。分析可知：

（1）在任一养护龄期和 MOC 掺量下，增加 MgO 和 $MgCl_2$ 的物质的量的比会对固化试样的抗压强度产生增益效果。对于养护 28 d、10% MOC 掺量下的固化淤泥，MgO 和 $MgCl_2$ 的物质的量的比为 7∶1、8∶1、9∶1 和 10∶1 时试样的抗压强度较物质的量的比 6∶1 时分别增长 20.44%、12.15%、27.07%、25.41%。固化试样的抗压强度随 MgO 和 $MgCl_2$ 的物质的量的比的增加稳步提升，原因在于 MOC 固化体系中 MgO 和 $MgCl_2$ 的物质的量的比增加的实质是提高了 MOC 固化剂中活性 MgO 的含量，活性 MgO 既能快速消耗固化体溶液中的自由水并补充因参与水化相生成而急剧下降的 OH^- 和 Mg^{2+} 的浓度，又可直接参与水化反应而消耗

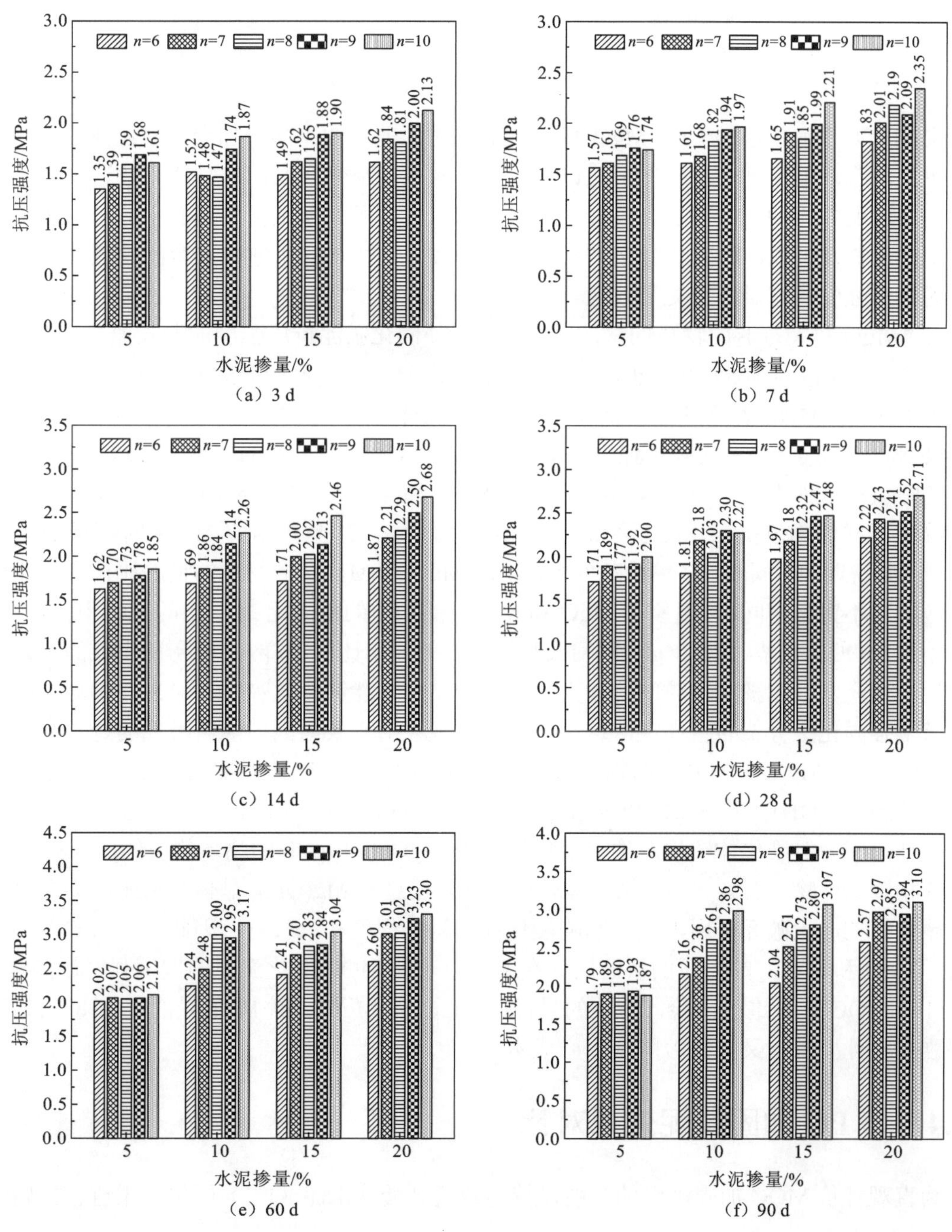

（a）3 d （b）7 d

（c）14 d （d）28 d

（e）60 d （f）90 d

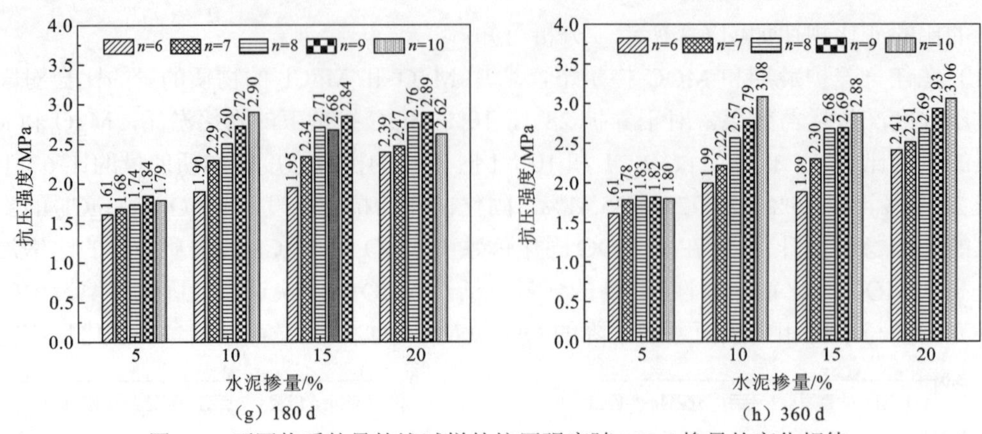

(g) 180 d　　(h) 360 d

图 6.3　不同物质的量的比试样的抗压强度随 MOC 掺量的变化规律

溶液中 $MgCl_2$ 水解生成的 Cl^-。MgO 和 $MgCl_2$ 的物质的量的比的增加会使固化体系中的水化反应更加彻底，不仅可以在固化淤泥试样内部生成更多水化产物，而且能有效避免游离在硬化体孔隙通道内的 $MgCl_2$ 因自身较强的吸湿性和水溶性而引起试样内部的水分子与离子等发生不均衡迁移及扩散，对固化骨架结构具有保护作用，即 MgO 与 $MgCl_2$ 的物质的量的比的增加对试样强度具有显著的提升效果。

（2）MgO 和 $MgCl_2$ 的物质的量的比增加，促使固化淤泥抗压强度的增长速率随 MOC 掺量的增加而变缓。当 MgO 和 $MgCl_2$ 的物质的量的比为 6∶1、养护龄期为 60 d 时，若 MOC 掺量从 10%（2.24 MPa）增至 15%、20%，固化试样的峰值抗压强度分别增长 7.59%（2.41 MPa）和 16.07%（2.60 MPa）。同等条件下，MgO 和 $MgCl_2$ 的物质的量的比增至 10∶1，诱使固化试样的峰值抗压强度分别增长−4.10%（3.04 MPa）和 4.10%（3.30 MPa）。此时，10% MOC 掺量固化试样的峰值抗压强度已经优于 15%掺量试样，甚至在养护 180 d 时高于 20%掺量试样。由此说明：不同 MOC 掺量条件下，不同 MgO 和 $MgCl_2$ 的物质的量的比试样固化体系的反应机制不完全相同，该现象在 MgO 和 $MgCl_2$ 的物质的量的比≥8∶1 的试样中普遍存在。对于不同 MOC 掺量与不同 MgO 和 $MgCl_2$ 的物质的量的比的试样，反应初期生成的水化产物主要用于填充、细化淤泥颗粒间的较大孔隙，胶结产物能够有效吸附、包裹在淤泥颗粒周围而显著增强固化土骨架的整体性，这是产生上述现象的主要原因。随着龄期的延长和水化反应的不断进行，MgO 和 $MgCl_2$ 的物质的量的比的增加导致反应体系发生改变，并在反应后期生成过量的 $Mg(OH)_2$。当 MgO 和 $MgCl_2$ 的物质的量的比＜8∶1 时，一定量的 $Mg(OH)_2$ 晶体因自身结晶应力对硬化体结构产生密实作用；当 MgO 和 $MgCl_2$ 的物质的量的比≥8∶1 时，虽然 5 相胶凝产物可有效包裹、填充硬化体结构，但过量 $Mg(OH)_2$ 晶体的膨胀应力会对土颗粒黏聚体结构产生破坏作用，严重影响硬化体结构的强度和承载力。因此，在 MOC 掺量一定时，MgO 和 $MgCl_2$ 的物质的量的比存在最优值，使 MOC 固化淤泥的抗压强度达到峰值。选取 10%MOC 掺量进行试验，对应的最优的 MgO 和 $MgCl_2$ 的物质的量的比为 8∶1，既能满足强度设计要求，又能显著降低生产成本。

6.1.4　与 PC 加固淤泥效果对比

为直观评价 MOC 加固淤泥的效能，特与普通硅酸盐水泥（PC）固化效果进行比较，结果如图 6.4 所示。图中 $n=a$ 表示 MOC 组分中 MgO 和 $MgCl_2$ 的物质的量的比为 a∶1，a PC 表示普通硅酸盐水泥掺量为 a%。

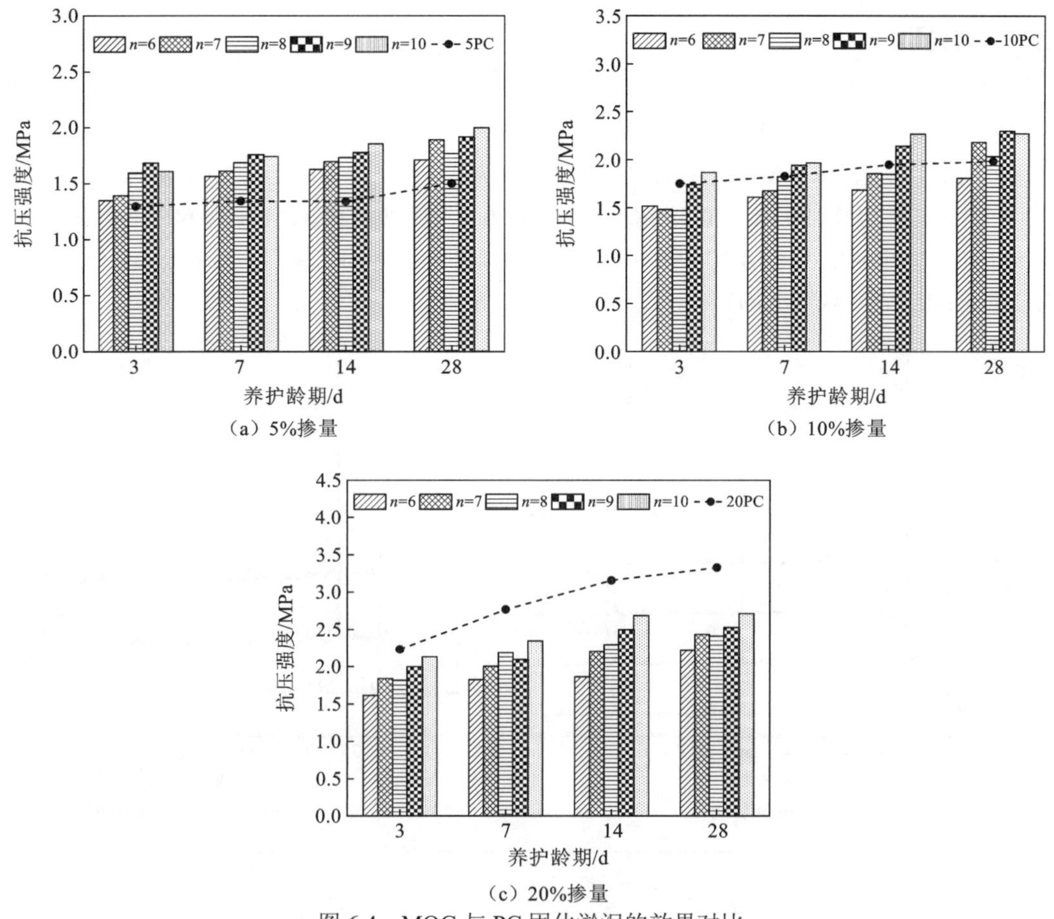

（a）5%掺量

（b）10%掺量

（c）20%掺量

图 6.4　MOC 与 PC 固化淤泥的效果对比

MOC 掺量为 5%时，各物质的量的比对应的 MOC 固化淤泥的抗压强度均优于普通硅酸盐水泥，即此 MOC 掺量下镁水泥的加固效果更具优势。MOC 掺量升至 10%时，PC 的加固效果优势逐渐突显，但镁水泥固化淤泥整体仍占据优势。MOC 掺量继续增加直至 20%，PC 固化淤泥的抗压强度明显高于镁水泥固化淤泥。以 MgO 和 $MgCl_2$ 的物质的量的比 10∶1 为例，3 d、7 d、14 d 和 28 d 时 PC 固化淤泥的抗压强度分别为 2.13 MPa、2.35 MPa、2.68 MPa 和 2.71 MPa，比同龄期镁水泥固化淤泥的抗压强度对应增长 4.91%、17.77%、17.63%和 22.74%，并且有进一步的增长趋势。

尽管 MOC 固化效果在 5%掺量时具有绝对优势，但是该掺量下固化淤泥的抗压强度整体较低。然而，当固化剂掺量升至 20%时，PC 的固化效能相比更优，但大量消耗普通硅酸盐水泥势必会引发一系列环境问题，而且生产成本也会大幅度增加。综合考虑，认为 10%MOC 固化剂是最佳的选择，既能满足工程服役要求，又能满足经济性要求，同时还能实现资源的可持续利用。

6.2 微观机理

6.2.1 XRD

为明确不同配合比对 MOC 固化淤泥水化产物及物相演变过程的影响，选取标准养护 28 d、60 d、90 d 试样进行 XRD 测试，结果见图 6.5。为方便表述，下面统一采用试验编号 MOC-1～MOC-9 分别代表 0P0*n*-90 d、10P6*n*-90 d、5P7*n*-90 d、10P7*n*-28 d、10P7*n*-60 d、10P7*n*-90 d、15P7*n*-90 d、20P7*n*-90 d、10P10*n*-90 d 试样，其中 P 表示 MOC 掺量，*n* 表示 MgO 和 $MgCl_2$ 的物质的量的比值。观察 XRD 衍射图谱，可得如下结论。

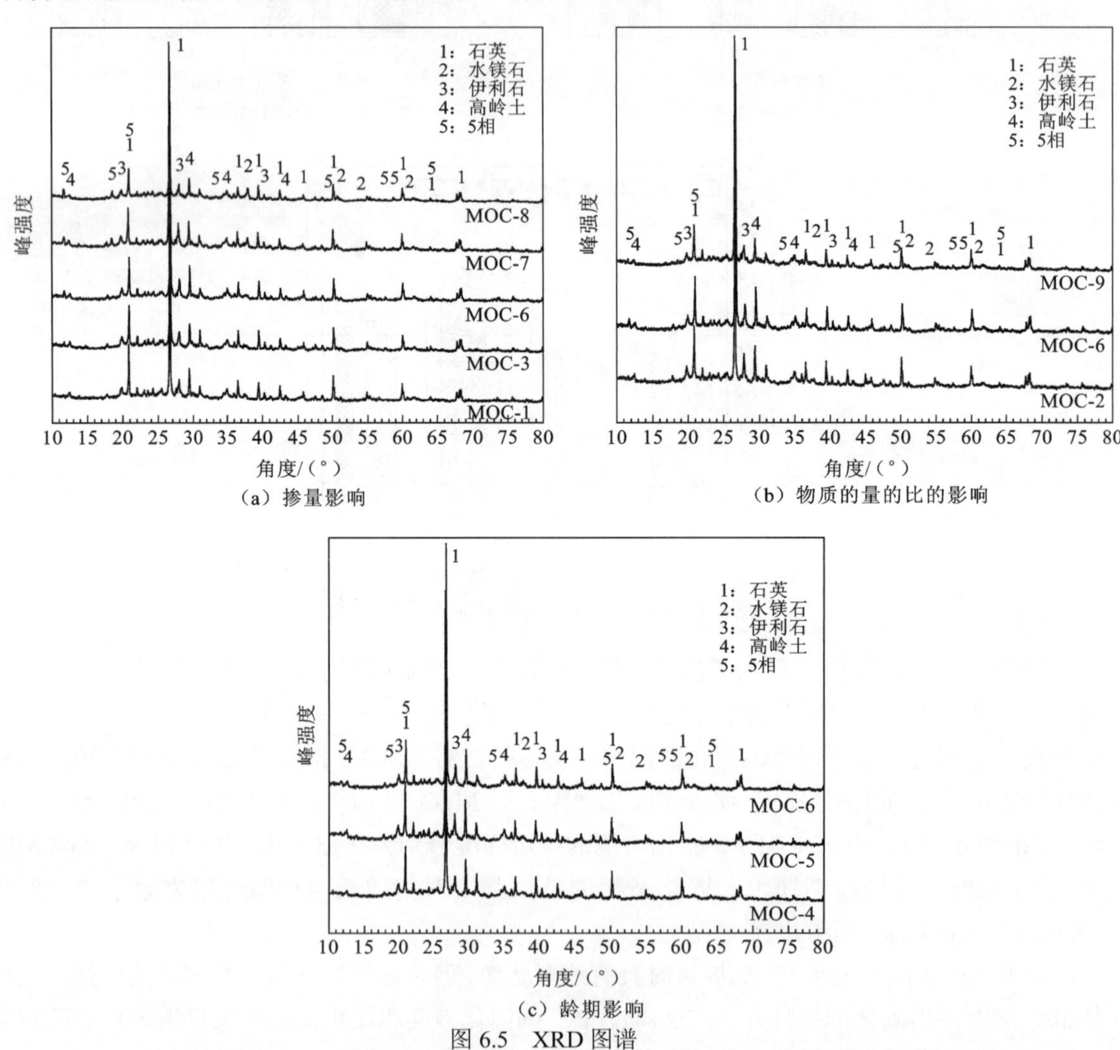

（a）掺量影响

（b）物质的量的比的影响

（c）龄期影响

图 6.5　XRD 图谱

（1）图 6.5（a）展示了养护龄期为 90 d、MgO 和 $MgCl_2$ 的物质的量的比为 7∶1 时不同 MOC 掺量下的固化淤泥试样的衍射图谱。固化试样中均探测到有 5 相产物（2θ=11.8°、18.6°、33.1°、58.8°）和 $Mg(OH)_2$（2θ=38.1°、60.8°）生成，这也是 MOC 固化淤泥试样抗压强度较纯淤泥试样抗压强度显著增强的主要原因。局部放大图 6.5（a）中 5 相产物（2θ=11.8°、

18.6°、58.8°）的衍射强度峰值发现，固化体 5 相产物的生成量随 MOC 固化剂掺量的增加而趋于上升，验证并从本质上解释了 6.1 节中固化试样抗压强度随 MOC 掺量的增加而增加的结论。所生成的水化产物能有效填充并细化土颗粒间的较大孔隙，在提高土体密实度的同时显著增强土骨架结构的承载强度。在相同的 MgO 和 $MgCl_2$ 的物质的量的比条件下，MOC 掺量的增加促使固化体内活性 MgO 含量的增加，但衍射图谱中并未发现活性 MgO 衍射峰的存在，可以说明所添加活性 MgO 已全部参与了 5 相和 $Mg(OH)_2$ 等水化产物的形成过程之中。因此，单位体积内水化产物的生成量必然随 MOC 掺量的增加而增多，在 XRD 图谱中则表现为对应衍射峰面积的增加。观察衍射峰峰形发现，5 相产物所对应的衍射峰为衍射强度较低而半峰宽较宽的弥散峰。固化淤泥试样内部的 5 相水化产物的结晶程度较低，5 相凝胶体并未得以充分生长而无法形成结晶程度较高的晶体结构，这与 SEM 试验结果相吻合（SEM 图显示试样内部生成凝胶形态的 5 相产物）。同时，观察到 $Mg(OH)_2$ 特征峰（$2\theta=38.1°$）的峰形表现为明锐的尖峰，说明该产物结晶程度良好。随着 MOC 掺量的增加，$Mg(OH)_2$ 所对应的衍射峰的面积扩大，说明此时 $Mg(OH)_2$ 的生成量增多，这与 SEM 测试结果一致。值得注意的是，图谱中石英矿物的衍射峰强度（$2\theta=22.1°$、31.0°、54.8°）随 MOC 掺量的增加而降低，是因为 MOC 掺量的增加会引起淤泥相对密度的减少，故石英衍射峰强度会降低。

（2）图 6.5（b）为 10%掺量 MOC、养护 90 d 时固化淤泥试样的测试结果。与图 6.5（a）中衍射结果对比发现，测试图谱中的主要水化物相类型并未随物质的量的比的增加而发生改变，仍未能检测到活性 MgO 的存在。这说明，物质的量的比的改变只影响水化产物的生成量及其结晶程度。在严格控制测试样品原始投料相同的前提下，对固化试样测试结果中主要物相生成量（对应衍射峰面积）进行比较发现，MgO 和 $MgCl_2$ 的物质的量的比从 6∶1 经 7∶1 增至 10∶1 时，$2\theta=11.8°$ 处 5 相产物的生成量随之先增后减，而衍射角 $2\theta=33.1°$ 处 5 相产物的衍射峰始终增加。总体来说，5 相产物生成量随 MgO 和 $MgCl_2$ 的物质的量的比的增加而增多。$2\theta=38.1°$ 处 $Mg(OH)_2$ 生成量随 MgO 和 $MgCl_2$ 的物质的量的比的增加始终趋于减少。分析产生上述现象的原因，MgO 和 $MgCl_2$ 的物质的量的比的增加使单位体积内活性 MgO 的含量增加。这与 6.2.4 小节 pH 试验测试结果相吻合，即 MgO 和 $MgCl_2$ 的物质的量的比 10∶1 对应的试样的碱度要明显高于 MgO 和 $MgCl_2$ 的物质的量的比 6∶1 对应的试样。在恒定 MOC 掺量下，提高 MgO 和 $MgCl_2$ 的物质的量的比可使活性 MgO 组分更彻底地参与生成 5 相水化产物的化学反应，体系碱度提高也有助于活化更多 MgO 组分来参与反应，故 5 相产物生成量随 MgO 和 $MgCl_2$ 的物质的量的比的增加而增多，$Mg(OH)_2$ 生成量随体系碱度的提高而减少，宏观表现为固化淤泥抗压强度随之增加。结合压汞测试结果，固化体内部大于 10 μm 孔隙的体积百分比和总孔隙体积都随 MgO 和 $MgCl_2$ 的物质的量的比的增加而增大，但 MgO 和 $MgCl_2$ 的物质的量的比 10∶1 对应的试样的抗压强度仍表现最优，说明 MOC 固化试样宏观力学强度的提升是 5 相产物、$Mg(OH)_2$ 和淤泥土颗粒协同作用的结果。

（3）图 6.5（c）展示了 MOC 掺量为 10%、MgO 和 $MgCl_2$ 的物质的量的比为 7∶1 时试样养护 28 d、60 d、90 d 的衍射图谱。28 d 养护龄期试样内已检测到 5 相产物生成，此时仍未能检测到残余的活性 MgO，但 60 d、90 d 测试结果表明体系内部水化反应仍继续进行。对比 28 d、60 d 养护龄期衍射图谱发现，5 相产物（$2\theta=11.8°$、18.6°）与 $Mg(OH)_2$（$2\theta=38.1°$、60.8°）生成量随养护龄期的延长而增多，所以固化淤泥强度随之增加。水化反应的不断进行使体系中的水分子和反应离子需要获得更高的能量才能穿过活性 MgO 表面反应层而进入活性 MgO 内部继续释放 Mg^{2+}、OH^- 等离子重新参与水化反应，随着反应层不断向活性 MgO 内部深入，这一过程所需的能量会随反应时间的延长而增大。因此，在一定的反应时间后，水化反应速率会明显降低，水化产物生成速率也随之降低，但是体系中水化产物的累积量却始终增加。压汞试验结果也证实，试样在 60 d 龄期比 28 d 龄期具有更小的总孔隙体积（水化产物填充效应）。比较 60 d 和 90 d 试样衍射图谱发现，试样在 90 d 龄期时生成更多的 $Mg(OH)_2$，而过量的 $Mg(OH)_2$ 会因自身较大的结晶膨胀应力使体系内部水化物形成的黏聚体产生微裂纹，对应的 SEM 结果显示 90 d 龄期试样的黏聚体确已出现开裂现象。微裂纹增多或扩展必然会使硬化体结构的孔隙率增大，此结论也被压汞试验所验证，即 90 d 龄期固化试样的平均孔隙直径比 60 d 增大 0.0287 μm。pH 试验结果表明，90 d 龄期固化体系的碱度高于 60 d，导致 $Mg(OH)_2$ 产物的生成量显著增加。原因有二：一方面是体系内活跃态 Mg^{2+} 和 OH^- 会在较低浓度下直接析出结晶；另一方面是在反应环境变化后 5 相产物发生分解反应而生成 $Mg(OH)_2$。无论是何种原因，过量 $Mg(OH)_2$ 诱发的体积膨胀和结晶应力都会使硬化体结构产生微裂纹，不仅直接弱化了固化体骨架结构的承载强度，同时也为水分子和其他离子的自由迁移提供了通道，从而改变了体系内的反应环境，直接将水化物相暴露在外部环境中，甚至会造成水化物相的分解。因此，固化淤泥在养护龄期超过 60 d 后会出现强度倒缩现象，并且强度损失量与 MOC 的配合比紧密相关。

6.2.2 SEM

选取代表性固化试样开展 SEM 试验，观察各配合比试样内部的孔隙结构分布、水化产物形貌及胶结形态，揭示 MOC 胶凝材料固化淤泥的微观机理。试验结果如图 6.6 所示，观察可得如下结论。

（1）MOC-1 为纯淤泥试样放大 10000 倍的微观形貌图，可以清楚观察到淤泥颗粒呈粒径为 2～3 μm 的不规则薄板状结构，颗粒之间杂乱无序、交错堆叠，形成相对松散的骨架结构。由于土颗粒自身并无较强的胶结和吸附能力，颗粒之间易观察到非常明显的孔隙。结合淤泥微观形态，解释试样成型时便具有一定抗压强度的原因：静压力形成的较高压实度、土颗粒表面的物理化学作用力、颗粒间的机械啮合力。

（2）观察 MOC-3、MOC-6、MOC-7 和 MOC-8，分析不同 MOC 掺量对固化淤泥试样体系结构和固化效果的影响。MOC-3（5%掺量 MOC）试样中已明显生成无定形凝胶态水化物相，胶凝产物的胶结与包裹作用使 MOC-3 试样的孔隙结构较 MOC-1 得到大幅度改善。然而，5%掺量 MOC 所生成的水化产物量有限，不能将试样的孔隙结构完全填充，试样内部仍有少量清晰的大孔隙存在。随着 MOC 掺量的进一步增加，MOC-6、MOC-7 和 MOC-8 固化淤泥试样内部已很难观察到完全暴露的淤泥颗粒，更多以无定形凝胶态水化产物 5 相包裹或覆盖土颗粒和薄片状产物 $Mg(OH)_2$ 表面而形成体积较大的黏聚体。MOC 掺量提高至 10%（MOC-6）时，固化淤泥试样的密实程度较 5%掺量 MOC（MOC-3）显著增强，据压汞试验结果，MOC-3 试样的孔隙率为 19.59%，MOC-6 试样的孔隙率降至 16.44%，说明提高 MOC 掺量确能生成更多的水化产物，该结论与 6.2.1 小节 XRD 测试图谱中主要水化产物对应的衍射峰面积和 6.1 节中试样的抗压强度随 MOC 掺量的升高而增大的现象契合。值得注意的是，将 MOC-6 试样放大 30000 倍后可观察到大量片状 $Mg(OH)_2$ 晶体的聚集生长，周围出现纳米量级微裂纹和微孔洞，可能是因为该局部反应环境中生成过量 $Mg(OH)_2$ 产生的体积膨胀和结

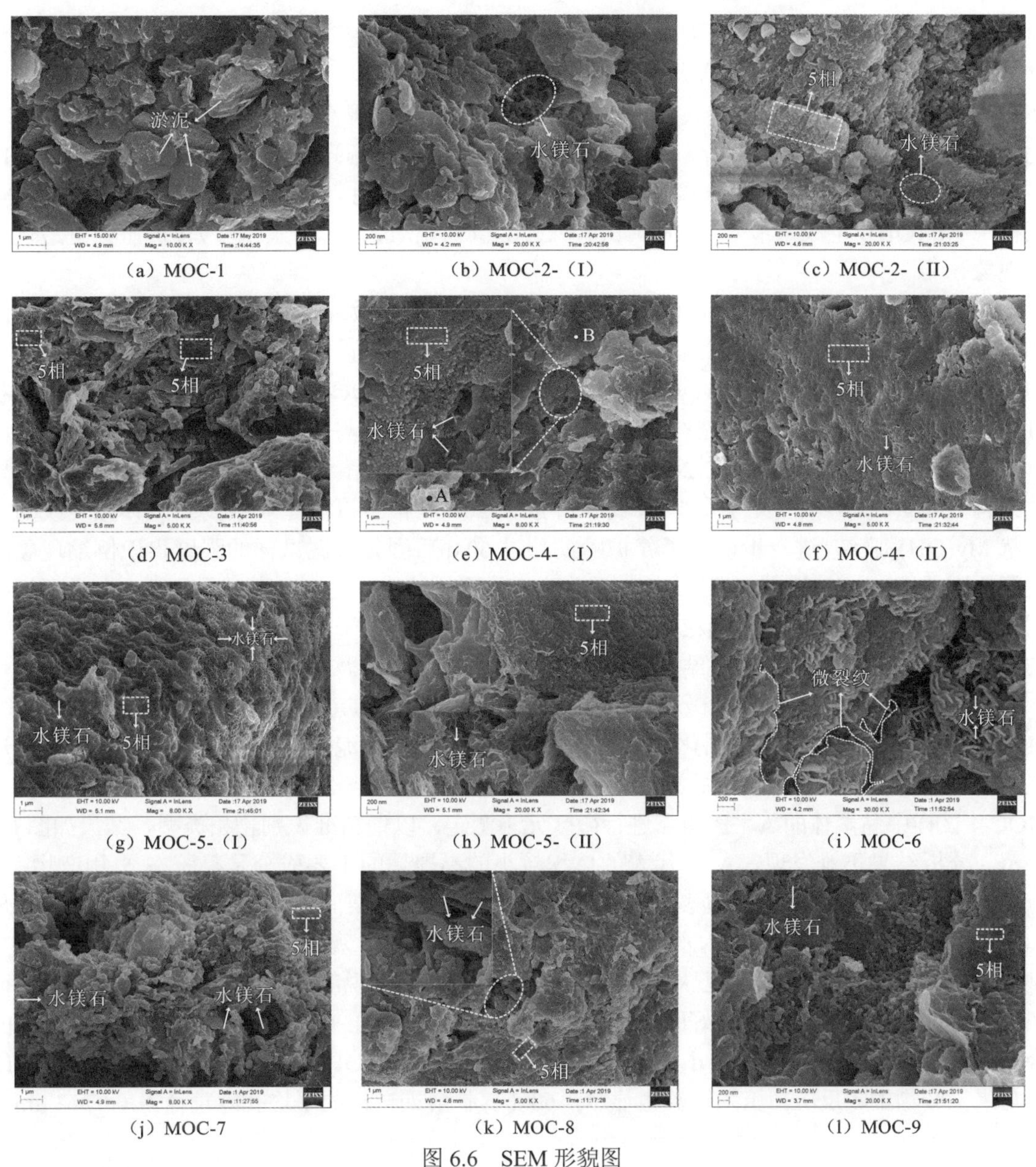

（a）MOC-1　（b）MOC-2-（I）　（c）MOC-2-（II）

（d）MOC-3　（e）MOC-4-（I）　（f）MOC-4-（II）

（g）MOC-5-（I）　（h）MOC-5-（II）　（i）MOC-6

（j）MOC-7　（k）MOC-8　（l）MOC-9

图 6.6　SEM 形貌图

晶应力大于黏聚体结构之间的吸附力与黏结力，而使黏聚体开裂。将 MOC 掺量进一步提高至 15%（MOC-7），发现黏聚体表面有大量粒径约为 0.5 μm、棱角光滑的椭球状 $Mg(OH)_2$ 晶体，由于 $Mg(OH)_2$ 颗粒暴露在硬化体表面且未被黏聚体包裹，它们彼此间呈独立的分散状[2]。同时，原本被胶凝产物紧密包裹、覆盖的淤泥土颗粒重新暴露，颗粒周围的大孔隙也逐渐增多，说明椭球状 $Mg(OH)_2$ 颗粒很可能由黏聚体中 5 相胶凝产物的分解所形成。究其原因，随水化反应的不断进行，活性 MgO 中的离子溶出速率严重受限，体系中残存的离子浓度和水化产物生长所需的空间逐渐减少，使溶液碱度和水化反应速率降低，此时体系中生成 $Mg(OH)_2$ 所需的镁离子浓度要小于生成 5 相。但是，淤泥颗粒间孔隙体积所提供的生长空间受限，试样内部原本胶结良好的黏聚体由于大量 $Mg(OH)_2$ 的形成诱发了结晶应力和体积膨胀而出现微裂纹，这不仅为晶体应力的释放提供了平台，同时也为体系内水分子和离子的迁移提供了通道，最终暴露的 5 相产物因反应条件和生长环境的改变而分解形成表面光滑的椭球状 $Mg(OH)_2$[2-4]。当 MOC 掺量增大至 20%（MOC-8）时，可以清楚观察到细小片状 $Mg(OH)_2$ 在较大黏聚体孔隙间的作用方式，MOC 掺量的增加会显著提高反应体系的碱度，故 MOC-8 比 MOC-7 生成更多的 5 相胶凝产物，一定程度上有效减小了试样的孔隙体积，而 $Mg(OH)_2$ 在孔隙中充当填充物的作用方式对试样的抗压强度非常有利。由此，可合理解释该 MOC-8 试样中 $Mg(OH)_2$ 生成量最多（XRD 试验）、总孔隙体积最小（压汞试验）、抗压强度最优这一现象。

（3）对比 MOC-2、MOC-6 和 MOC-9 试样水化产物的微观形貌，明确 MgO 和 $MgCl_2$ 的物质的量的比对固化试样孔隙结构的影响。在相同 MOC 掺量下，MgO 和 $MgCl_2$ 的物质的量的比的增加使固化体中活性 MgO 的相对密度增大，在 MOC-2-I 中观察到大量不规则片状 $Mg(OH)_2$ 生长于颗粒孔隙中，它们利用自身的紧密排列堆叠与 5 相产物和土颗粒的协同作用对大孔隙结构有效细化。MOC-2-II 试样发生在强度倒缩阶段，能明显观察到胶结形成的黏聚体结构被 $Mg(OH)_2$ 结晶应力所破坏，将试样放大 20000 倍可以清楚观察到黏聚体微裂纹间有片状 $Mg(OH)_2$ 联结，进一步证实了养护龄期超过 60 d 后固化淤泥试样的强度出现倒缩现象的主要原因，即 $Mg(OH)_2$ 结晶膨胀应力严重破坏黏聚体结构。在 MOC-9 中发现，大量不规则团簇颗粒状晶体出现在淤泥颗粒和黏聚体表面，该晶体不同于离散椭球状 $Mg(OH)_2$ 的形貌，初步判断可能是凝胶态产物在结晶过程中析出的中间态产物。

（4）养护龄期对固化淤泥微观结构的影响见 MOC-4、MOC-5 和 MOC-6 的形貌图。观察 MOC-4 发现，28 d 养护龄期固化体已难以发现较大孔隙，淤泥颗粒表面已被凝胶态产物和片状 $Mg(OH)_2$ 完全包裹，黏聚体之间通过相互胶结形成整体结构。通过电镜-能谱联合试验对 MOC-4 试样中黏聚体的 A、B 两点进行微区元素测定，以期精准识别物相类型，结果如图 6.7 所示。分析结果不难发现，A 点代表的体积较小的黏聚体的主要成分是凝胶态 5 相产物，B 点黏聚体则是以凝胶态 5 相包裹片状 $Mg(OH)_2$ 和土颗粒骨架而成，相较 A 点具有更高的 Si 和 Al 含量，结果证实固化体内水化产物以凝胶态 5 相为主。观察 60 d 养护龄期时的 MOC-5 试样发现，在放大 8000 倍后已难以发现较大的孔隙存在，说明 60 d 试样较 28 d 进行了更彻底的水化反应，试样表面的良好胶结程度有力地证明了试样在 60 d 养护龄期达到强度峰值的合理性。此外，pH 试验表明 60 d 养护龄期试样溶液中残留的 OH^- 浓度更低，说明有更多的 OH^- 参与水化产物生成反应。压汞试验也显示，60 d 养护龄期试样的平均孔隙直径为 0.0773 μm，

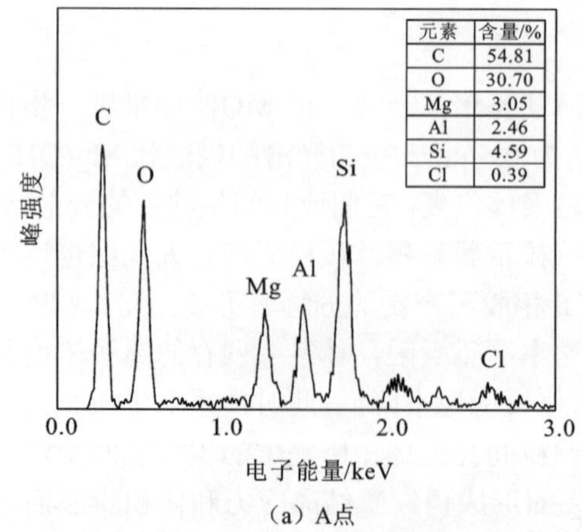

（a）A点

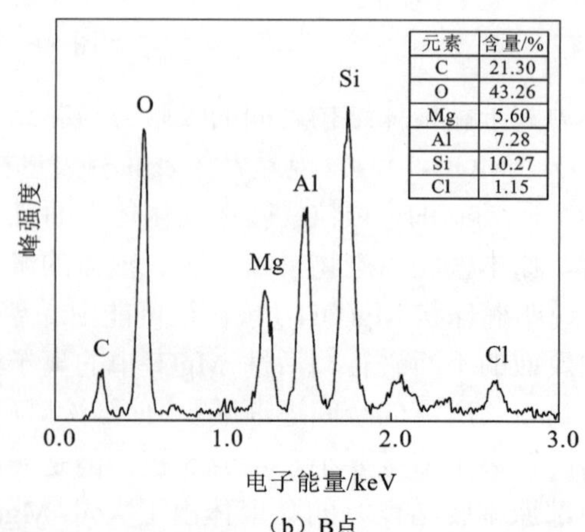

（b）B点

图 6.7 电镜-能谱联合试验图谱

明显小于 28 d 养护龄期时的 0.0956 μm。值得注意的是，MOC-4 和 MOC-5 试样中出现了与 MOC-9 试样中产状和形貌相似的粒径约为 0.1 μm 团簇聚合体，晶体颗粒之间聚合得非常紧密，由此可排除该晶体是由 5 相产物分解形成的 $Mg(OH)_2$。出现该现象的原因是，反应体系的变化使晶核在 5 相凝胶中的形成速度大于晶核长成晶体的速度而导致这一中间态产物的大量聚集。从 MOC-5-II 中观察到 5 相凝胶态产物、中间态结晶体和片状 $Mg(OH)_2$ 同时存在，说明这三种产物之间可能存在某种关联，需要通过科学手段进一步深入论证。

6.2.3 MIP

为分析 MOC 掺量、养护龄期与 MgO 和 $MgCl_2$ 的物质的量的比对淤泥孔隙结构的影响，通过压汞试验定量识别固化淤泥试样的孔隙体积、孔隙直径大小及其分布规律。依据非浸润性液体（汞）在压力作用下被压入颗粒之间的孔隙中，低压下只能进入大孔隙，高压下可进入更小孔隙，并且被汞侵入孔隙的孔隙直径是所施加压力的函数[5]，得：

$$r=\frac{-2\gamma\cos\theta}{P} \tag{6.1}$$

式中：P 为施加的压力（psi①）；γ 为汞的表面张力（试验取 0.480 N/m）；θ 为汞与固体材料表面的接触角（试验取 135°）；r 为圆柱形孔隙半径。

为定量表示固化淤泥试样的孔隙分布情况，将孔隙分布密度曲线对应的孔隙直径进行划分。许多学者基于大量试验提出了多种孔隙直径划分标准[6-8]，国家标准定义的孔隙直径划分标准如下：d＞0.05 μm 为大孔，0.002 μm＜d＜0.05 μm 为介孔，d＜0.002 μm 为微孔[9]。Horpibulsuk 等[10]从微观角度分析水泥固化粉质黏土强度发展过程后提出了新的孔隙直径划分标准：d＞10 μm 为团粒间孔隙，1 μm＜d＜10 μm 为颗粒间大孔隙，0.1 μm＜d＜1 μm 为颗粒间中孔隙，0.01 μm＜d＜0.1 μm 为颗粒间小孔隙，d＜0.01 μm 为颗粒内孔隙。Kodikara 等[11]在总结前人研究成果的基础上归纳出新的孔隙直径划分方法，具体如下：d＞300 μm 为宏观孔隙，30 μm＜d＜300 μm 为团粒间孔隙，10 μm＜d＜30 μm 为团粒间（内）孔隙，1 μm＜d＜10 μm 为团粒内孔隙，d＜1 μm 为颗粒间孔隙。对于该划分标准，需要补充说明的是，Luxmore[12]曾在 1981 年提出团粒内孔隙可定义到 10 μm，故 10 μm＜d＜30 μm 的孔隙既可以定义为团粒间孔隙，又可以定义为团粒内孔隙。本试验研究对象为淤泥，可按照上述 Horpibulsuk 等[10]和 Kodikara 等[11]两种划分标准将不同配合比固化淤泥试样的孔隙分布结果汇总于表 6.1～表 6.3。

表 6.1　不同配合比试样的孔隙体积分布特征[10]

试样编号	孔隙体积/（cm^3/g）（孔隙体积分数/%）				
	团粒间孔隙 d＞10 μm	颗粒间大孔隙 1 μm＜d＜10 μm	颗粒间中孔隙 0.1 μm＜d＜1 μm	颗粒间小孔隙 0.01 μm＜d＜0.1 μm	颗粒内孔隙 d＜0.01 μm
MOC-1	0.0175（6.19）	0.0833（29.53）	0.1399（49.59）	0.0380（13.47）	0.0034（1.22）
MOC-2	0.0225（9.03）	0.0736（29.62）	0.1040（41.80）	0.0433（17.41）	0.0053（2.14）
MOC-3	0.0283（10.38）	0.0877（32.15）	0.1196（43.82）	0.0342（12.54）	0.0030（1.11）

① 1 psi = 6.89476×10^3 Pa。

续表

试样编号	孔隙体积/（cm³/g）（孔隙体积分数/%）				
	团粒间孔隙 d>10 μm	颗粒间大孔隙 1 μm<d<10 μm	颗粒间中孔隙 0.1 μm<d<1 μm	颗粒间小孔隙 0.01 μm<d<0.1 μm	颗粒内孔隙 d<0.01 μm
MOC-4	0.035 9（13.36）	0.085 1（31.67）	0.098 8（36.74）	0.043 5（16.21）	0.005 5（2.02）
MOC-5	0.028 4（11.06）	0.089 3（34.75）	0.097 8（38.05）	0.038 3（14.89）	0.003 2（1.25）
MOC-6	0.037 4（18.26）	0.040 7（19.92）	0.082 6（40.35）	0.040 7（19.89）	0.003 2（1.58）
MOC-7	0.029 7（14.11）	0.040 6（19.26）	0.092 5（43.93）	0.044 5（21.16）	0.003 3（1.54）
MOC-8	0.018 8（9.63）	0.053 6（27.53）	0.078 8（40.46）	0.042 2（21.66）	0.001 4（0.72）
MOC-9	0.054 2（21.58）	0.054 6（21.73）	0.093 9（37.37）	0.043 6（17.35）	0.005 0（1.97）

表 6.2　不同配合比试样的孔隙结构特征参数

试样编号	总孔隙体积/(cm³/g)	孔隙率/%	比表面积/(m²/g)	平均孔隙直径/μm	最可几孔隙直径/nm	中值孔隙直径/μm
MOC-1	0.282 1	17.357 1	8.428 1	0.141 4	6.515 0	0.586 9
MOC-2	0.248 7	13.565 9	9.757 7	0.100 1	6.513 0	0.525 1
MOC-3	0.272 8	19.592 3	7.528 0	0.129 9	6.512 0	0.692 1
MOC-4	0.204 6	11.076 5	9.600 5	0.095 6	6.506 0	0.507 0
MOC-5	0.257 0	16.507 7	7.424 3	0.077 3	7.007 0	0.770 8
MOC-6	0.251 3	16.437 1	9.732 1	0.106 0	7.133 0	0.688 0
MOC-7	0.210 6	12.624 7	8.187 1	0.098 6	8.629 0	0.317 7
MOC-8	0.194 8	11.230 1	6.515 1	0.115 9	15.880 0	0.388 5
MOC-9	0.268 8	13.104 6	7.668 3	0.104 8	6.491 0	0.452 2

表 6.3　不同配合比试样的孔隙体积分布特征[11]

试样编号	孔隙体积/（cm³/g）（孔隙体积分数/%）			
	团粒间孔隙 30 μm<d<300 μm	团粒间（内）孔隙 10 μm<d<30 μm	团粒内孔隙 1 μm<d<10 μm	颗粒间孔隙 d<1 μm
MOC-1	0.015 7（5.57）	0.001 8（0.62）	0.083 3（29.53）	0.181 3（56.69）
MOC-2	0.015 0（6.03）	0.007 5（3.00）	0.073 6（29.62）	0.152 6（62.84）
MOC-3	0.019 0（6.97）	0.009 3（3.41）	0.087 7（32.15）	0.156 8（66.63）
MOC-4	0.026 6（9.89）	0.009 3（3.47）	0.085 1（31.67）	0.147 8（61.82）
MOC-5	0.018 0（7.02）	0.010 4（4.04）	0.089 3（34.75）	0.139 3（54.19）
MOC-6	0.024 0（11.75）	0.013 4（6.51）	0.040 7（19.92）	0.126 5（61.82）
MOC-7	0.022 5（10.69）	0.007 2（3.42）	0.040 6（19.26）	0.140 3（66.63）
MOC-8	0.015 2（7.75）	0.003 6（1.88）	0.053 6（27.53）	0.122 4（62.84）
MOC-9	0.043 5（17.32）	0.010 7（4.26）	0.054 6（21.73）	0.142 5（56.69）

绘制不同配合比试样的孔隙结构特征，结果如图 6.8～图 6.11 所示。累计进汞量表示大于某孔隙直径的孔隙体积的累计量，孔隙分布密度表示某孔隙直径的体积分数。

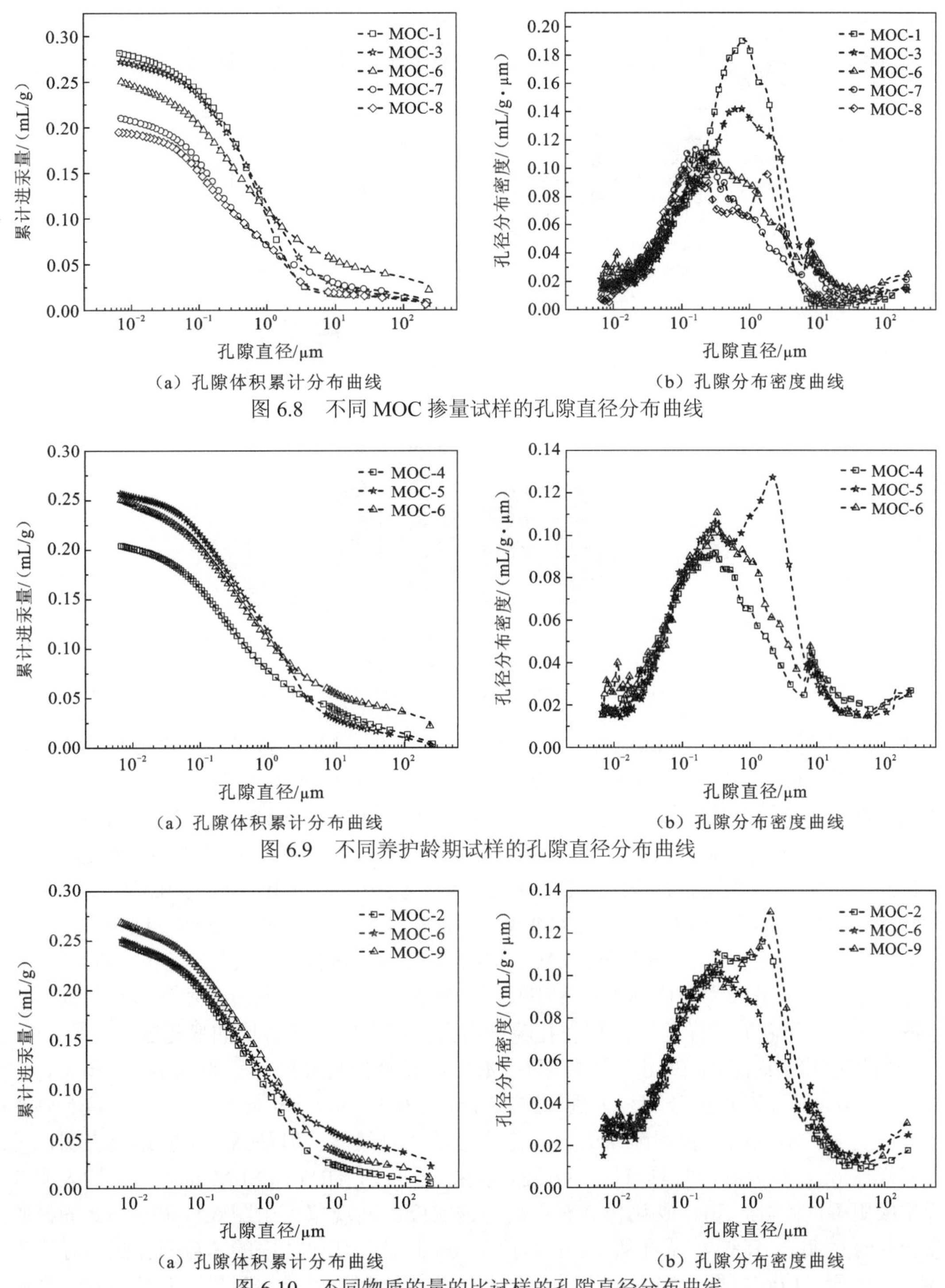

(a) 孔隙体积累计分布曲线　(b) 孔隙分布密度曲线

图 6.8　不同 MOC 掺量试样的孔隙直径分布曲线

(a) 孔隙体积累计分布曲线　(b) 孔隙分布密度曲线

图 6.9　不同养护龄期试样的孔隙直径分布曲线

(a) 孔隙体积累计分布曲线　(b) 孔隙分布密度曲线

图 6.10　不同物质的量的比试样的孔隙直径分布曲线

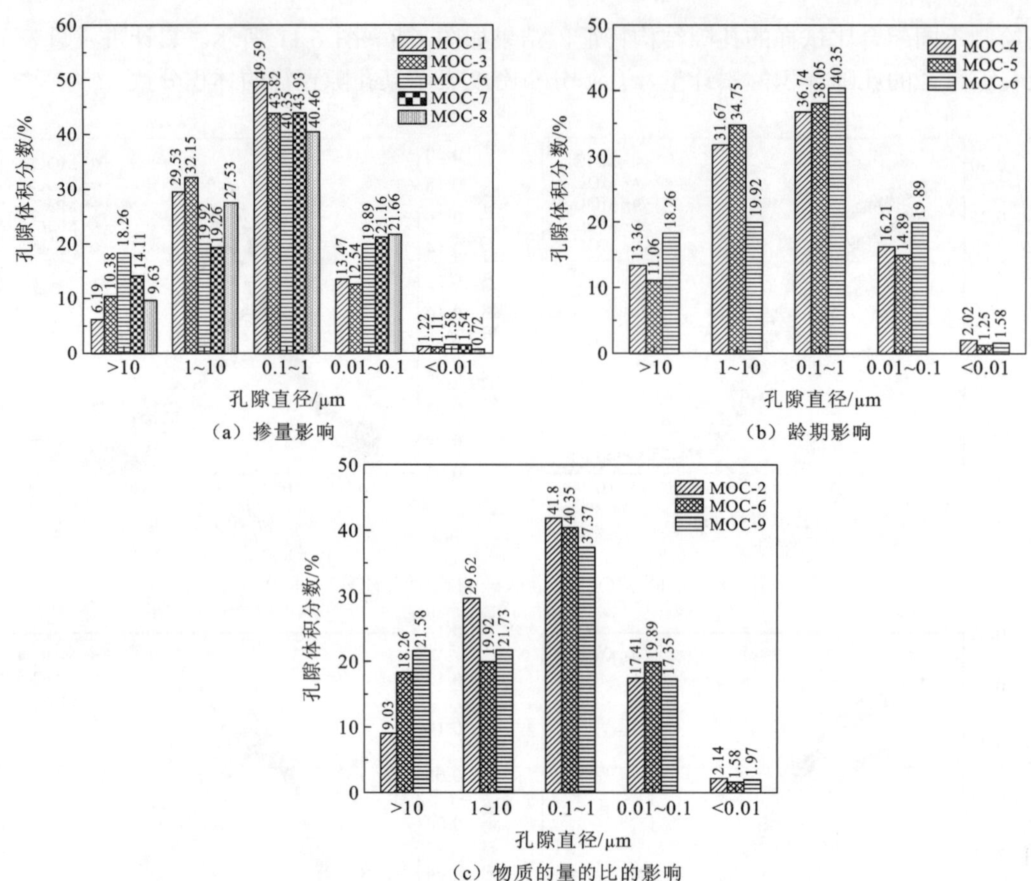

图 6.11 不同影响因素时试样的孔隙体积百分含量

图 6.8 为固化淤泥试样孔隙体积与孔隙分布密度随不同 MOC 掺量的变化情况。MOC 添加量对试样的总孔隙体积的影响显著。以 MOC-1、MOC-6 和 MOC-8 为例，MOC 掺量从 0 增加至 10%、20%，试样总孔隙体积由 0.282 1 cm^3/g 减少至 0.251 3 cm^3/g、0.194 8 cm^3/g，体现出水化产物填充、细化孔隙的效果。图 6.11 定量说明 MOC-1、MOC-6 和 MOC-8 对应的孔隙由颗粒间大孔隙（29.53%、19.92%、27.53%）、颗粒间中孔隙（49.59%、40.35%、40.46%）逐渐转化为颗粒间小孔隙（13.47%、19.89%、21.66%）、颗粒内孔隙（1.22%、1.58%、0.72%）。结合本章试样的抗压强度、XRD 和 SEM 试验结果发现，试样的总孔隙体积随 MOC 掺量的增加而减小的现象是因为固化体生成 5 相胶凝产物改变了固化淤泥的孔隙分布和结构特征。

图 6.9 为固化淤泥试样孔隙体积和孔隙分布密度随不同养护龄期的变化过程。图 6.9（a）和表 6.2 的统计结果显示，28 d 养护龄期时 MOC-2 试样的总孔隙体积为 0.248 7 cm^3/g，养护至 60 d 和 90 d 时孔隙体积分别增大到 0.251 3 cm^3/g 和 0.268 8 cm^3/g，并且图 6.9（b）中孔隙密度峰值随养护龄期的增长逐渐向更大的孔隙直径方向偏移。但是强度试验结果表明，该配合比试样在 60 d 养护龄期时具有比 28 d 更高的抗压强度，XRD 和 SEM 试验结果均表明 60 d 试样生成更多的水化产物，硬化体具有更高的密实度。此现象可由图 6.11 和表 6.2 的试验结果联合解释说明，MOC-4 试样从 28 d 养护至 60 d 时，硬化体内的团粒间孔隙百分含量由 13.36%降低至 11.06%[图 6.11（b）]，可见水化产物填充效果非常明显，而颗粒间大孔隙、中孔隙百分含量由 28 d 时 31.67%、36.74%对应增至 34.75%、38.05%，这两部分孔隙体积百分比含量的增加是 60 d 养护龄期试样具有较大孔隙率的主要原因。表 6.2 的结果表明，固化

试样的平均孔隙直径由 28 d 养护龄期时的 0.095 6 μm 减小至 60 d 养护龄期时的 0.077 3 μm，同样说明水化产物具有细化大孔隙的效果。同理，90 d 养护龄期时 MOC-4 试样具有最高的平均孔隙直径 0.106 0 μm，是由于其团粒间孔隙百分含量已经由 13.36%增长至 18.26%，较 28 d 养护龄期试样增长了近 36.67%，这是在养护龄期超过 60 d 后试样出现强度倒缩的微观表现，也说明平均孔隙直径参数能准确反映硬化体的整体孔隙结构。

图 6.10 为固化淤泥试样孔隙体积累计分布和孔隙分布密度随 MgO 和 $MgCl_2$ 的物质的量的比的变化曲线。当 MgO 和 $MgCl_2$ 的物质的量的比=6∶1、7∶1 时，试样累计进汞量在 0.25 mL/g 左右，MgO 和 $MgCl_2$ 的物质的量的比提高到 10∶1 时，累计进汞量增长至 0.27 mL/g。分析图 6.11（c）发现，MgO 和 $MgCl_2$ 的物质的量的比为 10∶1 的试样在孔隙直径 $d>10$ μm 时具有最高的孔隙体积百分含量 21.58%。对比 MOC-2 和 MOC-9 发现，XRD 结果证实 MgO 和 $MgCl_2$ 的物质的量的比的增加引起了固化淤泥试样 5 相产物生成量的增加和 $Mg(OH)_2$ 生成量的减少。图 6.11 中的压汞试验显示，固化淤泥颗粒间大孔隙和中孔隙体积分数由 MOC-2 试样的 29.62%、41.80%演变为 MOC-9 试样的 21.73%和 37.37%，总孔隙率降低约 3.5%，很好地解释了宏观强度的发展过程。

6.2.4 pH 试验

图 6.12 为不同 MOC 配合比时 28 d、60 d、90 d 固化淤泥体系的 pH 变化。从图 6.12 中可看出如下结论。

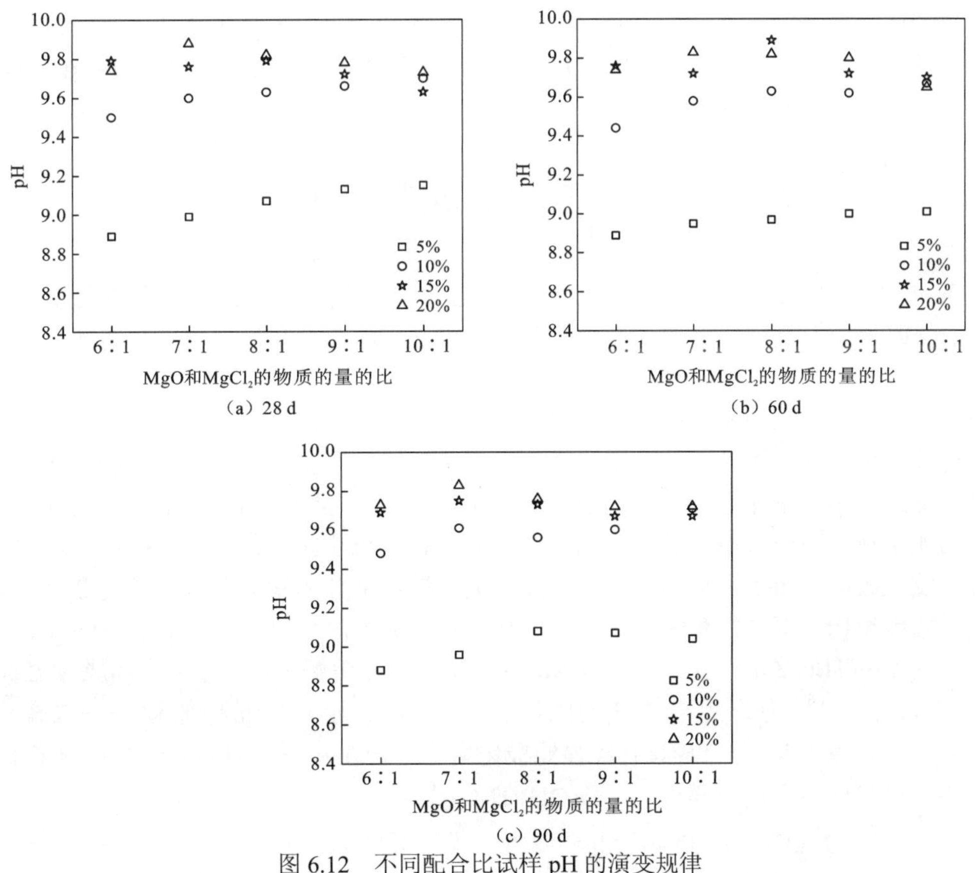

图 6.12　不同配合比试样 pH 的演变规律

（1）相比纯淤泥（pH=6.62），添加 MOC 诱使固化淤泥体系的 pH 大幅提升，固化体碱度随 MOC 掺量的变化规律相似，即 MOC 掺量增加使固化体系的碱度增大，但增长速率随之变缓。固化淤泥的碱度随 MOC 掺量的增加而增加，一方面是因为单位体积内活性 MgO 含量的增加，引起了体系中 OH^-浓度的增加；另一方面是因为 MOC 掺量的增多使体系中淤泥的占比降低，淤泥对体系碱度影响随之减小。碱度增长速率随 MOC 掺量的增加而降低，则是因为体系中的 OH^-升至一定浓度时其参与水化产物生成反应而被不断消耗，OH^-浓度始终维持在生成—消耗的平衡状态中，因此固化体系的碱度不会随 MOC 掺量的增加而等比上升。

（2）分析图 6.12（a）～（c）发现，试样 pH 随养护龄期的增加呈先降低后升高的发展规律。产生此现象的原因是，体系内的水化反应不断进行，OH^-和水分子被消耗生成水化产物，试样在 60 d 龄期的水化程度明显高于 28 d，所消耗的 OH^-比例更高，随离子溶出速率的降低，体系碱度也降低。反应后期（90 d）体系碱度有所回升，此时体系中的 OH^-更倾向于参与生成 $Mg(OH)_2$ 产物而并非 5 相凝胶体，因为生成 $Mg(OH)_2$ 的离子浓度要求更低，而过量 $Mg(OH)_2$ 会引起反应环境的变化，可能导致部分 5 相产物分解，此时反应体系的碱度随之升高[13]。

（3）当固化体系中 MOC 掺量不超过 10%时，MgO 和 $MgCl_2$ 的物质的量的比的增加会在体系内形成更高的 pH 环境。在此反应体系下，活性 MgO 组分被水化成离子形态，显著提升 OH^-浓度。当体系中 MOC 掺量超过 10%时，MgO 和 $MgCl_2$ 的物质的量的比较高试样的碱度反而低于 MgO 和 $MgCl_2$ 的物质的量的比较低的试样，甚至低于 MOC 掺量更低的试样。上述分析说明：MgO 和 $MgCl_2$ 的物质的量的比和 MOC 掺量的增加都会使固化体系内的碱度得到提升，待 OH^-的浓度升高至一定量时，一方面会受到抑制作用而使生成速率受限，另一方面会促进水化反应而使浓度降低。由此可见，体系内存在影响 OH^-浓度的多种因素在共同作用，进而影响 MOC 固化体系的碱度。

6.3 MOC 固化淤泥微观反应模型

基于对 MOC 胶凝材料固化淤泥宏观和微观试验结果的分析，结合前人研究成果[14]，提出了 MOC 固化淤泥从试样成型到产物结晶各阶段试样内部微观机制的演变模型，如图 6.13 所示。

（1）机械压实。采用预搅拌工艺（将 $MgCl_2·6H_2O$ 结晶溶于水中形成均质溶液，加入土体充分搅拌，最后加入活性 MgO 搅拌至均匀）使 MOC 和淤泥颗粒形成 $MgO-MgCl_2-H_2O$-淤泥多元体系。由于淤泥颗粒与水分子之间的相互作用，土颗粒相互聚集，形成具有一定孔隙通道的团聚体。静压成型方法使实际不规则的块状或粒状团聚体和水泥细料之间的排列与连接方式发生改变，由于水分和空气所占体积被压缩，部分团聚体颗粒由最初形成的架空结构转变为镶嵌结构，混合料密实度进一步增加，试样成型时已具有一定的抗压强度。

（2）$MgCl_2·6H_2O$ 结晶在水中反应。$MgCl_2·6H_2O$ 结晶溶解于水中，电离形成 Mg^{2+}，单个 Mg^{2+} 由于离子-偶极力作用会在其周围结合 6 个水分子形成带电微粒——水合镁离子 $[Mg(H_2O)_6]^{2+}$。由于 Mg^{2+} 自身具有较强的极化力，结合在其周围的部分极性水分子中的 H^+ 发生电离，形成单核水羟合镁离子 $[Mg(OH)(H_2O)_5]^+$：

$$MgCl_2 \cdot 6H_2O \longrightarrow Mg^{2+} + 2Cl^- \xrightarrow{H_2O} [Mg(H_2O)_6]^{2+} + 2Cl^- \quad (6.2)$$

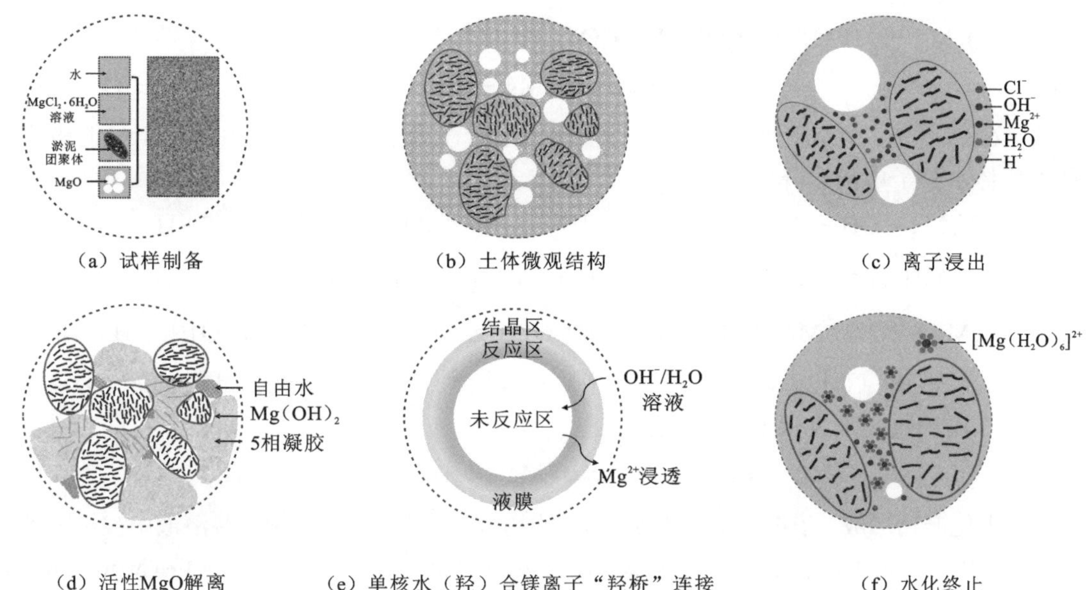

（a）试样制备　（b）土体微观结构　（c）离子浸出

（d）活性MgO解离　（e）单核水（羟）合镁离子“羟桥”连接　（f）水化终止

图 6.13　微观机制演变模型

$$\left[Mg(H_2O)_6\right]^{2+} \underset{H^+}{\overset{OH^-}{\rightleftharpoons}} \left[Mg(OH)(H_2O)_5\right]^+ + H^+ \tag{6.3}$$

（3）活性 MgO 在 $MgCl_2$ 溶液中反应。活性 MgO、$MgCl_2$ 溶液和淤泥均匀混合后，由于活性 MgO 具有较高的化学活性和物理吸附能力，混合料中的水分子迁移至其表面形成水膜，为溶液中的离子参与解离活性 MgO 颗粒体表层的一系列物理化学反应提供场所，也为离子和水分子进入活性 MgO 颗粒体内部的反应层提供通道：

$$H_2O + H_2O \rightleftharpoons (H_3O)^+ + OH^- \tag{6.4}$$

$$MgO + 2H^+ \longrightarrow Mg^{2+} \xrightarrow{H_2O} \left[Mg(H_2O)_6\right]^{2+} \tag{6.5}$$

$$MgO + H^+ \longrightarrow Mg^{2+} + OH^- \xrightarrow{H_2O} \left[Mg(OH)(H_2O)_5\right]^+ \tag{6.6}$$

式（6.5）和式（6.6）中参与反应的 H^+来源于两部分：其一，由式（6.3）中水合镁离子电离的部分极性水分子产生；其二，由式（6.4）中水分子和水分子之间的相互作用引起。式（6.5）和式（6.6）的进行使活性 MgO 颗粒不断向内部解离，释放更多的 Mg^{2+}，促进式（6.6）的持续进行，使溶液中的 Mg^{2+}浓度和碱度升高。

（4）$[Mg_x(OH)_y(H_2O)_z]^{2x-y}$ 在溶液中反应。溶液中 Mg^{2+}和 OH^-浓度的升高会使$[Mg(OH)(H_2O)_5]^+$进一步电离，形成次级单核水羟合镁离子$[Mg(OH)_2(H_2O)_4]$：

$$[Mg(OH)(H_2O)_5]^+ \underset{H^+}{\overset{OH^-}{\rightleftharpoons}} [Mg(OH)_2(H_2O)_4] + H^+ \tag{6.7}$$

由于$[Mg(OH)(H_2O)_5]^+$的配位体 OH^-中的氧原子上未配位的孤电子会受到邻近 Mg^{2+}的极化作用，该配位体 OH^-会取代邻近的$[Mg(OH)(H_2O)_5]^+$或$[Mg(H_2O)_6]^{2+}$中的配位体水分子并与其配位成功。这种配聚反应可将两个单核水（羟）合镁离子通过共用“羟桥”连接成多核水羟合镁离子，也可通过共用一个配位体水分子建立“水桥”配聚：

$$[(H_2O)_5Mg-OH]^+ + [H_2O-Mg(H_2O)_5]^{2+} \rightleftharpoons [(H_2O)_5Mg-OH-Mg(H_2O)_5]^{3+} + H_2O \tag{6.8}$$

$$[(H_2O)_5Mg-OH]^+ + [HO-Mg(H_2O)_5]^+ \rightleftharpoons [(H_2O)_4Mg-2OH-Mg(H_2O)_4]^{2+} + H_2O \tag{6.9}$$

$$[OH-(H_2O)_4Mg — H_2O]^+ + [H_2O-Mg(H_2O)_4-H_2O]^{2+}$$

$$\rightleftharpoons [(H_2O)_4Mg-OH/H_2O-Mg(H_2O)_4]^{3+} + 2H_2O \quad (6.10)$$

式（6.8）～式（6.10）形成的高价态多核水羟合镁离子同样会因为中心 Mg^{2+}的极化力而使配位体水分子电离以降低其价态：

$$[(H_2O)_5Mg-OH-Mg(H_2O)_5]^{3+} \rightleftharpoons [(H_2O)_4Mg-2OH-Mg(H_2O)_4]^{2+} + H^+ \quad (6.11)$$

$$[(H_2O)_4Mg-OH/H_2O-Mg(H_2O)_4]^{3+} \rightleftharpoons [(H_2O)_4Mg-2OH-Mg(H_2O)_4]^{2+} + H^+ \quad (6.12)$$

$$[(H_2O)_4Mg-2OH-Mg(H_2O)_4]^{2+} \rightleftharpoons [(H_2O)_4Mg-2OH-Mg(OH)(H_2O)_3]^+ + H^+ \quad (6.13)$$

式（6.8）～式（6.13）的交替循环会使更多单核水（羟）合镁离子配聚成多核水羟合镁离子，可以用一通式来表示上述反应过程：

$$xMg^{2+} + (y+z)H_2O \rightleftharpoons [Mg_x(OH)_y(H_2O)_z]^{2x-y} + yH^+ \quad (6.14)$$

（5）水化产物形成。依据溶液中 Mg^{2+}的反应历程，活性 MgO 在 $MgCl_2$ 溶液中被不断解离只是增加了 Mg^{2+}和 OH^-的浓度；参与电离和配聚反应的 Mg^{2+}来源于活性 MgO 和 $MgCl_2·6H_2O$。式（6.5）和式（6.14）互相促进，溶液中形成过饱和$[Mg_x(OH)_y(H_2O)_z]^{2x-y}$，然后络合其他离子形成凝胶态水化产物，由 XRD 结果可知主要水化产物为 $5Mg(OH)_2·MgCl_2·8H_2O$：

$$[Mg_x(OH)_y(H_2O)_z]^{2x-y} + Cl^- + H_2O \longrightarrow [Mg_3(OH)_5(H_2O)_m]^+ \cdot Cl^- \cdot (4-m)H_2O \quad (6.15)$$

此外，当 $MgCl_2$ 溶液浓度较低时，活性 MgO 会发生水化反应生成产物 $Mg(OH)_2$；当溶液中 Mg^{2+}的浓度不足以形成$[Mg_x(OH)_y(H_2O)_z]^{2x-y}$时，$Mg^{2+}$也会完全水解生成产物 $Mg(OH)_2$：

$$MgO + H_2O \longrightarrow Mg(OH)_2 \downarrow \quad (6.16)$$

$$[MgO(H_2O)_6]^{2+} + H_2O \longrightarrow [Mg(OH)(H_2O)_5]^+ + H_3O^+ \quad (6.17)$$

6.4 本章小结

基于当前疏浚淤泥无法资源利用和盐湖镁资源开发利用率低等引发的环境问题，本章利用轻烧氧化镁和氯化镁溶液制备 MOC 对武汉东西湖淤泥进行加固处理，重点研究镁水泥掺量、MgO 和 $MgCl_2$ 的物质的量的比与养护龄期等复杂因素对固化淤泥抗压强度演变过程的影响。通过 XRD、SEM 等一系列试验，探索不同因素影响下 MOC 固化淤泥的孔隙结构和断面微观形貌，明确多种因素共同作用下诱发宏观强度发展的微观作用机理和内在驱动机制。

（1）不同配合比 MOC 固化淤泥 3 d 养护龄期抗压强度达到峰值抗压强度的 60%～80%，较同期纯淤泥抗压强度提高了 62.83%～156.37%。可见，MOC 胶凝材料加固淤泥可实现快硬、早强特性。

（2）MOC 固化淤泥标准养护至第三阶段（60～180 d）时发生强度“倒缩”现象，产生该现象的原因是，体系中过量的 $Mg(OH)_2$ 产生的结晶膨胀应力和游离的 $MgCl_2$ 的迁移扩散使硬化体结构强度被削弱，在宏观上表现为抗压强度的降低和体表泛霜。

（3）MOC 固化体系中存在凝胶态 5 相，MOC 固化淤泥的抗压强度相比纯淤泥大幅提升是 5 相凝胶体与 $Mg(OH)_2$、淤泥颗粒协同作用的结果。MOC 掺量、MgO 和 $MgCl_2$ 的物质的量的比等因素，改变了体系的孔隙溶液环境，从而影响了水化产物类型、生成量和硬化体孔隙分布的特征。

（4）MOC 固化淤泥强度和微观机制受 MOC 掺量、MgO 和 $MgCl_2$ 的物质的量的比等多因素的制约，是内外因共同作用的结果，通过系统优化才能实现 MOC 固化淤泥强度的最大化。从经济效益和节能技术等角度考虑，最优 MOC 固化参数可以认为是 MOC 掺量为 10%，MgO 和 $MgCl_2$ 的物质的量的比为 10∶1。

参考文献

[1] ABDEL-GAWWAD H A, KHALIL K A. Preparation and characterization of one-part magnesium oxychloride cement[J]. Construction and building materials, 2018, 189(20): 745-750.

[2] 邓德华, 张传美. 氯氧镁水泥制品起霜现象的原因及消除方法[J]. 新型建筑材料, 1994(5): 18-20.

[3] 余红发, 李生堂, 何庆英, 等. MgO-SF-FA-$MgCl_2$-H_2O 胶凝材料体系的长期强度及耐水性研究[J]. 硅酸盐学报, 2000, 28(z1): 36-40.

[4] TANG S, HU Y, REN W, et al. Modeling on the hydration and leaching of eco-friendly magnesium oxychloride cement paste at the micro-scale[J]. Construction and building materials, 2019, 204: 684-690.

[5] WASHBURN E W. Note on a method of determining the distribution of pore sizes in a porous material[J]. Proceedings of the national academy of sciences, 1921, 7(4): 115-116.

[6] 张先伟, 孔令伟, 郭爱国, 等. 不同固结压力下强结构性黏土孔隙分布试验研究[J]. 岩土力学, 2014, 35(10): 2794-2800.

[7] GAO Y, SUN D A. Soil-water retention behavior of compacted soil with different densities over a wide suction range and its prediction[J]. Computers and geotechnics, 2017, 91: 17-26.

[8] HAUL R. Adsorption, surface area and porosity[J]. Zeitschrift für physikalische chemie, 1969, 63(1/2/3/4): 220-221.

[9] 中华人民共和国国家质量监督检验检疫总局, 中国国家标准化管理委员会. 压汞法和气体吸附法测定固体材料孔径分布和孔隙度 第 1 部分: 压汞法: GB/T 21650. 1—2008 [S]. 北京: 中国标准出版社, 2008.

[10] HORPIBULSUK S, RACHAN R, CHINKULKIJNIWAT A, et al. Analysis of strength development in cement-stabilized silty clay from microstructural considerations[J]. Construction and building materials, 2010, 24(10): 2011-2021.

[11] KODIKARA J, BARBOUR S, FREDLUND D. Changes in clay structure and behaviour due to wetting and drying[C]//Proceedings 8th Australia New Zealand Conference on Geomechanics: Consolidating Knowledge. Barton, ACT: Australian Geomechanics Society, 1999: 179-185.

[12] LUXMORE R J. Micro-, meso- and macroporosity of a soil[J]. Soil science society of America journal, 1981, 45: 671.

[13] ZHOU Z, CHEN H, LI Z, et al. Simulation of the properties of MgO-$MgCl_2$-H_2O system by thermodynamic method[J]. Cement and concrete research, 2015, 68: 105-111.

[14] 邓德华. 提高镁质碱式盐水泥性能的理论与应用研究[D]. 长沙: 中南大学, 2005.

第7章 工业废渣改性 MOC 固化淤泥力学性状与微观机理

7.1 力学特性

7.1.1 应力-应变关系

图 7.1 为粉煤灰和矿粉改性处理 MOC 固化淤泥试样在养护龄期达到 60 d 时的应力-应变关系曲线。其中，改性剂掺量（本章定义为改性剂添加量与 MOC 质量的百分比）设定为 0、20%、40%，胶凝材料 MOC 固定为淤泥干重的 10%。由图 7.1 可知，不同改性剂掺量固化淤泥试样的应力-应变曲线发展过程，可概括为 4 个阶段。

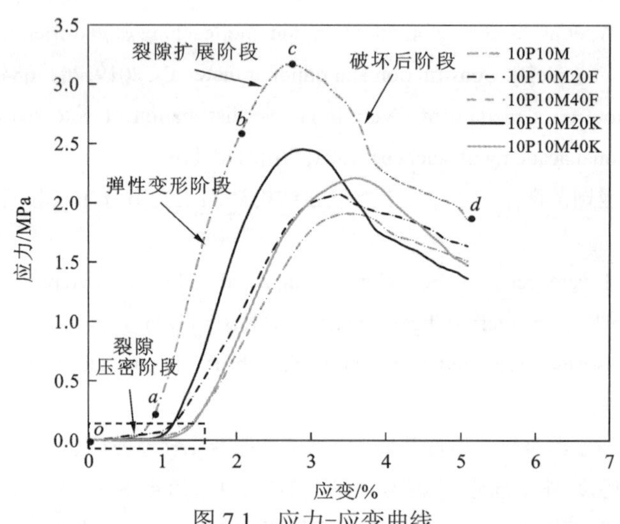

图 7.1 应力-应变曲线

第一阶段（裂隙压密阶段）：试样开始受力后曲线呈上凹趋势缓慢发展，曲线斜率由缓变陡，产生此现象的原因是试样受到荷载被压实，导致孔隙比减小，刚度增大。相同应变条件下，粉煤灰改性 MOC 固化淤泥试样具有比矿粉改性固化淤泥试样更高的应力值。根据压汞测试结果，粉煤灰改性固化淤泥试样在孔隙直径 $d>10$ μm 时对应的孔隙体积百分含量为 12.46%，远小于矿粉改性固化淤泥试样的 19.11%，此阶段矿粉改性固化淤泥试样的刚度较小（斜率平缓）。

第二阶段（弹性变形阶段）：试样刚度随 MOC 掺量的增加而减小，矿粉改性固化淤泥试样的刚度较粉煤灰改性固化淤泥试样更大。改性 MOC 固化淤泥试样中裂隙已达压密极限，即弹性变形阶段曲线呈线性。

第三阶段（裂隙扩展阶段）：加载应力已超过弹性极限，使试样内部裂纹继续扩展并产生新裂隙，此时试样刚度逐渐减小，曲线开始偏离直线段，试样刚度与改性剂掺量呈负相关。

第四阶段（破坏后阶段）：试样破坏后应力开始衰减，内部微裂纹继续扩展并相互连接，形成贯通破裂面。不难发现，在应变增量相同的情况下，矿粉改性固化淤泥试样的应力衰减最显著，可能是改性体系中矿粉物理形态增大了试样破裂面的摩擦力所致。

7.1.2 无侧限抗压强度

图 7.2、图 7.3 分别是不同的 MgO 和 $MgCl_2$ 的物质的量的比与养护龄期条件下粉煤灰及矿粉改性 MOC 固化淤泥试样的无侧限抗压强度的发展规律。

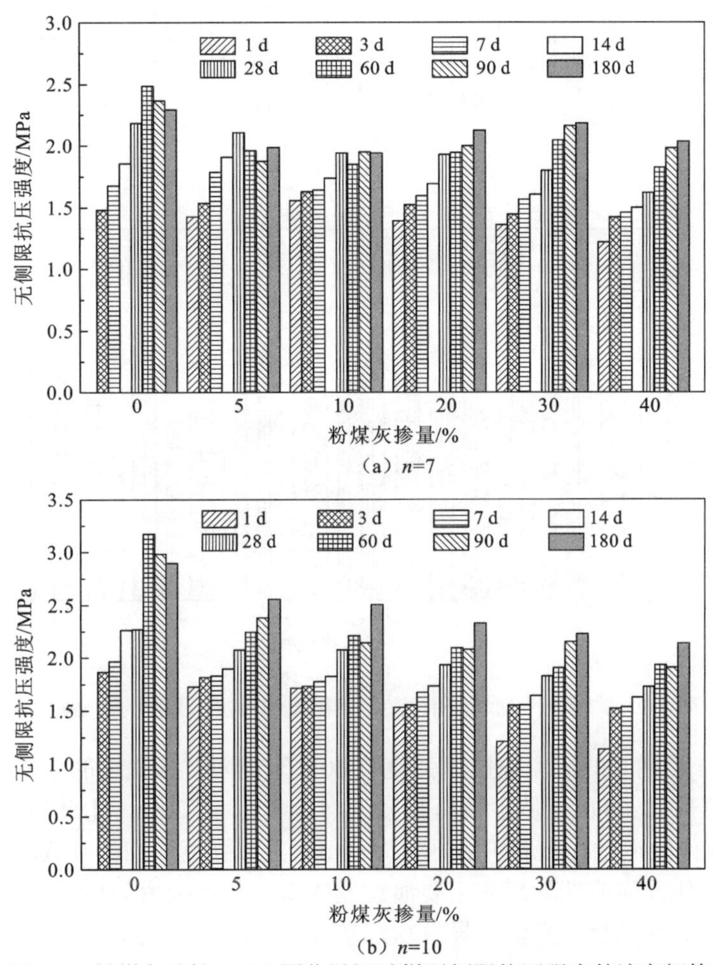

（a）n=7

（b）n=10

图 7.2 粉煤灰改性 MOC 固化淤泥试样无侧限抗压强度的演变规律

（1）相比 MOC 固化淤泥强度，粉煤灰对改性试样强度的发展存在抑制作用，强度有所降低，但结论并非和 Wu 等[1]的研究结果一致，即改性土强度随粉煤灰掺量的增加而大幅降低。观察图 7.2（a）发现，MgO 和 $MgCl_2$ 的物质的量的比为 7∶1、养护龄期＜60 d 时，改性 MOC 固化淤泥试样的无侧限抗压强度随粉煤灰掺量的增加而降低，粉煤灰掺量为 5%时试样的无侧限抗压强度最高。以 7 d 和 28 d 为例，粉煤灰掺量由 5%增加至 10%、20%、30%、40%，无侧限抗压强度分别为 1.79 MPa 和 2.11 MPa、1.64 MPa 和 1.94 MPa、1.59 MPa 和 1.93 MPa、1.57 MPa 和 1.80 MPa、1.46 MPa 和 1.62 MPa。养护龄期超过 60 d（含 60 d），粉煤灰掺量≥10%时，改性 MOC 固化淤泥试样的无侧限抗压强度有较大幅度增长，强度进一步增加，粉煤灰掺量为 30%时试样的力学性能表现最优。值得注意的是，30%粉煤灰改性 MOC

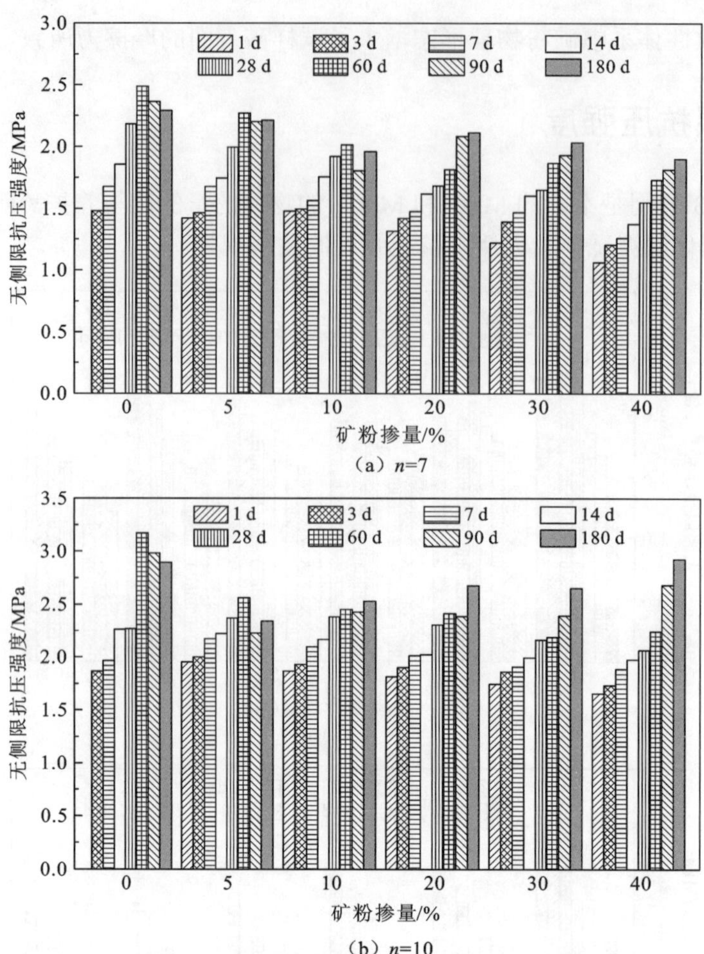

图 7.3　矿粉改性 MOC 固化淤泥试样无侧限抗压强度的演变规律

固化淤泥试样 90 d 龄期时的无侧限抗压强度较 60 d 无侧限抗压强度的增长率为 2.44%，180 d 龄期无侧限抗压强度较 60 d 无侧限抗压强度的增长率达 12.20%。由此说明，添加粉煤灰能有效改善 MOC 固化淤泥试样在养护后期（＞60 d）出现强度倒缩的弊病。

分析原因，水化反应前期粉煤灰主要通过发挥微集料和吸附等物理效应改善固化土的孔隙结构，碱性激发等化学反应微弱，导致粉煤灰改性 MOC 固化淤泥试样的无侧限抗压强度随粉煤灰掺量的增加而减小。随着水化反应的进行，MOC 体系溶出活性离子，持续侵蚀粉煤灰玻璃体表面，使粉煤灰不断解离出活性组分，发生化学效应，生成胶凝产物，与 MOC 水化产物协同作用使改性淤泥孔隙结构更密实。一定养护龄期后，粉煤灰掺量的增加反而有助于提升 MOC 固化淤泥试样的无侧限抗压强度，只是粉煤灰发挥潜在活性效应所需的时间较长，故在水化前期粉煤灰以发挥物理效应为主。

（2）由图 7.2（a）和（b）发现，当 MgO 和 $MgCl_2$ 的物质的量的比升至 10∶1 后，固化淤泥试样的无侧限抗压强度整体上随粉煤灰掺量的增加而持续降低，该发现与 Wu 等[1]的研究结论相一致。MgO 和 $MgCl_2$ 的物质的量的比的升高使固化淤泥强度显著提升，该现象不会随粉煤灰掺量的增加而发生改变。以 180 d 龄期为例，粉煤灰掺量为 0、5%、10%、20%、30%和 40%时改性 MOC 固化淤泥试样的无侧限抗压强度分别为 2.90 MPa、2.56 MPa、2.51 MPa、2.33 MPa、2.23 MPa 和 2.14 MPa，相比于 MgO 和 $MgCl_2$ 的物质的量的比为 7∶1 时，同养护龄期试样的无侧限抗压强度分别增长 26.38%、28.63%、29.15%、9.69%、2.24%和 5.05%。产生此现象的原因是，在 MOC 胶凝体系中，MgO 和 $MgCl_2$ 的物质的量的比的升高会增加固化材料中活性 MgO 的含量，使改性固化体系的碱度升高。尽管提升 MgO 和 $MgCl_2$ 的物质的量的比可使粉煤灰改性 MOC 固化淤泥试样获得更优的固化效果，但不同的 MgO 和 $MgCl_2$ 的物质的量的比时改性试样的无侧限抗压强度随粉煤灰掺量的发展过程有所不同。

MgO 和 $MgCl_2$ 的物质的量的比为 10∶1 时，粉煤灰在养护前期（养护龄期<60 d）以发挥物理效应为主，养护后期无侧限抗压强度随粉煤灰掺量的增加而有所降低，尽管 180 d 试样的无侧限抗压强度较 90 d 有较大幅度强化效应。图 7.2（a）和（b）中试样的无侧限抗压强度随粉煤灰掺量的增加呈不同的演变过程，主要原因是 MgO 和 $MgCl_2$ 的物质的量的比的增加能有效激发粉煤灰发生化学反应，生成更多有助于强度增益的水化产物。

（3）相比粉煤灰改性 MOC，矿粉对 MOC 固化淤泥早期的改性作用更不明显。MgO 和 $MgCl_2$ 的物质的量的比为 7∶1 时，5%、10%、20%、30%和 40%矿粉改性 MOC 固化淤泥试样的 14 d 无侧限抗压强度分别仅有粉煤灰改性试样无侧限抗压强度的 93.91%、95.41%、92.62%、93.88%和 86.28%。考虑到改性剂在水化早期主要发挥物理效应，填充粒间孔隙和细化孔隙结构，不规则棱块状形态的矿粉对 MOC 固化淤泥体系的填充密实效果明显要弱于粉煤灰球形颗粒。压汞试验表明，改性剂掺量达到 40%时，粉煤灰改性 MOC 固化淤泥的孔隙率仅有矿粉改性试样的 62.28%，进一步证实粉煤灰在固化体系中的填充密实效果更优，导致矿粉对试样早期强度的提升效果明显弱于粉煤灰。养护龄期超过 28 d 后，矿粉改性 MOC 固化淤泥试样的无侧限抗压强度随矿粉掺量从 0 增加至 40%呈先减小再增大最后减小的变化规律，并且矿粉掺量在 20%～30%时强度达到最大值。

（4）依据图 7.3（b），随 MgO 和 $MgCl_2$ 的物质的量的比从 7∶1 升至 10∶1，矿粉对 MOC 固化淤泥试样无侧限抗压强度的增益效果更显著，甚至早期强度优于 MOC 固化淤泥试样。以 3 d 和 7 d 养护龄期为例，5%掺量矿粉改性 MOC 固化淤泥试样的无侧限抗压强度较同龄期 MOC 固化淤泥试样的无侧限抗压强度提升 7.12%和 10.45%。矿粉改性 MOC 试样早期强度高的主要原因在于 MgO 和 $MgCl_2$ 的物质的量的比的增加提高了固化体系的碱度，更易激发 CaO 含量高达 42.0%的矿粉颗粒的潜在火山灰活性，从而对早期强度产生显著的增强效应。相比之下，CaO 含量仅为 15.3%的粉煤灰对 MOC 固化淤泥试样早期强度的提升效果非常有限。值得注意的是，矿粉改性 MOC 固化淤泥试样的后期强度随矿粉掺量的增加而大幅提高，180 d 时矿粉改性 MOC 固化淤泥试样的无侧限抗压强度优于 MOC 固化淤泥试样 28.27 kPa。分析说明，在 MgO 和 $MgCl_2$ 的物质的量的比=10∶1 时，矿粉改性不仅能有效克服 MOC 固化淤泥试样无侧限抗压强度的倒缩缺陷，还可显著提升改性试样的力学性能。

7.1.3 与 PC 加固淤泥效果的比较

以普通硅酸盐水泥（10PC）固化淤泥强度为基准，与粉煤灰和矿粉改性 MOC 固化淤泥抗压强度进行比较，以直观评价两者对 MOC 加固淤泥的改性效果，结果见图 7.4 和图 7.5。

需要注意的是，图中 *a*%表示改性剂占 MOC 干粉质量的百分比，其他符号的含义同前。对比图 7.4（a）和（b）发现，不同的 MgO 和 $MgCl_2$ 的物质的量的比对改性 MOC 固化淤泥强度发展过程的影响程度不同。当 MgO 和 $MgCl_2$ 的物质的量的比为 7∶1、粉煤灰掺量为 5%时，粉煤灰改性 MOC 固化淤泥在各养护龄期的抗压强度可与普通硅酸盐水泥媲美，甚至占优；但当粉煤灰掺量大于 5%时，普通硅酸盐水泥加固淤泥的效果明显更好。MgO 和 $MgCl_2$ 的物质的量的比升至 10∶1 时固化试样呈现与之相同的规律，即改性剂掺量较大时固化效果反而弱于普通硅酸盐水泥。由图 7.5 可以发现，在 MgO 和 $MgCl_2$ 的物质的量的比较低时，普通硅酸盐水泥的固化效果反而具有明显优势；当 MgO 和 $MgCl_2$ 的物质的量的比升至 10∶1 后，矿粉改性 MOC 固化淤泥的抗压强度高于普通硅酸盐水泥固化试样。比较发现：MgO 和 $MgCl_2$ 的物质的量的比为 7∶1 或 10∶1、粉煤灰掺量为 5%时粉煤灰改性 MOC 与 MgO 和 $MgCl_2$ 的物质的量的比为 10∶1、矿粉掺量≤40%时矿粉改性 MOC 可以完全替代普通硅酸盐水泥达到固化淤泥的目的。

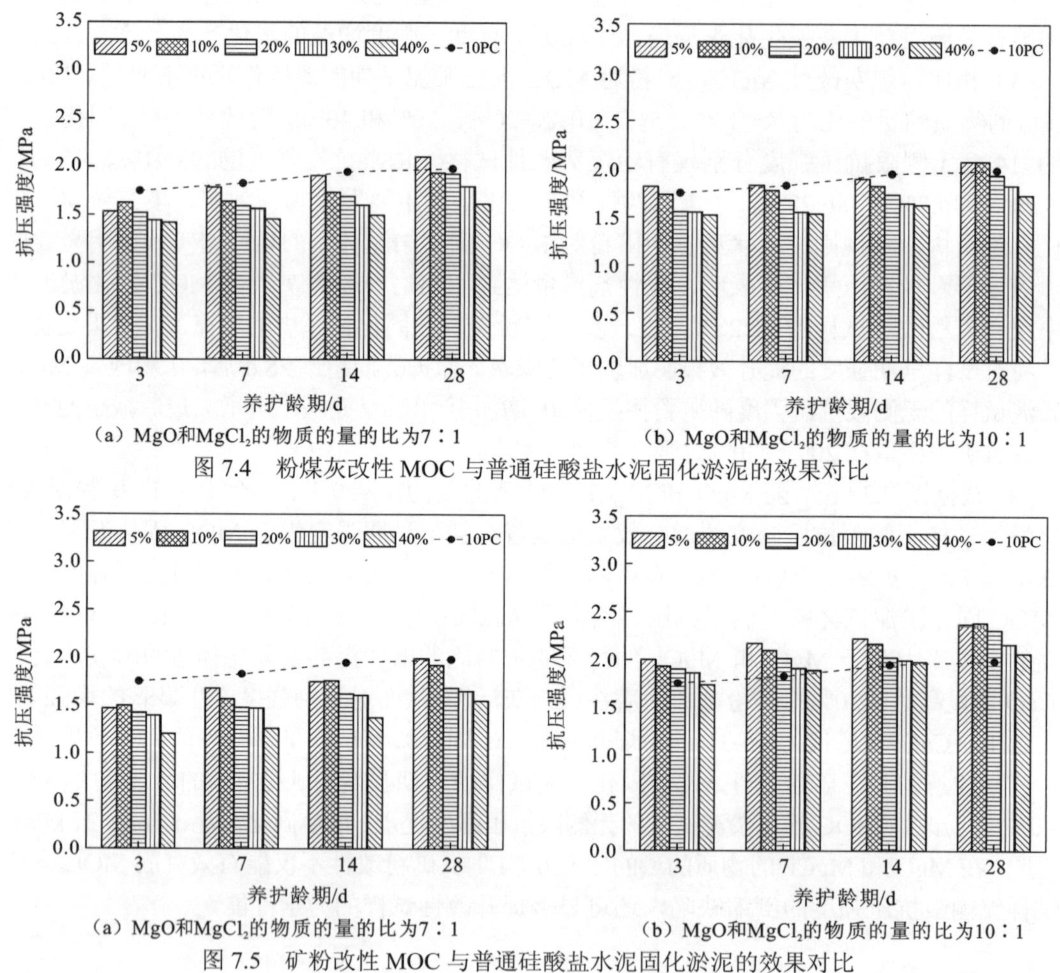

（a）MgO和$MgCl_2$的物质的量的比为7∶1　（b）MgO和$MgCl_2$的物质的量的比为10∶1

图 7.4　粉煤灰改性 MOC 与普通硅酸盐水泥固化淤泥的效果对比

（a）MgO和$MgCl_2$的物质的量的比为7∶1　（b）MgO和$MgCl_2$的物质的量的比为10∶1

图 7.5　矿粉改性 MOC 与普通硅酸盐水泥固化淤泥的效果对比

7.2 微观机理

7.2.1 XRD

为探究矿物对 MOC 固化淤泥产物形成及相转变过程的影响，明确改性 MOC 固化淤泥试样强度产生增益的根本原因，选取代表性试样进行 XRD 试验。图 7.6（a）和（b）分别表示不同配合比时粉煤灰与矿粉改性 MOC 固化淤泥试样的衍射图谱，物相名称在图中使用数字 1～5 进行标注，分别代表石英、水镁石、伊利石、高岭石和 5 相产物在不同衍射角的衍射峰。为方便表述，下面统一采用编号 MOC-1～MOC-12 分别代表试样 40F7*n*-28d、40F10*n*-28d、10F10*n*-28d、40K7*n*-28d、10K7*n*-28d、40K10*n*-28d、0K0*n*-28d、40F7*n*-90d、10F10*n*-90d、40K7*n*-90d、10K7*n*-90d、40K10*n*-90d。其中，代号 F 表示粉煤灰，K 表示矿粉，*n* 表示 MgO 和 $MgCl_2$ 的物质的量的比。经 XRD 图谱分析，有以下发现。

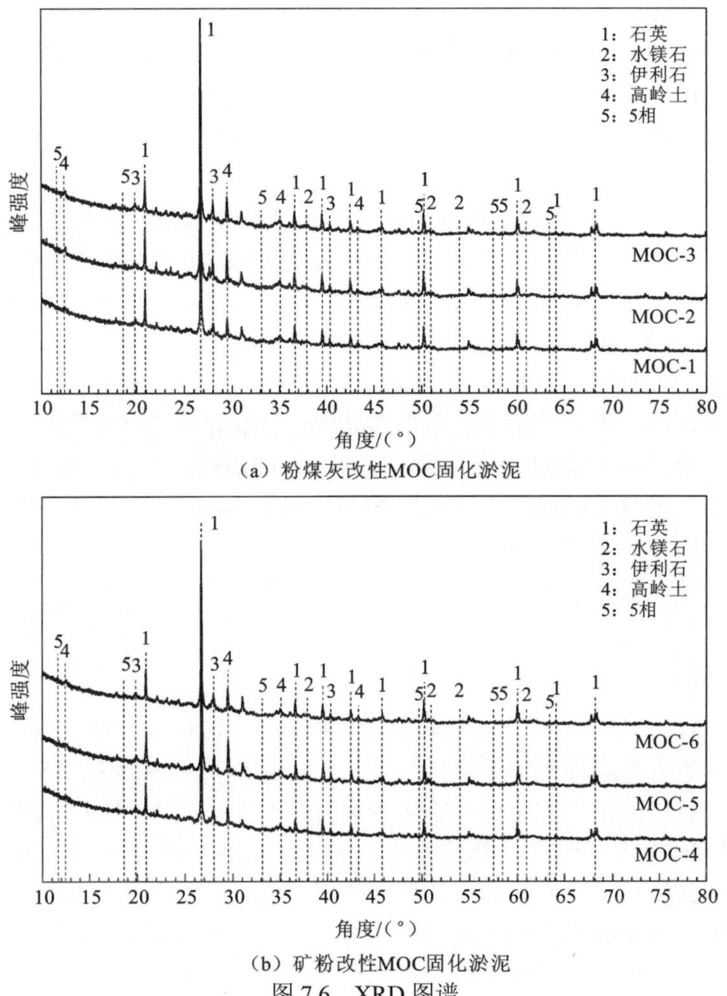

（a）粉煤灰改性MOC固化淤泥

（b）矿粉改性MOC固化淤泥

图 7.6　XRD 图谱

（1）粉煤灰和矿粉的掺入并未引起 MOC 固化淤泥水化产物类型的变化。伊利石（2θ=19.8°、28.0°、40.3°）和高岭石（2θ=29.6°、35.1°、43.2°）衍射峰强度源于淤泥，石英（2θ=22.1°、31.0°、54.8°）衍射峰强度较纯淤泥试样明显降低，由改性 MOC 固化淤泥试样中淤泥占比减少所致。

（2）不同配合比时改性 MOC 固化淤泥试样在 MgO 特征衍射峰 2θ=37.0°、42.8° 和 62.5° 处均未检测到明显的衍射峰的存在[2]。结合 MOC 固化试样 XRD 结果，改性 MOC 固化体中的活性 MgO 已被消耗殆尽，即使残留少量未反应的 MgO 组分，也可能因含量过少而无法被识别。

（3）比较图 7.6（a）中 MOC-1 和 MOC-2 试样的图谱发现，粉煤灰改性 MOC 固化淤泥试样的主要水化产物是 5 相，MgO 和 $MgCl_2$ 的物质的量的比的升高使 5 相产物的生成量增多，使 MOC-2 试样具有更高的抗压强度。MgO 和 $MgCl_2$ 的物质的量的比的增加表示体系内活性 MgO 的含量增多，为反应体系提供水化反应必需的 Mg^{2+}和 OH^-的浓度增大，保证有足量 Mg^{2+}水解-配聚形成 5 相产物，促进改性试样宏观强度的显著提升。比较 MOC-2 和 MOC-3 试样发现，改性剂掺量为 10%的试样在衍射峰 $2\theta=18.6°$ 和 33.1° 处衍射强度更高，说明粉煤灰消耗部分 MOC 组分，用于激发自身活性效应，导致 5 相产物的生成浓度有所减少。需要注意的是，在 $2\theta=35°～39°$ 时，疑似有结晶度较低而峰位较宽的弥散峰出现，可以认为是产物水化硅酸镁（M-S-H）相的特征衍射峰[3-4]。由此推断，改性 MOC 固化体系中存在部分活性 SiO_2、Al_2O_3（源于粉煤灰），被溶液中的 OH^-和 Mg^{2+}活化而发生火山灰反应，生成 M-S-H 凝胶，该结论可在电镜-能谱联合试验中得到证实。

（4）由图 7.6（b）可知，矿粉改性 MOC 固化淤泥 5 相产物生成量随 MgO 和 $MgCl_2$ 的物质的量的比的增长规律与粉煤灰改性试样相似。对比 MOC-4 和 MOC-5 试样发现，改性剂掺量更高的 MOC-4 在 $2\theta=37.9°$ 处衍射强度反而更低，$2\theta=29.5°$、50.0° 处还可检测到水化硅酸钙（C-S-H）特征衍射峰[5-6]。矿物改性 MOC 固化体系中，矿粉表面活性组分能被激发而参与 C-S-H 胶凝产物的生成过程，矿粉化学效应可有效协调体系结晶比，从而合理控制 $Mg(OH)_2$ 的生成量，故矿粉改性剂能有效改善 MOC 固化淤泥强度倒缩的弊病。为明确矿粉表面胶凝产物的化学组分，对 MOC-5 试样开展电镜-能谱联合试验，发现矿粉颗粒表面玻璃体结构已开始解体，覆盖在矿粉表面的凝胶被证实为 C-S-H。矿粉外加剂对固化淤泥试样早期强度的改性效果比粉煤灰更加显著。

7.2.2 SEM

通过 SEM 试验，可以清楚观察到粉煤灰和矿粉改性 MOC 固化淤泥内部水化产物的微观形貌，对代表试样放大不同倍数的 SEM 结果见图 7.7，EDS 结果见图 7.8。

从图 7.7（a）可以清楚地观察到，粉煤灰微观形貌呈表面光滑的球形颗粒，颗粒间仅存在弱连接。图 7.7（b）中矿粉颗粒的微观形态呈棱角和边界分明的不规则多边形板块状结构，部分颗粒表面观察到稀疏矛状文石存在，这是铁矿石在煅烧过程中形成的。相较于粉煤灰紧密的排列方式，矿粉颗粒间存在较大孔隙，主要原因是粉煤灰颗粒级配明显细于矿粉颗粒。

观察粉煤灰在 MOC-1 试样中的赋存形态发现，粉煤灰能够充分发挥自身优异的微集料效应，很好地填充于颗粒/团粒骨架结构的大孔隙，粉煤灰颗粒表面已发生严重侵蚀，被一层厚厚的凝胶状产物包裹，EDS 分析确定该产物为无定形 M/C-S-H-Cl 凝胶。但是，因为该胶凝产物的生成量有限，不足以将孔隙全部填充，所以黏聚体之间仍存在较多孔隙。对于 MgO 和 $MgCl_2$ 的物质的量的比更高的 MOC-2 试样，已很难识别出有暴露的板块状淤泥颗粒和球状粉煤灰颗粒存在，改性 MOC 固化体系中硬化体结构的密实度更高，这主要是因为 MgO 和 $MgCl_2$ 的物质的量的比的提高对体系中 5 相产物生成量和粉煤灰潜在火山灰活性的激发效果更加显著。上述分析验证了 XRD 结果中有关 MgO 和 $MgCl_2$ 的物质的量的比的升高可以提高 5 相产物生成量的结论，由此可合理解释前述研究中矿物改性 MOC 固化淤泥抗压强度随 MgO 和 $MgCl_2$ 的物质的量的比的发展变化过程。

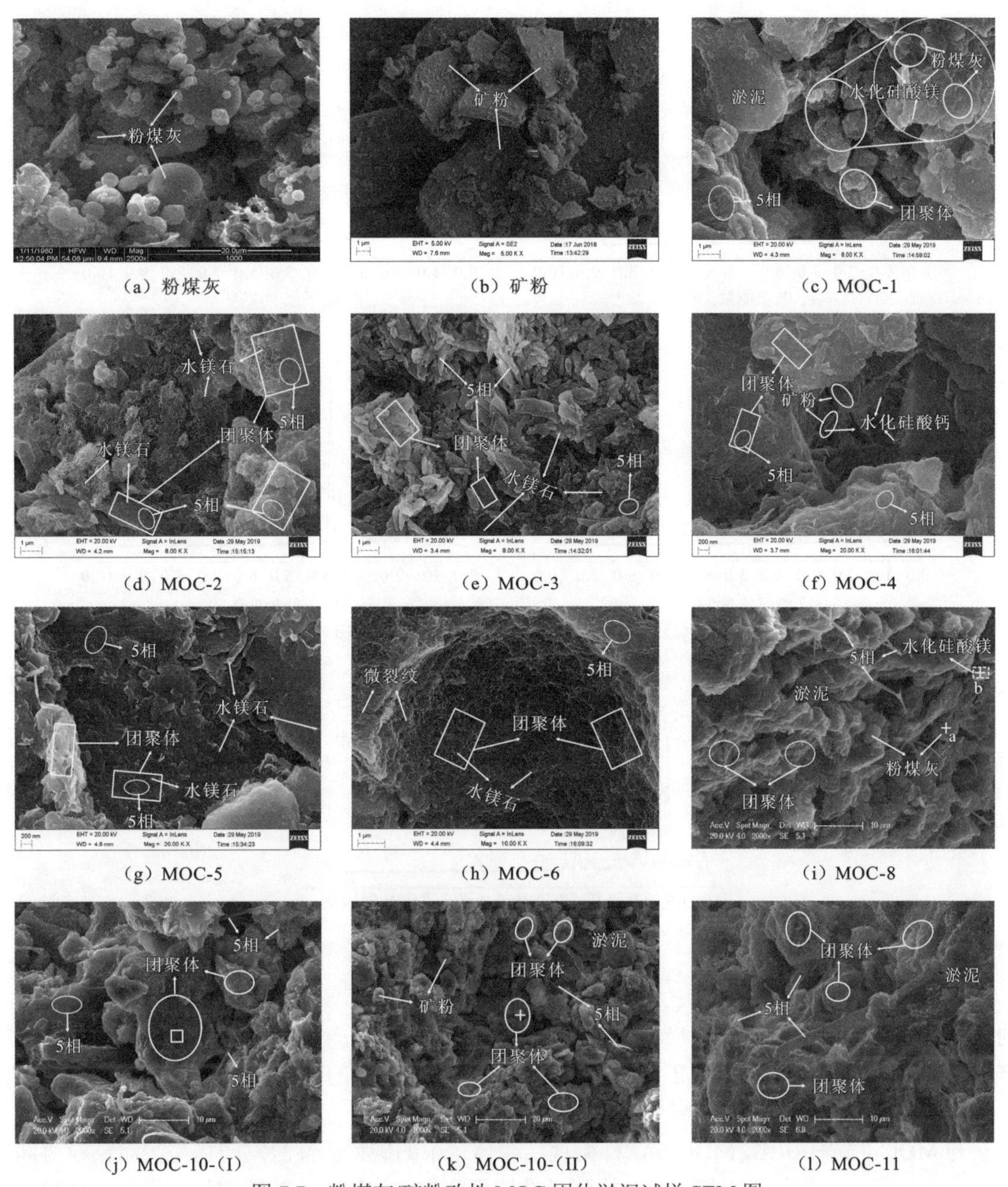

(a) 粉煤灰　(b) 矿粉　(c) MOC-1
(d) MOC-2　(e) MOC-3　(f) MOC-4
(g) MOC-5　(h) MOC-6　(i) MOC-8
(j) MOC-10-(I)　(k) MOC-10-(II)　(l) MOC-11

图 7.7 粉煤灰/矿粉改性 MOC 固化淤泥试样 SEM 图

分析图 7.7（e）中的 MOC-3 发现，断面形貌中出现了大量不规则的板状 5 相晶体聚集，晶体间排列紧密，致使试样的整体结构较致密，还观察到少许椭球状 $Mg(OH)_2$ 晶体附着在 5 相产物表面。晶体可以附聚的原因在于，粉煤灰改性 MOC 反应体系中，孔隙溶液环境适宜 5 相晶核在 5 相凝胶中生长，生长环境有利于 5 相晶体从凝胶中析出发育。观察 MOC-4（矿粉改性 MOC 固化淤泥）发现，矿粉颗粒表面玻璃体结构被侵蚀、激发，发生解体，颗粒边缘和棱角变得圆滑，颗粒间存在凝胶状水化产物，和片层状晶体相互吸附、包裹形成搭接，EDS 试验证实该无定形产物为 C-S-H 凝胶。比较发现，粉煤灰和矿粉在 MOC 固化淤泥中的作用有如下共同点：第一，水化反应早期以发挥物理效应为主；第二，反应后期被激发释放

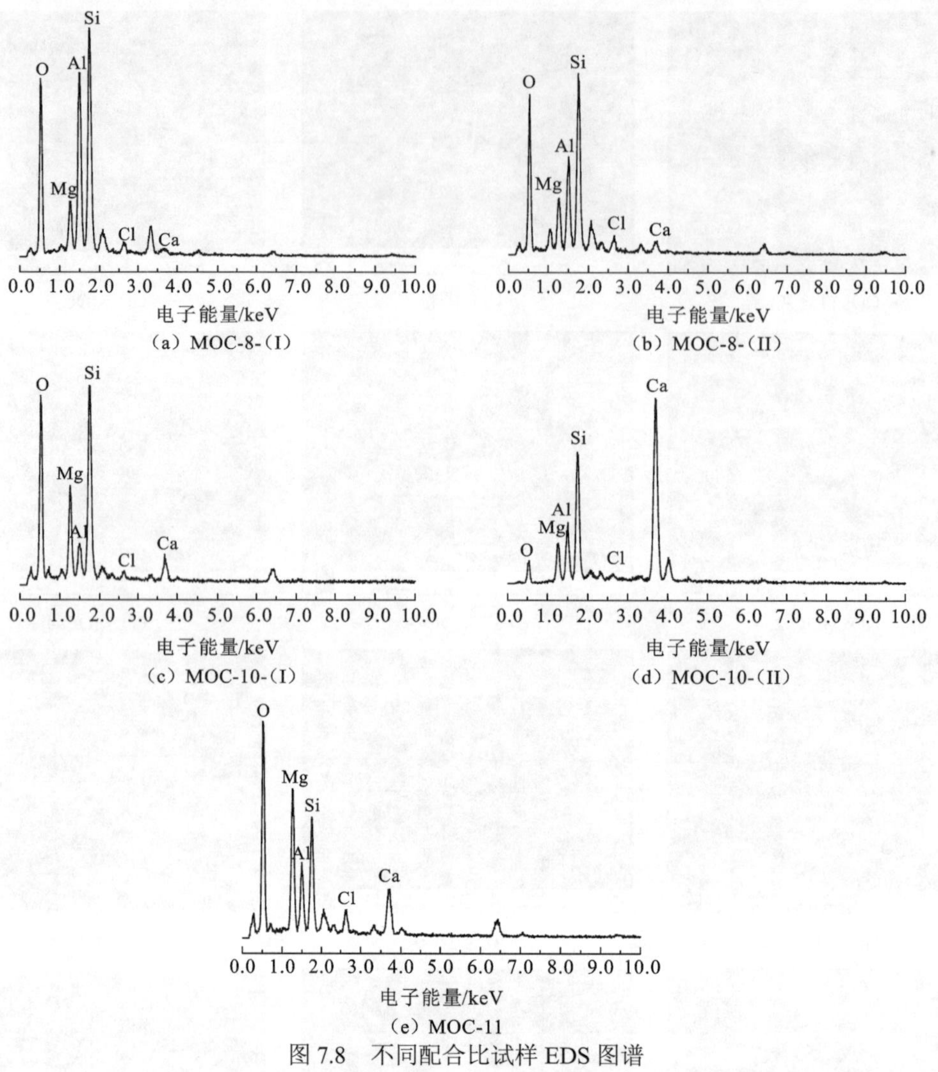

（a）MOC-8-（I）

（b）MOC-8-（II）

（c）MOC-10-（I）

（d）MOC-10-（II）

（e）MOC-11

图 7.8　不同配合比试样 EDS 图谱

的玻璃体内的活性成分参与反应生成胶凝产物；第三，水化产物对改性 MOC 固化淤泥强度产生持续增强作用。不同点在于，粉煤灰发挥化学效应所需的时间比较长，主要与粉煤灰自身的物理化学结构特征有关。

与 MOC-4 试样相比，MOC-5 试样微观结构体系中的矿粉活性激发产物与淤泥颗粒协同作用形成的黏聚体被凝胶状 5 相包裹，构建成结构更密实、体积更大的团聚体，团聚体体积不断增加，有利于细化硬化体的孔隙结构。MOC-4 和 MOC-5 压汞测试表明，MOC-5（10%掺量矿粉）的孔隙体积仅为 0.168 0 cm^3/g，MOC-4（40%掺量矿粉）的孔隙体积达到 0.268 6 cm^3/g，宏观表现为 MOC-5 强度较 MOC-4 提高 23.94%。值得注意的是，MOC-6 体系中局部团聚体结构产生微裂纹，由 XRD 结果可知是因为 MgO 和 $MgCl_2$ 的物质的量的比的增大使改性体系的碱度升高（pH 试验已证实），反应环境变化而生成过量的 $Mg(OH)_2$，其体积膨胀应力和结晶应力使团聚体结构出现裂纹。XRD 结果表明：MOC-6 中 $Mg(OH)_2$ 的生成量最多，由第 6 章可知，过量的 $Mg(OH)_2$ 聚集是试样强度倒缩的主要原因，而矿粉颗粒表面玻璃体结构对溶液中离子的吸附作用使反应体系内的热膨胀应力和结晶应力得到缓解，故改性剂在一定程度上可以抑制 MOC 固化试样的强度倒缩现象。

MOC-8 试样中的粉煤灰及其活性激发产物协同固化淤泥，是养护后期试样获得高强度的主要原因。从图 7.7（i）可以观察到粉煤灰颗粒镶嵌在淤泥颗粒孔隙内，表面及其周围被凝胶紧密包裹。大块黏聚体的团聚作用使反应体系联结成整体，5 相晶体在孔隙间的穿插、搭接作用使硬化体结构更密实。依据压汞试验结果，MOC-8 试样的孔隙率比 MOC-1 试样降低 17.13%，宏观表现为抗压强度提升约 22.38%。对图 7.7（i）中 a、b 两区域粉煤灰体表的凝胶状物质进行 EDS 测试，由图谱可知组成产物的主要元素是 O、Mg、Al、Si、Cl，根据元素质量分数可判断附聚在粉煤灰表面的产物是固溶 Cl^-的 M/C-S-H-Cl 凝胶。对添加矿粉的 MOC-10 试样中的大块黏聚体进行电镜–能谱分析，结果表明产物的主要元素及其含量与粉煤灰改性 MOC 固化淤泥相同，再次证明黏聚体是由 MOC 水化产物与改性剂激发胶凝产物协同包裹淤泥土颗粒形成的。

图 7.7（k）可直观观察到矿粉颗粒在改性 MOC 固化淤泥中的作用方式与粉煤灰类似，即矿粉颗粒利用自身粒径级配较细的特点赋存于淤泥土颗粒架空的孔隙内部，可初步细化孔结构，被 MOC 胶凝材料的水化产物激发、活化后发挥潜在活性效应，进一步细化孔结构，并且龄期越长，激发活化效果越明显。相同配合比时，养护 28 d 的 MOC-4 试样的孔隙率达到 23.50%，继续养护至 90 d 的 MOC-10 试样的孔隙率降至 17.33%。对胶结致密黏聚体进行 EDS 分析，结果见图 7.8。依据图谱中各元素的质量分数，可证实包裹在矿粉颗粒表面的无定形产物为 C-S-H 凝胶。对 MOC-11 试样中的杆状晶体开展电镜–能谱试验，可定量分析晶体微区元素及其含量，由测试结果可知该晶体为 MOC 胶凝材料水化生成的 5 相产物。需要说明的是，图谱中 Ca 元素含量的变化可能是由试验仪器精度有限造成的，具体原因需要在后续研究中进一步探索。

7.2.3 MIP

为明确粉煤灰/矿粉对 MOC 固化淤泥孔隙体积、孔隙直径大小及分布的影响，选取代表性试样进行压汞试验，分析不同影响因素下改性 MOC 固化淤泥孔隙结构特征参数的演变规律。图 7.9 和图 7.10 分别为养护 28 d 时粉煤灰与矿粉改性 MOC 固化淤泥压汞试验结果。图 7.9（a）和图 7.10（a）为试样累计进汞量曲线，图 7.9（b）和图 7.10（b）为孔隙分布密度曲线。为定量分析孔隙分布，据第 6 章所述孔隙直径划分标准，不同配合比试样的孔隙特征参数结果见表 7.1 和表 7.2。

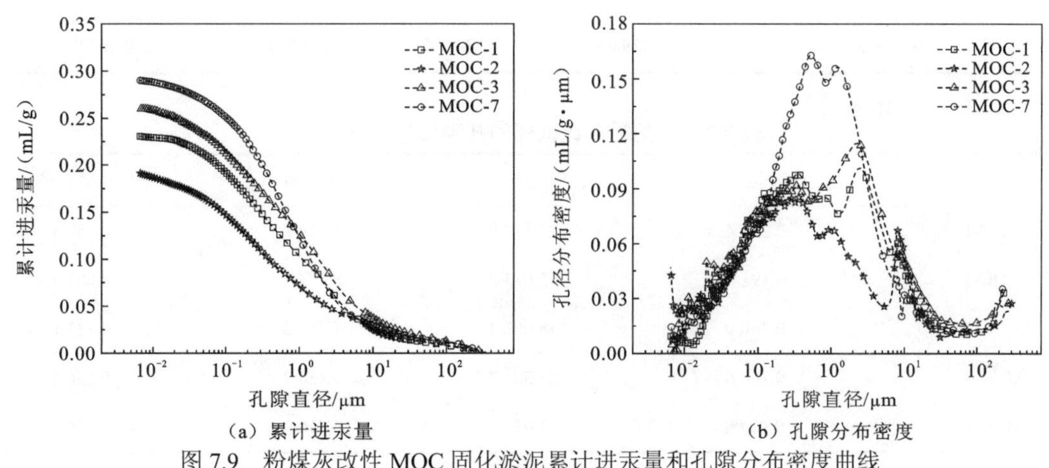

（a）累计进汞量　　（b）孔隙分布密度

图 7.9　粉煤灰改性 MOC 固化淤泥累计进汞量和孔隙分布密度曲线

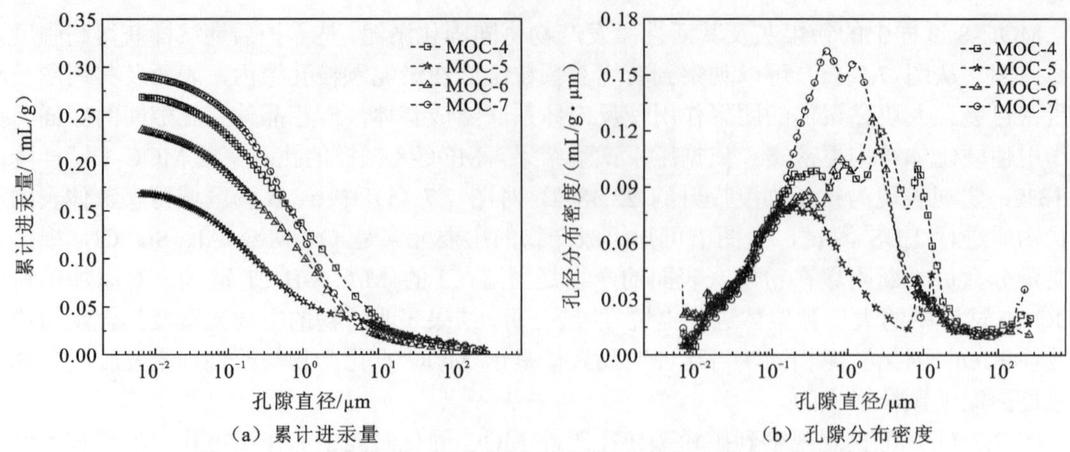

（a）累计进汞量　　（b）孔隙分布密度

图 7.10　矿粉改性 MOC 固化淤泥累计进汞量和孔隙分布密度曲线

表 7.1　不同配合比试样的孔隙体积分布[8]

试样编号	孔隙体积/（cm³/g）（孔隙体积分数/%）				
	团粒间孔隙 $d>10$ μm	颗粒间大孔隙 1 μm$<d<$10 μm	颗粒间中孔隙 0.1 μm$<d<$1 μm	颗粒间小孔隙 0.01 μm$<d<$0.1 μm	颗粒内孔隙 $d<$0.01 μm
MOC-1	0.025 9（11.25）	0.077 1（33.48）	0.089 0（38.62）	0.037 0（16.05）	0.001 4（0.60）
MOC-2	0.025 3（13.20）	0.045 9（23.93）	0.076 0（39.61）	0.039 5（20.64）	0.005 1（2.62）
MOC-3	0.037 0（14.22）	0.089 1（34.26）	0.086 7（33.34）	0.045 5（17.53）	0.001 7（0.65）
MOC-4	0.035 2（13.10）	0.097 9（36.46）	0.094 2（35.07）	0.040 0（14.89）	0.001 3（0.48）
MOC-5	0.029 6（17.64）	0.026 3（15.66）	0.070 7（42.08）	0.040 3（23.94）	0.001 1（0.68）
MOC-6	0.020 6（8.76）	0.081 1（34.57）	0.086 7（36.94）	0.042 1（17.93）	0.004 3（1.80）
MOC-7	0.029 2（10.06）	0.095 9（33.03）	0.126 4（43.54）	0.036 8（12.68）	0.002 0（0.69）
MOC-8	0.050 7（24.83）	0.038 1（18.66）	0.073 4（35.95）	0.037 1（18.17）	0.004 9（2.40）
MOC-9	0.024 2（9.79）	0.088 4（35.75）	0.085 4（34.53）	0.044 1（17.83）	0.005 2（2.10）
MOC-10	0.030 4（15.07）	0.039 3（19.48）	0.083 0（41.15）	0.042 7（21.17）	0.006 3（3.12）
MOC-12	0.034 5（20.00）	0.033 3（19.30）	0.060 3（34.96）	0.038 6（22.38）	0.005 8（3.36）

表 7.2　不同配合比试样的孔隙结构特征参数

试样编号	总孔隙体积/(cm³/g)	孔隙率/%	比表面积/(m²/g)	平均孔隙直径/μm
MOC-1	0.230 4	22.370 9	5.804 8	0.157 5
MOC-2	0.191 8	12.633 2	8.774 4	0.087 4
MOC-3	0.260 0	18.601 4	7.791 5	0.132 1
MOC-4	0.268 6	23.504 7	6.858 2	0.156 4
MOC-5	0.168 0	11.076 1	6.510 9	0.099 3

续表

试样编号	总孔隙体积/(cm^3/g)	孔隙率/%	比表面积/(m^2/g)	平均孔隙直径/μm
MOC-6	0.234 8	20.282 6	8.624 0	0.108 7
MOC-7	0.290 3	22.322 1	7.216 8	0.158 0
MOC-8	0.204 2	18.539 1	8.351 5	0.096 1
MOC-9	0.247 3	21.254 5	9.485 9	0.103 0
MOC-10	0.201 7	17.329 4	10.045 8	0.078 4
MOC-12	0.172 5	13.674 8	8.799 1	0.077 2

图中累计进汞量代表改性 MOC 固化淤泥内部的总孔隙体积。由图 7.9、图 7.10 中累计进汞量结果可知，粉煤灰和矿粉改性 MOC 固化淤泥试样的总孔隙体积较纯淤泥试样均有大幅降低。比较 MOC-1 和 MOC-2 发现，MgO 和 $MgCl_2$ 的物质的量的比为 10∶1 的试样比 7∶1 的试样的总孔隙体积减少 16.75%，说明 MgO 和 $MgCl_2$ 的物质的量的比的增加会促进改性 MOC 固化淤泥试样中水化物相的生成。比较 MOC-2 和 MOC-3 试样发现，粉煤灰掺量为 10%时，试样的总孔隙率达到 18.60%，粉煤灰掺量增长至 40%时，试样的总孔隙率降至 12.63%。由此可见，在反应前期，粉煤灰的微集料效应显著。由图 7.10 和表 7.2 还可以看出，矿粉改性 MOC 固化淤泥试样的总孔隙体积随矿粉掺量及 MgO 和 $MgCl_2$ 的物质的量的比的变化规律与粉煤灰相似，即总孔隙体积随改性剂掺量的增加而减小，是改性剂发挥填充等物理效应的结果；总孔隙体积随 MgO 和 $MgCl_2$ 的物质的量的比的增加而减小，是因为改性剂的火山灰活性激发等化学效应发挥作用，该结论与 SEM、XRD 等试验结果相吻合。

通过比较 MgO 和 $MgCl_2$ 的物质的量的比为 7∶1 时的 MOC-1、MOC-4 试样与 MgO 和 $MgCl_2$ 的物质的量的比为 10∶1 时的 MOC-2、MOC-6 试样发现，粉煤灰改性 MOC 固化淤泥试样的总孔隙率全部低于矿粉改性试样。由孔隙结构特征参数统计表可知，MgO 和 $MgCl_2$ 的物质的量的比为 7∶1 时粉煤灰改性 MOC 固化淤泥试样的总孔隙率占矿粉改性土试样的 95.18%，增加 MgO 和 $MgCl_2$ 的物质的量的比至 10∶1 时，该比例已降至 62.26%。可见，固化体系中矿粉颗粒的物理效应弱于粉煤灰，并且 MgO 和 $MgCl_2$ 的物质的量的比的增加有助于改性剂发挥化学效应，致使 28 d 龄期时粉煤灰改性 MOC 固化淤泥试样的抗压强度明显高于矿粉改性试样。

改性 MOC 固化淤泥试样的各类孔隙直径对应的孔隙体积百分含量，如图 7.11 所示。从图中看出，改性 MOC 固化淤泥试样的孔隙直径分布主要集中在 0.1～10 μm。结合图 7.9 和图 7.10 发现，MgO 和 $MgCl_2$ 的物质的量的比相同时，d>10 μm 孔隙组的体积分数随改性剂掺量的增加而显著降低。以 MgO 和 $MgCl_2$ 的物质的量的比为 10∶1 时粉煤灰改性 MOC 固化淤泥试样为例，粉煤灰掺量为 40%的试样比 10%的试样降低约 7.17%。还可以观察到，粉煤灰掺量的增加使改性试样中 d<1 μm 孔隙组的体积分数随之逐渐增多，该现象在图 7.9（b）中具体表现为，MOC-2 与 MOC-3 试样相比，孔隙分布密度曲线峰值逐渐向左迁移，原因是粉煤灰微集料效应显著，导致改性 MOC 固化体系中的总孔隙体积明显减小。

对比 MOC-1 和 MOC-4 试样，可明确相同配合比条件下矿物类型对体系孔隙结构特征的影响。粉煤灰改性 MOC 固化淤泥试样在 d>10 μm 和 1 μm<d<10 μm 两组孔隙组的体积分

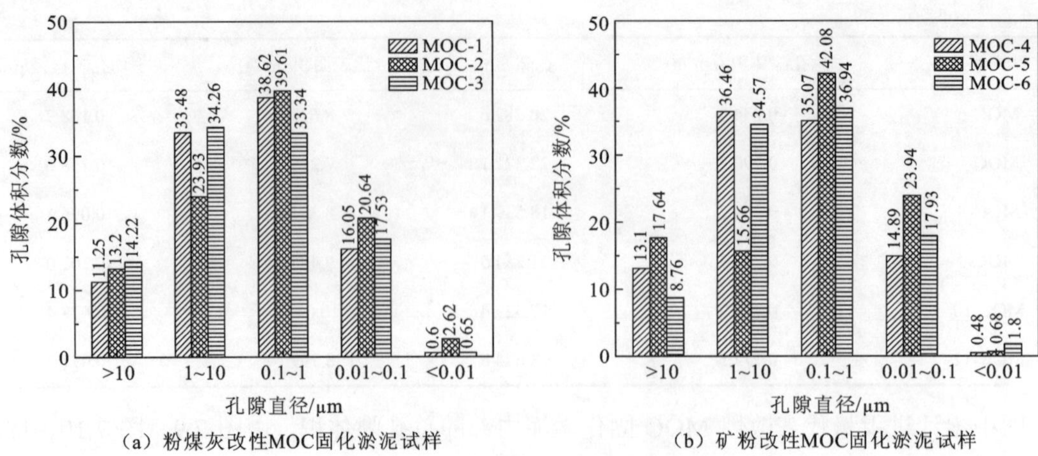

（a）粉煤灰改性MOC固化淤泥试样　　（b）矿粉改性MOC固化淤泥试样

图 7.11　改性 MOC 固化淤泥试样孔隙体积百分比

数明显小于矿粉改性试样，表 7.1 的结果显示 MOC-1 试样的孔隙率较 MOC-4 试样降低 1.13%。比较 MOC-2 和 MOC-6 发现，粉煤灰改性 MOC 固化淤泥试样的孔隙率比矿粉改性试样降低近 7.65%。综上所述，MgO 和 $MgCl_2$ 的物质的量的比对改性 MOC 固化淤泥孔隙结构的影响较大，一是因为 MgO 和 $MgCl_2$ 的物质的量的比的增大会影响 MOC 水化反应的进程，水化产物与淤泥颗粒之间空间接触形式的改变会直接引起孔隙分布的变化；二是因为 MgO 和 $MgCl_2$ 的物质的量的比的改变会激发改性剂的潜在火山灰活性，不仅可细化孔隙结构、减小孔隙体积，还可强化硬化体骨架结构。上述结果再次证明反应前期粉煤灰的物理效应发挥得更加显著，MgO 和 $MgCl_2$ 的物质的量的比的增加有助于改善硬化体胶结结构，宏观表现为抗压强度的提升[7]。

为明确养护龄期对粉煤灰/矿粉改性 MOC 固化淤泥孔隙结构的影响，选取代表性试样进行压汞测试，如图 7.12 和图 7.13 所示。图 7.14 为矿物改性 MOC 固化淤泥试样各类孔隙直径对应的孔隙体积分数。

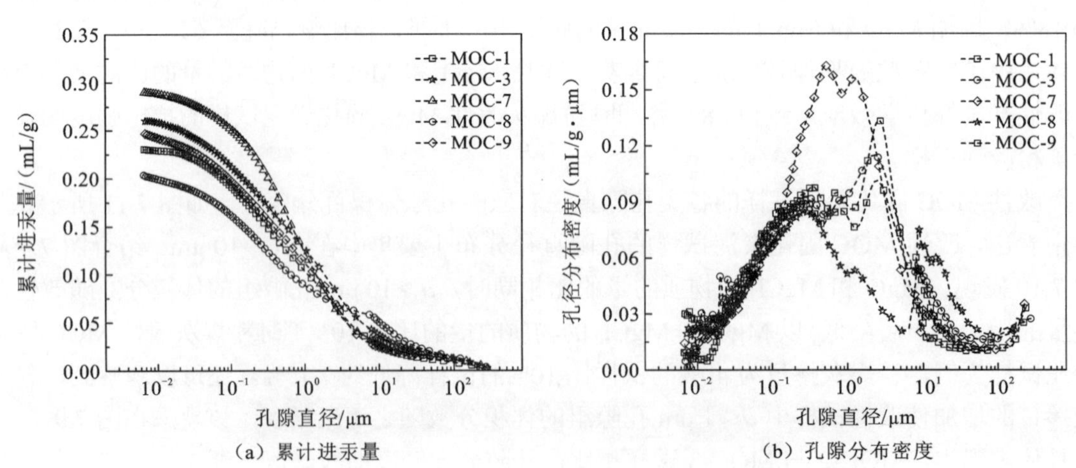

（a）累计进汞量　　（b）孔隙分布密度

图 7.12　粉煤灰改性 MOC 固化淤泥累计进汞量和孔隙分布密度曲线

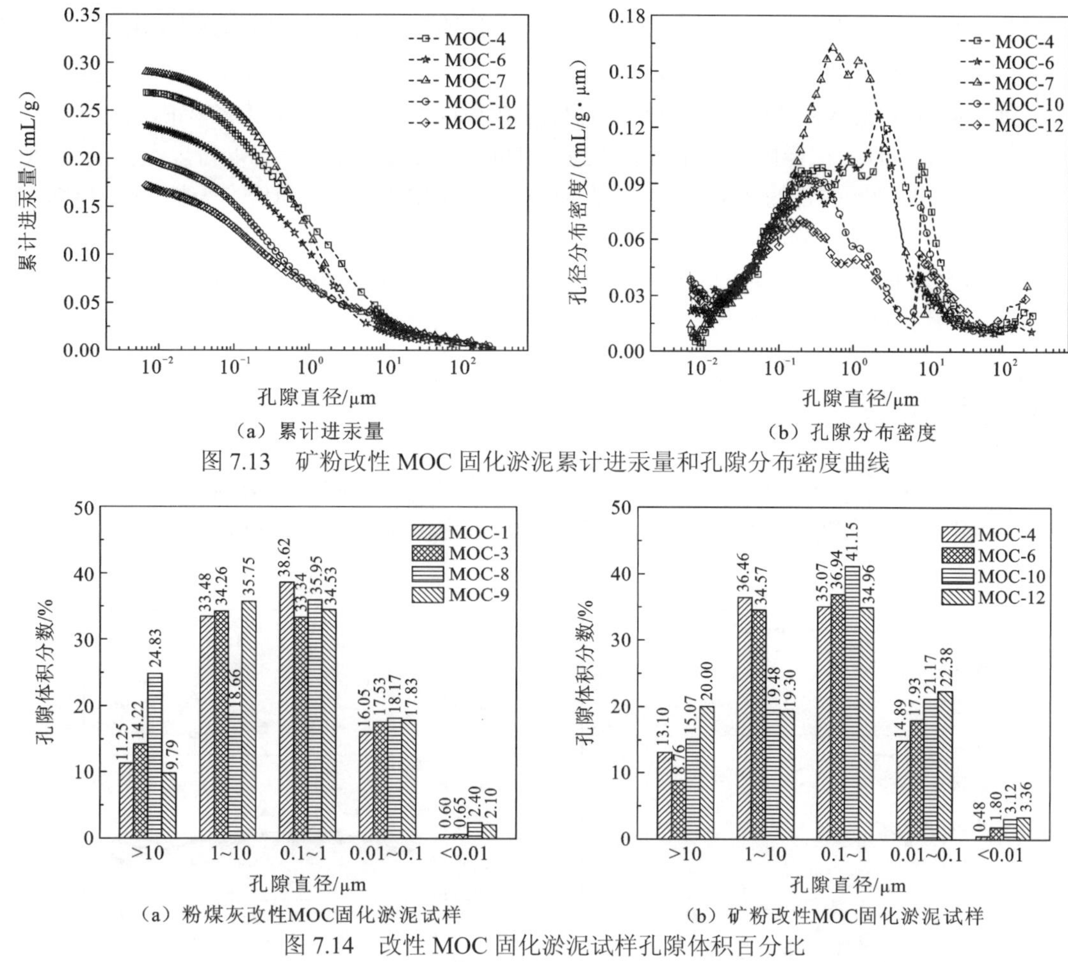

（a）累计进汞量　（b）孔隙分布密度

图 7.13　矿粉改性 MOC 固化淤泥累计进汞量和孔隙分布密度曲线

（a）粉煤灰改性MOC固化淤泥试样　（b）矿粉改性MOC固化淤泥试样

图 7.14　改性 MOC 固化淤泥试样孔隙体积百分比

由图 7.14（a）可知，MOC-1、MOC-3、MOC-8 和 MOC-9 试样的总孔隙体积对应为 0.230 4 cm^3/g、0.260 0 cm^3/g、0.204 2 cm^3/g 和 0.247 3 cm^3/g，均小于 MOC-7 试样的总孔隙体积 0.290 3 cm^3/g。不难发现，在相同配合比条件下，改性 MOC 固化淤泥试样的密实度随养护龄期的增长而稳步提高。以 MOC-1 和 MOC-8 试样为例，从 28 d 养护至 90 d 时，总孔隙体积降低 11.37%，改性试样的抗压强度提高 22.38%。对于矿粉改性 MOC 固化淤泥试样，以 MOC-6 和 MOC-12 试样为例，试样总孔隙体积随养护龄期的增长而减小 26.53%，对应的抗压强度提高 29.99%。因此，在 MOC 固化淤泥体系中矿物改性剂不仅可以抑制强度倒缩，而且可以有效提升力学性能。

对比图 7.12（b）和图 7.13（b）发现，改性 MOC 固化淤泥试样的孔隙分布密度曲线呈双峰结构。依据 Horpibulsuk 等[14]的孔隙直径划分标准，改性 MOC 固化淤泥在 28 d 和 90 d 养护龄期时的孔隙直径分布仍然以颗粒间的大孔隙和中孔隙为主，并且曲线峰值随着养护龄期的增大而逐渐减小。图 7.14 中颗粒内孔隙的体积分数不断增加，说明改性 MOC 固化体内的大孔隙不断被细化，结合 7.2.1 小节 XRD 和 7.2.2 小节电镜-能谱试验的结果发现，原因是矿物改性 MOC 固化体内的 MOC 水化产物和矿物改性剂被激发，与生成的胶凝产物协同作用使黏聚体形成团聚体，改性 MOC 固化体内的总孔隙体积减小，在图 7.12（b）和图 7.13（b）中反映为孔隙分布密度曲线的峰值向左移动。各孔隙直径范围对应的孔隙体积之间表现出此消彼长的变化形式，表明改性剂的掺入会使固化土原有的粒径分布形式被迫做出调整，并且随着水化反应的不断进行，改性 MOC 固化体系内原有的结构形态会不断被新形式取代，矿物改性剂对固化淤泥试样孔隙结构的影响是促使颗粒间的孔隙转化成为颗粒内的孔隙。

分析表 7.2 发现，试样的比表面积随养护龄期的延长而逐渐增加。以粉煤灰掺量为 40%、MgO 和 $MgCl_2$ 的物质的量的比为 7∶1 时的 MOC-1 和 MOC-8 试样为例，养护 28 d 和 90 d 后试样的比表面积分别为 5.8048 m^2/g 和 8.3515 m^2/g。试样比表面积取决于颗粒尺寸和微孔体积，故试样比表面积随养护龄期的变化规律再次证实了粉煤灰和矿粉对 MOC 固化淤泥试样颗粒间孔隙的填充作用最显著。

7.2.4 pH 试验

图 7.15 为养护 28 d、60 d、90 d 后粉煤灰和矿粉改性 MOC 固化淤泥 pH 的变化情况。图中 n=7 和 n=10 分别表示相同配合比条件下 MOC 固化淤泥试样的 pH 水平线。由图可得如下结论。

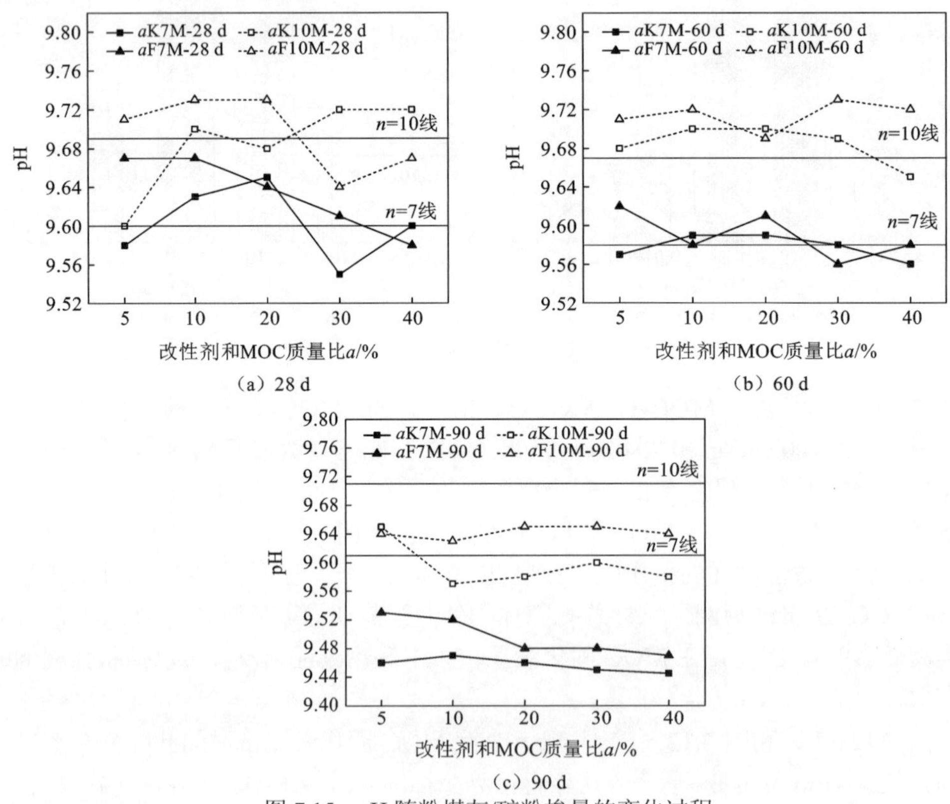

图 7.15 pH 随粉煤灰/矿粉掺量的变化过程

（1）添加粉煤灰和矿粉使 MOC 固化淤泥体系的 pH 环境发生改变。对比各养护龄期粉煤灰和矿粉改性试样的 pH 发现，几乎所有的粉煤灰改性 MOC 固化淤泥试样的碱度都高于矿粉改性试样，此现象在养护后期更加明显。结合前文研究成果不难解释，改性 MOC 固化体系中的活性离子能够在反应后期有效激发粉煤灰和矿粉的潜在火山灰活性。矿粉玻璃体内 CaO 的含量高达 42.0%，粉煤灰中仅含 14.55% CaO，矿粉更容易发生火山灰反应，而此过程

会消耗大量 OH^-。

（2）在 MOC 掺量一定时，MgO 和 $MgCl_2$ 的物质的量的比对粉煤灰改性 MOC 固化淤泥试样与矿粉改性 MOC 固化淤泥试样的 pH 的影响规律相同，即增加 MgO 和 $MgCl_2$ 的物质的量的比可以提高改性 MOC 固化体系的碱度。MgO 和 $MgCl_2$ 的物质的量的比增大，可以使改性 MOC 固化体系中活性 MgO 的含量提升，活性 MgO 的水化反应促使体系中形成更多 OH^-，使固化体系的碱度随之显著提高。

（3）随养护龄期的延长，矿物改性 MOC 固化体系的碱度整体呈逐渐降低趋势，90 d 养护龄期时的 pH 甚至低于相同条件下的 MOC 固化试样。MOC 固化体系进入反应后期还能维持较高的 pH，仍不断生成 $Mg(OH)_2$ 产物，过量的 $Mg(OH)_2$ 导致抗压强度出现倒缩现象。在矿物改性 MOC 固化体系中，粉煤灰与矿粉的物理效应和火山灰活性效应既消耗大量的 OH^-，又增强硬化体结构强度，故养护后期的改性试样碱度降低，抗压强度升高。在 pH≈10 时，部分重金属的溶解度会变得非常低，粉煤灰/矿粉改性 MOC 固化材料有助于淤泥中重金属污染物的稳定封闭[9-10]。

7.3 耐久特性

7.3.1 持续浸水

通过室内长期浸水试验，模拟实际工程现场中原位浸水环境对粉煤灰/矿粉改性 MOC 固化淤泥水稳性的影响。目前，国内尚未能形成统一的用于评价 MOC 等胶凝材料固化土耐久性能的标准。参考前人研究成果[11]，本试验采用试样体表健全度、质量变化率、强度软化系数指标，对持续浸水作用下粉煤灰/矿粉改性 MOC 固化淤泥的稳定性进行定量评价。

1. 体表健全度

图 7.16 为矿粉改性 MOC 固化淤泥试样 10PK40（10% MOC、矿物掺量占固化剂干重的 40%）在蒸馏水中持续浸泡 28 d 时体表形貌随浸水时间的变化过程。可知，浸水之初试样体表完整无破损，浸水 1 h 开始有气泡冒出，并缓慢增长为大气泡，说明经改性剂作用试样体表仅有少量孔隙存在，彼此不连通；2 h 有少量土粒碎屑分离，作用缓慢。持续浸水至 2 d，试样表面汇聚大量细小气泡，新气泡生成量有限，此时试样仍然完整。浸水 6 d，试样表面出现较大粒块即将脱落现象，这是水分子对颗粒间的黏结和孔隙结构持续弱化作用的结果。该

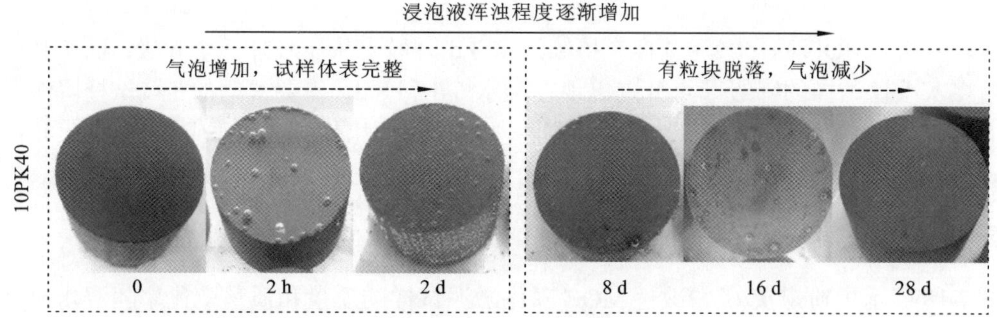

图 7.16　改性试样 10PK40 体表形貌随浸水时间的变化过程

粒块在浸水 8 d 时完全脱离试样，浸泡液随之逐渐变浑浊。随着浸水时间增至 16 d，观察到脱落粒块所在位置有新气泡产生，气泡表面悬浮大量微粒土尘，并有向试样内部作用的趋势。直至浸水 28 d，气泡完全消失，试样体表自始至终未出现肉眼可见的裂纹，得益于固化体系生成的胶凝产物对土骨架孔隙的填充封闭作用。

为定量评价试样体表形貌的变化，引入日本规范对试样体表健全度的评价标准[12]，见表 7.3。

表 7.3　试样体表健全度划分标准

健全度	试样表面情况	脱落
a	外观未出现明显变化	
b	局部产生细微裂纹	局部产生即将脱落现象
c	局部产生明显裂纹	试样局部脱落
d	整体出现明显裂纹	试样出现明显脱落
e	试样部分崩落（＜20%）	
f	试样整体破坏，但保持基本形状	
g	试样整体破坏，呈片状或块状分布	
h	试样整体破坏，呈细粒状或泥状	

根据该标准对持续浸水至不同龄期的粉煤灰/矿粉改性 MOC 固化淤泥试样进行等级判定，结果如图 7.17 所示。其中，CON 表示相同 MOC 掺量固化土，F 表示粉煤灰，K 表示矿粉，F40 表示粉煤灰改性剂掺量为固化剂干粉质量的 40%，下面不再赘述。

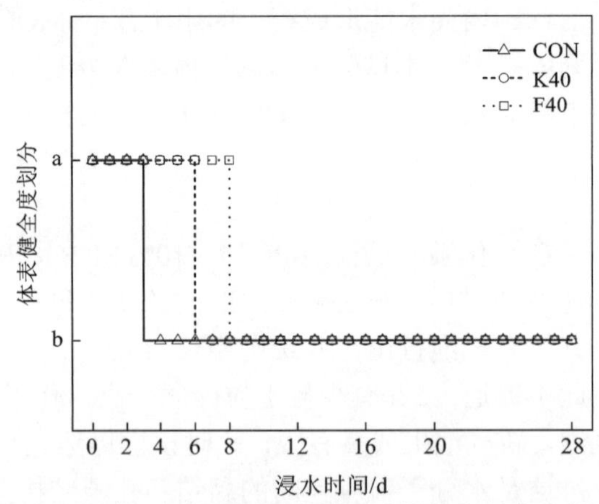

图 7.17　持续浸水作用对固化淤泥试样体表健全度的影响

比较发现，MOC 固化淤泥试样在持续浸水 3 d 时最先从 a 级降低至 b 级，而矿粉改性试样和粉煤灰改性试样的降级节点分别出现在浸水 6 d 和 8 d。需要说明的是，试样降级是因为体表有粒块脱落的现象，并且整个浸水周期内均无裂纹出现。由此说明，粉煤灰和矿粉对 MOC 固化淤泥试样的耐水性能增益显著，粉煤灰改性的提升效果相比更优。

2. 质量变化率

图 7.18 展示了粉煤灰/矿粉改性 MOC 固化淤泥试样的质量和质量变化率随浸水时间的变化曲线。实线表示质量变化，虚线表示质量变化率，下面不再赘述。改性 MOC 和 MOC 固

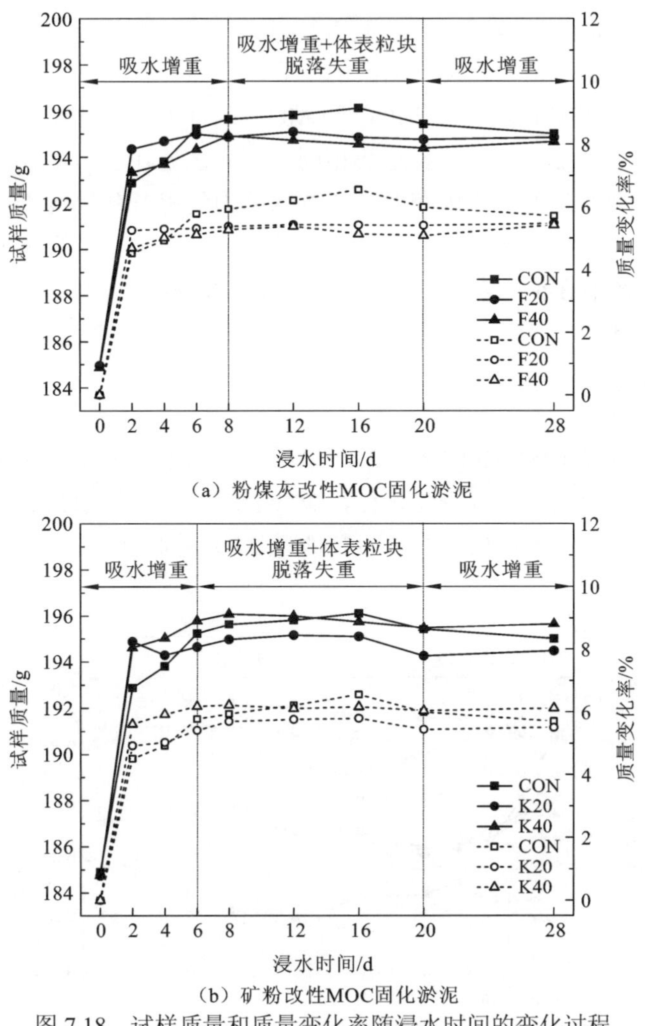

（a）粉煤灰改性MOC固化淤泥

（b）矿粉改性MOC固化淤泥

图 7.18 试样质量和质量变化率随浸水时间的变化过程

化试样在浸水前质量相差无几，经不同浸水时间后呈现不同的增长趋势。试样成型时，初始投料相同且用保鲜膜密封标准养护，故能保证试样质量在浸水前基本相同。浸水后，由于改性 MOC 和 MOC 固化体的孔隙结构不同，且反应环境存在浓度梯度，各试样的吸水与持水能力不尽相同，直观表现为试样吸水量的不同。结合试样体表完整度随浸水时间的变化，将试样质量变化过程分为三个阶段：浸水早期吸水增重、浸水中期吸水增重与体表粒块脱落失重共同作用、浸水后期吸水增重。在浸水早期吸水增重阶段，试样质量稳步增长的原因有：①标准养护试样具有一定的初始孔隙率，水分子会率先入侵体表孔隙，并通过连通孔隙向试样内部运移；②试样利用自身的浓度差对水分子产生较强的吸力，通过毛细通道进入试样内部；③进入试样内部的水分子会使 5 相水化产物分解，生成易溶组分，进而弱化硬化体结构，增大孔隙通道[13]。上述三方面原因共同作用，使试样内部的孔隙率不断增大，宏观表现为试样吸水量持续升高。浸水中期，吸水增重与体表粒块脱落失重协同作用，试样体表开始出现粒块脱落分离现象，随着浸水时间的延续，浸泡液中沉积的土粒逐渐增多，试样质量不断减小。虽然体系内的水化反应仍在进行，但试样吸水增重量可能比粒块分离损失量更少，故试样质量在该阶段也许会出现小幅度降低。在浸水后期吸水增重阶段，试样质量随浸水时间的延长缓慢增长，是因为该阶段内试样体表无质量损失，而且水化反应不断地从外界吸水，该阶段试样质量的增重可认为是水化反应结合的水量。

通过对比发现，粉煤灰/矿粉改性 MOC 和 MOC 两种方法固化试样的质量变化率在整个浸水周期内可分为三个阶段，并且增长趋势相同。不同之处在于，矿物改性剂的物理效应使试样的孔隙结构得到极大改善，粉煤灰对试样抗水能力的提升效果优于矿粉，故粉煤灰改性试样的浸水早期吸水增重阶段为 0～8 d，矿粉改性试样的浸水早期吸水增重阶段为 0～6 d。到浸水后期，改性剂的潜在火山灰活性被激发，生成的胶凝产物能够填充与封闭孔隙，阻滞外界水分进入试样内部。

3. 强度软化系数

图 7.19 为粉煤灰/矿粉改性 MOC 固化淤泥试样抗压强度和强度软化系数随浸水时间的发展曲线。实线表示试样的抗压强度变化过程，虚线表示强度软化系数的演变过程，下面不再赘述。比较发现，整个浸水周期内矿物掺合料改性 MOC 固化淤泥试样抗压强度的演变过程可定义为如下两个阶段。

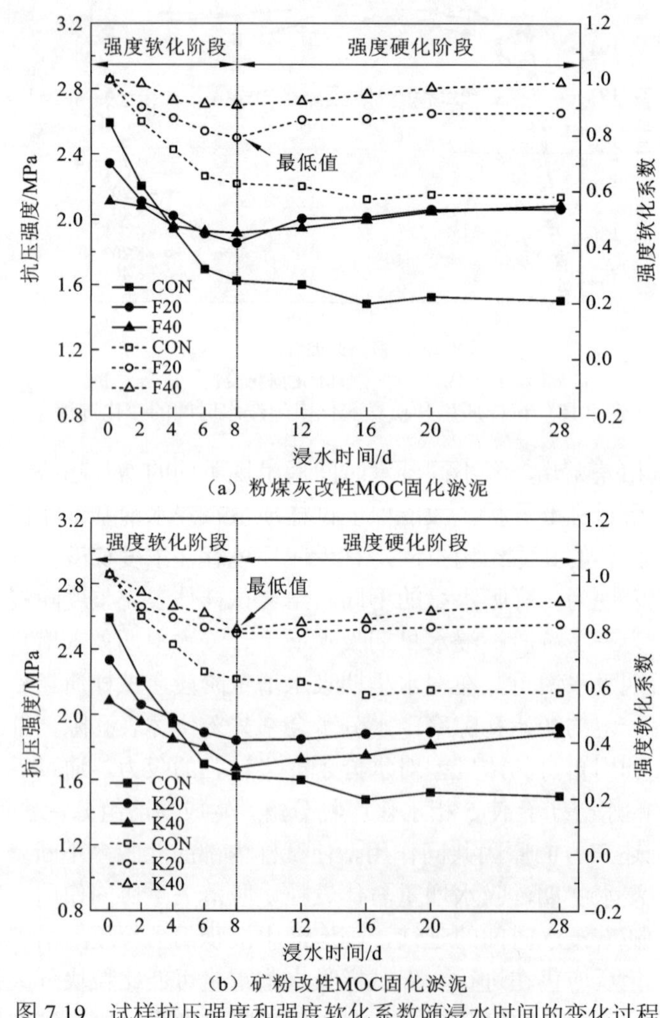

图 7.19　试样抗压强度和强度软化系数随浸水时间的变化过程

（1）强度软化阶段（0～8 d）：MOC 和改性 MOC 固化淤泥试样的抗压强度随浸水时间的增加持续降低，浸水 8 d 时达到最低值。抗压强度产生持续弱化的主要原因是水分子对试样硬化结构的弱化，体现在三个方面：①水分子侵入试样内部，使主要强度相分解成易溶物质，对硬化体结构造成直接削弱；②水分子在物相分解形成孔道内产生楔入作用，使孔隙通道进一步扩展延伸；③水分子包裹在颗粒表面形成水膜，有效降低颗粒间的啮合力。三方面共同作用，宏观表现为试样强度性能随浸水时间的延长持续降低。该现象与试样质量发展过程契合，说明试样持续吸水弱化是强度降低的内在原因。对比图 7.19（a）和（b）可以发现，改性 MOC 固化淤泥试样的强度软化系数远高于 MOC 固化淤泥试样，粉煤灰改性试样的耐水性优于矿粉，耐水性改良效果与改性剂掺量呈正相关关系。

（2）强度硬化阶段（8～28 d）：该阶段内 MOC 固化淤泥试样的强度仍不断劣化，持续浸水 28 d 尚未趋于稳定，强度软化系数甚至不足 60%。相比而言，改性 MOC 固化淤泥试样的强度在此阶段得以逐渐回升。以改性效果最劣的 K20 试样为例，浸水 8 d 时强度降至最低，为初始强度值的 78.97%，浸水 28 d 后强度已回升至初始强度的 82.34%。由此可见，改性剂对 MOC 固化淤泥耐水性的提升效果显著，主要源于改性剂在固化体系中所发挥的物理和化学效应改变了硬化体的物理结构和化学组分[14]。首先，改性剂玻璃体表面存在许多小孔，巨大的比表面积显著降低了 MOC 早期水化热，延缓了水化产物的结晶，对固化体结构具有保护作用；然后，改性剂自身的物理填充效应有效密实了硬化体结构，在一定程度上缓解了水化产物被水分的溶解；最后，改性剂中的活性组分（SiO_2 等）在 MOC 碱性体系中被激发活化，生成的非晶凝胶相可填充孔隙与黏结颗粒。XRD 和电镜-能谱联合试验表明，矿物改性剂在 MOC 体系中被激发，生成难溶的水化硅酸钙和水化硅酸镁胶凝产物，促使 MOC 固化淤泥的耐水性能得以明显提升[15-16]。

7.3.2 干湿循环

开展室内干湿循环试验，可以快速模拟改性 MOC 固化淤泥试样在季节性干湿交替气候中出现增湿与脱湿循环作用时抵抗干湿破坏效应的性能。本试验分别采用试样的体表健全度、质量变化率、强度软化系数来定量评价固化淤泥试样在干湿循环作用下保持原有物理力学性能的能力。

1. 体表健全度

多级干湿循环过程中，矿粉改性 MOC 固化淤泥试样 10PK40 的外观变化如图 7.20 所示。试样经 2 级干循环后底面便出现明显裂纹，但侧面完好；将经 2 级干循环的试样置入蒸馏水中，观察到其体表立即有气泡产生，并迅速生长成大体积气泡。4 级干循环结束后，试样体表颗粒严重粉化；进入 4 级湿循环后，气泡生成速率明显加快，松散土粒随气泡膨胀迅速脱离试样体表而沉积于水底。经 6 级干循环后，试样底面粉化加剧，侧面出现微裂纹。8 级湿循环过程中，可以清楚地观察到气泡的产生方式发生了变化，即由于侧面裂纹扩展和底面土粒被粉化，开始成串出现细小气泡，它们来不及膨胀增大就发生破裂。对于 10 级干循环试样，四周出现大粒块脱落现象，浸泡液中的试样碎屑大量堆积；进入湿循环后，发现细小气泡仍以成串形式生成，但数量明显减少。

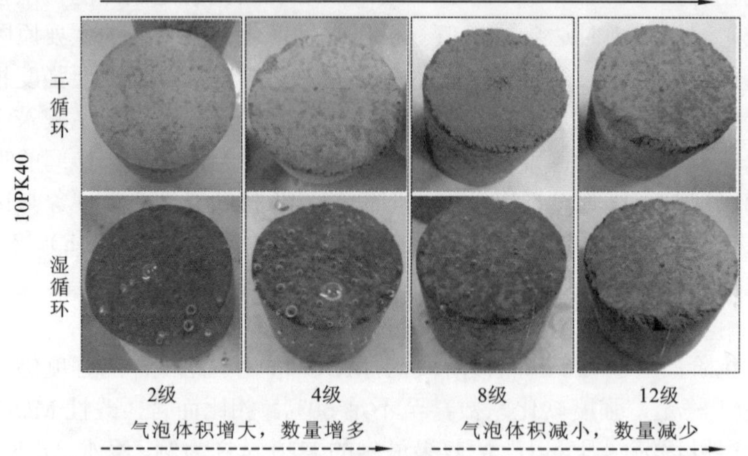

图 7.20　多级干湿循环后改性试样 10PK40 的外观变化过程

参照表 7.3 中的试样体表健全度评价标准，对每级循环后的改性 MOC 固化淤泥进行等级划分，结果如图 7.21 所示。观察可知，MOC 固化淤泥试样和改性 MOC 固化淤泥试样均在 2 级循环结束后因体表出现裂纹而被划分至 b 级，说明三种不同配合比试样在循环早期的抗干湿性能的差异并不显著。随着循环级数的增加，不同试样之间的抗干湿性能的差异逐渐凸显，经完整循环周期后试样的抗干湿性能排序为粉煤灰改性 MOC 固化淤泥试样＞矿粉改性 MOC 固化淤泥试样＞MOC 固化淤泥试样。

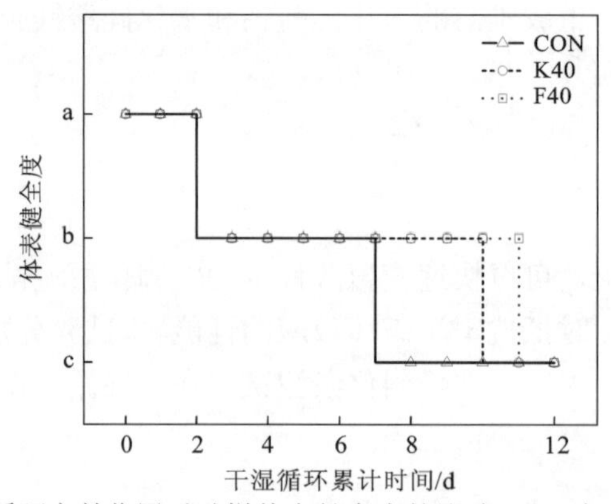

图 7.21　干湿循环交替作用对试样体表健全度的影响（2 d 为 1 次干湿循环）

2. 质量变化率

图 7.22 为多级干湿循环作用下粉煤灰/矿粉改性 MOC 固化淤泥试样质量和质量变化率的发展曲线。结果表明，随干湿循环级数的持续增加，试样质量和含水状态不断发生变化。以 1 级循环为例，试样经 1 级干循环后平均脱湿量约占初始质量的 7%，1 级湿循环结束后平均吸湿量约占初始质量的 6%。根据多级循环后试样的表观形貌和强度演变过程，将质量发展曲线划分为如下 4 个阶段。

快速吸水增重阶段（0～2 级）：水分子对试样内部的孔隙通道与胶结结构进行持续往复破坏，使硬化体结构不断弱化，孔隙不断发育，引起各级湿循环作用后试样质量的累积升高。

稳定吸水增重阶段（2～6 级）：观察 2 级干湿循环结束后试样的外观发现，2 级干循环

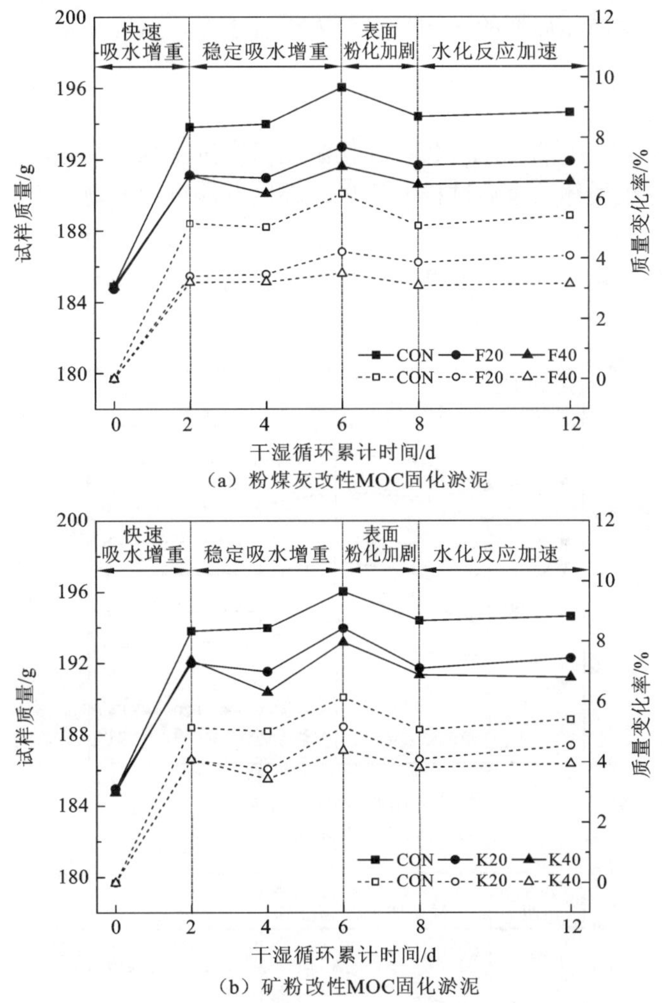

图 7.22　多级循环作用下试样质量和质量变化率的发展过程（2 d 为 1 次干湿循环）

后试样底面出现裂纹，可为水分子侵入硬化体结构提供通道。裂纹产生主要源于脱湿温度对水化反应进程的影响，60℃高温的持续作用抑制了反应体系中 5 相产物的生成，但会促进 $Mg(OH)_2$ 相的生成。研究表明[17]，活性 MgO 水化生成 $Mg(OH)_2$ 后体积膨胀率可达 128.7%。此阶段内，试样体表出现裂纹，脱湿温度引起的内应力及反应进程变化连同水分子弱化效应两者共同作用的结果。

表面粉化加剧阶段（6～8 级）：6 级湿循环结束后，水分子作用使试样体表裂纹和缺陷不断加剧的现象仍占据主导地位，试样表面不断粉化，诱使大量土颗粒开始脱离，直接造成试样质量的大幅度降低，故此时试样的吸水量远小于土颗粒的散失质量。

水化反应加速阶段（8～12 级）：加载至 8 级循环，试样质量趋于稳定且有小幅度升高，主要得益于脱湿温度对固化体系水化反应速率的提升，促进了水化产物的生成，且温度升高有利于改性剂中的活性组分发挥其潜在活性效应。在多种水化产物协同作用下，试样硬化体结构的孔隙在一定程度上被填充密实，其表观密度得以增加。湿循环过程中水分子仍在持续作用，但因为水化产物对孔隙通道的封闭和阻塞效应，细小裂纹不会产生明显的楔入作用，所以试样的耐水性能得到提升。此外，试样内部的水化反应不断进行，将外界自由水转变为产物中的结合水，致使循环后期的平均吸水量大于脱水量，试样质量会有小幅度增长。

3. 强度软化系数

图7.23展示了粉煤灰/矿粉改性MOC固化淤泥试样抗压强度和强度软化系数随循环级数的变化规律。对比各级循环结束后试样的质量与强度发展过程发现，干湿循环过程中的试样强度受到增湿与脱湿作用引起的含水率变化、裂隙发育程度、MOC水化程度和粉煤灰/矿粉物理化学效应的综合影响。分析干湿循环过程中各影响因素的作用，将强度变化过程分为如下四个阶段。

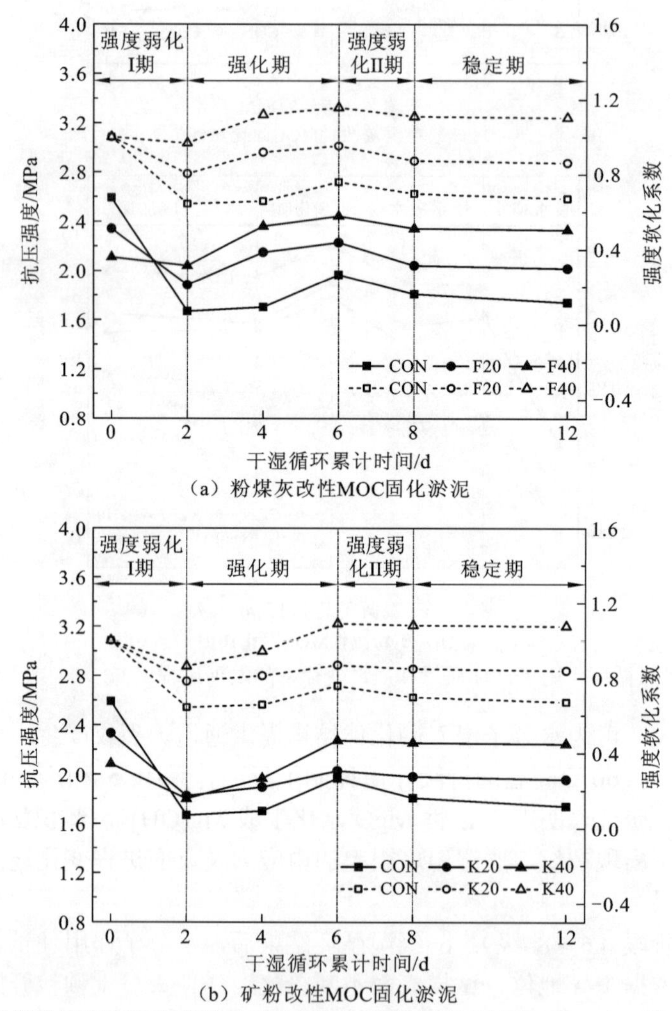

图7.23 试样抗压强度和强度软化系数随循环次数的变化过程（2 d为一次干湿循环）

强度弱化I期（0～2级）：试样抗压强度大幅降低，呈逐级弱化趋势，是由体系平均吸水量逐级增加引起的。吸水量稳步上升的原因可总结为，干湿交替增加了体系的孔隙通道体积，温度效应使试样开裂，以及试样孔隙率的增大加剧了水分的弱化作用。水分弱化硬化体的承载强度效应体现为溶蚀作用（溶解水化产物）、介质作用（扩展裂纹通道）和水膜作用（减小摩擦系数）。

强化期（2～6级）：干湿循环级数增至2～6时，宏观表现为试样抗压强度的逐级增大，呈强化趋势，6 级循环结束后达到峰值强度。此阶段温度效应占据主导位置，促进了固化体系的水化反应速率和改性剂的潜在活性效应，5 相产物的强胶结和 $Mg(OH)_2$ 的体积膨胀对硬化体孔隙结构的密实作用逐渐显现，从而使试样的水稳性稳步提升。试样体表存在少量细微裂纹，利于水分自表至里渗入浅层，但试样孔隙被胶凝产物封闭填充，不会对硬化体结构的强度造成过大的影响。

强度弱化 II 期（6～8 级）：观察该阶段试样表观形貌发现，试样表面粉化加剧，出现部分颗粒脱落现象。水化产物在强化期对试样体系的封闭作用，使试样内部与外部环境的联系变得微弱。但是体系中的水化反应不间断进行，温度效应促使膨胀性水化产物不断累积，使硬化体结构遭受到不同程度的破坏，内部细微裂纹扩展、延伸至试样体表，宏观表现为试样侧面出现连通孔隙，此时试样强度受到外部微裂纹和内部孔隙缺陷发育程度的共同影响。水分子可通过连通孔隙直接作用于试样内部，对硬化体结构强度造成持续弱化。

稳定期（8～12 级）：进入干湿循环后期，试样强度逐渐趋于稳定。稳定发育的裂隙成为试样内外水分进出的通道，水化反应在水介质充足时得以加速，脱湿温度对水化反应起积极作用，加速水化产物的生成。水化产物对硬化体结构的胶结充填有效封闭了孔隙通道，从而减弱水分子对硬化体结构的弱化效应。该阶段内膨胀、温度和产物胶结三效应协同作用，提高了硬化体结构强度和表观密度，也是对干湿循环早期试样整体结构劣化的再修复过程。此后，脱湿温度对反应体系生成 $Mg(OH)_2$ 相的影响和裂隙再发育破坏硬化体结构的作用不再占据主要位置，试样强度逐渐趋于稳定，随着水化反应的继续进行，试样会获得更优的抗干湿性能。

分析图 7.23 可知，MOC 与改性 MOC 固化淤泥试样均在 2 级干湿循环、6 级干湿循环结束后获得最劣、最优强度值。定量分析试样的抗干湿性能发现：CON、K20 和 F20 试样在 2 级与 6 级干湿循环结束后强度软化系数分别为 64.35%和 75.93%、78.27%和 86.97%、80.40%和 95.17%，即改性 MOC 固化淤泥试样的抗干湿性能明显优于 MOC 固化淤泥试样，粉煤灰改性 MOC 抵抗干湿交替破坏的效果优于矿粉。2 级和 6 级干湿循环结束后，K40 和 F40 试样的强度软化系数分别达到 86.42%和 109.04%、96.74%和 115.72%。上述分析说明，增加改性剂掺量仍可大幅度提高试样的耐干湿性能，是改性剂-MOC 固化体中物理化学效应与胶结固化产物共同作用的结果。

7.3.3 冻融循环

冻融循环试验用于探究在温度变化最不利情况下试样抵抗环境中水分冰冻和热熔交替作用的能力。采用试样体表健全度、质量变化率和强度软化系数对其抗冻融效果进行定量评价，能够为粉煤灰/矿粉改性 MOC 固化技术在北方季节性冻土等实际工程中的应用提供理论依据。

1. 体表健全度

图 7.24 为矿粉改性 MOC 固化淤泥试样经反复冻融作用后的外观变化过程。由图 7.24 可知，10PK40 试样在经过 2 级完整冻融循环后，底面产生少量短小裂纹，但并未形成贯穿裂缝，试样侧面光滑。冻融循环级数至 12 级后，试样体表仍光滑完整。相比持续浸水和干湿循环，冻融循环对试样表观形貌的影响更小。

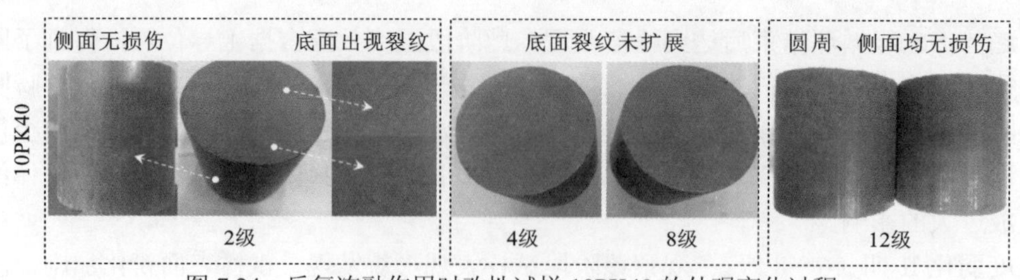

图 7.24　反复冻融作用时改性试样 10PK40 的外观变化过程

参照表 7.3 中的试样体表健全度评价标准，对各级冻融循环作用下的固化淤泥试样进行等级评定，结果如图 7.25 所示。观察发现，MOC 固化淤泥试样在 1 级冻融循环结束后产生微裂纹，即体表健全度由 a 级降至 b 级。改性 MOC 固化淤泥试样在经历 2 级完整循环后，因底面出现裂纹被降至 b 级。相比之下，改性 MOC 固化淤泥试样的耐冻融性能仍优于 MOC 固化淤泥试样。

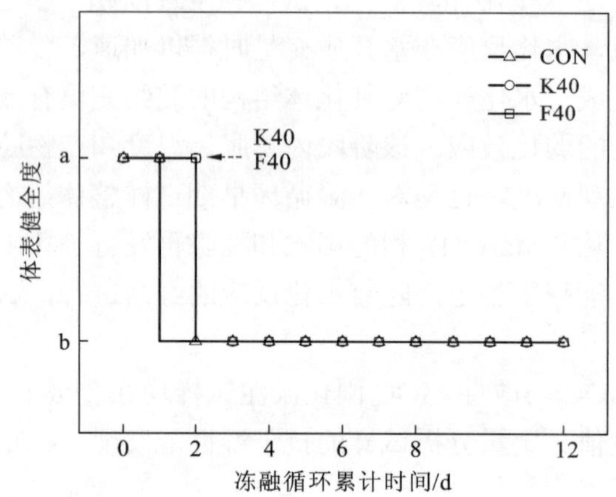

图 7.25　冻融循环反复作用对试样耐久性的影响（2 d 为一次冻融循环）

2. 质量变化率

图 7.26 反映了经多级冻融循环作用后粉煤灰/矿粉改性 MOC 固化淤泥试样质量和质量变化率的发展过程。分析可知，整个冻融循环周期内各试样的质量发展规律相似，根据质量变化率可以分为如下三个阶段。

急剧下降阶段（0～2 级）：2 级冻融循环结束后，试样底面出现几条微裂纹，主要源于水在孔隙中结冰引起的体积膨胀，即冻胀作用。该阶段试样的平均失水率为 7.26%，占整个冻融周期失水率的 67%，水分子大量散失引起试样的质量急剧下降。

快速下降阶段（2～6 级）：随着循环级数的增加，试样体表颜色逐渐由褐色转变为深灰色，其原因是体系失水量增大导致试样的平均干密度增加。对经历 6 级冻融循环试样的断面进行分析发现，试样内部与外部颜色具有均一性。由此可见，低温作用可以渗透到整个试样，最大限度地减小体系内反应环境的差异性。MOC 的水化作用和粉煤灰/矿粉的物理化学效应共同作用，显著改善了试样的持水能力，导致试样的质量变化率逐级降低。

平稳下降阶段（6～12 级）：冻融循环次数超过 6 级后，累计失水率达到 9.93%，占整个冻融周期失水率的 92%。随着冻融次数的增加，体系中的水化产物不断将自由水转化成结合水，改善了孔隙结构，深部水分子迁移至体表蒸发所需的能量和阻力逐级增加，因此试样的质量变化率进一步降低。

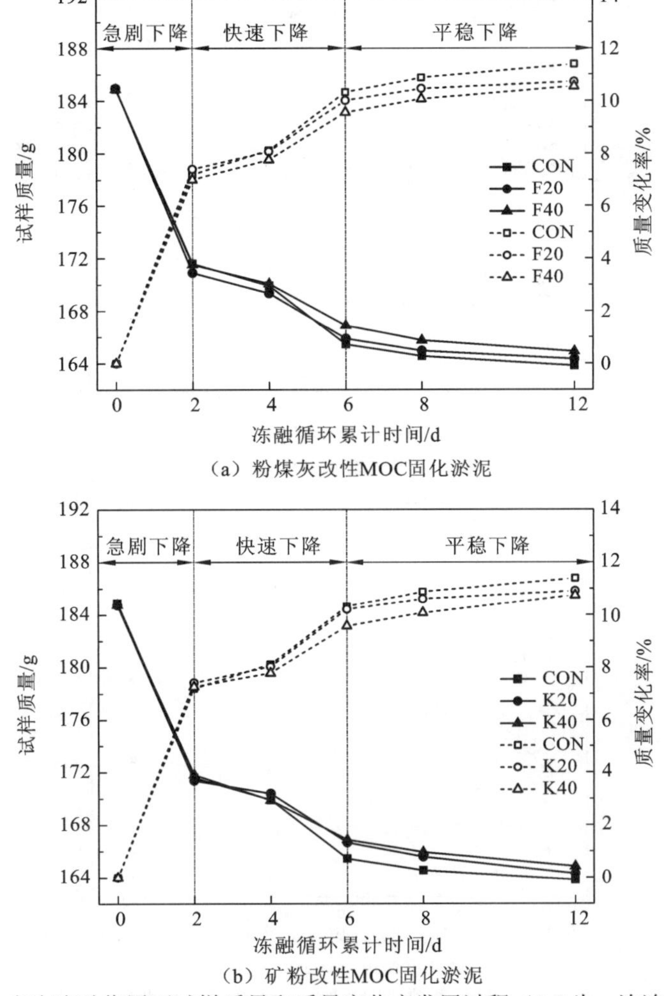

（a）粉煤灰改性MOC固化淤泥

（b）矿粉改性MOC固化淤泥

图 7.26　多次冻融作用下试样质量和质量变化率发展过程（2 d 为一次冻融循环）

综合比较发现，粉煤灰改性 MOC 固化淤泥试样的持水能力最佳，矿粉改性 MOC 固化淤泥试样次之，MOC 固化淤泥试样最差；粉煤灰/矿粉掺量越高，抗冻融能力越好。

3. 强度软化系数

图 7.27 为粉煤灰/矿粉改性 MOC 固化淤泥试样抗压强度和强度软化系数随冻融循环级数变化的关系曲线。由图可知，在整个冻融循环周期内，MOC 和改性 MOC 固化淤泥试样的强度均呈逐级增长趋势，并且强度发展过程非常相似。结合试样质量随循环级数的演变规律，可将曲线大致分为以下两个阶段。

快速增长期（0～2 级）：比较发现，改性 MOC 固化淤泥试样的强度在该阶段的增长速率明显优于 MOC 固化淤泥试样，可见改性剂在冻融循环早期已开始发挥自身的物理化学效应。普通镁水泥胶凝材料的物相组成不会受到冻融循环作用的影响，因此改性体系中的硬化基体仍由 5 相凝胶与改性剂被激发生成的 M-S-H 和 C-S-H 相互胶结而成。体系内的部分自由水因温度梯度和离子浓度梯度而迁移至体表散失，虽然该阶段试样的质量大幅下降，但强度能够快速增长。纵观整个冻融循环周期，只有 2 级循环结束后试样底面出现了少数微裂纹，

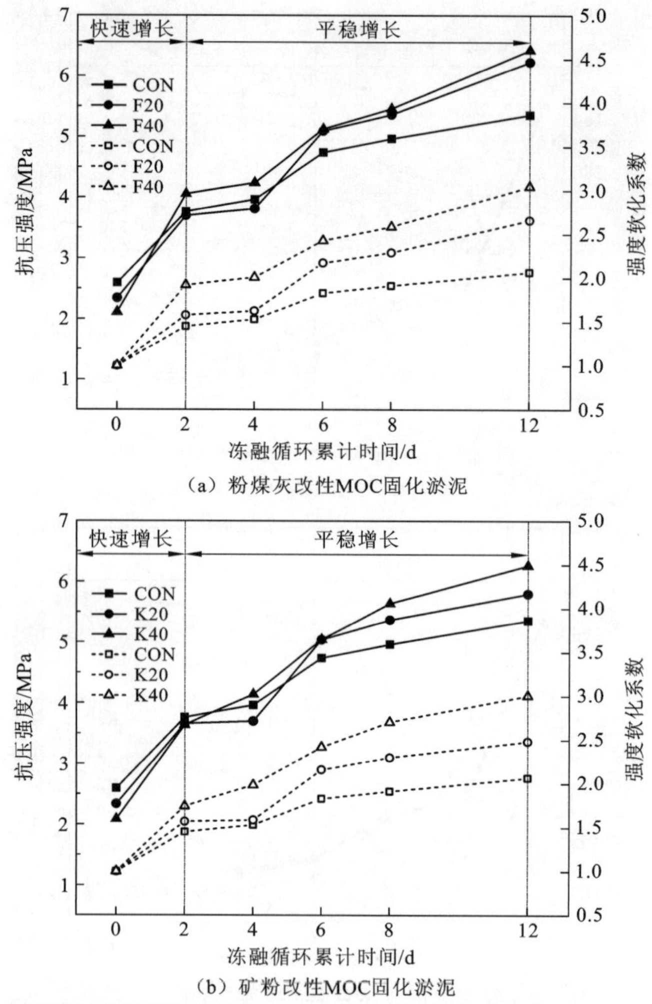

图 7.27 试样抗压强度和强度软化系数与冻融循环级数的关系曲线（2 d 为一次冻融循环）

此后再无其他明显的表观冻融损伤，说明 MOC 和粉煤灰/矿粉改性 MOC 固化淤泥试样都具有良好的抗冻性能。

平稳增长期（2～12 级）：随着冻融周期的增加，循环过程中水分散失量逐级递减，抗压强度平稳增长。究其原因，试样结构发生改变，即处于−20 ℃低温环境时，体系内的自由水全部被冻结，使土颗粒周围的电场失去平衡，所以自由水被迁移至土颗粒周围，使电场重新平衡；当试样处于 20 ℃环境时，解冻的自由水又重新被迁移至远离土颗粒的位置，如此往复，土颗粒间尖锐的接触面变得光滑圆润。并且，凝胶相水化产物对结构孔隙的改善作用也在逐渐凸显，多种因素的综合作用使试样强度稳步提升。

综合整个冻融周期内试样的体表健全度、质量损失率和强度软化系数，对不同试样的耐冻融性能进行评价，结果表明，改性 MOC 固化淤泥试样的耐冻融性能明显优于 MOC 固化淤泥试样，粉煤灰/矿粉改性剂掺量越大，效果越显著，并且粉煤灰改性效果更佳。前人研究[18-19]表明，多级冻融循环作用下固化土会出现强度弱化期，但该现象并未出现在本试验结果中，可能是 MOC 固化淤泥体系并不存在强度弱化期，也可能是所设计的冻融循环级数尚未涉及强度弱化阶段。

7.4 本章小结

采用工业固废改良的MOC固化武汉东西湖淤泥，研究矿物类型及掺量、MgO和$MgCl_2$的物质的量的比等复杂因素对固化淤泥强度发展规律的影响，明确多因素作用下改性试样强度的演变过程。开展持续浸水、干湿循环等试验，重点探索极端气候作用下矿物改性MOC固化淤泥试样的耐久性。通过XRD、SEM等试验，从矿物组成、孔隙结构和断面形貌等方面，解释并明确标准养护与外界环境作用诱发改性固化体水化产物形态和孔隙结构变化的微观机理。

（1）粉煤灰/矿粉物理特性和活性效应对MOC固化土强度的叠加效应，引起改性MOC固化淤泥结构的变化。粉煤灰和矿粉可增强MOC固化淤泥的韧性，使它的破坏模式由脆性转变为塑性。

（2）粉煤灰/矿粉改性MOC固化淤泥强度受MgO和$MgCl_2$的物质的量的比的影响。MgO和$MgCl_2$的物质的量的比为7∶1时，粉煤灰的改性效果优于矿粉，是因为固化早期以发挥物理效应为主；MgO和$MgCl_2$的物质的量的比为10∶1时，体系碱度能有效激发矿粉，使之发挥活性效应，导致矿粉改性效果最佳。

（3）粉煤灰/矿粉改性MOC固化体的主要水化产物是5相凝胶和固溶Cl^-的M/C-S-H-Cl凝胶，两者共同调节硬化体结构的晶胶比，克服MOC固化淤泥的强度倒缩。MgO和$MgCl_2$的物质的量的比为10∶1时，180 d矿粉改性MOC固化淤泥的抗压强度高于MOC固化体。MOC掺量为10%、MgO和$MgCl_2$的物质的量的比为10∶1、粉煤灰掺量为5%、矿粉掺量为40%时，粉煤灰/矿粉改性MOC的固化效果优于水泥。

（4）粉煤灰/矿粉显著改良MOC固化淤泥的水稳定性。浸水3 d时MOC固化淤泥试样出现粒块脱落现象，强度随浸水时间的延长持续降低，28 d强度软化系数不足60%。改性MOC固化淤泥试样的强度随浸水时间的延长先降低后略有回升，浸水结束后强度软化系数各升至78.97%和82.34%。

（5）粉煤灰/矿粉能有效增强MOC固化淤泥的抗干湿性能。7级干湿循环结束后，MOC固化淤泥试样因表面粉化严重最先降低至c级体表健全度，粉煤灰/矿粉改性MOC固化淤泥试样的降级节点对应出现在10级和11级，原因是改性剂在固化土体系中发挥物理效应和活性效应，改变了硬化体结构的孔隙和水化产物的类型。试样的抗干湿性能排序为粉煤灰改性土＞矿粉改性土＞固化土。

（6）粉煤灰/矿粉显著增强MOC固化淤泥的抗冻融性能。2级冻融循环后，试样底面出现由底面圆周向中心扩展的细微裂纹，循环级数达12级后，裂纹仍未形成贯穿裂缝，试样体表光滑，未出现显著的冻融损伤。试样强度随冻融级数的增加呈稳定增大趋势，改性MOC固化淤泥试样的抗冻融性明显优于同龄期标准养护和冻融养护固化试样，改性剂掺量越高，性能提升越显著。

参考文献

[1] WU J Y, CHEN H X, GUAN B W. Effect of fly ash on rheological properties of magnesium oxychloride cement[J]. Journal of materials in civil engineering, 2019, 31(3): 1-10.

[2] LI Y, YU H F, ZHENG L, et al. Compressive strength of fly ash magnesium oxychloride cement containing granite wastes[J]. Construction and building materials, 2013, 38: 1-7.

[3] BREW D R M, GLASSER F P. Synthesis and characterisation of magnesium silicate hydrate gels[J]. Cement and concrete research, 2005, 35(1): 85-98.

[4] ZHANG T T, CHEESEMAN C R, VANDEPERRE L J. Development of low pH cement systems forming magnesium silicate hydrate (M-S-H)[J]. Cement and concrete research, 2011, 41(4): 439-442.

[5] OKADA Y, SASAKI K, ZHONG B, et al. Formation processes of β-C_2S by the decomposition of hydrothermally prepared C-S-H with $Ca(OH)_2$[J]. Journal of the American ceramic society, 1994, 77(5): 1319-1323.

[6] BERGOLD S T, GOETZ-NEUNHOEFFER F, NEUBAUER J. Quantitative analysis of C-S-H in hydrating alite pastes by in-situ XRD[J]. Cement and concrete research, 2013, 53: 119-126.

[7] TAN Y N, LIU Y, GROVER L. Effect of phosphoric acid on the properties of magnesium oxychloride cement as a biomaterial[J]. Cement and concrete research, 2014, 56: 69-74.

[8] HORPIBULSUK S, RACHAN R, CHINKULKIJNIWAT A, et al. Analysis of strength development in cement-stabilized silty clay from microstructural considerations[J]. Construction and building materials, 2010, 24(10): 2011-2021.

[9] MILESTONE N B. Reactions in cement encapsulated nuclear wastes: Need for toolbox of different cement types[J]. British ceramic transactions, 2006, 105(1): 13-20.

[10] MA J L, ZHAO Y C, WANG J M, et al. Effect of magnesium oxychloride cement on stabilization/ solidification of sewage sludge[J]. Construction and building materials, 2010, 24(1): 79-83.

[11] Public Works Research Institute. Final report of cooperative research[R]. Tokyo: Public Works Research Institute, 1997.

[12] 张传镁, 邓德华. 氯氧镁水泥耐水性评价指标的研究[J]. 新型建筑材料, 1995, 2: 11-14.

[13] ZHOU Z, CHEN H, LI Z, et al. Simulation of the properties of MgO-$MgCl_2$-H_2O system by thermodynamic method[J]. Cement and concrete research, 2015, 68: 105-111.

[14] LI C D, YU H F. Influence of fly ash and silica fume on water-resistant property of magnesium oxychloride cement[J]. Journal of Wuhan University of Technology-materials science edition, 2010, 25(4): 721-724.

[15] YUAN Z Y, LIU X L, JIA Y F, et al. Modification research on the water-resistance of magnesium oxychloride cement[J]. Applied mechanics and materials, 2013, 423-426: 1027-1030.

[16] WU C Y, ZHANG H F, YU H F. Magnesium oxychloride cement modified by aluminum-leached coal fly ash[J]. Applied mechanics and materials, 2012, 174-177: 1026-1029.

[17] MO L W, PANESAR D K. Effects of accelerated carbonation on the microstructure of Portland cement pastes containing reactive MgO[J]. Cement and concrete research, 2012, 42(6): 769-777.

[18] WANG D X, XIAO J, He F J, et al. Durability evolution and associated mi-cro-mechanisms of carbonated reactive MgO-fly ash solidified sludge from East Lake, China[J]. Construction and building materials, 2019, 208: 1-12.

[19] WANG D X, ZENTAR R, ABRIAK N E. Durability and swelling of solidified/stabilized dredged marine soils with class F fly ash, cement and lime[J]. Journal of materials in civil engineering, 2018, 30(3): 04018013.

第8章 MKPC固化淤泥力学性状与微观机理

8.1 试样表观特征

对养护 14 d 和 90 d 时不同 MgO 和 KH_2PO_4 的物质的量的比（M∶P）的试样（MKPC 掺量为 20%）进行肉眼观察可以发现，其表面均普遍存在微小气孔和白色斑点，如图 8.1 所示。有学者研究表明，MKPC 固化砂浆试样表面同样出现了白色斑点，经 XRD 检测后发现其成分为未反应的磷酸二氢钾（KH_2PO_4）[1]。对比不同的 M∶P 试样发现，当 M∶P=3 时气孔和白色斑点最多，且随着 M∶P 的增大而逐渐减少，这可能与 KH_2PO_4 自身较低的溶解饱和度有关。在标准大气压、25 ℃条件下，KH_2PO_4 在水中的溶解度为 25 g/100g[2]，因此本试验中添加的 KH_2PO_4 在淤泥初始含水率为 23.5%的条件下是过饱和的。试样制备成型后，未溶解的 KH_2PO_4 仍以颗粒形式存在，之后随着水化反应的不断消耗而逐渐溶解，形成气孔和白色斑点。这也表明，水化反应是渐进进行、不断持续的过程，宏观表现为试样的力学特性在 90 d 内保持连续增长。值得注意的是，材料 *x*P-*y*-*z*-*t*d 代表 MKPC 固化淤泥试样，其中 *x* 是 MKPC 掺量（%），*y* 是 M∶P，*z* 是硼砂掺量百分比，*t* 是标准养护龄期（d）。

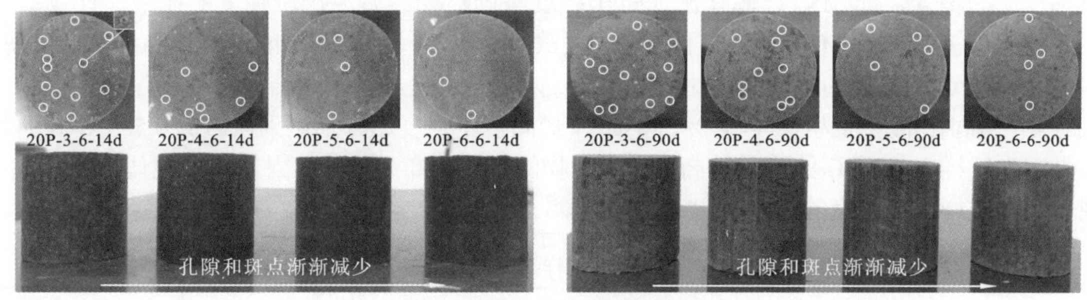

图 8.1　试样的表观形貌特征

8.2 力学特性

8.2.1 养护龄期

不同 MKPC 掺量（0～20%）下，固化淤泥抗压强度随养护龄期的变化规律见图 8.2。纯淤泥的抗压强度随养护龄期的增加并无明显变化，维持在 0.85 MPa 左右。掺入 MKPC 后，抗压强度受掺量等因素影响出现不同程度的增加。当 MKPC 掺量为 5%时，试样的抗压强度在 1 d 时提高至 1.17 MPa，14 d 时达到峰值抗压强度 1.71 MPa。随 MKPC 掺量的提高，抗压强度的提升效应更为显著：掺 10%、15%、20% MKPC 的固化淤泥试样均于 90 d 养护龄期时达到峰值抗压强度，分别为 4.16 MPa、5.98 MPa、8.04 MPa。值得注意的是，掺 5% MKPC 的试样在 14 d 达到峰值抗压强度后便不再增长，掺 10% MKPC 的试样在 60 d 几近达到峰值抗压强度（4.07 MPa），90 d 时略有上升（4.16 MPa），而掺 15%和 20% MKPC 的试样从 60 d

到 90 d 仍有明显的强度增幅。这表明，MKPC 充分反应直至完全所需的时间与固化剂掺量密切相关。对于较低 MKPC 掺量（5%）的试样，在较早龄期时（14 d）就能充分发生水化反应；随 MKPC 含量的增加，MKPC 充分水化所需的时间相应增加。因此，掺 15%和 20% MKPC 的试样的峰值抗压强度出现在养护后 90 d，并且仍表现出强劲的增长潜力。

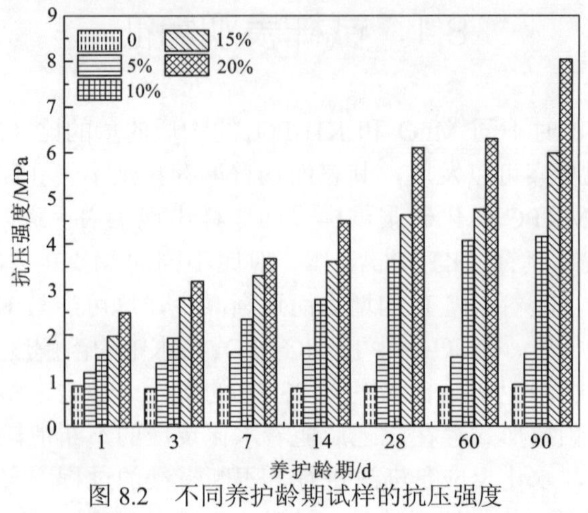

图 8.2　不同养护龄期试样的抗压强度

为评价 MKPC 固化淤泥抗压强度在不同养护龄期和 MKPC 掺量时的提升效益，引入抗压强度比的概念，即 MKPC 固化淤泥抗压强度与同龄期纯淤泥抗压强度的比值，计算值如表 8.1 所示。对比 4 种 MKPC 掺量下固化淤泥试样在不同养护龄期所能达到最高强度比发现，掺 5% MKPC 的试样的最高强度比为 2.077，MKPC 水化产物的胶结程度较低，强度提升效益有限；当固化剂掺量为 10%、15%、20%时，最高抗压强度比分别达到 4.770、6.583 和 8.842，这是因为试样中 MKPC 的含量越高，水化产物的空间分布越密集，固化体的整体性越强，宏观表现为试样抗压强度的提升效果愈加显著。

表 8.1　试样抗压强度比

固化剂掺量	养护龄期						
	1 d	3 d	7 d	14 d	28 d	60 d	90 d
5%	1.330	1.693	2.019	2.077	1.831	1.764	1.744
10%	1.776	2.358	2.910	3.377	4.191	4.770	4.572
15%	2.229	3.455	4.103	4.388	5.371	5.565	6.583
20%	2.817	3.899	4.566	5.463	7.078	7.389	8.842

8.2.2　MgO 和 KH_2PO_4 的物质的量的比

重烧 MgO 和 KH_2PO_4 是 MKPC 水泥的主要原料，它们之间复杂的化学中和反应存在适宜比例关系，因而 M∶P 是决定 MKPC 水泥性能的关键参数。图 8.3 为 10%和 20% MKPC 掺量下试样抗压强度随 M∶P 的变化情况。养护 1 d、3 d、7 d 试样的抗压强度随 M∶P 的增大而减小，即相对较早龄期时（1～7 d），低 M∶P 的试样具有更好的力学性能。在 MKPC 固化体系中，重烧 MgO 对于水化反应是过量的，M∶P 越低，可反应的磷酸盐就越多，能快速与 MgO 发生反应，故而试样的抗压强度在较早龄期时迅速增加。

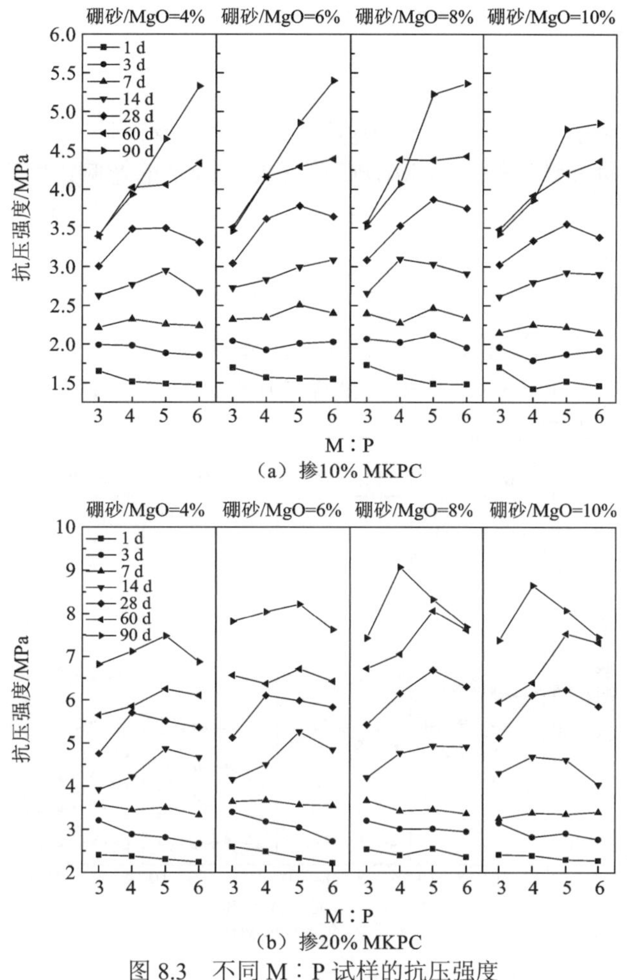

（a）掺10% MKPC

（b）掺20% MKPC

图 8.3　不同 M∶P 试样的抗压强度

当养护龄期延至 14 d 和 28 d，M∶P 为 4 或 5 时，试样的抗压强度最高。对于养护 60 d 和 90 d 的试样，掺 20% MKPC 的试样依然在 M∶P 为 4 或 5 时抗压强度最高。这表明：当 M∶P=4～5 时，养护 14 d 及更长时间试样的抗压强度发展较快并达到峰值；当 M∶P 过小（M∶P=3）或过大（M∶P=6）时，抗压强度发展却受到限制。事实上，MKPC 的凝结硬化过程通过溶液的扩散机理而进行[3]。当 MKPC 与水拌和后，KH_2PO_4 首先溶于水中，$H_2PO_4^-$ 使溶液呈弱酸性，随后 MgO 颗粒自表面逐渐溶解，释放出 Mg^{2+}，与在孔隙水存在的 $H_2PO_4^-$ 发生水化反应形成鸟粪石（$MgKPO_4·6H_2O$）致密凝胶。随反应的持续进行，水化产物不断生长，直至某一项反应物（水或磷酸盐）被消耗完全[4]。重烧 MgO 颗粒的硬度远大于磷酸盐水化产物的硬度[4]，磷酸盐水化产物填充在 MgO 颗粒与淤泥颗粒之间及团聚体内部的孔隙中，并起连接和胶凝作用，过量 MgO 颗粒也可以作为结构骨架，共同提高硬化体的抗压强度。因此，当 M∶P 过小时，硬度较高的 MgO 相对减少，以至于无法为水化产物的形成及其空间分布提供的足够骨架，造成抗压强度的下降。当 M∶P 过大时，MgO 过量，KH_2PO_4 的量相比偏小，引起水化产物生成量的减少，也会造成水化产物无法充分包裹 MgO 及淤泥颗粒，致使试样的抗压强度降低。本试验中，M∶P 为 4～5 时制备的 MKPC 固化淤泥试样的力学性能表现整体优异，可视为最优 M∶P。

8.2.3 硼砂掺量

硼砂（$Na_2B_4O_7 \cdot 10H_2O$）通过在重烧 MgO 颗粒表面形成保护膜，在一定程度上抑制 MgO 颗粒的早期溶解。为研究硼砂掺量对 MKPC 固化淤泥强度的影响，将硼砂掺量设置为 4%、6%、8%、10%，结果见图 8.4。不同硼砂掺量试样的抗压强度变化规律与养护龄期有关。养护龄期较短时（1 d、3 d），试样的抗压强度随硼砂掺量的增加变化不大。这可能是因为试样中大量存在的淤泥颗粒具有隔离作用，也许会削弱硼砂早期的缓凝效果。养护龄期为 7 d 时，掺 6%和 8%硼砂的试样的抗压强度明显提高，甚至超过掺 4%和 10%硼砂时试样的抗压强度。养护龄期超过 14 d 时，掺 6%和 8%硼砂对试样抗压强度的增益效果更加明显。这说明，添加适量硼砂有利于试样后期强度提高。

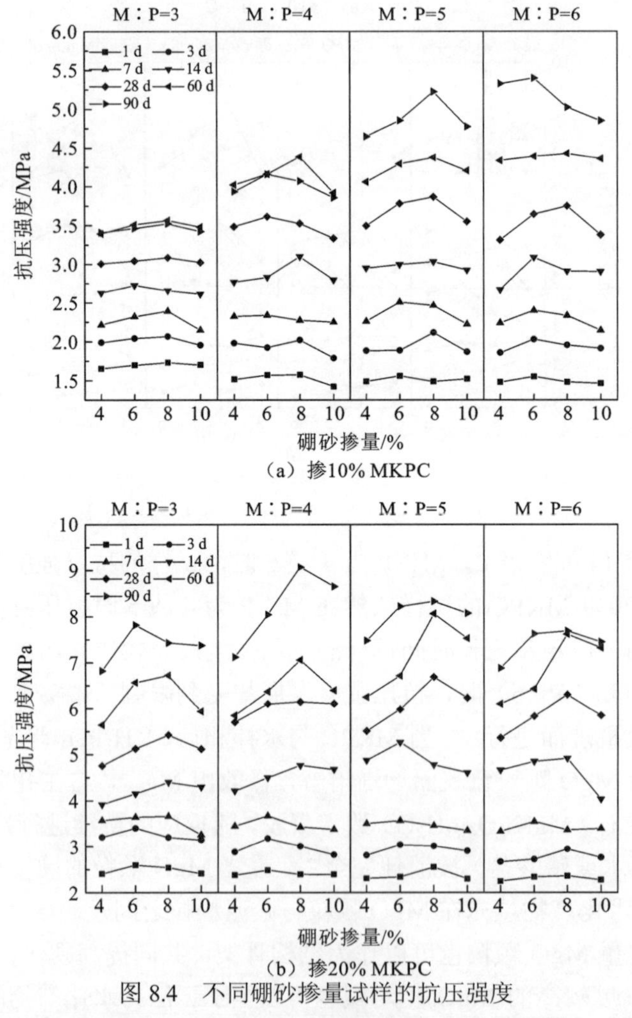

(a) 掺10% MKPC

(b) 掺20% MKPC

图 8.4 不同硼砂掺量试样的抗压强度

MKPC 固化淤泥试样的抗压强度与水化产物生成量及晶体的稳定性有关[5]。杨建明等[6]探讨了硼砂对 MKPC 水化体系的缓凝效果，认为硼砂作用主要是抑制 MgO 颗粒的溶解，降低 Mg^{2+} 与 $H_2PO_4^-$ 接触的概率，从而使反应速度降低，且随着硼砂掺量的增加，这种抑制作用增强，因此掺入硼砂可延长水化反应时间。尽管硼砂会在一定程度上降低试样的早期强度，但水化速度的延缓有利于水化产物晶体的充分生长，减少晶体内部的缺陷，提高晶体的稳定性。到水化后期，硼砂对强度的抑制作用不再明显，MKPC 试样的强度得以进一步发展。然而，当硼砂掺量过大时，试样中可能存在未溶解的硼砂颗粒，由于硼砂晶体表面光滑且强度很低，与水化产物的黏结力很小，试样受压时胶结材料与硼砂接触面之间易产生薄弱区域，试样强度降低。

8.3 微观机理

8.3.1 XRD

探究 MKPC 固化淤泥水化产物的形成过程，由图 8.5 可知，所有样品均检测到明显的重烧 MgO 衍射峰，衍射角 2θ=42.92°、62.32°，表明仍有过量 MgO 留存于土体而未参与水化反应。

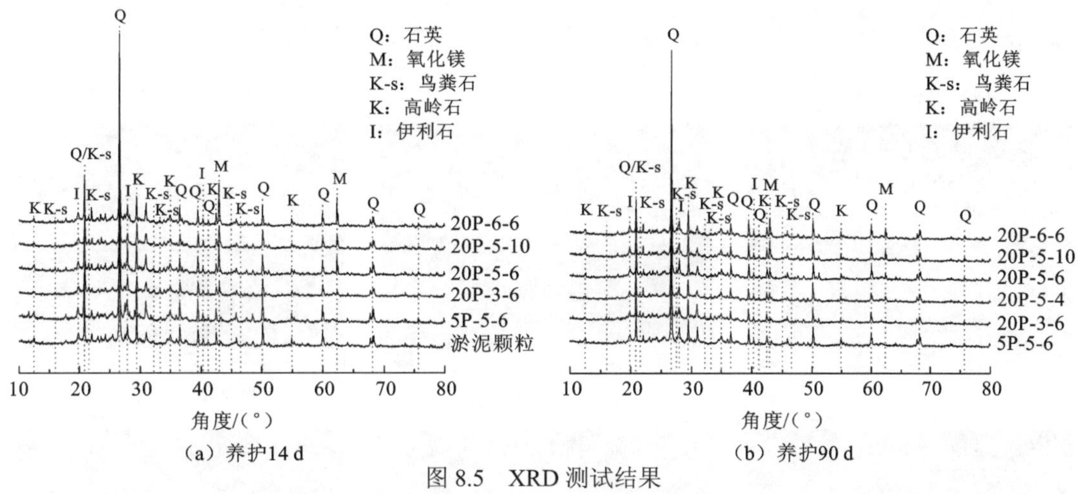

图 8.5　XRD 测试结果

作为 MKPC 的主要水化产物，鸟粪石在不同 M∶P、硼砂掺量和养护龄期时均有被检测到，衍射角 2θ=15.99°、20.98°、21.55°、32.29°、33.28°、44.37°、46.08°。对于 M∶P 为 3 的试样（20P-3-6-14d、20P-3-6-90d），鸟粪石衍射峰易于识别，可能是由于此时磷酸盐含量较高，形成了较多的结晶良好的水化产物。对比同龄期试样，随 M∶P 增大，未反应 MgO 颗粒含量增多，鸟粪石含量相应降低。当水存在时，重烧 MgO 与 KH_2PO_4 发生以酸碱中和反应为基础的放热型胶凝反应，水化产物将未完全反应的 MgO 颗粒胶结、包裹起来。未反应的 MgO 颗粒通过中心粒子效应，作为微集料与反应产物共同构建骨架和形成胶结强度。因此，M∶P 能有效调节参与反应的 MgO 与 KH_2PO_4 之间的比例，最优 M∶P 可使固化试样达到最佳力学性能。结合前述结果，M∶P 为 4～5 时的试样具有更优的力学表现。养护龄期从 14 d 延长至 90 d，20P-3-6、20P-5-6、20P-5-10 和 20P-6-6 的鸟粪石衍射峰强度均有所增强，而 MgO 的衍射峰强度由于水化反应的消耗有所降低。这进一步说明，MKPC 体系内部的水化反应是持续进行的过程，宏观表现为掺 10%～20% MKPC 的固化淤泥试样在 90 d 内抗压强度趋于连续增长。

8.3.2 SEM

不同配比和养护龄期下 MKPC 固化淤泥的微观结构见图 8.6。掺 5% MKPC 试样养护 14 d 已具有较致密的微观结构[图 8.6（a）]，但颗粒间的相互连接仍然较弱，局部区域的孔洞清晰可见。图 8.6（b）（放大 2 000 倍）清晰展示了水化产物鸟粪石晶体的表观形貌，这些棱柱状或片状晶体共同堆积形成了密实聚合体。由于 MKPC 的掺量较小，鸟粪石晶体的生成量有限，仅能在测试样品局部区域被观察到。当掺量提高至 20%时，试样中形成普遍分布、形状不规则的鸟粪石晶体，其微观结构明显更加致密[图 8.6（c）]。这些产物有效联结土颗粒和填充粒间孔隙，形成了整体结构更优异、力学强度更高、内部结构更致密的固化试样。

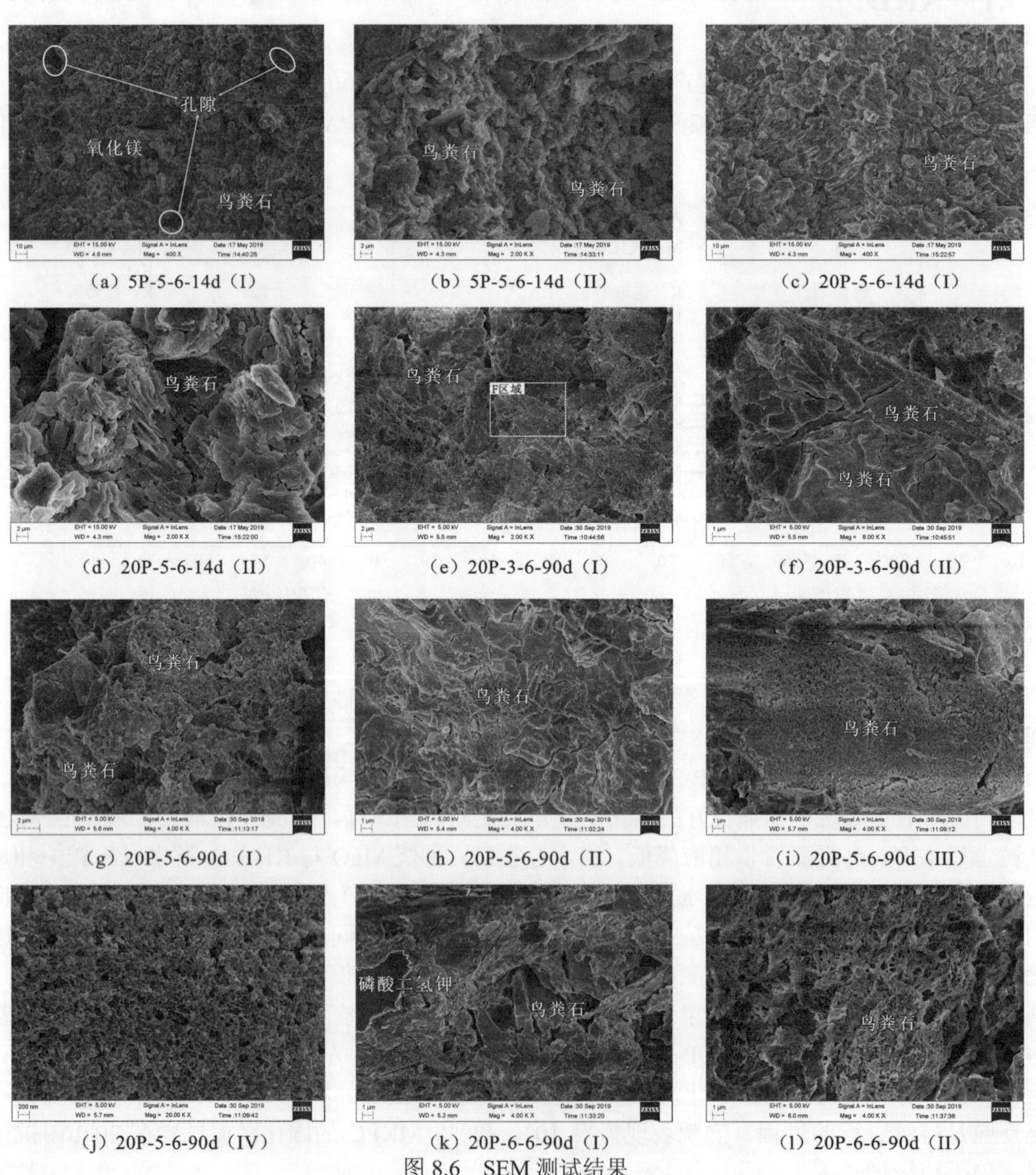

（a）5P-5-6-14d（I）　（b）5P-5-6-14d（II）　（c）20P-5-6-14d（I）

（d）20P-5-6-14d（II）　（e）20P-3-6-90d（I）　（f）20P-3-6-90d（II）

（g）20P-5-6-90d（I）　（h）20P-5-6-90d（II）　（i）20P-5-6-90d（III）

（j）20P-5-6-90d（IV）　（k）20P-6-6-90d（I）　（l）20P-6-6-90d（II）

图 8.6　SEM 测试结果

仔细观察还发现，此时形成的鸟粪石晶体的形貌已不太规则，表面粗糙，MKPC 掺量的增加对其晶体结构的形成及生长有一定的影响。Mo 等[7]研究发现鸟粪石晶体形态与其生长空间有关：在孔隙中或疏松多孔区域，鸟粪石倾向于生长为结构完整的大晶体；在密实少孔区域，鸟粪石的形貌趋向于不规则的致密结构，这与本试验观察到的结果一致。从图 8.6（d）、（f）和（h）中可以清晰观察到晶体表面存在明显的微裂纹，随着 MKPC 掺量的增加，微裂纹愈发明显。对此，存在两种相互矛盾的理论解释与判断：Gardner 等[8-9]认为微裂纹是由真空干燥条件下鸟粪石的脱水过程引起的，Ma 和 Li[10]认为室温下真空干燥作用并不会导致鸟粪石的脱水。本试验中，掺 5% MKPC 的试样[图 8.6（b）]的晶体表面并未出现明显的微裂纹，归因于真空干燥过程中的脱水反应可能不尽合理。事实上，MKPC 的水化反应可自发进行且放热，由于其快凝快硬特点，在较短水化反应时间内可释放出大量的热量。因此，微裂纹的出现可能是因为 MKPC 体系内酸碱中和水化反应释放的反应热使鸟粪石晶体表面的水分蒸发[11]，从而产生破坏性的表面张力。当晶体表面不能抵御这一张力时，就会产生微裂纹。

当养护龄期延长至 90 d 时，尽管微裂纹仍然普遍存在，但鸟粪石晶体明显变得更为致密，水化产物之间相互接触和连生，宏观表现为固化土强度的大幅度提升（达 14 d 时强度的 2～3 倍）。值得注意的是，M∶P 变化对鸟粪石晶体的形态也有影响。当 M∶P 为 3 时，鸟粪石晶体主要为板状结构[图 8.6（e）和（f）]。随着 M∶P 从 3 增加到 5，除板状结构之外，还观察到网状结构晶体形态的存在，如图 8.6（g）～（j）所示。当 M∶P 进一步增至 6 时，鸟粪石似乎不再有确定的晶型[图 8.6（k）和（l）]，这或许是因为快速化学反应导致水化产物的结晶度有所下降。前人研究表明，鸟粪石的晶体形态与水化反应体系内部的 pH 有关[12-13]。重烧 MgO 含量随着 M∶P 的增加而升高，导致在水合过程中孔隙溶液的 pH 也随之增加。这意味着，随 pH 的升高，鸟粪石可能会具有不同的晶体形状。上述分析表明，鸟粪石晶体的最终形态与晶体生长空间、水泥初始 M∶P 密切相关。

8.3.3 MIP

图 8.7 为 MIP 测定的养护 14 d 和 90 d 试样的累计进汞量和孔隙分布密度曲线。表 8.2 详细列出了不同固化剂掺量和 M∶P 时试样的孔隙体积分布。

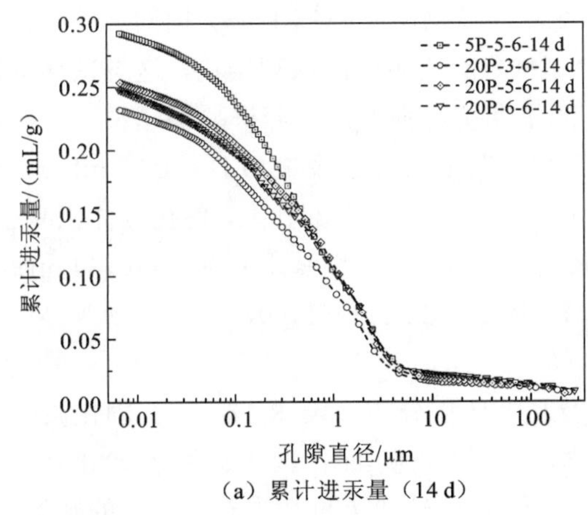

（a）累计进汞量（14 d）

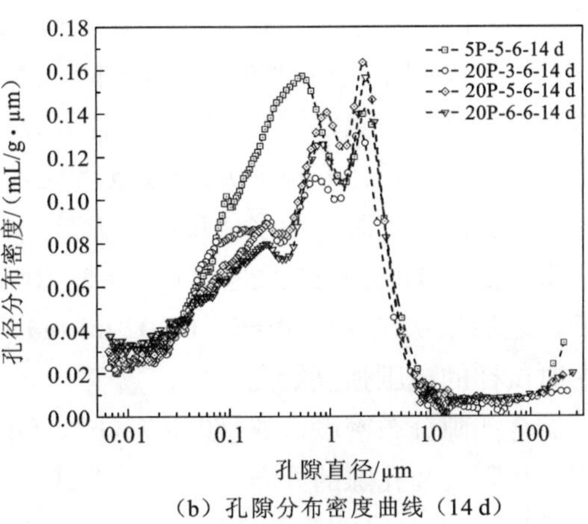

（b）孔隙分布密度曲线（14 d）

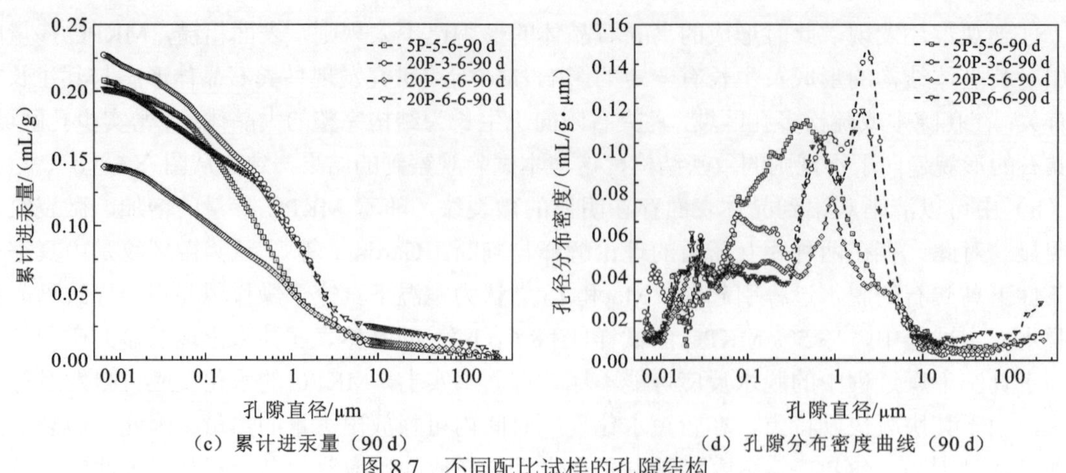

（c）累计进汞量（90 d）　　（d）孔隙分布密度曲线（90 d）

图 8.7　不同配比试样的孔隙结构

表 8.2　MKPC 固化淤泥孔隙体积分布

试样	孔隙体积分数/%			
	＜0.1 μm	0.1～1 μm	1～10 μm	＞10 μm
5P-5-6-14d	18.49	45.54	28.82	7.15
20P-3-6-14d	22.13	39.55	31.23	7.09
20P-5-6-14d	19.09	37.75	35.65	7.51
20P-6-6-14d	20.37	37.25	33.57	8.81
5P-5-6-90d	22.53	50.56	21.10	5.81
20P-3-6-90d	22.66	34.70	37.89	4.75
20P-5-6-90d	28.70	36.40	25.60	9.30
20P-6-6-90d	21.65	32.55	33.71	12.09

从图 8.7（a）可以看出，标准养护 14 d 时，较低 MKPC 掺量的试样具有更高的累计进汞量。随 MKPC 掺量的增加，试样的累计进汞量由 5P-5-6-14d 时的 0.293 mL/g 降至 20P-5-6-14d 时的 0.254 mL/g。对比 14 d 时不同 M∶P 的试样发现，低 M∶P（M∶P=3）时对应的累计进汞量最低。这表明，在较早的养护龄期，低 M∶P 试样具有更致密的微观结构，这与试样早期强度的变化规律一致，即低 M∶P 试样具有更高的早期抗压强度。若养护龄期延长至 90 d，试样的累计进汞量在 0.14～0.23 mL/g 变化，低于 14 d 时的累计进汞量 0.18～0.30 mL/g。这是因为较长的养护时间使水化反应更充分，增加的水化产物填充内部孔隙，使孔隙体积减小，进汞量降低。90 d 养护龄期时，M∶P=5、20% MKPC 对应的试样的累计进汞量（0.144 mL/g）最低，之后依次是 M∶P=6（0.202 mL/g）和 M∶P=3（0.2273 mL/g），宏观表现为 M∶P 为 5 时试样的抗压强度最高。

结合孔隙分布密度曲线[图 8.7（b）、（d）]及孔隙体积分布（表 8.2），研究固化淤泥内部不同孔隙直径孔隙的分布情况。对于试样 20P-5-6，当养护龄期由 14 d 延长至 90 d 时，孔隙直径为 1～10 μm 的孔隙体积分数从 35.65%降至 25.60%，转化为直径为 0～1 μm 的孔隙（孔隙体积分数从56.84%增至65.10%），试样5P-5-6也具有相似的演变规律。此外，M∶P越高，孔隙直径大于10 μm的孔隙体积分数也越大。以90 d试样为例，M∶P为3、5、6对应的孔隙体积分数分别为4.75%、9.30%、12.09%。这或许是因为高M∶P试样中过量的MgO颗粒无法被水化产物充分包裹，导致大于10 μm的孔隙体积增加。上述分析表明，在MKPC固化淤泥体系中，水化反应过程及所形成的水化产物可促使1～10 μm的孔隙向更小孔隙直径（0～1 μm）的孔隙转化，但过高M∶P（M∶P＞5）会导致固化淤泥内部大于10 μm的孔隙体积的增加。

8.4 本章小结

采用新型、环保胶凝材料MKPC处理淤泥，研究MKPC掺量、M∶P等因素对固化淤泥力学强度的影响，明确固化淤泥水化产物微观结构的演变规律和孔隙特征。

（1）掺入MKPC可有效提高固化淤泥试样的强度。养护90 d时，掺20% MKPC试样的抗压强度达到8.04 MPa，比纯淤泥试样提高约20倍。随MKPC含量和养护龄期的增加，抗压强度不断提高，90 d时仍有显著增长潜力。淤泥颗粒的隔离作用可以减弱硼砂的缓凝性能，合理的硼砂含量（6%～8%）有利于提高试样的长期固化强度。试样强度与M∶P密切相关，M∶P=3对应试样的早期强度增长较快，但后期强度受到限制；M∶P=4～5对应的试样在养护后期则具有更高的抗压强度。

（2）在较早的养护龄期，低M∶P试样具有更低的累计进汞量、更高的抗压强度。养护龄期延至90 d时水化反应更充分，使1～10 μm孔隙向更小的孔隙（0～1 μm）转化，M∶P=4～5对应试样的累计进汞量（0.144 mL/g）明显低于M∶P=6（0.202 mL/g）和M∶P=3（0.227 3 mL/g）的试样，具有更致密的微观结构，证实了M∶P为4～5时MKPC固化淤泥试样的力学性能表现最优。

（3）在不同M∶P、硼砂掺量和养护龄期条件下，鸟粪石均为MKPC的主要水化产物。水化产物将未完全反应的MgO颗粒胶结、包裹在一起，形成以MgO颗粒为骨架，以水化产物为胶凝体的致密结构，使得固化淤泥的抗压强度得以提高。

（4）水化产物鸟粪石的最终形态与晶体生长空间和M∶P密切相关。孔隙中或疏松多孔区域，鸟粪石倾向于生长为结构完整的大晶体；在密实少孔区域，鸟粪石的形貌趋向于不规则的致密结构；M∶P变化对鸟粪石的晶体形态也有影响，M∶P升高导致水化反应速度加快，水化产物结晶度下降，M∶P为3时，鸟粪石晶体主要为板状结构，M∶P从3增加到5可观察到网状结构晶体，当M∶P进一步增加至6，鸟粪石不再有确定晶型。因此，在适当M∶P（M∶P=4～5）和合理MKPC掺量（15%～20%）时，合成晶体充分发育，晶体生长更加完整，使得MKPC固化淤泥的微观结构更加致密。

参考文献

[1] ROUZIC M L, CHAUSSADENT T, STEFAN L, et al.On the influence of Mg/P ratio on the properties and durability of magnesium potassium phosphate cement pastes[J]. Cement and concrete research, 2017, 96: 27-41.

[2] WALLING S A, PROVIS J L.Magnesia-based cements: a journey of 150 years, and cements for the future?[J].

Chemical reviews, 2016, 116: 4170-4204.

[3] WAGH A S.Chemically bonded phosphate ceramics: Twenty-first century materials with diverse applications[M]. Amsterdam: Elsevier, 2004.

[4] WANG A, YUAN Z, ZHANG J, et al.Effect of raw material ratios on the compressive strength of magnesium potassium phosphate chemically bonded ceramics[J]. Materials science and engineering: C, 2013, 33: 5058-5063.

[5] LI Y, CHEN B.Factors that affect the properties of magnesium phosphate cement[J]. Construction and building materials, 2013, 47: 977-983.

[6] 杨建明，钱春香，焦宝祥，等.缓凝剂硼砂对磷酸镁水泥水化硬化特性的影响[J]. 材料科学与工程学报，2010, 28（1）: 31-35,75.

[7] MO L, LV L, DENG M, et al.Influence of fly ash and metakaolin on the microstructure and compressive strength of magnesium potassium phosphate cement paste[J]. Cement and concrete research, 2018, 111: 116-129.

[8] GARDNER L J, BERNAL S A, WALLING S A, et al.Characterization of magnesium potassium phosphate cements blended with fly ash and ground granulated blast furnace slag[J]. Cement and concrete research, 2015, 74: 78-87.

[9] GARDNER L J, BERNAL S A, WALLING S A, et al.Response to the discussion by Hongyan Ma and Ying Li of the paper "Characterization of magnesium potassium phosphate cement blended with fly ash and ground granulated blast furnace slag"[J]. Cement and concrete research, 2018, 103: 249-253.

[10] MA H, LI Y.Discussion of the paper "Characterization of magnesium potassium phosphate cement blended with fly ash and ground granulated blast furnace slag" by L. J. Gardner et al[J]. Cement and concrete research, 2018, 103: 245-248.

[11] XU B, MA H, SHAO H, et al.Influence of fly ash on compressive strength and micro-characteristics of magnesium potassium phosphate cement mortars[J]. Cement and concrete research, 2017, 99: 86-94.

[12] LEE K H, YOON H S, YANG K H.Tests on magnesium potassium phosphate composite mortars with different water-to-binder ratios and molar ratios of magnesium to phosphate[J]. Construction and building materials, 2017, 146: 303-311.

[13] CHAUHAN C K, VYAS P M, JOSHI M J.Growth and characterization of struvite-k crystals[J]. Crystal research and technology, 2011, 46: 187-194.

第9章 粉煤灰/硅灰改性 MKPC 固化淤泥力学性状与微观机理

9.1 力学特性

9.1.1 改性剂掺量

以不同比例的 FA 同质量替代部分 MKPC，试样的抗压强度变化趋势如图 9.1 所示。结果表明：添加粉煤灰后，不同标准养护试样的抗压强度受粉煤灰掺量的影响表现出不同的变化趋势。养护龄期较短时（1 d、3 d），MgO 和 KH_2PO_4 的物质的量的比（M∶P）分别为 4 和 6 的两组试样的抗压强度随粉煤灰掺量的增加而持续降低。当 M∶P 为 4 时，粉煤灰掺量升至 40%后养护 1 d 和 3 d 试样的抗压强度对应降至 1.73 MPa、1.94 MPa，达到未改性 MKPC 固化淤泥试样抗压强度的 72.2%、65.6%。当 M∶P 为 6 时，40%粉煤灰掺量时养护 1 d 和 3 d 试样的抗压强度降至 1.53 MPa、2.09 MPa，占未改性 MKPC 固化淤泥试样抗压强度的 63.9%、70.6%。这主要是因为粉煤灰具有较大的比表面积，其吸附效应使溶液中的 PO_3^{2-} 附着于粉煤灰表面，离子溶解过程得到了一定的缓冲[1]；另外，添加粉煤灰相应降低了 MKPC 的含量，导致养护龄期较短时，试样早期的水化速度和水化产物（$MgKPO_4\cdot 6H_2O$）的生成量随之减少，故表现为抗压强度随粉煤灰掺量的增加而降低的现象。值得注意的是，本章中粉煤灰和硅灰掺量定义为粉煤灰添加量占 MKPC 和矿物材料添加量之和的质量百分比。

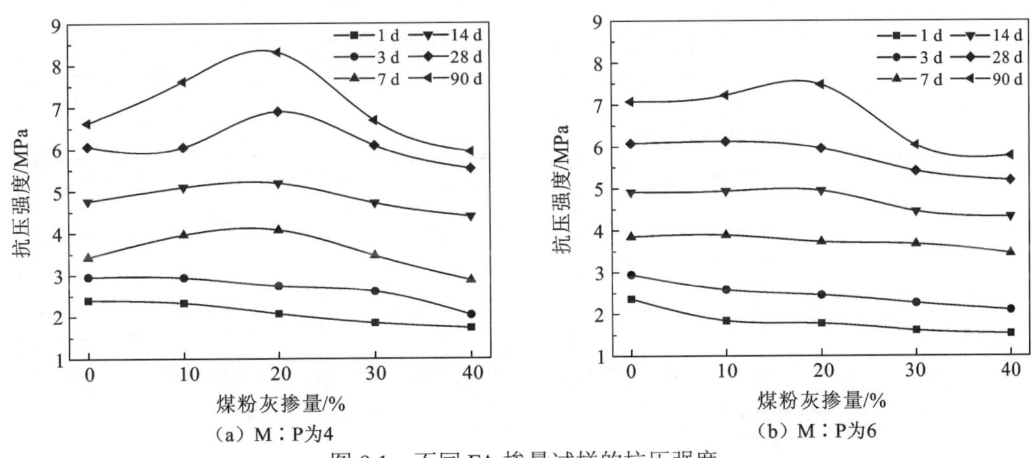

（a）M∶P为4　（b）M∶P为6

图 9.1　不同 FA 掺量试样的抗压强度

当养护龄期达到 7～90 d 时，粉煤灰改性 MKPC 固化淤泥试样的抗压强度受粉煤灰掺量的影响表现为先升高后降低，粉煤灰掺量为 20%时，MKPC 固化淤泥试样具有最佳的力学性能。对于养护 90 d 的试样，M∶P 为 4 和 6 的试样均在 20%粉煤灰掺量时达到峰值抗压强度，对应为 8.31 MPa 和 7.47 MPa，相比未改性试样分别提高了 25.5%和 5.7%；当粉煤灰掺量进一步增至 30%时，抗压强度则迅速降至 6.69 MPa 和 6.03 MPa，均低于同龄期未改性试样。这说明：添加适量粉煤灰（不高于 20%）有利于提高 MKPC 固化淤泥的后期强度。这是由于粉煤灰可改善试样内部的孔隙粒径及分布，且具有形态效应和活性效应。粉煤灰的平均粒径在 10 μm 左右，以球状形态存在的粉煤灰可改善孔隙粒径分布，降低试样内大于 10 μm 孔隙的体积占比。形态效应表现在粉煤灰微珠较低的吸水性和圆球形的润滑作用提高了 MKPC 固化淤泥试样的黏聚性和保水性，有利于 MKPC 体系中的水充分参与水化反应[2]。化学效应在于粉煤灰活性组分硅酸钙（CS）和硅酸二钙（C_2S）在较长养护龄期时可缓慢水化，生成水化硅酸钙凝胶 C-S-H，使试样在后期能有一定的强度增长[3]；另外，FA 中溶出的 Ca^{2+}可与溶液中的 PO_3^{2-} 发生反应，生成磷酸钙（$Ca_2P_2O_7·2H_2O$）等具有胶凝特性的产物，这类产物作为 MKPC 固化体系的有效补充，可在一定程度上填充水化产物鸟粪石之间的孔隙，使得硬化体更加密实[4]。整体来说，尽管添加粉煤灰降低了 MKPC 固化淤泥试样 1 d 和 3 d 的抗压强度，但对养护 7 d 及以后龄期试样的抗压强度有一定的增强作用；当粉煤灰掺量为 20%时其具有最佳力学性能，标准养护 90 d 时其抗压强度可达 8.31 MPa。

图 9.2 为以不同比例硅灰部分替代 MKPC 时试样的抗压强度随硅灰掺量的变化规律。可以看出，掺入硅灰会使养护龄期较短试样（1 d 和 3 d）的抗压强度有较大程度的损失，不同 M：P 的两组试样的抗压强度均随硅灰掺量的增加而降低。硅灰掺入对早期强度的影响主要体现在硅灰使整个体系中参与水化反应的 MKPC 的含量相对减少，水化反应速率降低。继续延长养护龄期，试样的抗压强度随硅灰掺量的增加呈先上升后降低的趋势。养护 7 d、14 d、28 d 的试样均在 20%掺量时达到抗压强度峰值。养护 90 d、M：P 为 4 和 6 的试样则在 10%硅灰掺量时达到峰值抗压强度 7.77 MPa 和 8.61 MPa，相比未改性试样分别提高了 17.2%和 21.6%，但 30%硅灰掺量时抗压强度降至 6.51 MPa 和 6.78 MPa，低于未改性试样的抗压强度。以上结果表明，硅灰的添加同样降低了养护 1 d 和 3 d 时试样的抗压强度，但适量的硅灰掺量（不高于 20%）有利于养护 7 d 及更长龄期试样的抗压强度的提高。

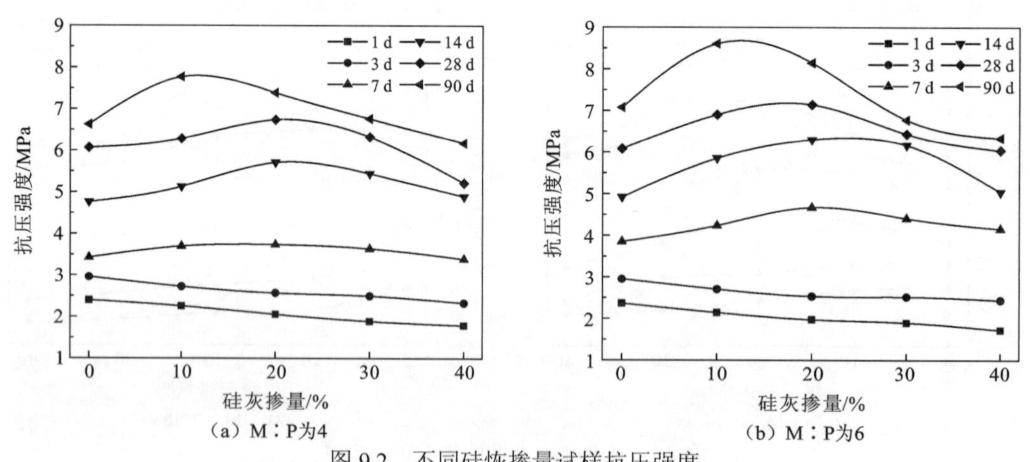

图 9.2　不同硅恢掺量试样抗压强度

添加适量硅灰后，试样后期强度的提高主要归因于两个方面：一方面是由于硅灰颗粒的物理填充作用，即硅灰的主要成分 SiO_2 是一种超细空心球状粉体，比表面积是粉煤灰的 30～50 倍[5]，与粉煤灰相比，相同掺量的硅灰可使试样具有更大的密实度，可填充土体间隙，起到填充孔隙的作用；另一方面，重烧 MgO 与磷酸盐发生酸碱中和反应时放出反应热，有利于激发微硅粉中 SiO_2 的活性，使之与 MgO 反应生成硅酸镁盐胶凝产物（$MgSiO_3$），填充颗粒间隙，提高固化体的密实度，有利于后期强度的进一步提高[6]。但是，若硅灰掺量过大，则会削弱其对固化体的强化作用。一方面，硅灰代替较多的 MKPC，其比例上升导致 MKPC 水化所形成的胶结产物相对减少。另一方面，硅灰自身存在需水量较大的缺点，本试验中硅灰掺量达到 30%时土料已很干燥，呈散土状，过量硅灰会消耗 MKPC 水化所需的水分，不利于水化反应的顺利进行。硅灰掺量为 10%时，固化淤泥试样具有最佳的力学性能，标准养护 90 d 试样的抗压强度可达 8.61 MPa。

9.1.2 MgO 和 KH_2PO_4 的物质的量的比

固化淤泥试样的抗压强度主要来源于胶凝材料的水化作用，而 M∶P 对 MKPC 凝结时间、水化反应速率及强度性能具有至关重要的影响。图 9.3 展示了不同粉煤灰掺量、M∶P 为 4 和 6 时试样的抗压强度随养护龄期的变化规律。分析可知，随着粉煤灰掺量的增加，M∶P 为 4 时试样的抗压强度始终高于 M∶P 为 6 时对应的抗压强度，这与 M∶P 对未改性 MKPC 固化淤泥试样抗压强度的影响规律一致。

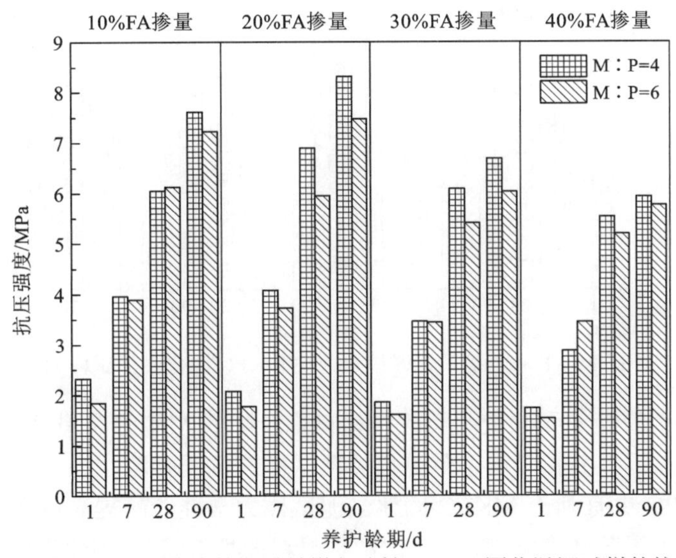

图 9.3　不同 M∶P 和养护龄期时粉煤灰改性 MKPC 固化淤泥试样的抗压强度

事实上，粉煤灰的添加并未改变 MKPC 固化体系中初始 MgO 与 KH_2PO_4 的物质的量的比值，仅改变了 MKPC 的添加质量。已有研究表明，重烧 MgO 颗粒的硬度远大于磷酸盐水化产物的硬度[7]，磷酸盐水化产物填充 MgO 颗粒及淤泥土颗粒之间的孔隙并起到架桥连接和胶凝作用，而过量的 MgO 颗粒可作为细骨料构建骨架结构，提高硬化体的抗压强度。MKPC 固化体系中，重烧 MgO 对于水化反应过程是过量的，M∶P 越低，可参与反应的磷酸盐就越多，能快速与 MgO 发生化学反应，促进强度的快速增长。随着 M∶P 增加，KH_2PO_4 的含量相应减少，水化程度降低，此时水化产物无法充分填充 MgO 颗粒及淤泥土颗粒之间的孔隙并有效连接成整体，导致试样的抗压强度随着 M∶P 的增加而下降。对比两种 M∶P 试样的抗压强度发现，当 M∶P=4 时，粉煤灰改性 MKPC 固化淤泥试样具有更优的力学特性。

与粉煤灰相比，不同硅灰掺量下 M∶P 为 4 和 6 时的试样的抗压强度表现出不同的规律，如图 9.4 所示。当养护龄期为 1 d 时，除 30%硅灰掺量时 M∶P 为 6 的试样的抗压强度略高外，10%、20%、40%掺量时 M∶P 为 4 的试样的抗压强度更高，这与粉煤灰改性 MKPC 固化淤泥试样的规律基本一致。其原因在于低 M：P 试样在早期水化时可反应的磷酸盐更多，水化产物生成速率更快。然而，当养护龄期延长至 3 d 甚至更长时，M：P 为 6 的试样在不同硅灰掺量时均表现出更高的抗压强度。也就是说，掺入硅灰更有利于较高 M：P 试样力学性能的提高，这与掺粉煤灰时低 M：P 试样的抗压强度反而更高的规律相反。这可能与掺入硅灰导致 MKPC 体系中可参与反应的水分减少有关，硅灰存在比粉煤灰吸水性更强的缺点[8]。低 M：P 意味着磷酸盐相对更多，充分反应所需的水分也更多，添加硅灰会吸收溶解磷酸盐及发生水化反应所需的水分，导致即使低 M：P 时磷酸盐含量较多也无法完全溶解于水中充分参与水化反应。

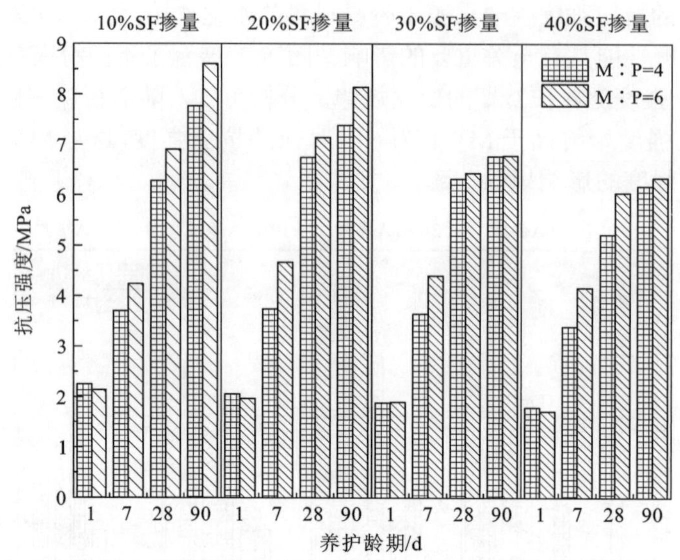

图 9.4 不同 M：P 和养护龄期时硅灰改性 MKPC 固化淤泥试样的抗压强度

上述分析表明：粉煤灰和硅灰两类改性材料均会降低 MKPC 固化淤泥试样 1 d 和 3 d 的抗压强度，但能明显提高养护 7 d 甚至更长龄期试样的抗压强度。当 M：P 为 4 时，掺入适量粉煤灰替代 MKPC 更有利于 MKPC 固化淤泥试样力学性能的提高；当 M：P 为 6 时，掺入适量硅灰更有利于提升其力学性能。对比两种材料改性 MKPC 固化淤泥所能达到的最高抗压强度发现，M：P 为 4，总掺量为 20%，养护龄期为 90 d 条件下粉煤灰改性 MKPC 固化淤泥试样的抗压强度达到 8.31 MPa，相比未改性试样提高了 25.5%；M：P 为 6，总掺量为 10%，养护龄期为 90 d 条件下硅灰改性 MKPC 固化淤泥试样的抗压强度达到 8.61 MPa，相比未改性试样提高了 21.6%。

9.2 微观机理

9.2.1 XRD

为了甄别两种矿物掺合料改性 MKPC 固化淤泥的水化产物，选取代表性的改性试样进行 XRD 试验，结果如图 9.5 所示。*x*P-*y*-*z*FA/SF-td 代表 FA 或 SF 改性 MKPC 固化试样，其中 *x* 是 MKPC 掺量（%），*y* 是 M：P 比值，*z* 是 FA 或 SF 掺量百分比，t 是标准养护龄期（d）。

由 XRD 图谱可知，所有样品中均检测到了明显的重烧 MgO 衍射峰，衍射角 $2\theta=42.92°$、$62.32°$，表明仍有过量的 MgO 留存于淤泥土中未参与反应。随着粉煤灰和硅灰掺量的增加，MgO 衍射峰值逐渐降低，其含量相应减少。过量 MgO 颗粒具有较高的硬度，可在土体中起类似细骨料的作用。鸟粪石作为 MKPC 的主要水化产物，在不同 M∶P、改性剂（粉煤灰/硅灰）掺量和养护龄期时均被清晰检测到，衍射角 $2\theta=15.99°$、$20.98°$、$21.55°$、$32.29°$、$33.28°$、$44.37°$ 和 $46.08°$。随着改性剂掺量的增加，粉煤灰和硅灰掺量达到 40%时，MKP 衍射峰强度减弱，过高掺量的改性剂使得水化产物的生成量减少。

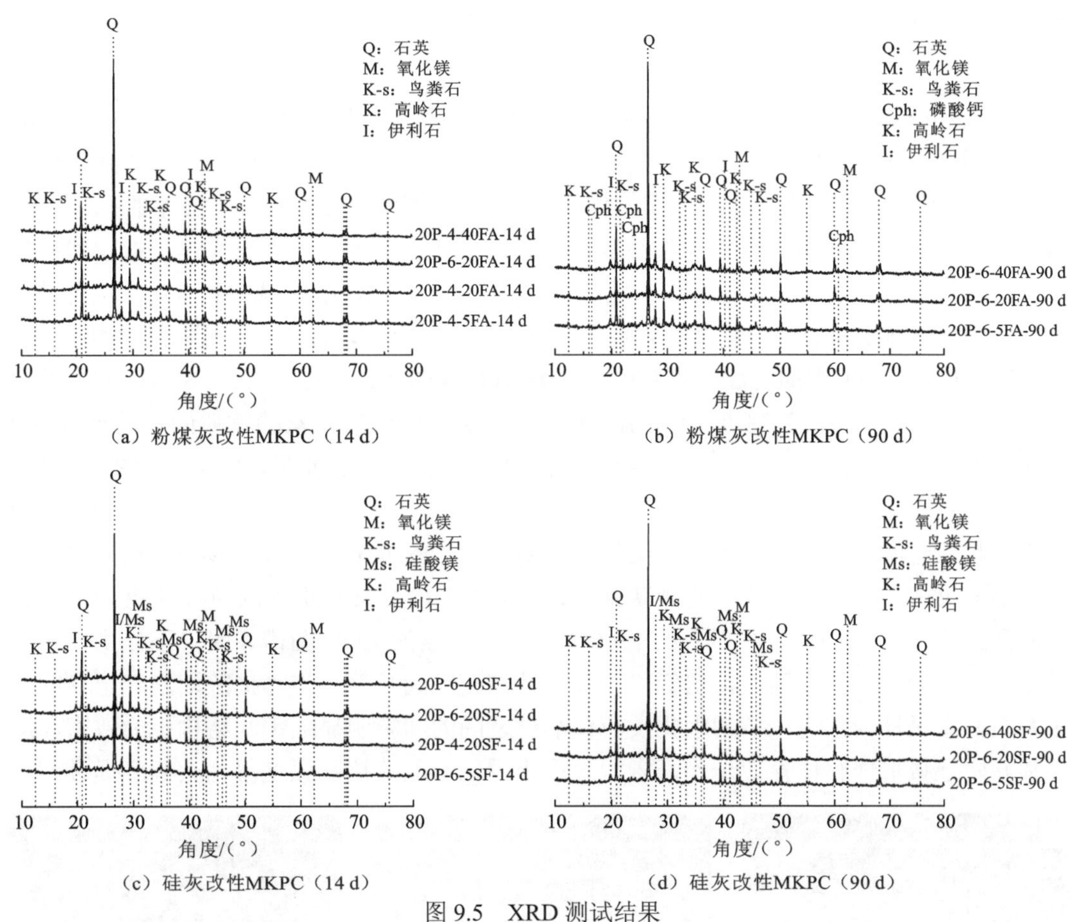

（a）粉煤灰改性MKPC（14 d）　（b）粉煤灰改性MKPC（90 d）

（c）硅灰改性MKPC（14 d）　（d）硅灰改性MKPC（90 d）

图 9.5　XRD 测试结果

图 9.5（b）表明，90 d 粉煤灰改性试样中检测到了微弱磷酸钙（$Ca_2P_2O_7·2H_2O$）衍射峰，衍射角 $2\theta=16.51°$、$21.53°$、$23.64°$ 和 $60.67°$。本章使用 FA，其溶出的 Ca^{2+}可与溶液中的 PO_3^{2-} 发生反应，生成磷酸钙（$Ca_2P_2O_7·2H_2O$）等胶凝水化产物[9]。随着反应的不断进行，MKPC 固化体系的 pH 升高，为水化硅酸钙凝胶（C-S-H）的形成提供了可能。由于固化剂掺量较少，淤泥土中杂质成分较多，在其他物相大量存在且 C-S-H 晶相结晶度差的情况下，C-S-H 的生成并未通过物相分析所证实，但确已有学者证实了该产物的存在[10]。与粉煤灰改性 MKPC 固化淤泥的 XRD 结果相似，硅灰改性并未改变 MKPC 水化产物鸟粪石的形成。不同的是，图 9.5（d）显示 14 d 和 90 d 时硅灰改性试样中均检测到了硅酸镁（$MgSiO_3$）的存在，这可能是因为 MKPC 发生酸碱中和水化反应时放出反应热，激发了微硅粉中 SiO_2 的活性，使之与 Mg^{2+}结合，生成具有胶凝作用的硅酸镁盐 $MgSiO_3$[11]。需要指出的是，粉煤灰改性所生成的磷

酸钙和硅灰改性生成的硅酸镁的衍射峰峰强都较低，说明这两种水化产物的生成量有限，只能作为MKPC固化效果的补充。

以上分析表明，无论是粉煤灰还是硅灰，其改性机理除物理填充效应之外，均或多或少地包括其参与固化体系内部的化学效应，即活性组分参与水化反应形成具有胶凝效应的产物，这类产物作为 MKPC 固化体系的有效补充，可在一定程度上填充水化产物鸟粪石之间的孔隙，改善、细化微观孔隙结构，提高固化体的密实度，有利于提高后期强度。

9.2.2 SEM

粉煤灰和硅灰改性 MKPC 固化淤泥试样的典型微观结构及 EDS 分析，如图 9.6 和图 9.7 所示。由图 9.6（a）可以看出，14 d 养护龄期时掺 20%粉煤灰的试样已形成较为致密的微观结构，球形粉煤灰颗粒起到填充孔隙的作用，可在一定程度上细化固化淤泥的孔隙结构。MKPC 的主要水化产物鸟粪石的典型形貌，如图 9.6（b）所示。鸟粪石晶体呈板块状密集生长，并在局部区域产生微裂纹。微裂纹的产生可能是因为 MKPC 酸碱中和水化反应释放的反应热使鸟粪石晶体表面的水分蒸发，从而产生表面张力。当晶体表面不能抵御张力时，就会产生微裂纹。对 9.6（c）中的粉煤灰颗粒进行 EDS 分析（图 9.7），P2 处 Al、Si、O 元素的物质的量的比为 4∶1∶8.8，其附近 Mg、K、P、O、Ca、Al、Si 元素的物质的量的比为 1.4∶0.7∶1∶11.4∶0.4∶1.7∶2.7，其中，Ca 元素由 FA 溶解而来。这证实粉煤灰在 MPC 基体中发挥了化学效应，其溶出的 Ca^{2+}与溶液中的 PO_3^{2-} 发生反应，生成磷酸钙（$Ca_2P_2O_7·2H_2O$），与鸟粪石一起胶结淤泥土颗粒，提高了固化土的密实度。图 9.6（d）显示掺 20%硅灰试样相比掺20%粉煤灰试样具有更加致密的微观结构，这是由于硅灰具有更小的粒径和更大的比表面积，能更有效地提升试样的密实度。图 9.6（e）中 P6 点的 EDS 图谱表明，该处由众多细微颗粒聚集形成的聚合体为硅灰，它们可以很好地填充粒间孔隙。当养护龄期增加至 90 d 时，图 9.6（f）中试样内部进一步的水化反应使晶体之间的间隙明显缩小，结构更为致密，网络状晶体开始连接形成整体骨架结构，宏观表现为固化淤泥的抗压强度得到大幅度提升。

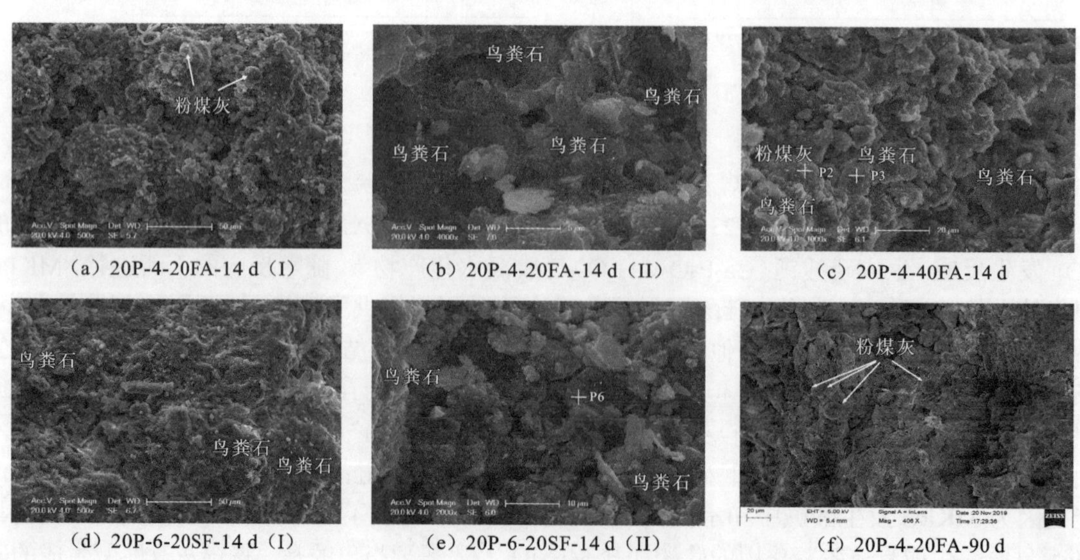

（a）20P-4-20FA-14 d（I）（b）20P-4-20FA-14 d（II）（c）20P-4-40FA-14 d

（d）20P-6-20SF-14 d（I）（e）20P-6-20SF-14 d（II）（f）20P-4-20FA-90 d

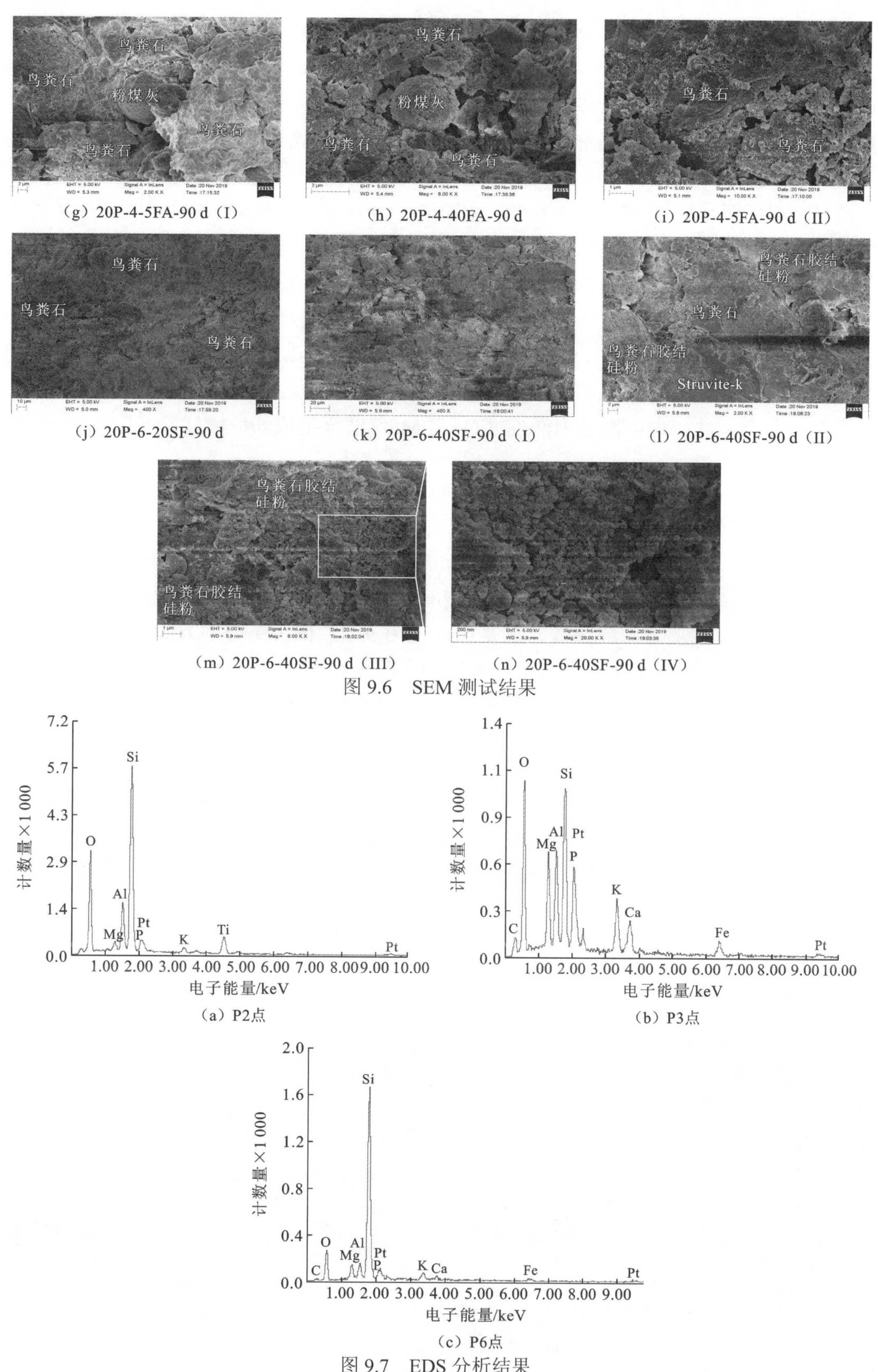

（g）20P-4-5FA-90 d（I）（h）20P-4-40FA-90 d（i）20P-4-5FA-90 d（II）

（j）20P-6-20SF-90 d（k）20P-6-40SF-90 d（I）（l）20P-6-40SF-90 d（II）

（m）20P-6-40SF-90 d（III）（n）20P-6-40SF-90 d（IV）

图 9.6　SEM 测试结果

（a）P2点（b）P3点（c）P6点

图 9.7　EDS 分析结果

图 9.6（g）证实 MKPC 的水化产物鸟粪石晶体充分包裹粉煤灰和淤泥土颗粒，起着胶结黏聚的关键作用。从图 9.6（h）中可以观察到，粉煤灰颗粒被鸟粪石晶体产物充分包裹，表现出良好的化学相容性。粉煤灰颗粒除被水化产物包裹之外，图 9.6（i）还清晰地显示粉煤灰颗粒表面覆盖有较多的细小胶凝状产物。这可能是因为在长期养护过程中粉煤灰组分硅酸钙（CS）和硅酸二钙（C_2S）发生缓慢水化，生成附着于颗粒表面的水化硅酸钙凝胶 C-S-H。对比图 9.6（j）与（f）发现，标准养护 90 d 时掺 20%硅灰试样的微观结构明显更为致密，几乎观察不到孔隙的存在。进一步提升硅灰掺量至 40%，反而导致淤泥土颗粒间的连接较弱，出现清晰棱角和边界。尽管起物理填充作用的硅灰含量增加，但发挥主要胶结作用的水化产物鸟粪石的生成量减少，导致固化淤泥的整体密实度降低。结合图 9.6（m）和（n）可见，直径约为 1 μm 的硅灰颗粒被水化产物 MKP 部分或完全包裹，共同形成团聚体，填充孔隙并增强结构骨架。值得注意的是，硅灰改性试样中鸟粪石晶体表面粗糙并含有一些凸起物，这可能是由活性 SiO_2 与 Mg^{2+} 结合生成的硅酸镁盐胶凝产物 $MgSiO_3$ 覆盖、沉积所形成的。

9.2.3 MIP

孔隙结构特征（即孔隙直径分布和孔隙率）识别，对解释粉煤灰/硅灰改性 MKPC 固化淤泥的宏观强度及微观结构演变具有重要意义。图 9.8 和图 9.9 分别为 MIP 测定的矿物掺合料改性 MKPC 固化淤泥试样的累计进汞量和孔隙分布密度曲线。表 9.1 和表 9.2 详细列出了粉煤灰、硅灰改性试样的孔隙体积分布。累计进汞量可间接定量表征固化淤泥内部的孔隙体积。由图 9.8（a）可以看出，粉煤灰的添加提高了 MKPC 固化淤泥试样的累计进汞量，粉煤灰的掺量越高，累计进汞量的增幅越大。当粉煤灰掺量从 5%增至 20%时，累计进汞量对应由 0.151 mL/g 增至 0.164 mL/g；随着粉煤灰掺量进一步升至 40%，累计进汞量从 0.164 mL/g 升至 0.241 mL/g。累计进汞量增加的现象，与粉煤灰掺入导致 MKPC 水化产物减少直接相关，MKPC 作为主要胶凝材料，其含量在固化体系中对淤泥内部孔隙体积的演变起主导作用。

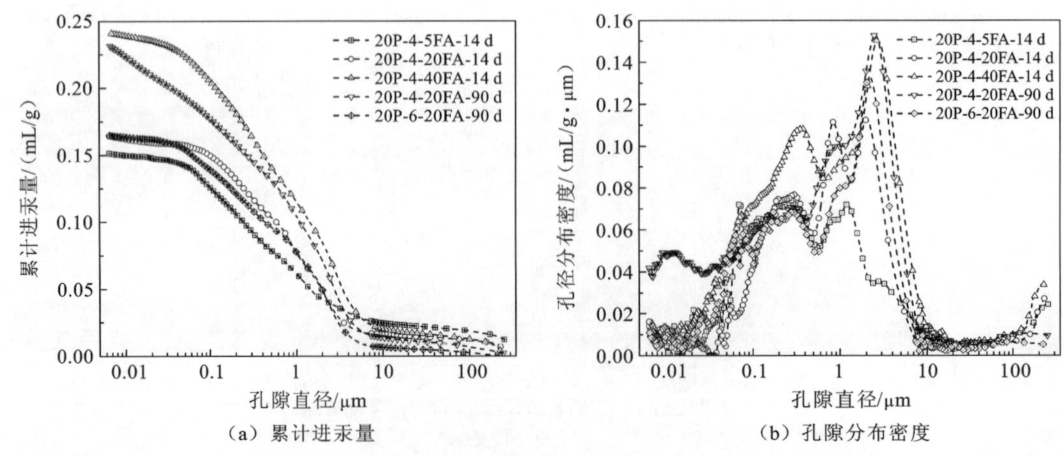

（a）累计进汞量　　（b）孔隙分布密度

图 9.8　粉煤灰改性试样的孔隙结构

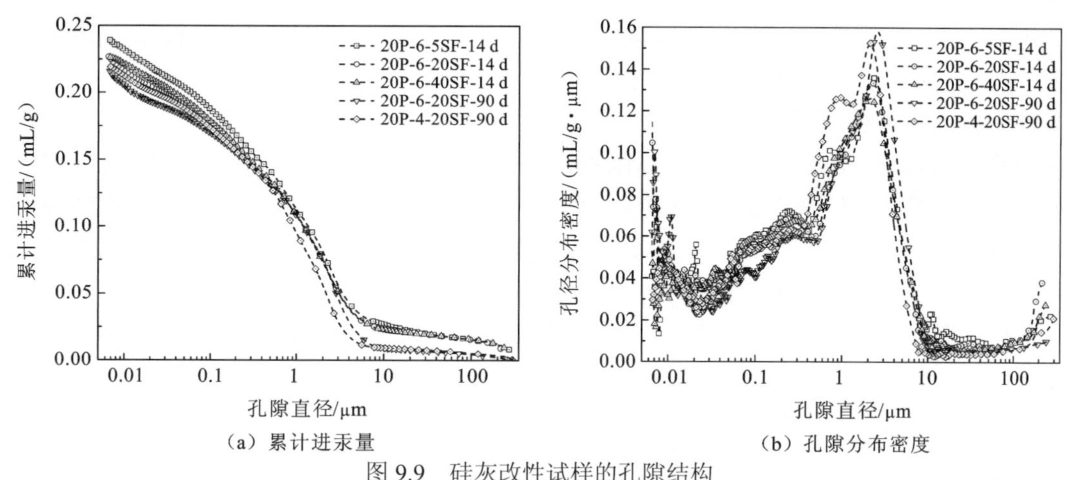

（a）累计进汞量　　（b）孔隙分布密度

图 9.9　硅灰改性试样的孔隙结构

表 9.1　粉煤灰改性试样的孔隙体积分布情况

试样编号	总孔隙率/%	孔隙体积分数/%				
		<0.01 μm	0.01～0.1 μm	0.1～1 μm	1～10 μm	>10 μm
20P-4-5FA-14d	10.935	1.03	15.71	42.67	24.30	16.29
20P-4-20FA-14d	15.342	1.43	7.23	43.88	37.62	9.84
20P-4-40FA-14d	18.963	2.13	22.49	34.12	33.01	8.25
20P-4-20FA-90d	12.296	3.51	22.65	36.92	29.31	7.61
20P-6-20FA-90d	19.408	2.73	20.84	29.73	41.96	4.74

表 9.2　硅灰改性试样的孔隙体积分布情况

试样编号	总孔隙率/%	孔隙体积分数/%				
		<0.01 μm	0.01～0.1 μm	0.1～1 μm	1～10 μm	>10 μm
20P-6-5SF-14d	21.429	3.33	18.45	30.74	36.21	11.27
20P-6-20SF-14d	20.921	4.84	17.37	32.90	36.36	8.53
20P-6-40SF-14d	17.396	4.49	19.58	34.76	36.92	4.25
20P-6-20SF-90d	17.372	5.44	16.25	28.00	45.97	4.34
20P-4-20SF-90d	19.620	3.49	17.69	35.76	38.83	4.23

然而，对比表 9.1 中试样的孔隙分布与体积分数可知，以球状形态存在的粉煤灰可改善孔隙粒径及其分布，即大于 10 μm 的孔隙的体积分数降低，1～10 μm 的孔隙的体积分数增加。以养护 14 d 试样为例，掺 5%、20%、40%粉煤灰替代 MKPC 的试样中大于 10 μm 的孔隙的体积分数分别为 16.29%、9.84%、8.25%，1～10 μm 的孔隙的体积分数分别为 24.30%、37.62%、33.01%。考虑到粉煤灰的平均粒径在 10 μm 左右，其物理填充效应主要表现在填充 10 μm 及更大尺寸的孔隙上，起到细化孔隙的作用。当粉煤灰掺量为 20%时，试样既具有较低的总孔隙率，又降低了固化体中大于 10 μm 的孔隙的体积分数，宏观效应表现为固化淤泥的力学特

性最优。对于相同配比试样（如 20P-4-20FA），养护龄期由 14 d 延长至 90 d，诱使其总孔隙率由 15.342%降低至 12.296%，说明此时试样内部的孔隙结构变得更为致密，宏观表现为抗压强度随养护龄期的延长有所增加。

与粉煤灰相反，硅灰添加可降低 MKPC 固化淤泥试样的累计进汞量，如图 9.9（a）所示。对 14 d 龄期试样，当硅灰掺量从 5%增至 20%时，累计进汞量由 0.240 mL/g 降至 0.227 mL/g；硅灰掺量进一步升至 40%时，累计进汞量继续降至 0.214 mL/g。这可能是因为硅灰颗粒较粉煤灰具有更优异的填充孔隙效果。硅灰作为超细空心球状粉体，具有比粉煤灰大 30～50 倍的比表面积，掺入硅灰使试样密实度更高，累计进汞量相应降低。对比表 9.2 中试样的孔隙体积分布及体积分数可知，硅灰的添加可改善孔隙粒径与分布，即大于 1 μm 的孔隙的体积分数降低，0.01～1 μm 孔隙的体积分数增加。以养护 14 d 为例，掺 5%、20%、40%硅灰时试样内部大于 1 μm 的孔隙的体积分数分别为 47.48%、44.89%、41.17%，1～10 μm 的孔隙的体积分数对应为 36.21%、36.36%、36.92%。硅灰细度很小，平均粒径约为 1 μm，其物理填充效应能有效降低试样内部大于 1 μm 的孔隙的体积分数。对于相同配比试样（20P-4-20SF），养护龄期由 14 d 延至 90 d，总孔隙率由 20.921%降至 17.396%，此时固化淤泥孔隙结构变得更致密，宏观表现为抗压强度相应增加。

9.3 粉煤灰/硅灰改性 MKPC 机理

上述分析表明，粉煤灰的添加可降低 MKPC 固化淤泥试样 1 d 和 3 d 的抗压强度，但对养护 7 d 及以后试样的抗压强度具有一定的增强作用。当 M∶P 为 4、粉煤灰掺量为 20%时，固化淤泥具有最佳的力学性能，标准养护 90 d 试样的抗压强度高达 8.31 MPa。FA 改性 MKPC 加固淤泥的机理，主要有以下方面：①改善孔隙粒径分布，尽管粉煤灰的添加在一定程度上增加了固化淤泥的累计孔隙体积，但以球状形态存在的粉煤灰可改善孔隙粒径与分布，即大于 10 μm 的孔隙的体积分数降低，1～10 μm 的孔隙的体积分数增加。②形态效应，粉煤灰粉末较低的吸水性和圆球形的润滑作用提高了 MKPC 固化体的黏聚性和保水性，有利于 MKPC 固化体系中的水充分参与水化反应。③粉煤灰具有较大的比表面积且硬度较高，水化产物生成后包裹在其表面，且能够以粉煤灰颗粒为骨架，有利于减小试样内部的内应力，提高其整体胶结性能。XRD 结果表明，粉煤灰微集料效应使试样中大于 10 μm 的孔隙转化为 1～10 μm 的孔隙，从而改善和细化孔隙结构。④化学效应，随着 MPC 中酸碱中和反应的不断进行，体系的 pH 水平升高，这有利于 FA 潜在活性的激发。一方面，粉煤灰中的活性成分硅酸钙（CS）和硅酸二钙（C_2S）缓慢进行水化反应，生成水化硅酸钙凝胶 C-S-H；另一方面，粉煤灰中溶出的 Ca^{2+} 能与溶液中的 PO_3^{2-} 发生反应，生成磷酸钙（$Ca_2P_2O_7 \cdot 2H_2O$）等具有胶凝性能的产物。这类产物作为 MKPC 固化体系的有效补充，可在一定程度上填充水化产物鸟粪石之间的孔隙，使得硬化体更加密实，有利于试样后期强度的提高。

同样地，硅灰的添加降低了养护 1 d 和 3 d 试样的抗压强度，但提高了养护 7 d 及更长龄期试样的抗压强度，当 M∶P 为 6 且硅灰掺量为 10%时试样展现出最优的力学性能，标准养护 90 d 试样的抗压强度高达 8.61 MPa。硅灰改性 MKPC 固化淤泥反应机理也可总结为物理和化学效应，但与粉煤灰相比有所区别。其物理效应表现在对孔隙的填充细化作用：硅灰作为超细空心球状粉体，具有比粉煤灰更细的粒径和更大的比表面积，掺入硅灰不仅可以改善其孔隙粒径与分布，有效降低试样中大于 1 μm 的孔隙的体积分数，而且可以提高固化体的密实程度，细化孔隙结构。然而，硅灰存在吸水性较强的缺点，会吸收溶解磷酸盐与发生水化反应所需的水分，故而硅灰掺量不宜过高。化学效应主要体现在，MKPC 体系发生酸碱中和水化反应时放出的反应热激发微硅粉中 SiO_2 的活性，使之与 Mg^{2+} 结合生成具有胶凝效能的硅酸镁盐 $MgSiO_3$，在一定程度上可以填充水化产物鸟粪石之间的孔隙而改善微观结构，提高固化体的密实度，有利于提高固化淤泥的后期强度。需要指出的是，粉煤灰改性 MKPC 生成的磷酸钙盐 $Ca_2P_2O_7·2H_2O$ 和硅灰改性 MKPC 生成的 $MgSiO_3$ 较为有限，仅能作为发挥胶结增强效应的主要水化产物鸟粪石的补充。

9.4 本章小结

选取 FA 和硅灰两种矿物外加剂对 MKPC 固化淤泥进行改性处理，对比研究两种矿物外加剂掺量、M：P 等多种因素对 MKPC 固化淤泥力学强度发展规律的影响，明确改性材料对 MKPC 固化淤泥内部矿物组分特征、水化产物形貌和孔隙结构演变的影响。主要得出以下结论。

（1）粉煤灰和硅灰的添加降低了 MKPC 固化淤泥试样养护 1 d 和 3 d 时的抗压强度，但对养护 7～90 d 试样的抗压强度有一定的强化作用。对于粉煤灰改性 MKPC 固化淤泥试样，M：P 为 4、粉煤灰掺量为 20%时具有最优异的力学性能，标准养护 90 d 的抗压强度高达 8.31 MPa，相比未改性试样提高了 25.5%；对于硅灰改性 MKPC 固化淤泥试样，M：P 为 6、硅灰掺量为 10%时具有最优异的力学性能，标准养护 90 d 的抗压强度可达 8.61 MPa，相比未改性试样提高了 21.6%。

（2）MIP 试验结果表明，粉煤灰的添加在一定程度上增加了 MKPC 固化淤泥的累计孔隙体积，但以球状形态存在的粉煤灰可以改善孔隙粒径与分布，促进淤泥中大于 10 μm 的孔隙向 1～10 μm 的孔隙转化；硅灰的添加降低了 MKPC 固化淤泥的累计孔隙体积，促进了淤泥中大于 1μm 的孔隙向 0.01～1 μm 的孔隙转化，改善了孔隙粒径分布，提高了固化体的密实程度。

（3）XRD 和 SEM 试验结果表明，FA 和硅灰的掺入并未影响 MKPC 水化产物鸟粪石的形成，但在水化反应后期（90 d），FA 溶出的 Ca^{2+} 与 PO_3^{2-} 发生反应生成磷酸钙（$Ca_2P_2O_7·2H_2O$），硅灰中的活性 SiO_2 组分与 Mg^{2+} 结合生成硅酸镁盐 $MgSiO_3$，这类水化产物作为 MKPC 固化体系的有效补充，可在一定程度上填充水化产物鸟粪石之间的孔隙，黏结、包裹淤泥土颗粒，进一步提高固化淤泥的力学特性。

参考文献

[1] 林玮, 孙伟, 李宗津. 磷酸镁水泥中的粉煤灰效应研究[J]. 建筑材料学报, 2010, 13(6): 716-721.

[2] 张思宇, 施惠生. 粉煤灰改性磷酸镁水泥基材料的性能与应用[J]. 粉煤灰综合利用, 2009, 1: 54-56.

[3] XU B W, MA H T, SHAO H Y, et al. Influence of fly ash on compressive strength and micro-characteristics of magnesium potassium phosphate cement mortars[J]. Cement and concrete research, 2017, 99: 86-94.

[4] XU B W, LOTHENBACH B, MA H Y. Properties of fly ash blended magnesium potassium phosphate mortars: Effect of the ratio between fly ash and magnesia[J]. Cement and concrete composites, 2018, 90: 169-177.

[5] 李春梅, 王培铭, 王安, 等. 掺合料对磷酸镁水泥的性能影响及机理研究[J]. 混凝土, 2015, 1: 115-117,125.
[6] ZHENG D, JI T, WANG C, et al. Effect of the combination of fly ash and silica fume on water resistance of magnesium-potassium phosphate cement[J]. Construction and building materials, 2016, 106: 415-421.
[7] WANG A, YUAN Z, ZHANG J, et al. Effect of raw material ratios on the compressive strength of magnesium potassium phosphate chemically bonded ceramics[J]. Materials science and engineering: C, 2013, 33: 5058-5063.
[8] 高明, 刘宁, 陈兵. 微硅粉改性磷酸镁水泥砂浆试验研究[J]. 建筑材料学报, 2020, 23(1): 29-34.
[9] MAHYAR M, ERDOGAN S T. Phosphate-activated high-calcium fly ash acid-base cements[J]. Cement and concrete composites, 2015, 63: 96-103.
[10] 杨楠. 磷酸镁水泥基材料粘结性能研究[D]. 长沙: 湖南大学, 2014.
[11] AHMAD M R, CHEN B. Effect of silica fume and basalt fiber on the mechanical properties and microstructure of magnesium phosphate cement (MPC) mortar[J]. Construction and building materials, 2018, 190: 466-478.

第10章 CO_2-活性 MgO-粉煤灰碳化固化淤泥力学性状与微观机理

10.1 力学特性

10.1.1 应力-应变关系

碳化前后武汉东湖固化淤泥试样的应力-应变关系曲线，如图 10.1 所示。试样未经标准养护，直接在 300 kPa 围压和 150 kPa 气压下碳化 0.5 h，再进行无侧限抗压强度试验。由图 10.1 可知，碳化前后试样应力-应变曲线的形态基本一致，均分为 4 个阶段。第一阶段是应力较低的孔隙压密阶段，试样的峰值强度越高，压密应变量越小；第二阶段是强度大幅度增加的弹性阶段，应力-应变曲线线性增长，此阶段试样外表面无裂缝；第三阶段为大裂隙发展阶段，试样外表面开始局部出现裂缝，随时间发展为剥落、掉块等破坏现象；第四阶段是应力快速减小的破坏后阶段，此时裂缝沿着与轴线大致呈 45° 的直线迅速发展，致使试样完全破坏。

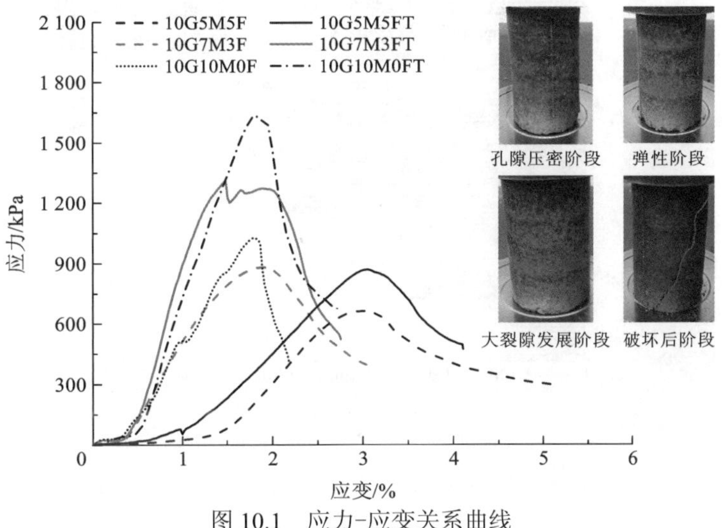

图 10.1 应力-应变关系曲线

*x*G*y*M*z*FT 代表固化剂掺量 *x*%、活性 MgO 与粉煤灰质量比 *y*:*z* 时的碳化试样，G 表示质量比重，M 表示活性 MgO，F 表示粉煤灰，T 表示碳化

与未碳化试样相比，碳化固化淤泥试样破坏时应变基本保持不变，峰值破坏应力有显著提升。应力-应变曲线孔隙压密阶段缩短，这是由于碳化产物可以有效填充试样内部的孔隙。碳化试样的变形模量增大，直观反映了碳化技术还能增强含 MgO 固化淤泥的抗变形能力。碳化技术对土体强度的增加主要归功于 MgO 水化反应产物 $Mg(OH)_2$ 在富 CO_2 环境中生成的镁碳酸化合物，其胶结性能强，可加强土颗粒黏结强度并形成高强骨架结构，从而增强固化淤泥的抗变形能力。

10.1.2 无侧限抗压强度

1. 养护龄期

若对标准养护至不同龄期的固化淤泥进行碳化，试样的无侧限抗压强度随不同 MgO 和粉煤灰质量比的变化趋势，如图 10.2 所示。单掺粉煤灰固化淤泥试样的无侧限抗压强度较小，说明低钙粉煤灰对高含水率淤泥土无侧限抗压强度的改善无明显作用。对于含 MgO 的固化淤泥试样，MgO 与水反应生成 $Mg(OH)_2$，在降低固化土含水率的同时，$Mg(OH)_2$ 晶体较强的物理胶结能力使固化土具备较高的早期无侧限抗压强度。对于相同养护龄期的试样，碳化试样的无侧限抗压强度明显高于未碳化试样，这是由于试样内部的 $Mg(OH)_2$ 与 CO_2 发生碳化反应，生成 $MgCO_3$ 等镁的碳酸化合物，即吸入 CO_2 致使试样的结构更密实，部分试样碳化后达到正常养护 28 d 试样的无侧限抗压强度。此外，淤泥试样的无侧限抗压强度随养护龄期的增加而逐渐增加，但由于 $MgCO_3$ 等碳化产物的胶结性能优于 $Mg(OH)_2$，试样养护固化诱发的无侧限抗压强度的增长幅度不如碳化效果明显。整体来说，经标准养护后，活性 MgO-粉煤灰固化剂能达到比单掺 MgO 或粉煤灰更佳的土体固化效果，碳化后试样的无侧限抗压强度进一步增加。

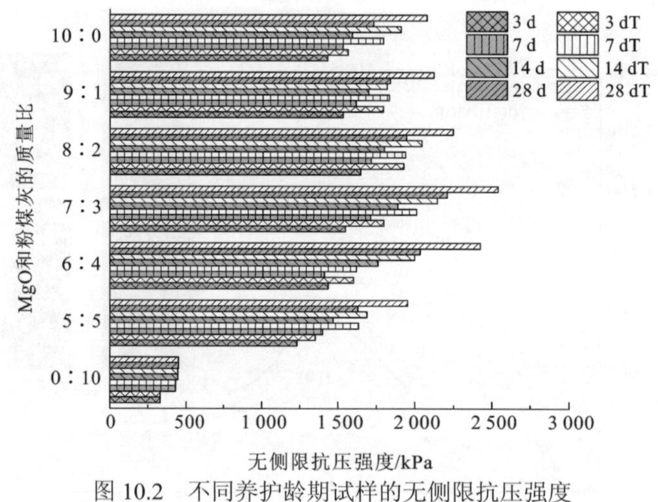

图 10.2 不同养护龄期试样的无侧限抗压强度

*x*d、*x*dT 分别代表养护 *x* 天（d）时对应的碳化前、后试样，T 表示碳化

不同养护龄期下碳化固化淤泥试样的无侧限抗压强度随 MgO 和粉煤灰的质量比的变化曲线，如图 10.3 所示。从图中可以看出，除单掺粉煤灰外，碳化固化淤泥的无侧限抗压强度均高于水泥固化东湖淤泥土的无侧限抗压强度（0.4～0.8 MPa），且随 MgO 掺量的增加呈先增大后减小的趋势。当活性 MgO 与粉煤灰的质量比为 7∶3 时，碳化固化淤泥的无侧限抗压强度达到最高值，之后固化淤泥的无侧限抗压强度反而减小。在标准养护时，MgO 发生水化反应生成 Mg^{2+}和 OH^-，当离子溶度达到饱和时便沉淀出具有一定胶结性的 $Mg(OH)_2$。当固化剂中 MgO 的比例较低或固化淤泥养护龄期较短时，参与土颗粒空间骨架构造的 $Mg(OH)_2$ 较少，碳化反应在保证原有网状骨架不变的前提下促使 $Mg(OH)_2$ 向 $MgCO_3$ 转化，表现为无侧限抗压强度随 MgO 所占比例的增加而增加。当 MgO 掺量过大时，$Mg(OH)_2$ 的生成量过多而超过碳化反应的实际需求，使得体积膨胀量过大，在填充土体孔隙后局部产生细微裂缝，破

坏原有土颗粒间的固化作用形成的空间结构，进而导致无侧限抗压强度下降。对于本章所采用的武汉东湖淤泥，适于 CO_2 碳化增强的最优活性 MgO 在 6%～7%。

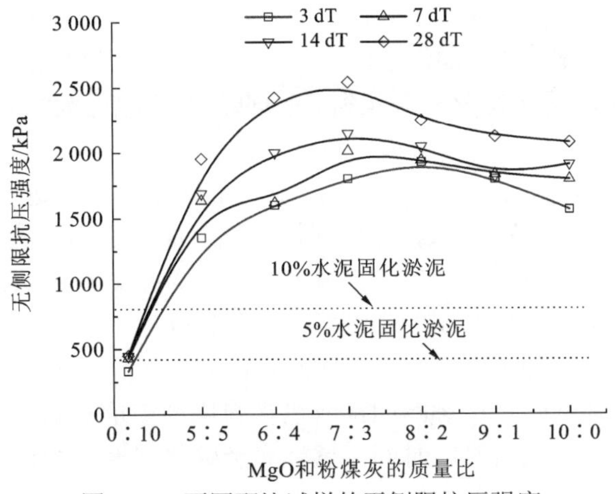

图 10.3　不同配比试样的无侧限抗压强度

2. 加压模式

图 10.4（a）～（c）为不同加压模式下 MgO 和粉煤灰的质量比为 5：5、7：3 和 10：0 时固化淤泥试样 CO_2 吸入量的无侧限抗压强度的变化曲线图。CO_2 吸入量定义为试样碳化前后的质量之差。

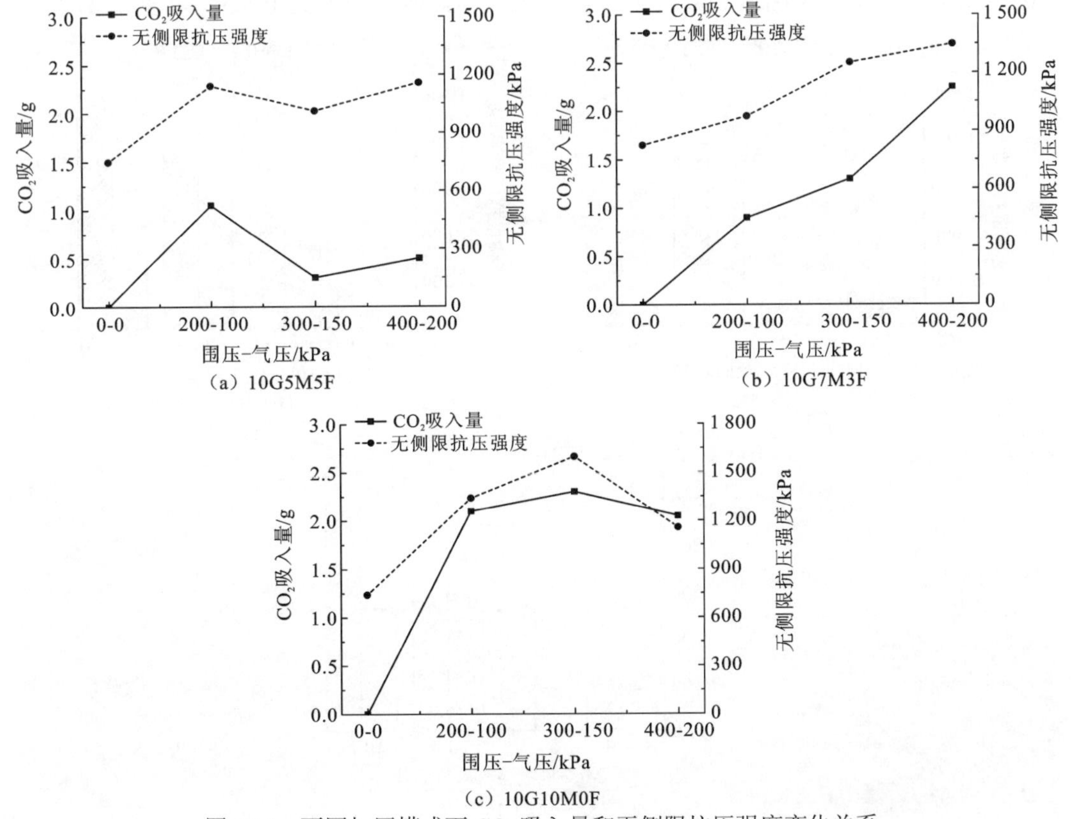

图 10.4　不同加压模式下 CO_2 吸入量和无侧限抗压强度变化关系

由试验结果可知，对于单掺 MgO 的固化淤泥试样（10G10M0F），在不同加压模式下 0.5 h 内的 CO_2 吸入量大致相同，此时试样的无侧限抗压强度较高，内部渗透孔隙均匀，CO_2 不断参与碳化反应，CO_2 吸入量主要取决于碳化时间，与加压模式关系不大。对于 10G7M3F，粉煤灰中粒径很小的微珠和碎屑有效填充了试样的结构孔隙，提高了试样的致密性，导致相同时间内随气压的升高，克服粉煤灰微集料效应的新生孔隙逐渐增多，引起 CO_2 吸入量的增大。对于 10G5M5F，掺入过多粉煤灰导致试样的孔隙变得密实，气体渗透性变差，此时围压增大对试样内部气体的扩散起约束作用，不利于碳化反应的进行。

与 CO_2 吸入量曲线相比，碳化试样无侧限抗压强度曲线呈相同的变化趋势。这是由于短时间内 CO_2 吸入量越多，镁碳酸盐的生成量就越多，黏结土颗粒形成的网状骨架结构的强度就越高，宏观上表现为碳化固化淤泥的强度增加。值得注意的是，试样的无侧限抗压强度并不完全由碳化过程中 CO_2 的吸入量决定，合理的固化剂掺量同样可以使 CO_2 吸入量较小的试样达到较高的强度，故强度的直接影响因素应包含固化剂掺量和配比。不同加压模式影响试样的碳化速率和达到完全碳化所需的时间，试样完全碳化强度由固化剂掺量和配比所决定，CO_2 吸入量直观反映为特定固化剂掺量和配比下试样无侧限抗压强度的发展趋势。综合对比图 10.4 可知，不同固化剂配比具有其最佳的加压碳化模式。实际工程中，应根据工程用土的强度需求决定固化剂的种类和掺量，再选用相应的最佳加压模式。

3. 固化剂掺量

图 10.5 展示的是不同掺量固化剂下无侧限抗压强度随 MgO 和粉煤灰的质量比的变化曲线。试样加压模式统一为围压 300 kPa、气压 150 kPa，碳化时间为 0.5 h，未经标准养护。

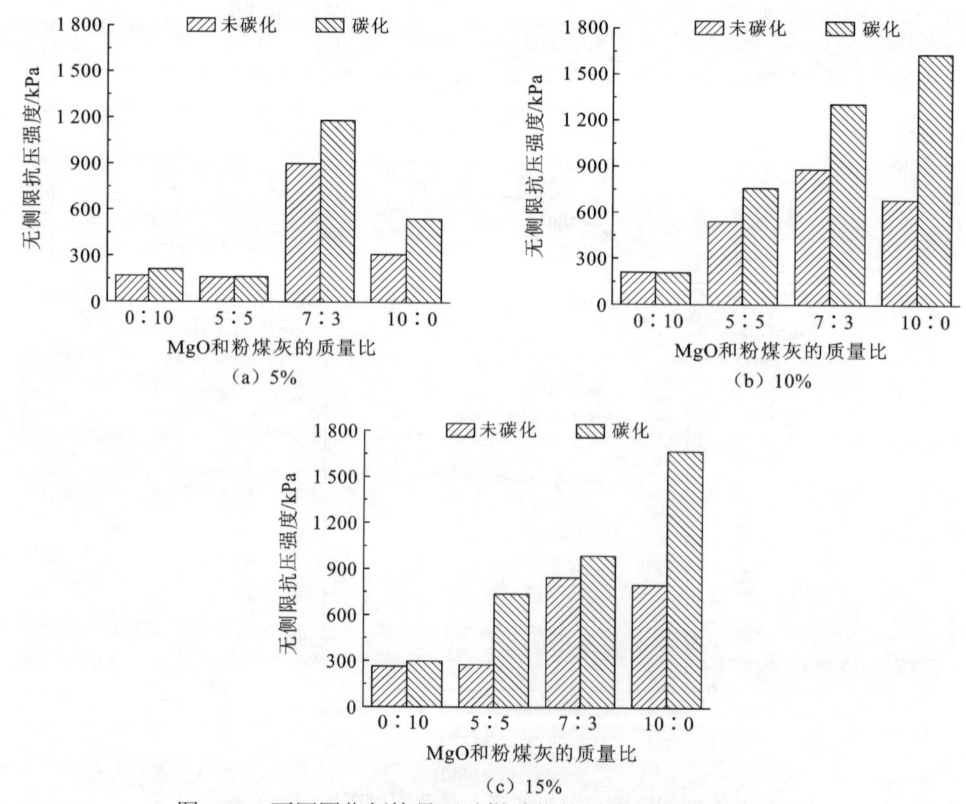

图 10.5　不同固化剂掺量下试样碳化前后的无侧限抗压强度

当固化剂掺量为 5%时，低 MgO 固化淤泥碳化产物的胶结程度较低，通气过程中试样内部产生微裂缝，阻碍无侧限抗压强度的增长。当固化剂掺量达到 10%以上时，碳化试样的无侧限抗压强度随 MgO 和粉煤灰的质量比的增大而增加，这是由于试样中的活性 MgO 快速水化，水化产物与 CO_2 作用生成镁碳酸盐，体积增大，填充试样孔隙，且镁碳酸盐的胶结强度大于 $Mg(OH)_2$，诱使试样的无侧限抗压强度明显提升。与此同时，由于水化反应为放热反应，MgO 的进一步增加会造成试样膨胀，裂缝增多。对于同种土体，试样的碳化固化强度与 MgO 掺量有关，在一定的固化剂掺量范围内，碳化试样的无侧限抗压强度随 MgO 含量的增加而变大，这与考虑养护龄期时无侧限抗压强度的变化规律有所区别。此时，试样直接进行碳化固化，水化反应与碳化反应同时进行，并非标准养护至形成稳定的水化硅酸镁 M-S-H/$Mg(OH)_2$-土颗粒空间骨架结构后再进行碳化。未经养护直接进行碳化时，试样中的活性 MgO 的含量越高，碳化产物越密集，空间结构的整体性越强，宏观上表现为试样的无侧限抗压强度越高。

4. 碳化时间

图 10.6（a）～（c）为不同的 MgO 和粉煤灰的质量比下固化淤泥试样 CO_2 吸入量和无侧限抗压强度随碳化时间的变化曲线。试样加压碳化模式统一为围压为 300 kPa，气压为 150 kPa，固化剂掺量为 10%，未经标准养护直接碳化。分析可知，碳化时间越长，碳化程度越高，但碳化固化淤泥试样的无侧限抗压强度与碳化时间并非呈正相关关系。对于 10G5M5F 试样，碳化时间增加引起 CO_2 吸入量的逐渐增加，但试样的无侧限抗压强度表现为先快速增加，碳

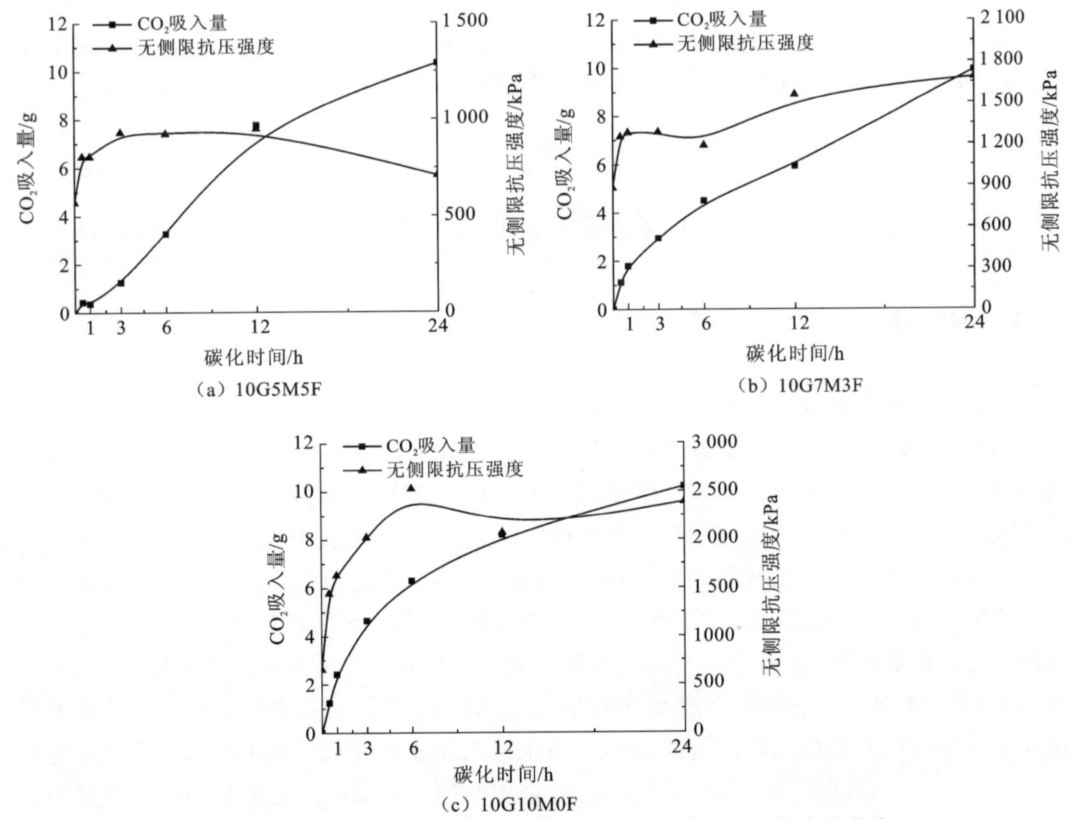

（a）10G5M5F

（b）10G7M3F

（c）10G10M0F

图 10.6　不同碳化时间下 CO_2 吸入量和无侧限抗压强度的变化曲线

化 3 h 后达到稳定，之后继续通入 CO_2 反而导致试样的无侧限抗压强度有所下降。在碳化反应早期，体积膨胀可以填充试样孔隙，且这些碳化产物具有较强的胶结能力，在试样中形成有分支、网状的微观结构，能大大提高固化土的力学强度。但当碳化时间过长时，碳化作用促使体积进一步膨胀，试样外观发生明显膨胀（图 10.7），致使试样内部的裂隙增多，进而影响试样的强度。

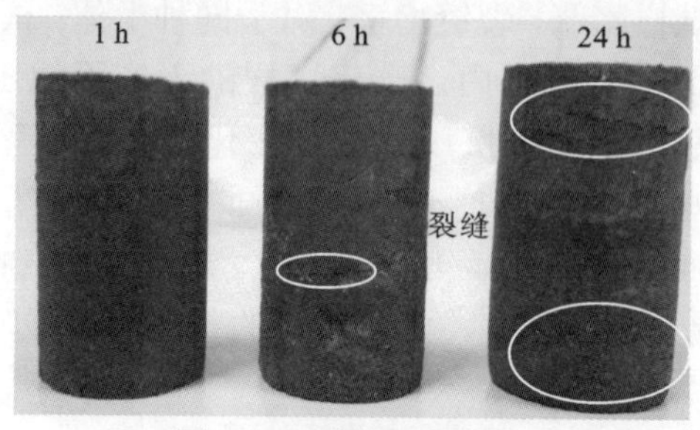

图 10.7　碳化试样外观

对于 10G7M3F 和 10G10M0F 试样，两者的 CO_2 吸入量曲线基本一致，无侧限抗压强度曲线呈现先增大后缓慢增大或保持不变的趋势，这是由于当碳化时间超过 6 h 时，固化淤泥试样的内部同样会形成微裂缝，但此时试样的 MgO 掺量高，整体强度大，即此时微裂缝的发展只是削弱或抵消了强度的增加，且待试样内部形成一定的微裂缝后，CO_2 直接穿过裂缝从试样顶部排出，并不会使裂缝进一步发展。

从室内试验研究角度分析，不同 MgO 和粉煤灰的质量比的碳化固化土展现出不同的峰值强度及对应的最佳碳化时间。从节约能源、提高效率和简化应用的角度分析，碳化 0.5 h 已经能达到峰值强度的 50%～80%，强度高于标准养护固化土，此时已具有实际工程应用价值。

10.2　微观机理

10.2.1　SEM

分别选取未碳化和碳化试样进行 SEM 和压汞试验，试样固化剂掺量均为 10%，未碳化试样为 10G7M3F，碳化试样为 10G7M3FT 和 10G10M0FT，碳化时间为 0.5 h。SEM 成像图如图 10.8 所示。图 10.8（a）为未经碳化的 10G7M3F 试样，能够观察到片状 $Mg(OH)_2$ 晶体存在于颗粒表面和颗粒之间，土颗粒间的连接较为紧密，在 $Mg(OH)_2$ 晶体胶结作用下形成稳定结构。碳化后固化淤泥试样即 10G7M3FT 的 SEM 图，见图 10.8（b）。此时，在试样颗粒表面及颗粒间有一层呈丝状微观结构的水碳镁石和球碳镁石，它们相互搭接呈花骨状结构，使得土颗粒相互黏结且整体性显著增强，在宏观上表现为碳化固化淤泥强度的增加。图 10.8（c）展示了掺 10%MgO 的固化淤泥试样经碳化后的 SEM 观测图，可观察到试样局部分布有菱形柱状晶体的碳酸镁石微观结构。图 10.8（c）右上角为所生成碳化产物的局部放大图，它们之间相互交叉生长、共同搭建，形成非常致密的微观结构，使试样的孔隙减小。碳酸镁石在填充孔隙、胶结土颗粒的同时，由于其自身强度高，进一步促进了固化土试样强度的增加。

（a）10G7M3F

（b）10G7M3FT

（c）10G10M0FT

图 10.8　碳化固化淤泥试样的 SEM 图

10.2.2　MIP

图 10.9 展示了未碳化和碳化固化淤泥试样压汞曲线的对比情况。由图 10.9（a）可知，10G10M0F 和 10G7M3F 试样的累计进汞量分别为 0.21 mL/g 和 0.14 mL/g。这是因为粉煤灰的最小粒径仅为 0.5 μm，添加粉煤灰可使试样的孔隙体积减小，进汞量降低，碳化后由于碳化产物的生成而呈现相同的孔隙体积。同时，未碳化试样的进汞量在压汞过程中匀速增加，经 0.5 h 碳化后，大于 1 μm 的孔隙的进汞量只有 0.02 mL/g，说明此时的孔隙结构变得更为致密，宏观上表现为强度增加，应力-应变曲线中孔隙压密阶段的应变缩小，即宏观与微观之间表现出高度的一致性。由图 10.9（b）可知，未碳化固化淤泥的孔隙分布密度曲线呈双峰分布，10G7M3F 的内部孔隙直径主要分布在 0.01～0.7 μm 和 7～11 μm，10G10M0F 则为 0.05～0.3 μm 和 2～11 μm。经碳化 0.5h 后，两种碳化固化淤泥都近似呈单峰分布，此时孔隙直径均在 0.1 μm 左右。依据 Shear 等[1]给出的孔隙划分标准（表 10.1），发现 0.5 h 碳化使固化淤泥试样中的团粒内孔隙转化为颗粒间孔隙，大孔隙减少，小孔隙增多，说明 CO_2 碳化技术有利于改善固化淤泥的孔隙结构。这是因为 CO_2 与 $Mg(OH)_2$ 反应生成碳酸镁石、水碳镁石和球碳镁石，填充固化体团粒内的孔隙，使整体结构更加密实，宏观上表现为强度的提高。压汞试验结果进一步揭示了碳化固化淤泥的力学性能优于未碳化淤泥的微观本质。

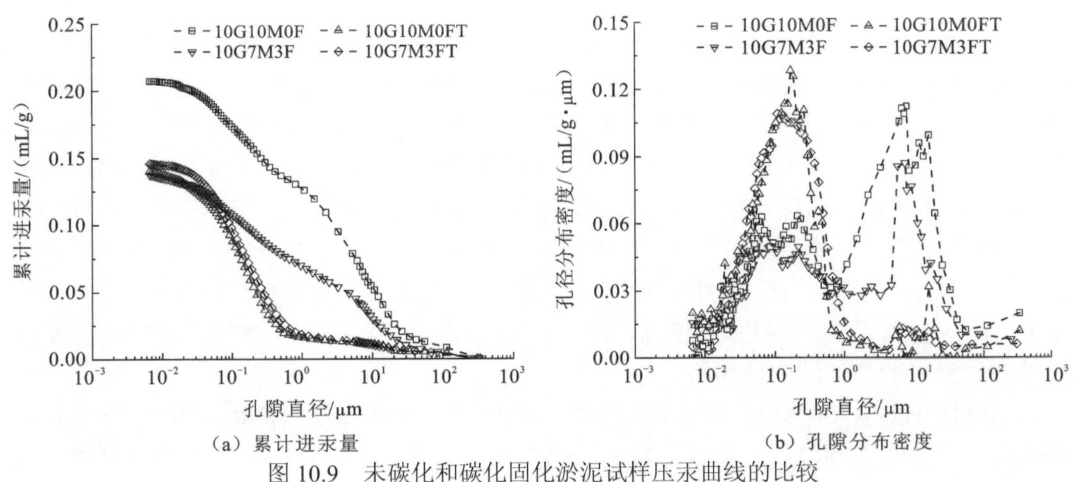

（a）累计进汞量　　（b）孔隙分布密度

图 10.9　未碳化和碳化固化淤泥试样压汞曲线的比较

表 10.1　孔隙划分标准[1]

项目	孔径直径/μm			
	<0.014	0.014～1.8	1.8～70	70～4 000
孔隙类型	颗粒内孔隙	颗粒间孔隙	团粒内孔隙	团粒间孔隙（大于 600 μm 为宏观孔隙）

10.3　耐久特性

10.3.1　持续浸水

图 10.10 为 10P7M3F 和 10P7M3FC 试样在浸水条件下的质量变化曲线与外观形貌图。其中，P 代表固化剂百分比，M 代表活性 MgO，F 代表粉煤灰，C 代表碳化，WI 为浸水条件，DW 为干湿条件，FT 为冻融条件，下面不再赘述。

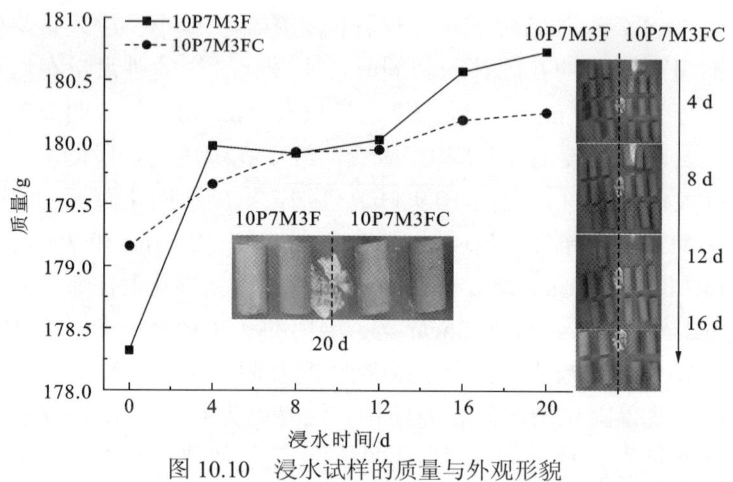

图 10.10　浸水试样的质量与外观形貌

从图 10.10 可以看出，持续浸水至 20 d 的过程中，碳化试样和对照固化淤泥试样的表面并无明显的掉块、崩解现象。这说明，CO_2 碳化作用和活性 MgO-粉煤灰固化作用能明显改善东湖淤泥的水稳性。未浸水时，10P7M3FC 试样的质量大于 10P7M3F，这是因为 CO_2 与水化产物 $Mg(OH)_2$ 发生碳化反应，吸收部分 CO_2 使试样的初始质量增大。浸水后，10P7M3F 和 10P7M3FC 试样的质量呈现相似的增加趋势，主要是因为 10P7M3F 内部存在部分未水化的 MgO，随着水分的入侵而逐渐被完全水化，质量的增长速率先上升后稳定。对于 10P7M3FC，CO_2 气体的流通引起了试样内部水分的迁移，促使 MgO 充分水化，且强制碳化所生成的碳化产物起填充致密作用，故浸水试样质量的增长速率趋于稳定。浸水 20 d 后，10P7M3FC 试样增加的质量仅为 10P7M3F 试样增加质量的 44.8%，证实碳化试样质量的水稳性大幅提高，这归功于碳化反应生成的强胶结性镁碳酸盐，在土颗粒间相互黏结形成空间网状骨架结构，从而增强了 10P7M3FC 的整体结构性和稳定性。

图 10.11 为试样 10P7M3F 和 10P7M3FC 的无侧限抗压强度变化曲线，其中，强度相对变化率定义为试样的无侧限抗压强度与初始无侧限抗压强度之比。从图 10.11 可以发现，未浸水时 10P7M3FC 试样的整体强度较未碳化试样提升了约 32%，这证实碳化技术能有效提高试

样的无侧限抗压强度。浸水后，试样的无侧限抗压强度先降低随后保持大致稳定，试样 10P7M3F 与 10P7M3FC 的强度初次降幅（浸水 4 d 时）分别为 33%和 20%，持续浸水 20 d 时试样 10P7M3FC 的强度相对变化率仍能保持在 0.8 左右，说明碳化试样具备更优良的水稳性。

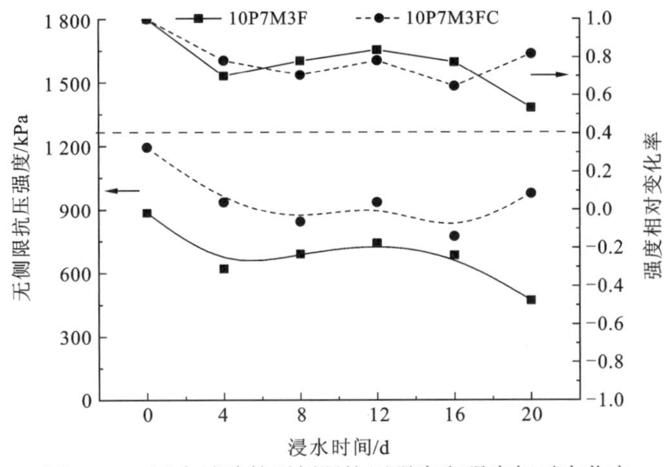

图 10.11　浸水试验的无侧限抗压强度和强度相对变化率

10.3.2　干湿循环

图 10.12 为干湿循环条件下试样的质量变化过程曲线。40 ℃烘干环境能有效加速浸水饱和试样内部的水化反应，即单次循环后试样水化几近完全，使得试样质量基本保持稳定。试样 10P7M3F 和 10P7M3FC 在干湿循环过程中无掉渣破坏现象，但 10 次干湿循环后 10P7M3F 表面存在部分微裂缝，10P7M3FC 表面则光滑无裂缝，这说明碳化试样具备更强的抗裂性能。镁碳酸盐等碳化产物一方面使得试样体积膨胀，土颗粒间隙被填充；另一方面其胶结性能优于活性 MgO 水化生成的 $Mg(OH)_2$，使得 10P7M3FC 的整体性增强，干湿循环裂隙减少。

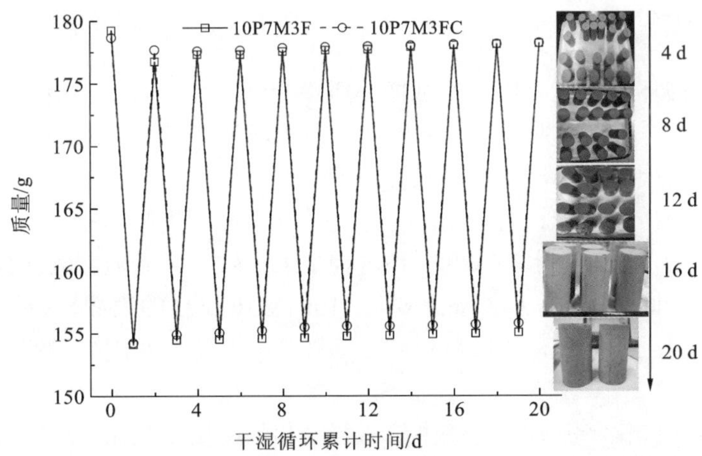

图 10.12　干湿循环试样的质量与外观形貌（2 d 为一次干湿循环）

图 10.13 展示了干湿循环时无侧限抗压强度随循环次数的变化曲线。由图 10.13 可知，相较于 10P7M3F 试样表现出的无侧限抗压强度先上升后下降的趋势，干湿循环后 10P7M3FC 试样的无侧限抗压强度表现为先基本维持不变后略有上升的趋势。这主要是因为 10P7M3FC

试样在碳化处理过程中，活性 MgO 的消耗和 CO_2 的渗透带动试样内水分的迁移，使得水化程度加剧，碳化产物增多，形成了稳定的空间网状结构，致使干湿循环早期碳化试样的强度保持稳定。

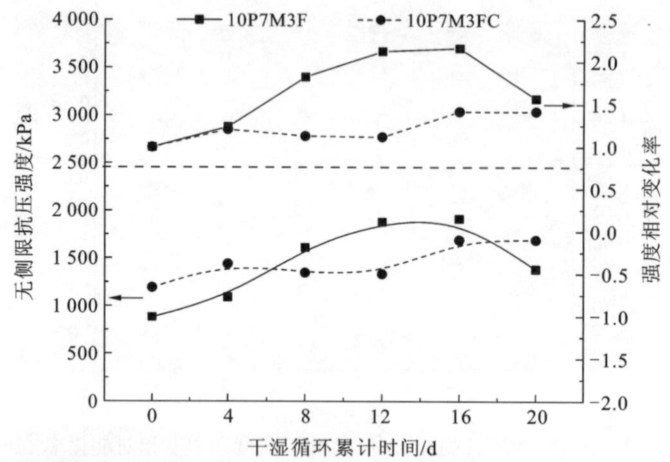

图 10.13　干湿循环试样无侧限抗压强度和强度相对变化率（2 d 为一次干湿循环）

10P7M3F 试样内部存在胶结强度较高的 $Mg(OH)_2$、未水化的活性 MgO 及极少量的水化硅酸镁凝胶 M-S-H，反应初期 MgO 水化生成 $Mg(OH)_2$，其与粉煤灰反应生成可黏结颗粒、填充孔隙的 M-S-H 凝胶，从而引起强度的增加。经干湿循环 20 d 后，试样 10P7M3F 的表面形成微裂缝，导致强度下降，而 10P7M3FC 的碳化产物具有强胶结作用，使试样抗干湿开裂的性能增强，试验后期碳化产物形态的转化促使强度增加，这将在后面微观机制分析中加以验证。从工程应用角度分析，碳化试样的无侧限抗压强度随干湿循环次数的增加而增加，具有更广泛的应用前景。

10.3.3　冻融循环

冻融循环侵蚀破坏的碳化固化淤泥试样的质量变化曲线，如图 10.14 所示。为防止与外界进行水分交换，试样被保鲜膜包裹、密封来进行冻融循环试验，冻融循环后在保鲜膜内壁上发现了水珠，这是因为在初次循环时试样内部的自由水凝结后扩散至了保鲜膜与试样的交界处，水分损失致使质量下降。而碳化固化淤泥试样内部碳化产物的生成过程消耗部分自由水，形成结晶水化物，这部分水在冻融循环过程中未扩散，因而随冻融次数的增加碳化试样质量的下降程度小于固化试样。从外观上观察，10P7M3F 试样的表面较为粗糙，存在微裂缝，10P7M3FC 试样则无上述现象，这同样反映了活性 MgO-粉煤灰固化淤泥经碳化后抗裂性能的增强。

图 10.15 为碳化固化淤泥试样无侧限抗压强度和强度相对变化率随冻融循环累计时间的变化曲线。随着冻融循环次数的增加，试样的无侧限抗压强度呈现先增大至峰值而后减小最终稳定的趋势。冻融循环时，虽然淤泥土颗粒发生错位、移动，但 $Mg(OH)_2$、M-S-H 凝胶和碳化产物的胶结强度高，在保持黏聚体整体形态的同时，与未胶结土颗粒间重新排列密实，致使试样的整体性更好，强度更高，最终无侧限抗压强度趋于稳定。

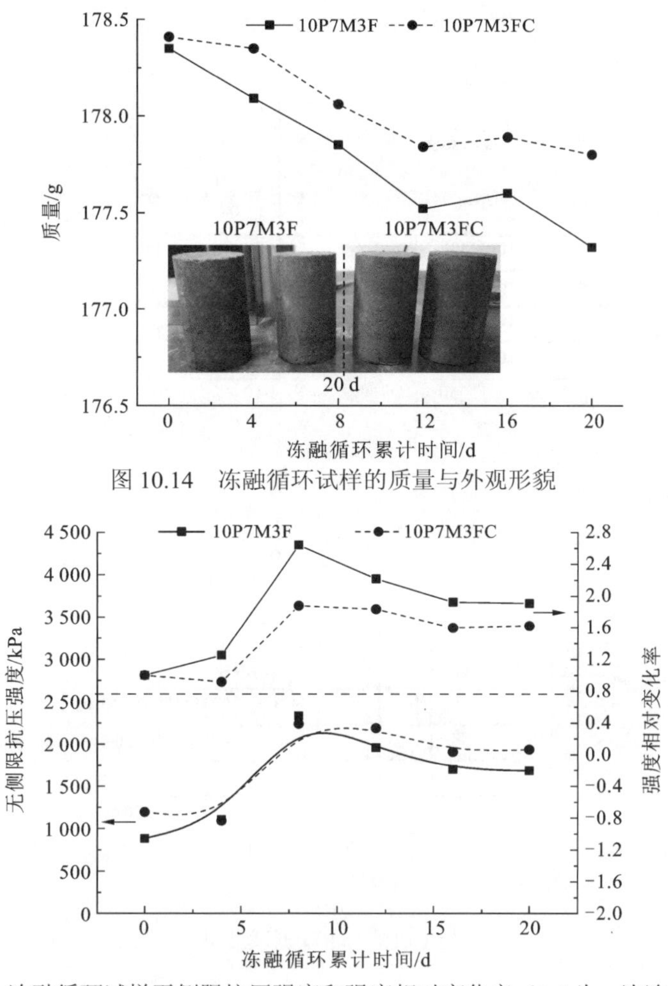

图 10.14　冻融循环试样的质量与外观形貌

图 10.15　冻融循环试样无侧限抗压强度和强度相对变化率（2 d 为一次冻融循环）

10.4　耐久性演变机制

10.4.1　XRD

选取 10P7M3F、10P7M3FC 标准试样及 20 d 耐久性试验破坏试样的样品进行 XRD 测试，进一步明确碳化固化淤泥内部化学反应产物的形成过程及演变规律，结果如图 10.16 所示。

分析可知，相较于标准养护试样 10P7M3F，10P7M3FC 碳化固化试样内部探测出了碳酸镁石（$MgCO_3·3H_2O$）、水碳镁石[$Mg_5(CO_3)_4(OH)_2·4H_2O$]、球碳镁石[$Mg_5(CO_3)_4(OH)_2·5H_2O$]的存在。这充分说明，0.5 h 碳化过程使 10P7M3FC 试样内的 $Mg(OH)_2$ 与 CO_2 之间发生反应，生成了一系列镁碳酸盐等碳化产物。

值得注意的是，三组不同耐久性试验条件下 10P7M3F-WI/DW/FT20d 试样的 XRD 图谱中均可探测到微量水化硅酸镁凝胶 M-S-H 的存在。这表明，掺入粉煤灰后，试样内的活性

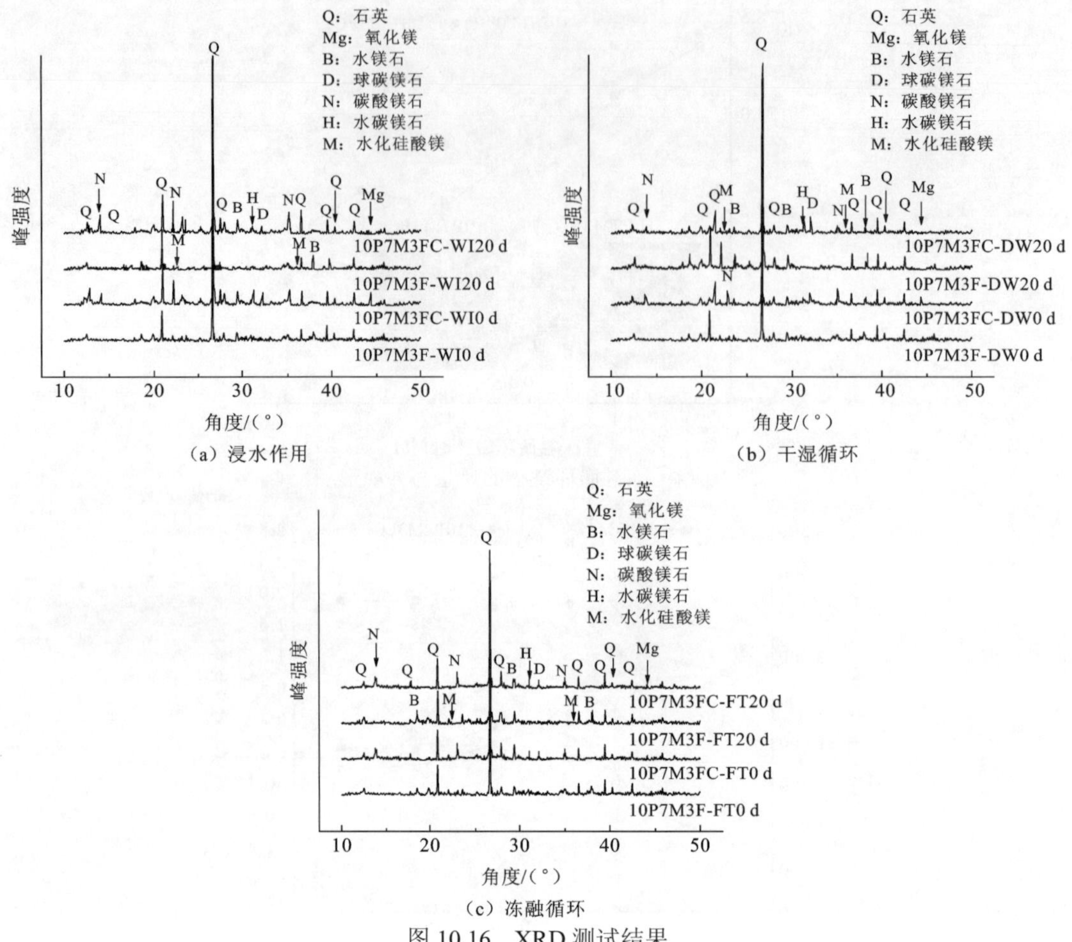

(a) 浸水作用

(b) 干湿循环

(c) 冻融循环

图 10.16　XRD 测试结果

MgO 水化生成 $Mg(OH)_2$，与粉煤灰中的活性组分 SiO_2 等反应形成胶凝产物 M-S-H，但反应速率较慢，故测试样品中 M-S-H 对应的相对峰值强度较低。然而，在 10P7M3FC 试样的相同衍射角处未检测出峰值，这是因为碳化反应消耗 $Mg(OH)_2$，孔隙溶液的碱性下降，不利于 M-S-H 的生成。

10P7M3FC 经 20 d 持续浸水后的 XRD 测试结果，如图 10.16（a）所示。观察可知，碳酸镁石多个晶面的峰值强度增加，水碳镁石和球碳镁石的峰值强度降低。在 XRD 测试样品原始投料相同的前提下，可判断出 10P7M3FC-WI20d 中碳酸镁石含量增加，水碳镁石和球碳镁石含量降低。10P7M3F-WI20d 试样的 XRD 衍射图谱中无 MgO 峰，但水镁石的相对峰值强度增加，说明浸水效应充分促进了活性 MgO 的水化反应。图 10.16（b）中，干湿循环条件下试样所呈现的 XRD 测试结果与浸水作用时相反，即碳酸镁石的峰值强度降低，水碳镁石和球碳镁石的峰值强度反而升高。干试样脱水使碳酸镁石转化为水碳镁石和球碳镁石，因而碳酸镁石含量降低，而水碳镁石和球碳镁石含量增多。冻融循环条件下试样的 XRD 衍射图谱，如图 10.16(c)所示。结果显示，试样经冻融损伤后矿物成分无明显变化，这与 10P7M3FC 试样被保鲜膜密封包裹有关，即试样并未与外界产生水汽交换，故并未产生镁碳酸盐间的形态转化。

三种环境下 10P7M3F 和 10P7M3FC 试样的 XRD 测试结果证实，镁碳酸盐系列碳化产物之间可以相互转化：浸水条件下，碳化试样处于饱水状态，可以促进球碳镁石和水碳镁石向碳酸镁石转化；干湿循环中，干燥过程使试样处于外部脱水状态，导致碳酸镁石向球碳镁石和水碳镁石转化；冻融循环效应下，碳化产物之间无明显转化。

10.4.2 SEM

图 10.17 为碳化前后固化淤泥试样和不同环境侵蚀破坏试样的 SEM 结果。观察图 10.17（a）发现，10P7M3F 试样的球状粉煤灰表面已被片状集合体的水镁石晶体包裹，孔隙结构较为密实，整体性较强。$Mg(OH)_2$ 可胶结土颗粒形成大块黏聚体，致使活性 MgO–粉煤灰固化淤泥具有一定的早期强度。分析图 10.17（b）中的 10P7M3FC 试样可以清晰发现，棱柱状晶体碳酸镁石（左上角为局部放大图）、花骨状与片状水碳镁石与球碳镁石的存在。碳酸镁石结晶度好，微观硬度高，在土体孔隙中形成骨架，起支撑作用。有别于碳酸镁石，花骨状和片状水碳镁石与球碳镁石能更有效地填充试样内部颗粒间及团粒间的孔隙，黏结形成稳定的空间网络结构。

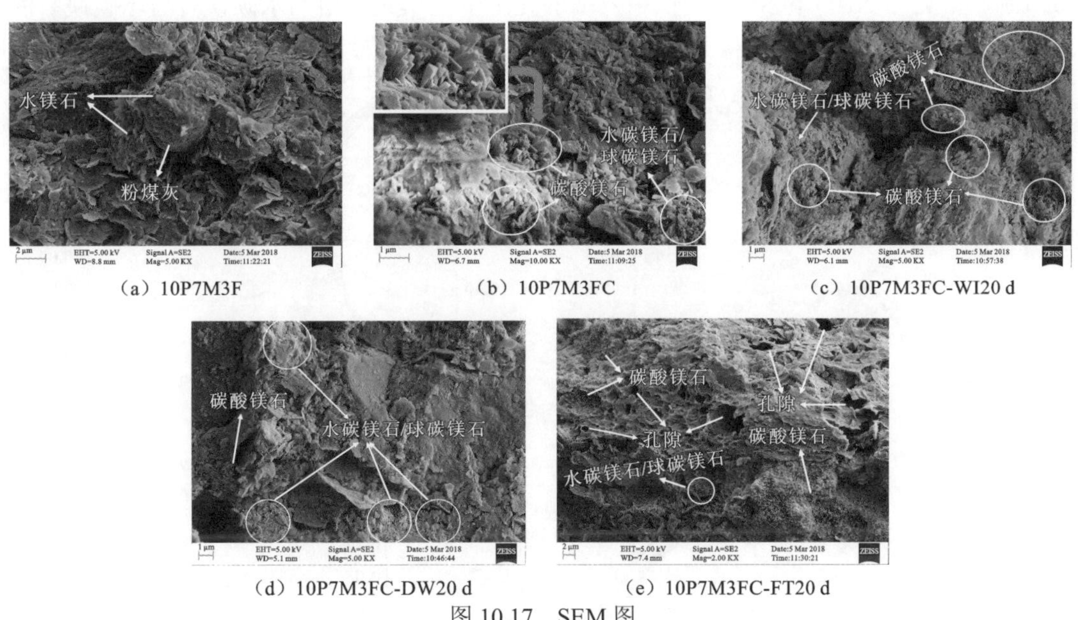

（a）10P7M3F （b）10P7M3FC （c）10P7M3FC-WI20 d

（d）10P7M3FC-DW20 d （e）10P7M3FC-FT20 d

图 10.17 SEM 图

图 10.17（c）为浸水 20 d 后 10P7M3FC 试样断面的微观形貌。试样内部颗粒间易观测到棱柱状晶体，但较难寻找到花骨状和片状结构晶体。这进一步证实了 XRD 的测试结果，即浸水作用诱使球碳镁石和水碳镁石向碳酸镁石转化。猜想可能是饱水状态下的丝状水碳镁石发生化学反应，在形态上相互黏结，形成了棱柱状结构。结合碳化产物形态特征进行分析，水碳镁石和球碳镁石减少，孔隙填充密实度下降，孔隙增多，致使试样的整体性减弱，强度降低，这与浸水条件下试样的宏观强度表现相符。干湿循环破坏试样的 SEM 结果见图 10.17（d），与浸水试样的微观结构不同，土颗粒间填充有片状球碳镁石夹杂丝状水碳镁石，这与 XRD 的测试结论相吻合。这可能是因为棱柱状碳酸镁石发生脱水反应，在形态上表现为开裂，形成了花骨状和片状的水碳镁石与球碳镁石。

图 10.17（e）为冻融循环 20 d 后 10P7M3FC 试样的微观形貌图。分析可知，冻融循环试样的整体结构良好，表面存在自由水低温冻胀形成的微小孔洞，孔洞内壁存在多层片状的球碳镁石。在碳化过程中，CO_2 气体带动内部自由水自下而上迁移，或许会使试样内部的孔洞更多地趋于竖向分布，对强度影响不大；与此同时，冻融循环使得未受胶结作用影响的淤泥土颗粒发生错动填充，与胶结黏聚体共同形成立体骨架结构，致使强度增加。

10.4.3 MIP

图 10.18 为碳化固化淤泥试样的压汞试验结果。图 10.18（a）展示了浸水前后 10P7M3FC 试样的压汞曲线。可以看出，浸水前后试样的累计进汞量都在 0.15 mL/g 附近，且孔隙分布密度曲线均呈双峰态分布，孔隙直径主要分布在 0.05～0.4 μm 和 8～11 μm。依据 Shear 等[1]提出的孔隙划分标准，0.014～1.8 μm 属于颗粒间孔隙，1.8～70 μm 为团粒间孔隙。对比 10P7M3FC-WI20d 和 10P7M3FC-WI0d 试样的孔隙分布密度曲线发现，浸水作用使试样内的部分颗粒间孔隙转化为团粒内孔隙，小孔隙减少，大孔隙增多，从而降低了 10P7M3FC 试样的抗压强度。这与 XRD 和 SEM 测试中发现的孔隙中起填充作用的水碳镁石与球碳镁石的含量降低的结论一致，宏观上试样强度弱化，即宏观特性与微观结构之间表现出高度的一致性。

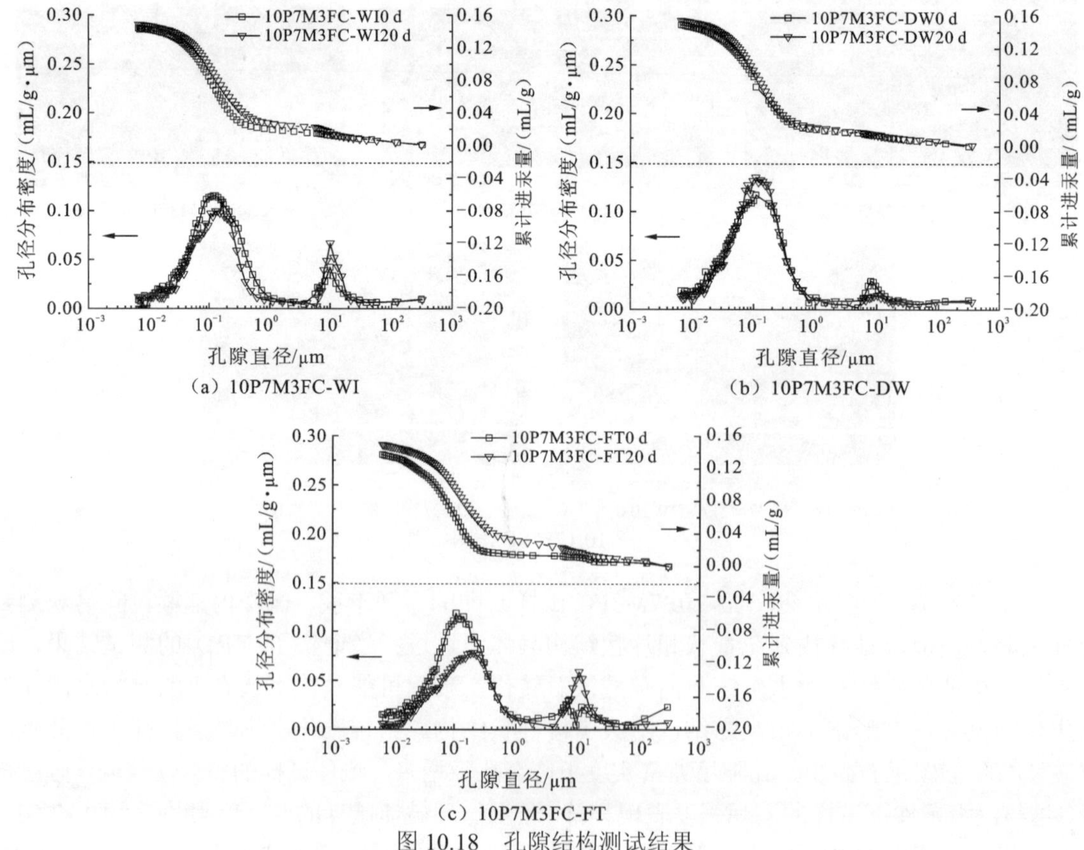

（a）10P7M3FC-WI　（b）10P7M3FC-DW

（c）10P7M3FC-FT

图 10.18　孔隙结构测试结果

图 10.18（b）为干湿循环破坏前后 10P7M3FC 试样的孔隙分布密度和累计进汞量曲线。与浸水条件下试样的孔隙密度分布情况相反，干湿循环作用使部分团粒内孔隙转变为颗粒间

孔隙，孔隙更加密实，强度更高，这与起支撑和骨架作用的棱柱状碳酸镁石转化为球碳镁石和水碳镁石的结论相吻合。由图 10.18（c）可知，冻融循环作用使孔隙结构发生了较大的变化，这主要是因为内部自由水低温冻结，挤压土体，形成微孔洞，大孔隙明显增多，但冻融前后试样的累计进汞量相差不大，反映出试样内部孔隙的总体积无较大变化，表明微孔洞形成数量少，同时结合孔洞呈上下分布的位置特点，表现为冻融循环对碳化固化淤泥试样力学性质衰弱的影响较小。图 10.18 中压汞试验的结果从孔隙结构和孔隙分布角度进一步揭示了碳化固化淤泥试样在复杂环境影响下微观结构变化的本质。

上述分析表明，XRD、SEM 和 MIP 等微观测试结果与试样的宏观强度表现相吻合。浸水效应致使起孔隙填充密实作用的花骨状与片状的水碳镁石与球碳镁石减少，试样内部大孔隙的增加导致其整体性和强度降低，而后棱柱状的碳酸镁石增多，骨架结构硬度高，因此强度维持大致稳定而未继续降低。起支撑骨架作用的棱柱状晶体结构向花骨状和片状晶体结构转化，使得干湿循环试样的强度增加，但随着干湿循环次数的增加，起支撑作用的棱柱状碳酸镁石含量过低，而使强度有一定程度的下降。冻融试样在内部自由水冻胀作用下形成微孔洞，导致孔隙结构发生改变，但孔隙总体积并无显著变化，且碳化产物类型和含量并未发现有较大改变。

10.5 碳化固化淤泥微观机制演变模型

基于上述微观试验及分析结果，结合试样宏观强度表现，提出如图 10.19 所示的碳化固化武汉东湖淤泥试样遭受复杂外界环境破坏作用的微观机制演变模型。

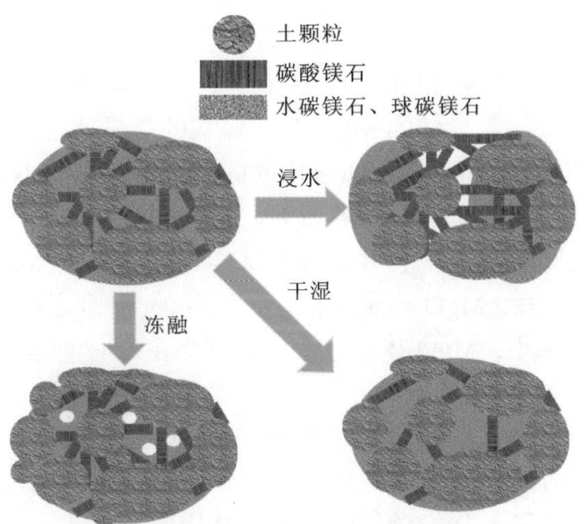

图 10.19　微观机制演变模型

在持续浸水、干湿循环和冻融循环条件下，碳化固化淤泥试样的微观机理反应如下。

（1）活性 MgO 水化：活性 MgO-粉煤灰-淤泥混合料拌和均匀后，活性 MgO 与淤泥中的水分反应生成 $Mg(OH)_2$。

$$MgO+H_2O \longrightarrow Mg(OH)_2 \tag{10.1}$$

（2）碳化产物生成：碳化过程中 $Mg(OH)_2$ 与 CO_2 反应生成一系列镁碳酸盐，使土颗粒被碳化产物胶结，颗粒及团粒间的孔隙被产物填充，结构更加密实。

$$Mg(OH)_2 + CO_2 + 2H_2O \longrightarrow MgCO_3 \cdot 3H_2O \quad (10.2)$$

$$5Mg(OH)_2 + 4CO_2 \longrightarrow Mg_5(CO_3)_4(OH)_2 \cdot 4H_2O \quad (10.3)$$

$$5Mg(OH)_2 + 4CO_2 + H_2O \longrightarrow Mg_5(CO_3)_4(OH)_2 \cdot 5H_2O \quad (10.4)$$

（3）持续浸水和干湿循环：碳化试样在饱水与失水状态时，发生复杂的化学反应，使镁碳酸盐系列碳化产物之间发生形态转换。

$$Mg_5(CO_3)_4(OH)_2 \cdot 4H_2O + Mg_5(CO_3)_4(OH)_2 \cdot 5H_2O \rightleftharpoons MgCO_3 \cdot 3H_2O + Mg(OH)_2 \quad (10.5)$$

式（10.5）为基于水碳镁石和球碳镁石同比例反应的碳化产物之间形态转换的过程。未来将开展更为深入、系统的研究，以期建立能准确描述碳化产物形态转化的化学反应方程式。

（4）冻融循环：试样内部的孔隙总体积并未发生显著变化，但黏聚体表面出现少量冻胀孔洞，且形态上多呈现上下分布，因而强度衰减小。同时，冻融循环诱发土颗粒错动，使得未被胶结的土颗粒与胶结团粒间黏结得更为紧密，反而使强度有所增加。

10.6 本章小结

采用固化-碳化联合技术处理东湖疏浚淤泥，研究掺入活性 MgO-粉煤灰时 CO_2 碳化技术对固化淤泥强度的影响，明确加压模式、碳化时间和固化剂掺量及配比等因素对强度发展的影响规律，探索浸水、干湿和冻融等复杂环境下碳化固化淤泥试样的物理、力学和微观特征，得到受外界环境干扰、诱发试样微观结构和化学产物演变的内在规律与机制。

（1）碳化技术可促使固化淤泥试样应力-应变曲线的孔隙压密阶段缩短，抗压强度显著增加，这与固化淤泥试样内孔隙结构的演化过程密切相关。标准养护至设计龄期后再进行碳化时，固化淤泥的碳化效果与活性 MgO 的占比有关，抗压强度随 MgO 占比的提高先增加后减小。对于武汉东湖疏浚淤泥，最佳的 MgO 和粉煤灰的质量比可视为 7∶3 左右。

（2）对于不同的活性 MgO 和粉煤灰质量比的固化淤泥，存在不同的最佳加压碳化模式。碳化作用对固化淤泥试样强度的发展有双面影响，增大围压和气压可加速碳化产物的生成，但同时会引起体积的过度膨胀而产生裂缝，降低试样强度。未经标准养护时，试样强度与活性 MgO 掺量和碳化时间有关。MgO 掺量较低时，试样的无侧限抗压强度较低，试样强度随碳化时间的增加先增大后减小；MgO 掺量较高时，试样在短时间迅速达到较高强度，随后强度的增长速率变缓。

（3）由微观形貌分析可知，固化淤泥试样碳化 0.5 h 后生成镁碳酸盐，即高强度棱柱状碳酸镁石和相互搭接的花骨状水碳镁石与球碳镁石。压汞试验表明，碳化作用促使东湖淤泥试样的内部孔隙由团粒内孔隙转化为颗粒间孔隙，结构更加密实。

（4）碳化作用能有效增强活性 MgO-粉煤灰固化淤泥试样的水稳性和抗裂性能，这是因为 CO_2 强制碳化过程促进水分的迁移，加速 MgO 的水化，且生成的碳化产物能有效填充孔隙并黏结土颗粒，形成稳定的空间结构。持续浸水对碳化试样质量的影响幅度更小，干湿循环并未引起两种试样干重、湿重的较大变化，冻融循环次数增加时碳化试样质量的下降幅度也低于固化试样。在镁碳酸盐等碳化产物的骨架-填充-黏结协同作用下，碳化试样的强度性能表现得更优异，且复杂环境影响下其稳定性更强。浸水 20 d 碳化试样的强度仍高达初始强度的 80%，干湿与冻融循环时碳化试样的整体抗压强度略高于对照固化试样。

（5）由微观测试可知，活性 MgO-粉煤灰固化淤泥试样前期强度的形成主要归功于片层状水镁石的生成；经 0.5 h 碳化后，水镁石转换为镁碳酸盐系列产物，即形成了高强度的棱柱状碳酸镁石、花骨状和片状的水碳镁石与球碳镁石。碳化产物中各镁碳酸盐的形态及相应含量并非恒定不变。持续饱水作用促使球碳镁石与水碳镁石向碳酸镁石转化，大孔隙增加，骨架作用增强；与之相反，干湿循环次数增加使碳酸镁石逐渐向球碳镁石与水碳镁石转化，团粒内孔隙逐步向颗粒间孔隙转变；冻融循环时碳化产物的形态则无明显变化，但冻胀作用促使 10 μm 附近的大孔隙增加、0.1 μm 附近的小孔隙减少。

参 考 文 献

[1] SHEAR D L, OLSEN H W, NELSON K R. Effects of desiccation on the hydraulic conductivity versus void ratio relationship for a natural clay[M]. Washington D.C.: National Academy Press, 1993: 1365-1370.

第11章 CO_2碳化活性MgO-矿渣加固淤泥力学性状与微观机理

11.1 力学特性

11.1.1 CO_2碳化封存效果

通过化学分析法（以特定化学反应及其计量关系来进行物质成分分析）或XRD，对碳化试样内部的矿物成分进行定量分析，可从理论上估算出试样的CO_2碳化理论封存量。本试验所用活性MgO和矿渣的成分及占比如表11.1所示，其中，活性MgO和活性CaO是影响CO_2吸入量和固化土强度的重要组分，决定CO_2封存与淤泥加固的效果。CO_2碳化反应过程如式（11.1）、式（11.2）所示，反应式前后均存在H_2O是由于本试验采用湿法碳酸化处理工艺。值得注意的是，镁碳酸化合物在自然界中最稳定的晶体形式为$MgCO_3$，尽管活性MgO的碳化产物主要以水碳镁石、球碳镁石和碳酸镁石三种镁碳酸盐的形式存在[1-2]，矿渣中的钙镁物相一般以$C_2S(2CaO \cdot SiO_2)$、$C_3S(3CaO \cdot SiO_2)$、$MgSiO_3$和$CaSiO_3$的形式存在[3]，纯CaO与MgO的占比极少，即式（11.1）、式（11.2）仅作为CO_2碳化封存量的理论估算公式。

表11.1　原材料的化学组成

试验材料	矿物成分含量 /%					
	CaO	MgO	SiO_2	Fe_2O_3	Al_2O_3	其他
矿渣	42.00	6.00	33.00	1.00	12.00	6.00
活性MgO	0.25	97.01	—	—	—	2.74

$$CaO+CO_2+H_2O \longrightarrow CaCO_3+H_2O \tag{11.1}$$

$$MgO+CO_2+H_2O \longrightarrow MgCO_3+H_2O \tag{11.2}$$

利用化学反应式进行理论计算可知，1 t $CaCO_3$完全分解约产生 560 kg CaO 和 440 kg CO_2，1 t $MgCO_3$产生476 kg活性MgO且排放523 kg CO_2，而武汉某硅酸盐水泥生产商官网数据显示，生产1 t水泥成品的同时需排放约940 kg CO_2。这些建筑材料的生产过程中排放的CO_2对大气的污染极其严重，是造成温室效应的元凶之一。通过本章提出的活性MgO-矿渣联合CO_2碳化加固技术，结合施工现场的工程实际设计合理处置方案，可以在实现CO_2碳化封存的同时，利用碳化产物的胶结性能将废弃疏浚淤泥转化为具有可供路基或填海工程使用潜质的资源用土。根据所设计的钙/镁基固化剂，以10%掺量为例，每吨活性MgO、矿渣和活性MgO-矿渣固化土的CO_2理论封存量计算结果，如表11.2所示，即1 t 10%矿渣掺量的固化淤泥理论上所能达到的最大CO_2封存量，可为评价碳化试验中试样的碳化程度提供参考依据。从表11.2可知，活性MgO封存的CO_2的量是矿渣的2.7倍，但作为工业副产物的矿渣在成本、储量、节约资源等方面具有明显的优势，故需通过一系列抗压强度试验对比验证CO_2碳化封存诱发活性MgO、矿渣和MgO-矿渣固化土的强度表现和CO_2碳化封存效果。

表 11.2 每吨固化土 CO_2 理论封存量

固化剂掺量	MgO 和矿渣的质量比	活性 MgO 封存 CO_2 的量/kg	矿渣封存 CO_2 的量/kg	活性 MgO-矿渣理论封存 CO_2 的量/kg
10%	10∶0	106.72	0.22	106.94
	8∶2	85.33	6.61	91.94
	5∶5	53.33	16.50	69.83
	2∶8	21.33	26.39	47.72
	0∶10	6.61	33.00	39.61

11.1.2 加压模式

图 11.1 为不同围压、气压模式下单掺矿渣试样抗压强度与 CO_2 吸入量的变化曲线。观察可知，碳化过程对试样的强度性状具有显著的改善效果，提升幅度最高可达 50%，即从 195.72 kPa 到 293.16 kPa。值得注意的是，此时 CO_2 碳化矿渣固化淤泥的抗压强度整体仍低于 300 kPa，这是由于 CaO 在矿渣中常常化合成硅酸二钙（C_2S）等活性矿物，直接水化反应程度有限，生成的 $Ca(OH)_2$ 含量不高，致使碳化反应后 $CaCO_3$ 的生成量有限。随着 CO_2 气压的增加，纯矿渣试样的抗压强度快速上升至峰值后缓慢下降，这与 CO_2 碳化产物的胶结性能与碳化进程有关。随着压力的增大，CO_2 与溶解侵蚀矿渣接触面处的碳化反应更激烈，$CaCO_3$ 生成量更多，$CaCO_3$ 晶体黏结土颗粒，使试样的强度有所增加。然而，CO_2 气压增大伴随着自下而上的气体冲击作用，此时试样强度（＜300 kPa）在 150 kPa 气压冲击作用下有所损伤，使固化体内部形成的空间骨架结构遭受一定程度的破坏，且高 CO_2 气压下矿渣表层的溶蚀-碳化反应充分，生成物覆盖于表层而延缓碳化反应深度，即随时间的延续，碳化过程对强度贡献的增幅较为有限，因而呈现宏观强度缓慢下降的现象。

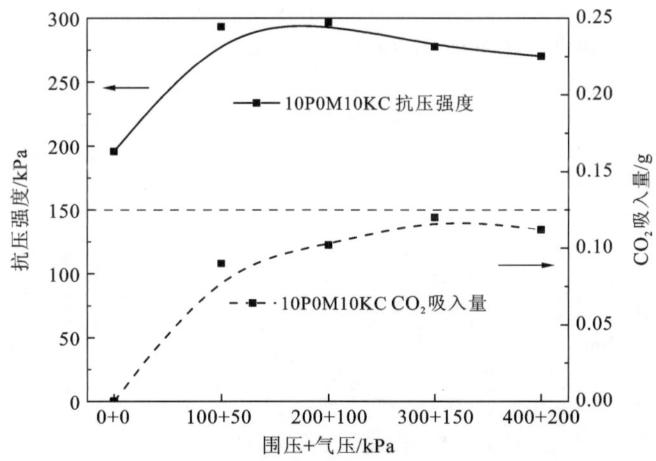

图 11.1 不同加压模式下试样的抗压强度与 CO_2 吸入量的变化曲线

*x*P*y*M*z*KC 代表固化剂掺量为 *x*%、活性 MgO 与矿渣质量比为 *y*:*z* 时的碳化试样，P 表示质量比重，M 表示活性 MgO，K 表示矿渣，C 表示碳化

分析纯矿渣试样 CO_2 吸入量随不同加压模式的变化曲线发现，对于不同的围压和气压组合，CO_2 吸入量的波动幅度较小（介于 0.09～0.12 g），说明改变加压模式并不能大幅度提高

单掺矿渣试样的CO_2吸入量。相对于试样本身的质量（约 180 g），各加压模式下的CO_2吸入量都在 0.1 g 附近，处于较低水平，这主要是因为矿渣中 CaO 化合物（$CaSiO_3$、C_2S、C_3S）的水化反应速度偏慢，0.5 h 内矿渣表层易碳化部位反应充分且产物覆盖于表面而影响碳化向深度发展，导致初期（0.5 h 内）可参与碳化反应的$Ca(OH)_2$含量低，因而CO_2吸入量最终处于较低水平。同时，碳化过程中CO_2气体在试样内部自下而上的迁移过程可能会挟带部分水分排出，导致通过监测试样质量增加计算 CO_2 吸入量的方法略偏保守，即理论上来讲 CO_2吸入量应为试样质量增加量与水分质量损失量之和。水分质量损失由试验装置的测试方法决定，后续将改善试验装置以尝试监测碳化过程中气体流动引起的水分损失。总体上，由于固化剂水化反应和CO_2碳化反应对水分的消耗，这部分排出水质量较小，在固化剂活性高、CO_2吸入量大时其影响细微。

11.1.3 矿渣掺量

图 11.2 为CO_2碳化矿渣固化淤泥试样的抗压强度和CO_2吸入量随矿渣掺量的变化曲线。观察可知，碳化矿渣固化淤泥的抗压强度随矿渣掺量的增加总体上表现为先升高后略有降低的趋势。在特定初始状态下（含水率为 10%），矿渣水化-碳化后形成碳酸钙晶体，具有一定的微观硬度且可胶结土颗粒形成更稳定的团聚结构，宏观上表现为抗压强度的增加。矿渣中存在 CaO 组分而呈现潜在活性，在中性环境中其表面仅发生轻微化学反应，使其中很少一部分物质溶解和水化形成$Ca(OH)_2$，故当矿渣掺量增加时，碳化作用形成的CO_3^{2-}可激发部分矿渣的潜在活性[4-5]，做出使部分强度增长的贡献。值得说明的是，所选矿渣为经干燥粉磨、达到相当细度且符合相当活性指数的粉体，掺量过高会在一定程度上堵塞CO_2通气孔道，过度消耗碳化所需水分并增加固化淤泥内部细颗粒的含量，从而抵消碳化带来的强度增长，使试样的抗压强度有所降低，最终导致高掺量矿渣碳化固化淤泥的强度略低于低掺量矿渣碳化固化淤泥。这也表明，对于单掺矿渣试样，在碳化反应过程中存在最优的矿渣掺量（位于 5%附近），使碳化矿渣固化淤泥试样的抗压强度达到峰值。

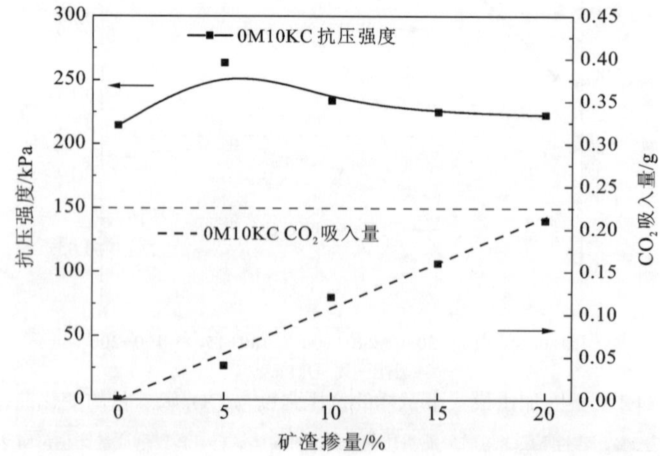

图 11.2　碳化试样抗压强度和CO_2吸入量随矿渣掺量的变化曲线

分析图 11.2 中碳化矿渣固化淤泥试样的CO_2吸入量随矿渣掺量的变化曲线发现，试样的CO_2吸入量随矿渣掺量的增加近似呈线性增加趋势，这主要取决于本试验设置的碳化时间为

0.5 h，随着矿渣掺量的增加，试样内部矿渣中 CaO 等矿物的分布密度升高，相同碳化条件下矿渣的水化产物增加，最终参与碳化反应的 $Ca(OH)_2$ 及相应的 CO_2 吸入量均升高。综合 CO_2 吸入量和抗压强度的变化可以看出，随着矿渣掺量的增加，试样内部的碳化产物增多，但强度降低，这说明碳化过程中存在最优的矿渣添加量，碳化矿渣所生成的碳化产物及其含量并非宏观强度变化的唯一影响因素，矿渣添加带来的副效应等同样可以显著影响强度的发展过程。

11.1.4 初始含水率

图 11.3 展示了 10%矿渣掺量时碳化固化试样的抗压强度和 CO_2 吸入量随初始含水率的变化过程。由图 11.3（a）可知，对于未碳化矿渣固化淤泥，10%含水率对应的试样的抗压强度高于 15%和 20%含水率对应的固化淤泥试样。这说明水分可有效参与矿渣的水化反应，但未反应的自由水（毛细水、重力水）填充试样内部孔隙，润滑颗粒接触，体现为三种方式[6]的强度弱化作用：溶蚀作用（水侵入溶解试样内部的易溶矿物，导致矿物间胶结作用的弱化、脱离，自由水的运移进一步加剧了胶结物的溶蚀）、介质作用（试样承载过程中，裂纹中的水在压应力作用下对裂纹尖部产生的“楔入”作用）、水膜作用（浸润在矿物颗粒表层的水会形成一层水膜，在改变颗粒间接触状态的同时降低内摩擦力）。CO_2 碳化后，三组不同含水率（10%、15%、20%）试样的抗压强度分别为 244.02 kPa、244.85 kPa、207.37 kPa，提升幅度分别为 5%、34%、45%，这是因为在一定的含水率范围内，试样含水率的增加能有效提供碳化反应的孔隙溶液环境，增加 CO_2 吸入量，有利于 CO_3^{2-} 环境下的矿渣活性激发，促进 CaO 化合物（$CaSiO_3$、C_2S、C_3S）水化，形成 $Ca(OH)_2$，进而增加碳化产物，同时水化反应和碳化反应消耗部分自由水也可能削减水分的弱化作用，因而强度提升幅度随含水率的增加而上升。对比三组试样碳化后的抗压强度可以看出，10%和 15%含水率碳化试样的抗压强度高于 20%，说明适当提高含水率（从 10%至 15%）可以提高碳化试样的抗压强度，过度提高含水率（从 15%至 20%）会导致试样内部孔隙被水分填充而降低 CO_2 气体在试样内部的流通速度[这也是图 11.3（b）中 20%含水率对应试样的 CO_2 吸入量较低的主要原因]，此时 20%含水率对应试样的抗压强度的提升幅度取决于碳化之前较低的初始强度，实际碳化产物仍处于较低水平，与 CO_2 吸入量结果[图 11.3（b）]相吻合。

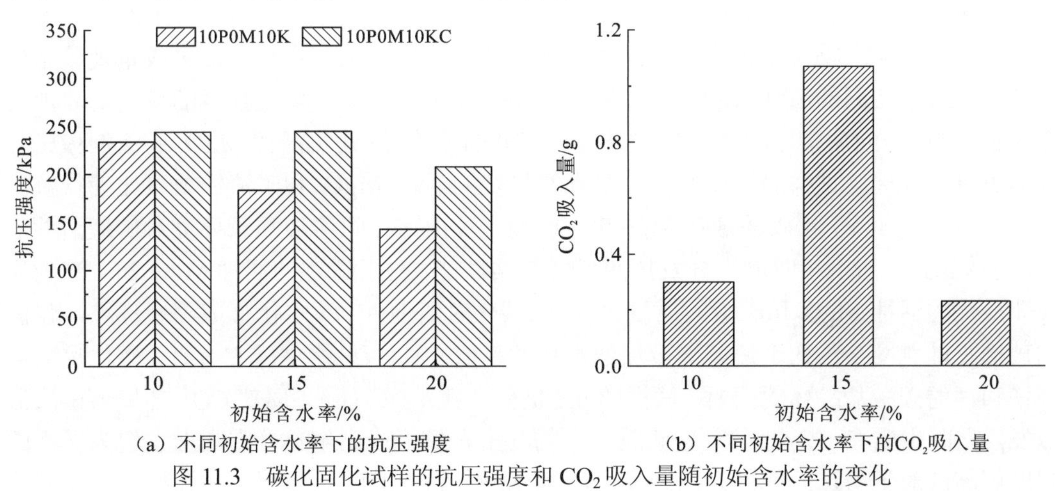

（a）不同初始含水率下的抗压强度　（b）不同初始含水率下的CO_2吸入量

图 11.3　碳化固化试样的抗压强度和 CO_2 吸入量随初始含水率的变化

分析图 11.3（b）中不同初始含水率时的 CO_2 吸入量发现，15%含水率对应试样的 CO_2 吸入量和封存能力显著大于 10%和 20%含水率对应的试样。对于相同矿渣掺量的固化试样，适当提高试样的初始含水率可以促使矿渣在碳酸性环境下水化，经 0.5 h 碳化后可实现更高的 CO_2 碳化封存量；但是，当初始含水率进一步升高而超过最优含水率时，试样内部的连通孔隙被水分填充、占据，进而阻碍 CO_2 气体在试样内部的流通与迁移，使得试样的 CO_2 封存能力明显降低。20%含水率对应试样的 CO_2 吸入量明显低于 15%对应的试样，这也说明：对于高含水率试样，虽然孔隙溶液中的 CO_3^{2-} 环境可能促进矿渣活性的激发与其水化反应的进行，但碳化后试样强度的增长仍主要取决于碳化作用所生成的碳酸盐胶结产物。

11.1.5 活性 MgO 和矿渣的质量比

综合前述单掺矿渣碳化固化淤泥试验结果发现，CO_2-矿渣固化体系主要存在以下两方面问题：①碳化矿渣固化淤泥的抗压强度值偏低（＜300 kPa）；②矿渣固化淤泥试样的 CO_2 碳化封存量偏低，最高 CO_2 吸入量仅达到对应试样理论封存量的 1/7（约 14.3%）。剖析产生这些现象的原因，一方面，矿渣中的 CaO 主要以硅酸二钙（C_2S）等矿物形式存在，直接水化程度较低；另一方面，活性 CaO 水化碳化后在矿渣颗粒表面形成 $CaCO_3$ 覆盖膜，阻碍碳化反应的深度发展，导致 CO_2 封存量远低于理论值。这就是说，如何最大限度地析出矿渣中的 Ca^{2+}，增加钙源与 CO_2 的接触面积及其反应速率，是后续 CO_2 碳化矿渣加固技术亟须重点攻克的难题。表 11.2 中的理论计算结果显示，活性 MgO 的 CO_2 理论封存量高于生石灰 CaO 和矿渣，单位质量活性 MgO 封存 CO_2 的能力是活性 CaO 的 1.4 倍，是本试验所选矿渣的 2.7 倍。已有研究结果[7]表明，$Mg(OH)_2$ 的胶结强度高于 $Ca(OH)_2$，碳化所生成的镁的碳酸化合物在土体中黏结土颗粒，形成空间骨架的能力也远大于 $CaCO_3$。因此，可考虑引入活性 MgO 以期大幅度改良淤泥土的力学性能与 CO_2 的封存能力，下面对活性 MgO-矿渣混合料的碳化加固性能进行研究。

图 11.4 为 10%和 20%掺量活性 MgO-矿渣固化淤泥试样经碳化反应后的抗压强度和 CO_2 吸入量随 MgO 和矿渣的质量比的变化过程。分析图 11.4 可以发现，试样 10P8M2KC 的抗压强度约为 10P0M10KC 的 4.5 倍，试样 20P8M2KC 的抗压强度为 20P0M10KC 的 6 倍，这说明活性 MgO 的引入能够大幅度提高碳化试样的抗压强度，也证实了 $Mg(OH)_2$ 和镁碳酸盐相较于矿渣水化碳化产物在土体加固方面中更为高效，这与胶结产物类型、生成量及胶结性能密切相关。对于相同的活性 MgO-矿渣掺量，碳化和未碳化试样抗压强度的变化均表现为随活性 MgO 和矿渣的质量比的增加呈先升高后降低的趋势，这证实活性 MgO-矿渣混掺比各自单掺能更有效地提高试样的抗压强度，且存在最优的活性 MgO 和矿渣的质量比使得抗压强度达到峰值，这归因于镁碳酸盐和 $Mg(OH)_2$ 影响土体内部孔隙溶液酸碱环境对矿渣活性的激发，活性 MgO-矿渣混掺时能充分发挥两者的胶结性能。对于适宜的活性 MgO 和矿渣的质量比（即最优的活性 MgO 和矿渣的质量比），未碳化时活性 MgO 水化形成碱性环境，使矿渣中的玻璃态硅氧网络结构迅速解离，加速水化并释放 Ca^{2+}，最终生成 C-S-H；碳化反应后在生成镁和钙的碳酸盐晶体的同时，试样的 pH 仍保持在 10 左右[2]，局部 CO_3^{2-} 环境下矿渣活性被激发，立即生成 $CaCO_3$ 晶体，这些胶结产物与土颗粒形成黏聚体，宏观上表现为试样的抗压强度更高。对于所选的武汉东湖淤泥，活性 MgO 和矿渣的最佳质量比为抗压强度峰值处

对应的 8∶2。固化剂掺量从 10%升至 20%时（增加 1 倍），试样抗压强度的最大提高幅度不足 0.5 倍，即实际工程中应兼顾经济成本和力学性能，合理地选择性价比适宜的固化剂类型、掺量及配比。

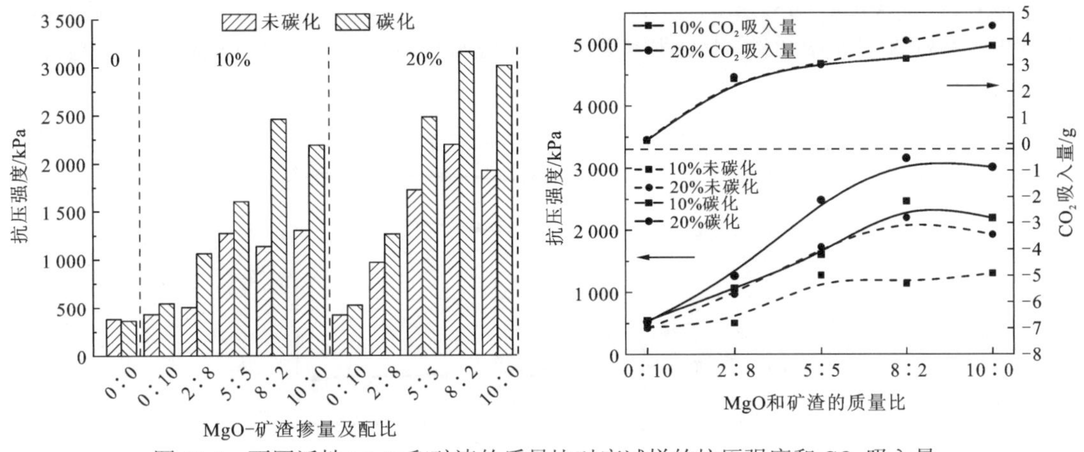

图 11.4　不同活性 MgO 和矿渣的质量比对应试样的抗压强度和 CO_2 吸入量

分析图 11.4 中不同活性 MgO 和矿渣质量比下的 CO_2 吸入量曲线可知，引入活性 MgO 可以极大地增强试样的 CO_2 封存能力，10P8M2KC 试样的 CO_2 吸入量为 10P0M10KC 试样的 17.8 倍。由于 MgO 的化学反应活性远高于矿渣，活性 MgO 同质量比例替换矿渣能迅速发生水化和碳化反应而吸收更多的 CO_2；另外，活性 MgO 水化碳化后填充原有的 CO_2 运移孔道，使得 CO_2 在土体内部四散，以形成更多吸收通道，因而吸收量快速上升。随着固化剂中活性 MgO 占比的增加，CO_2 封存量的增长速率逐渐变缓，这主要是因为碳化速率和碳化深度随着碳化过程的进行、被碳化面积的增大受到限制，诱使封存量变化曲线呈现先快速上升后增幅变缓的趋势。对比 10%和 20%固化剂掺量的试样发现，在活性 MgO 和矿渣质量比为 5∶5 之前，两者的 CO_2 封存量近乎相同，这是由于 0.5 h 碳化条件下高掺量试样中矿物的 CO_2 封存潜力并未能完全发挥。当活性 MgO 和矿渣的质量比高于 5∶5 后，高掺量活性 MgO 对 CO_2 的封存优势才更为凸显，即 20%掺量活性 MgO-矿渣能够封存更多的 CO_2，这与理论上的直观分析也较为一致。图 11.4 中 CO_2 吸入量曲线单调增加而抗压强度曲线存在拐点的现象证实，虽然活性 MgO-矿渣混掺后试样的 CO_2 封存量不如单掺活性 MgO，却能够实现更高的抗压强度。

11.1.6　碳化时间

图 11.5 为 10%活性 MgO-矿渣掺量下三种活性 MgO 和矿渣的质量比对应的碳化固化淤泥试样的抗压强度和 CO_2 吸入量在围压为 300 kPa、CO_2 气压为 150 kPa 的加压模式下随碳化时间的变化曲线。分析可知：随着碳化时间的增加，三种活性 MgO 和矿渣的质量比对应的固化淤泥试样的抗压强度均先快速增至最大值而后减小。碳化试样的抗压强度最大值对应的碳化时间为 3 h，即 0~3 h 碳化产物的生成量随碳化时间的延长不断增加，黏结周围土颗粒逐渐形成稳定的空间骨架结构，使试样整体的抗压强度增加。碳化时间超过 3 h 后，由于气流的持续冲击作用，三组试样都呈现出一定程度的强度衰减，强度较高的 10P8M2KC 和 10P5M5KC 由于本身的结构性更强，12 h 后内部 CO_2 流通孔道稳固，抗压强度基本维持不变，

碳化 24 h 抗压强度为峰值强度的 66.4%与 57.7%。然而，强度较低的 10P2M8KC 在长时间气流作用下无法形成稳定的碳化通道而出现外表膨胀开裂现象，24 h 抗压强度降至峰值强度的 34.1%。对于不同活性 MgO 和矿渣质量比的碳化固化试样，抗压强度随碳化时间的变化规律总体相似，不同碳化时间对应试样的抗压强度从高到低依次为 10P8M2KC、10P5M5KC、10P2M8KC，与图 11.4 中活性 MgO 和矿渣质量比为 8∶2 之前碳化 0.5 h 试样的抗压强度的变化规律相吻合。

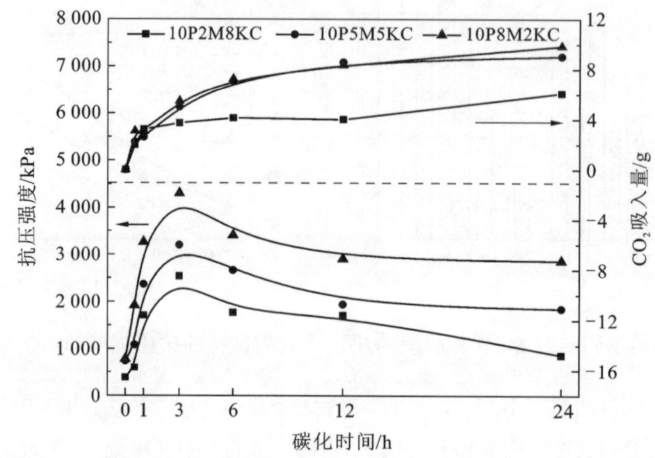

图 11.5　碳化试样抗压强度和 CO_2 吸入量随碳化时间的变化规律

对比不同 MgO 和矿渣质量比时碳化固化淤泥试样 CO_2 吸入量随碳化时间的变化曲线可以看出，10P2M8KC 中 MgO 含量偏低致使它的 CO_2 吸入量始终低于其他两组（10P8M2KC、10P5M5KC），这正说明了当前试验环境下活性 MgO 较矿渣具有更强的 CO_2 封存能力。在 0～24 h 碳化过程中，10P8M2KC 与 10P5M5KC 试样的 CO_2 吸入量变化曲线接近重合且 12 h 后两组试样的 CO_2 封存量曲线趋于平缓，这是因为 CO_2 流通通道表层已充分碳化，导致碳化速率降低，碳化深度扩展受限，因而 10P8M2KC 与 10P5M5KC 试样的 CO_2 吸入量曲线几近重合。10P8M2KC 试样的 CO_2 吸入量曲线随碳化时间仍呈上升趋势，即试样内部仍存在相当多的未碳化的活性 MgO 与矿渣，$Mg(OH)_2$-矿渣碳化生成结构致密的产物，覆盖在未碳化活性 MgO 或矿渣颗粒表面，并阻碍碳化反应的快速发展，但 CO_2 压力或碳化时间的增加可进一步促进碳化过程的进行。深入分析图 11.5 中的数据还可以得到，试样 10P2M8KC、10P5M5KC 和 10P8M2KC 碳化 24 h 后能分别达到理论上所能达到最大碳化程度的 70.0%、71.6%和 54.4%，即试样尚有较为可观的 CO_2 碳化封存空间。

11.2　微观机理

11.2.1　SEM

通过 SEM 试验，识别 CO_2 碳化活性 MgO-矿渣固化淤泥的碳化产物、微观形貌和孔隙结构。图 11.6～图 11.8 分别为原状土试样、10P0M10K 试样和 10P8M2K 试样的断面形貌，图 11.9～图 11.12 依次为 10P0M10KC、10P2M8KC、10P5M5KC 和 10P8M2KC 四组碳化试样的断面形貌。

（a）放大2 000倍　　（b）放大8 000倍

图 11.6　原状土试样 SEM 图

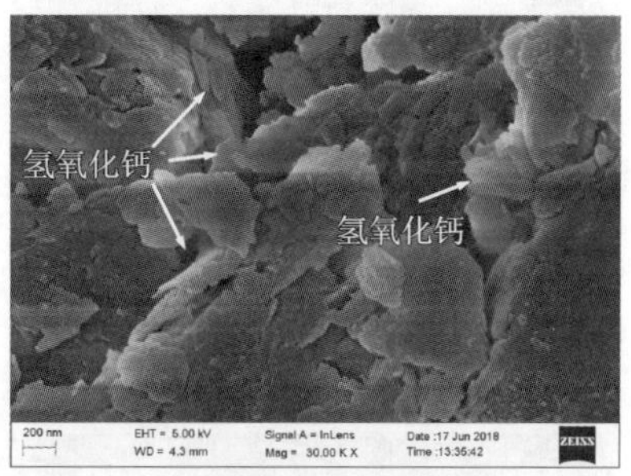

（a）放大2 000倍　　（b）放大30 000倍

图 11.7　10P0M10K 试样 SEM 图

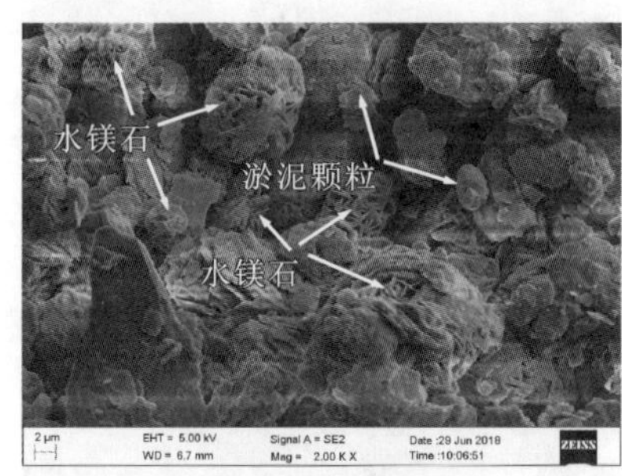

（a）放大2 000倍　　（b）放大12 000倍

图 11.8　10P8M2K 试样 SEM 图

（a）放大10 000倍　　（b）放大10 000倍

图 11.9　10P0M10KC 试样 SEM 图

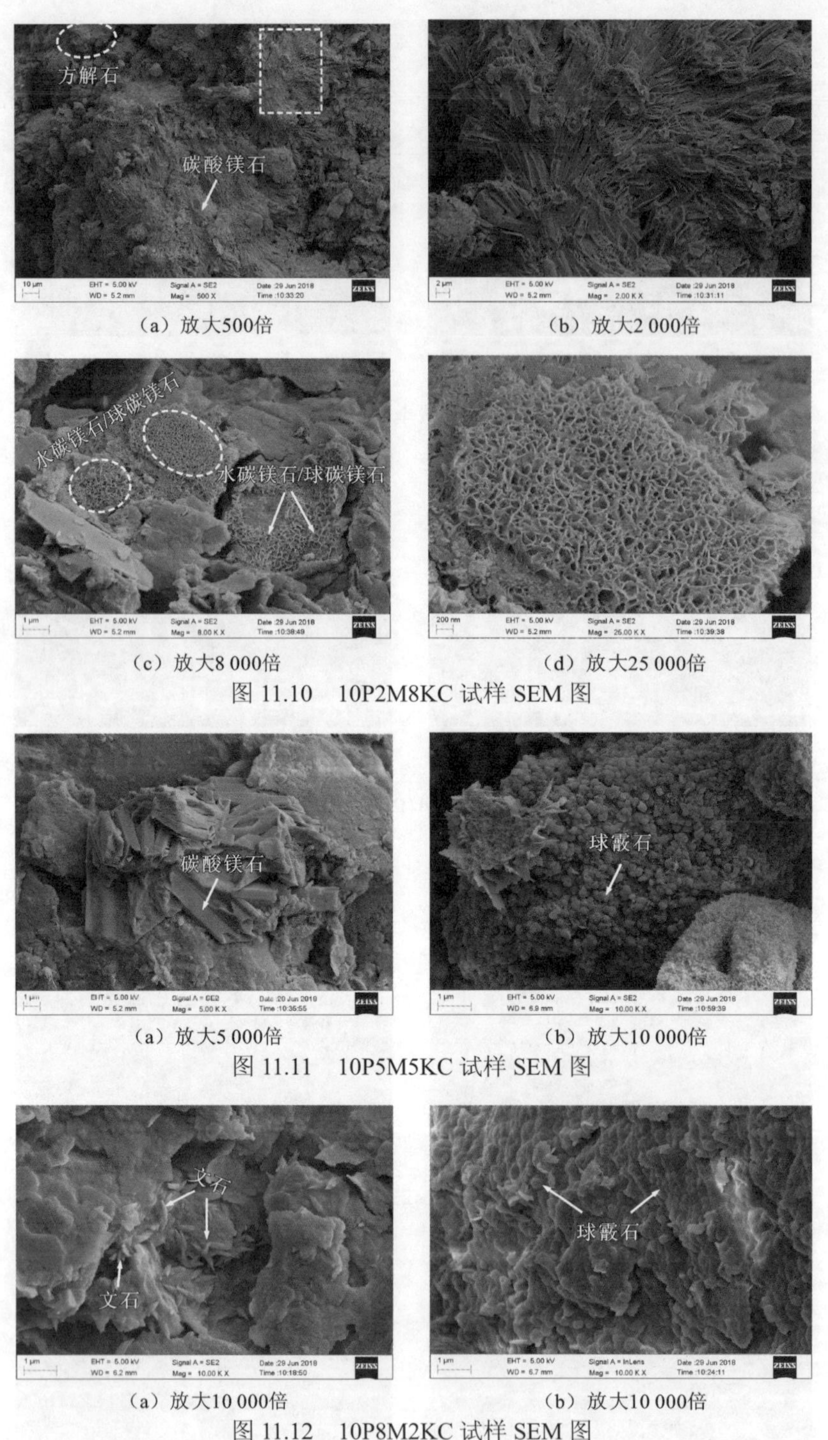

（a）放大500倍　（b）放大2 000倍

（c）放大8 000倍　（d）放大25 000倍

图 11.10　10P2M8KC 试样 SEM 图

（a）放大5 000倍　（b）放大10 000倍

图 11.11　10P5M5KC 试样 SEM 图

（a）放大10 000倍　（b）放大10 000倍

图 11.12　10P8M2KC 试样 SEM 图

图 11.6（a）中原状土样颗粒间的孔隙较大，并不致密，放大 8000 倍后图 11.6（b）中的片状土颗粒层叠交错，连接处孔洞清晰可见，此时试样单纯依靠压实颗粒表面的物理化学作用（双电层、范德瓦尔斯力等作用）构建土骨架整体，抗压强度较小。图 11.7 为 10%矿渣固化土经放大 2000 倍和 30000 倍后的微观形貌图。图 11.7（a）中可以明显观察到板片状 $Ca(OH)_2$ 晶体填充于土颗粒间的孔隙，使孔隙体积减小，结构更加致密完整。图 11.7（b）为

孔隙内部 $Ca(OH)_2$ 晶体的发育情况，发现 $Ca(OH)_2$ 附着在孔隙周围土颗粒的表层，且相邻土颗粒间也有 $Ca(OH)_2$ 晶体连接支撑，这说明矿渣水化生成 $Ca(OH)_2$ 能较为有效地改善土体孔隙特征与整体胶结结构。图 11.8 为活性 MgO-矿渣固化淤泥试样 10P8M2K 经放大 2000 倍和 12000 倍后的微观形貌图。从图 11.8（a）可以看出，加入活性 MgO 后试样微观结构的完整性更好，呈片层状晶体结构的 $Mg(OH)_2$ 相互嵌结，形成网状球形块体，填充于土颗粒孔隙，黏结土颗粒形成大块黏聚体，可有效提高试样的力学性能。从图 11.8（b）还发现，厚六方板状 $Ca(OH)_2$ 和片层状 $Mg(OH)_2$ 同时存在，协同作用而黏结土颗粒，填充孔隙结构，形成整体性能更优异、力学强度更高且结构更致密的固化体。

分析图 11.9 所示的碳化矿渣固化淤泥试样 10P0M10KC 可以清晰地观察到，其具有规则正六面体[图 11.9（a）]和针状交错[图 11.9（b）]的晶体产物，这是矿渣中 CaO 组分经碳化反应产生的方解石和文石。方解石六面体结构具备很高的微观强度与硬度，文石则易附着在土颗粒表面，相较于 10P0M10K 试样中单一片状 $Ca(OH)_2$ 晶体的填充作用，$CaCO_3$ 多种晶型联合作用，填充颗粒间孔隙，联结土颗粒并充当架桥-骨架作用（文石起填充作用，方解石呈现骨架作用），因而在宏观上表现为 10P0M10KC 碳化试样的强度增加。

对于活性 MgO 同质量比例替换部分矿渣后的 10P2M8KC 试样（图 11.10），除观察到六面体结构方解石外，还观察到较多棱柱状晶体的碳酸镁石，此时棱柱状碳酸镁石与正六面体结构方解石共同作用[图 11.10（a）]，图 11.10（b）为图 11.10（a）中虚线方框内的局部断面放大 2000 倍后的微观形貌图，可以清晰发现棱柱状晶体紧密搭接、结构致密，极大地促进了土骨架的构建，并使颗粒黏聚形成高强度整体，宏观上体现为试样抗压强度的进一步提升。从图 11.10（c）（放大 8000 倍）和图 11.10（d）（放大 25000 倍）中还可以观察到一系列花骨状团聚物，这部分碳化产物为活性 MgO 封存 CO_2 所生成的水碳镁石和球碳镁石，花骨状结构使得水碳镁石和球碳镁石能较好地产生孔隙填充和颗粒黏聚作用，与方解石和碳酸镁石的骨架构建作用联合来提高碳化试样的抗压强度。

随着活性 MgO 掺量的提高（活性 MgO 和矿渣的质量比相应提高），图 11.11（a）所示碳化试样 10P5M5KC 中也可以明显观察到碳酸镁石的存在，图 11.11（b）中观察到光滑球形球霰石的存在。当活性 MgO 和矿渣的质量比升至 8∶2 时，矿渣碳化产物 $CaCO_3$ 以针状文石[图 11.12（a）]和有明显朝文石或方解石形态转变（球状缩聚）的球霰石[图 11.12（b）]的形态存在，这表明方解石和文石形态在土体结构中更为稳定，与文献[8]中的报道相一致（稳定性次序为方解石＞文石与球霰石）。四组碳化固化试样（10P0M10KC、10P2M8KC、10P5M5KC、10P8M2KC）中都存在硬度更高、黏结性能更优的 CO_2 碳化产物晶体形态，取代碳化前的片状和片层状晶体结构，使微观结构更完整，同时可保证 CO_2 封存的稳定性和长效性。

以上分析充分说明，单一矿渣作为固化剂在一定程度上能改善土体的力学性能与微观结构，引入活性 MgO 后粒间孔隙可被进一步填充，强度性能得以进一步提升。采用碳化-固化联合技术，CO_2 气体被转化成镁/钙等碳酸盐矿物的形式存在于土体之中，在实现 CO_2 碳化封存的同时，碳化产物可有效胶结土颗粒，填充孔隙，形成更大的团聚体及稳定的空间结构，宏观力学性能的提升更为显著。

11.2.2 XRD

选取碳化前固化试样（10P0M10K、10P10M0K、10P8M2K）与碳化后试样（10P0M10KC、10P10M0KC、10P8M2KC）的代表性样品进行 XRD 测试，结果如图 11.13 所示，识别并验证 CO_2 碳化活性 MgO/矿渣固化淤泥试样的内部化学反应产物。

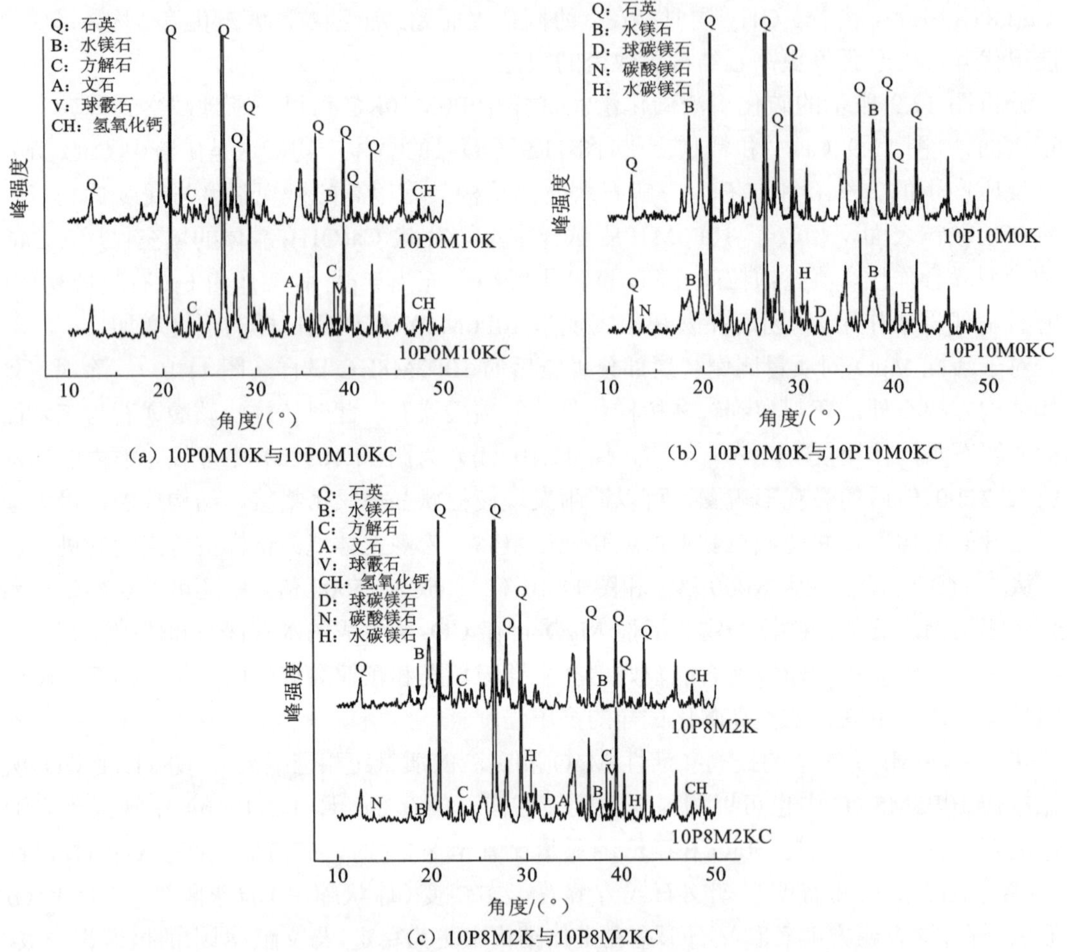

（a）10P0M10K与10P0M10KC

（b）10P10M0K与10P10M0KC

（c）10P8M2K与10P8M2KC

图 11.13　不同 MgO 和矿渣的质量比对应试样的 XRD 测试图谱

分析图 11.13（a）可知，纯矿渣固化试样 10P0M10K 主要由水化产物 $Ca(OH)_2$ 发挥土颗粒间的黏结作用，经碳化后 10P0M10KC 图谱中 $Ca(OH)_2$（2θ=47.6°）对应的衍射峰强度减小，试样内部新探测出三种晶型的 $CaCO_3$：方解石（2θ=23.0°、38.3°），文石（2θ=33.4°）和球霰石（2θ=38.8°），这与既有研究[9-11]的 XRD 结果相一致。这充分说明，0.5 h 碳化过程使 10P0M10KC 试样内的 $Ca(OH)_2$ 与 CO_2 发生反应，生成三种 $CaCO_3$ 晶态的碳化产物（即方解石、文石、球霰石），以此实现 CO_2 的碳化封存。值得一提的是，$CaCO_3$ 在自然界中形态稳定，温度升至 650℃以上才会缓慢分解，即矿渣碳化固定 CO_2 能够实现 CO_2 稳定、安全和永久封存的效果。

图 11.13（b）为单掺活性 MgO 时固化试样 10P10M0K 和碳化试样 10P10M0KC 的 XRD 图谱。不同于矿渣固化淤泥碳化产物（$CaCO_3$），10P10M0KC 试样中的 CO_2 封存于镁式碳酸盐产物中。值得注意的是，在 10P10M0KC 试样中并未检测出 $MgCO_3$ 晶体，而是以碳酸镁水合物形式存在，即碳酸镁石（$MgCO_3 \cdot 3H_2O$）（$2\theta=13.7°$）、水碳镁石[$Mg_5(CO_3)_4(OH)_2 \cdot 4H_2O$]（$2\theta=30.5°$、$41.2°$）、球碳镁石[$Mg_5(CO_3)_4(OH)_2 \cdot 5H_2O$]（$2\theta=32.1°$）。据研究，这三种碳化产物在不同条件下可以相互转化，但在转化过程中并不会释放 CO_2，不影响 CO_2 的碳化封存效果。从图 11.13（b）中可以看到，试样 10P10M0KC 中依然存在部分 $Mg(OH)_2$（$2\theta=18.7°$、$37.7°$），但相较于 10P10M0K 试样衍射峰强度已大幅度下降，说明 0.5h 碳化时间尚不足以实现完全碳化，即 10P10M0KC 试样仍然具备封存 CO_2 的能力，与图 11.4 所示的 10P10M0KC 试样的 0.5 h CO_2 吸入量仅为理论封存量的 21%相符，可通过改变压力或增加碳化时间等方式进行深度碳化。

试样 10P8M2K 和 10P8M2KC 的 XRD 测试结果如图 11.13（c）所示。可以看出，碳化活性 MgO-矿渣固化试样中，可同时探测到三种形态的碳酸钙，即方解石（$2\theta=23.0°$、$38.3°$）、文石（$2\theta=33.4°$）、球霰石（$2\theta=38.8°$），以及镁式碳酸盐，即球碳镁石（$2\theta=32.1°$）、碳酸镁石（$2\theta=13.7°$）、水碳镁石（$2\theta=30.5°$、$41.2°$）等碳化产物。对比未碳化试样 10P8M2K，碳化后试样内部 $Ca(OH)_2$（$2\theta=47.6°$）对应的衍射峰强度的下降幅度不如 $Mg(OH)_2$（$2\theta=18.7°$、$37.7°$）显著，这归因于 0.5 h 快速碳化时 $Mg(OH)_2$ 的反应活性高于矿渣水化产物。矿渣碳化产物（$CaCO_3$）与活性 MgO 碳化产物（镁式碳酸盐）协同作用，可有效改善土体的微观结构，宏观上可提高碳化固化淤泥的抗压强度。

11.2.3 TG/DTG

对不同活性 MgO 和矿渣质量比的固化淤泥进行热重分析试验，从质量烧失量角度定量研究 CO_2 碳化活性 MgO/矿渣固化淤泥试样所产生的碳酸盐产物，进一步验证 XRD 和 SEM 的测试结果。图 11.14（a）～（c）为 10P0M10K、10P5M5K、10P10M0K 碳化/固化淤泥的 TG/DTG 曲线。三种配比试样的质量均随温度的升高而呈现不断降低（即质量烧失量随温度的升高而不断增大）的趋势，这是因为试验温度升高诱发孔隙水、水化产物和碳酸盐矿物等依次脱水与分解。表 11.3 统计了试验中三种试样全升温过程的总体质量烧失量，按活性 MgO 占比由低到高，三种未碳化试样的质量烧失量分别为 5.56%、8.03%和 9.92%。这表明，在相同固化剂总掺量下，由于活性 MgO 的水化速率高于矿渣，随着活性 MgO 配比的增加，试样中的水化产物增多，进而质量烧失量增大。经碳化过程中 CO_2 的碳化封存，三组试样（10P0M10K、10P5M5K、10P10M0K）的热重分析结果显示，最终质量烧失量达到 6.70%、12.83%和 12.94%，依然符合前述规律。这是因为碳化过程使 CO_2 以碳酸盐成分存于土体内部，最终在温度达到碳酸盐分解温度后释放 CO_2，引起了质量烧失。而图 11.4 显示，相同碳化条件下活性 MgO 的占比越高，试样的 CO_2 吸入量越大，因此升温过程中质量烧失量随活性 MgO 占比的上升而增大。

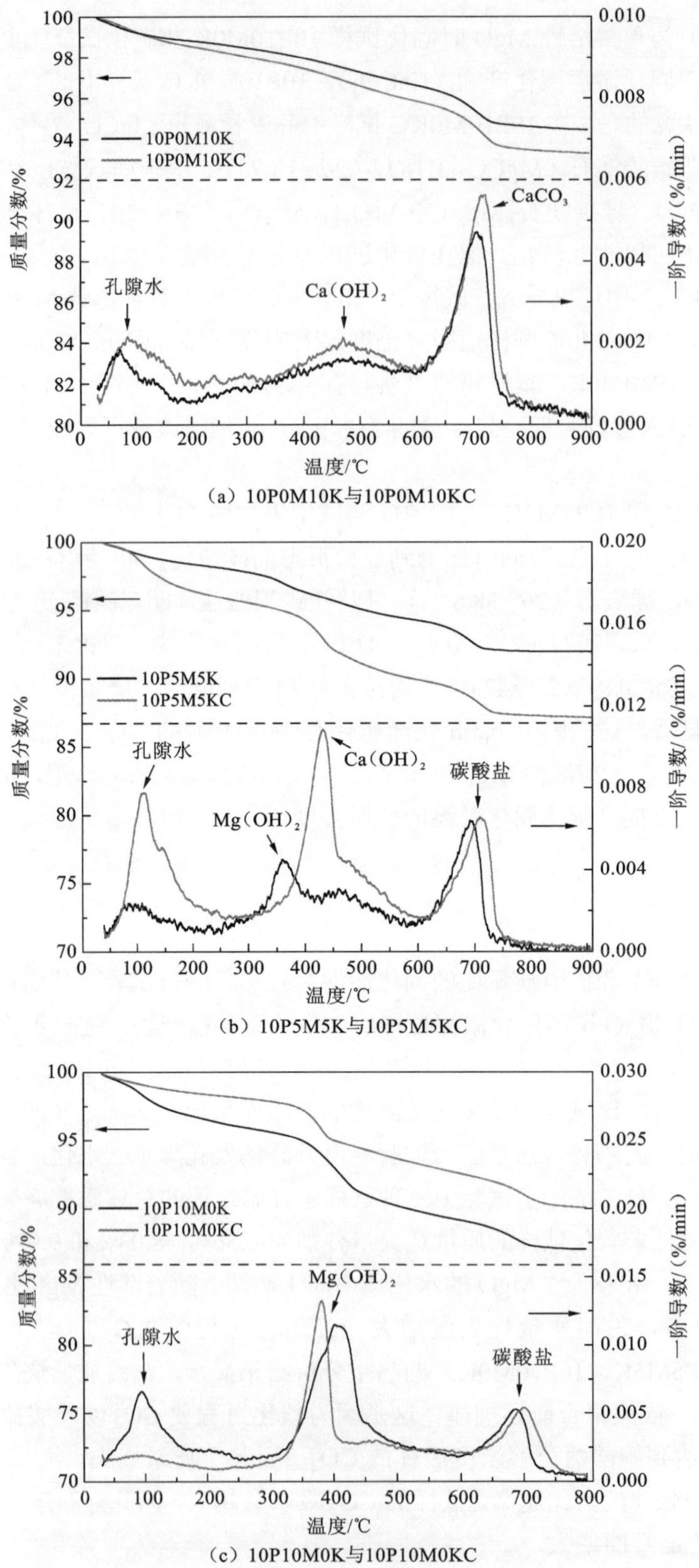

(a) 10P0M10K与10P0M10KC

(b) 10P5M5K与10P5M5KC

(c) 10P10M0K与10P10M0KC

图 11.14 不同活性 MgO 和矿渣质量比对应试样的热重分析曲线

表 11.3 试样的总体质量烧失量

固化剂掺量/%	质量烧失温度/℃	质量烧失量/%		
		10P0M10K/ 10P0M10KC	10P5M5K/ 10P5M5KC	10P10M0K/ 10P10M0KC
10	0～900	5.56/ 6.70	8.03/ 12.83	9.92/ 12.97

观察试样的 DTG 曲线发现，三种活性 MgO 和矿渣质量比的固化淤泥试样在碳化前后的 DTG 曲线中存在几个明显的峰值。表 11.4 为三种淤泥碳化前后试样在不同温度范围对应的质量烧失量。值得注意的是，每个温度范围内的质量烧失量并非单一某种物质在试样内部的质量分数。例如，$MgCO_3$ 在 350℃开始分解，650～750℃反应激烈，到 1 000℃分解完全，故分解峰对应的温度范围仅显示该物质的大部分质量，可以进行定性分析，难以用于准确的定量计算。由表 11.4 和 DTG 曲线可知：20～200℃出现的高质量烧失量主要由碳化或固化淤泥试样中孔隙水的挥发引起，发生脱水反应；第二个和第三个峰分别出现在 300～400℃和 400～500℃，这个阶段主要为试样内部水化产物的分解，$Mg(OH)_2$ 的分解温度（380℃）略低于 $Ca(OH)_2$（450℃），因而在相近的两个温度区间发生脱氢氧根反应。650～750℃的高失重速率归因于 $MgCO_3$ 或 $CaCO_3$ 等碳酸盐的分解，它们发生脱碳反应，对于未碳化试样同样出现此处峰值，主要是因为土体本身也存在 CO_3^{2-}，同时在试样破坏后至热重分析测试时，试样可能与空气中的 CO_2 反应产生一定量的碳酸盐。上述发现与前人研究[7,12-14]相吻合。

表 11.4 三种配比试样主要水化产物/碳化产物对应的质量烧失量

固化剂掺量/%	质量烧失物质	质量烧失温度/℃	质量烧失量/%		
			10P0M10K/ 10P0M10KC	10P5M5K/ 10P5M5KC	10P10M0K/ 10P10M0KC
10	孔隙水	20～200	1.18/1.46	1.61/3.90	1.62/3.11
	$Mg(OH)_2$	300～400	—	1.45/1.27	2.86/4.39
	$Ca(OH)_2$	400～500	0.69/0.86	1.28/3.16	—
	$MgCO_3/CaCO_3$	650～750	1.51/1.82	1.70/2.03	1.77/1.62

对于 10P0M10K，碳化前后试样的失重峰值都主要集中在孔隙水、$Ca(OH)_2$ 和 $CaCO_3$ 对应的分解温度。从图 11.14（a）可以看出，碳化后各项峰值都有所增加，说明碳化作用后仍处于碱性条件下的矿渣的活性得以激发，释放 Ca^{2+}，进而生成 $Ca(OH)_2$ 和 $CaCO_3$。对于 10P5M5K 试样的 DTG 曲线[图 11.14（b）]，碳化前试样的 $Mg(OH)_2$ 和 $Ca(OH)_2$ 的分解峰较为明显，但碳化后主要存在 $Ca(OH)_2$ 的分解峰，这与 $Mg(OH)_2$ 和 $Ca(OH)_2$ 的反应活性有关，0.5 h 碳化作用后 $Mg(OH)_2$ 参与碳化反应的量远高于 $Ca(OH)_2$，可认为近乎反应完全，使碳化试样只呈现出明显的 $Ca(OH)_2$ 分解峰。10P10M0K 试样的热重分析曲线如图 11.14（c）所示，碳化前后试样都存在 $Mg(OH)_2$ 和 $MgCO_3$ 分解峰，但可以观察到试样在碳化后孔隙水的分解峰明显减小，说明碳化作用在实现 CO_2 碳化封存的同时，也促进了残余活性 MgO 的水化，使得碳化后 $Mg(OH)_2$ 和 $MgCO_3$ 的主要分解峰都高于碳化前的试样。

11.3 耐久特性

11.3.1 持续浸水

将试样完全浸没于 20℃去离子水中，达到设计浸水龄期时，对试样质量、外观形貌和抗压强度进行持续跟踪观测，从而评价持续浸水作用下碳化固化试样的水稳性。

图 11.15 为浸水 5 min 之内 10P8M2K 试样的外观形貌随浸水时间的演变过程。试样浸水之初有大量气泡迅速冒出，这是由于试样的内部存在孔隙和微裂缝，水分侵入时将空气挤出。5 s 后试样表面开始崩解，试样上部粒状碎屑物逐渐剥落。随着时间的延续，试样顶部的土块剥落现象不断纵向发展，3 min 后试样上部崩塌形成圆锥，底部散沙状颗粒不断堆积。直至浸水 5 min，试样体积崩解为原始体积的一半左右，此时虽继续崩解但速度变缓。试样崩解后其完整性严重破坏，整体蓬松，可视作无抗压强度（即抗压强度为 0）。碳化试样 10P8M2KC 浸水后仅产生少量气泡且整体形态结构完好，浸水过程中（0～20 d）并未发现块体崩塌剥落现象，如图 11.16 所示的试样。经持续浸水后，10P8M2K 试样逐渐崩解，而 10P8M2KC 试样整体性良好，这说明 CO_2 碳化 MgO-矿渣所形成的碳化产物胶结团聚土颗粒，形成稳定的空间网络结构，有效强化了试样的整体性并增强了其水稳性。

图 11.15　10P8M2K 试样的浸水崩解过程

图 11.16 展示了 10P8M2KC 试样的质量随浸水时间的变化曲线。从图中可以看出：浸水之前，10P8M2KC 试样的质量明显高于 10P8M2K 试样，这是因为活性 MgO 和矿渣在碳化过程中封存部分 CO_2，导致试样的质量增大；浸水之后，碳化和非碳化试样的质量则呈现出不同的变化规律。10P8M2K 试样的内部孔隙被水分入侵，水弱化作用体现为三种方式[6]：溶蚀作用（水侵入溶解试样内部的易溶矿物，导致矿物间胶结作用的弱化、脱离，自由水运移进一步加剧了胶结物的溶蚀）、介质作用（试样承载过程中，裂纹中的水产生对裂纹尖部的楔入作用）、水膜作用（浸润在矿物颗粒表层的水会形成一层水膜，在改变颗粒间接触状态的同时降低内摩擦力）。水自身的弱化作用使得 10P8M2K 试样中颗粒间的物理化学黏结弱化，促使内部裂隙扩展，局部破碎，最终引起试样的完全崩解。经过 CO_2 碳化作用，10P8M2KC 试样内部的水分（毛细水、重力水）与活性 MgO、矿渣中的 CaO 等成分发生化学反应，形成镁式

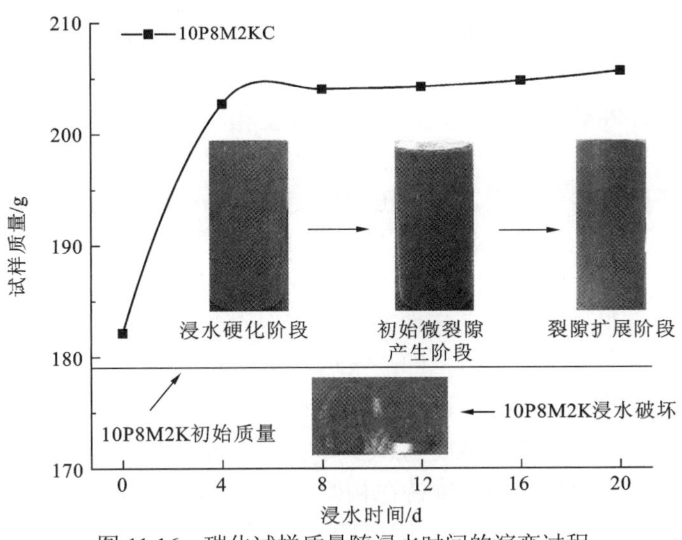

图 11.16 碳化试样质量随浸水时间的演变过程

碳酸盐和碳酸钙等产物。一方面，碳化反应过程引起体积膨胀，使试样内部的孔隙更加致密；另一方面，生成的碳化产物具有极高的胶结强度，有利于土体内部空间网状骨架的形成，增强了试样抵抗水分软化破坏的能力。

从图 11.16 中试样质量的变化曲线发现，浸水后 10P8M2KC 试样的质量迅速上升直至峰值，之后随浸水时间的增加，质量基本维持恒定，这主要是因为浸水弱化效应使试样产生易于水分入侵的微裂缝，以及残余活性 MgO-矿渣反应体系对水分的消耗。观察并分析浸水试样的外观形貌发现，碳化试样 10P8M2KC 随浸水时间的变化过程可分为如下三个阶段。0～4 d 定义为浸水硬化阶段，此时试样表面结构完好，未观察到裂缝，试样质量（图 11.16）和抗压强度均快速增加（图 11.17），内部化学反应有：①试样残余活性 MgO 的水化；②CO_3^{2-} 水解后，水分充分侵入，激发矿渣活性[OH^-透过矿渣粉颗粒表面进入其玻璃体结构内部的孔穴，与 Ca^{2+} 作用后解体玻璃体结构，CaO 化合物得以水解产生 $Ca(OH)_2$][5]。8～12 d 对应初始微裂隙产生阶段，试样表面开始产生裂缝并逐渐向内部发展，但并未发生脱落等现象。12～20 d 为裂隙扩展阶段，裂缝逐步发展贯通，但仍未掉落碎屑或崩塌，完整性良好，试样质量虽略

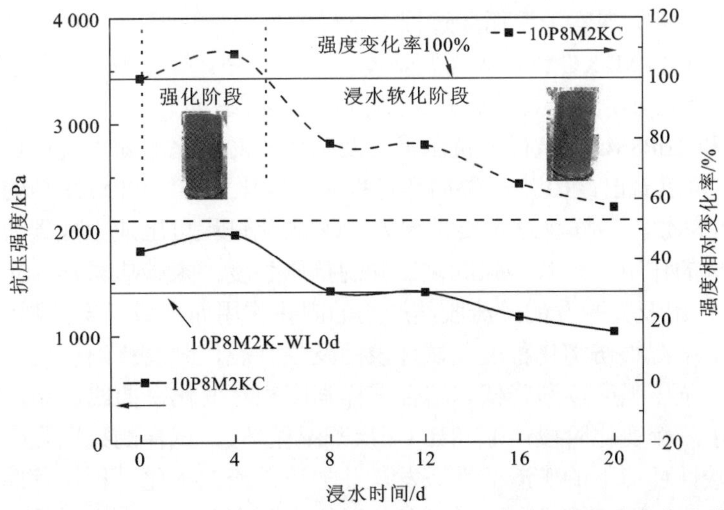

图 11.17 碳化试样抗压强度及强度相对变化率随浸水时间的变化曲线

有缓慢增加，但整体基本恒定。该变化规律与图 11.17 中碳化试样的抗压强度随浸水时间的损伤演化过程相吻合。

图 11.17 展现了 10P8M2KC 试样抗压强度和强度相对变化率随浸水时间的变化曲线。强度相对变化率定义为试样浸水抗压强度与未浸水初始强度的比值，旨在体现浸水作用过程对于试样初始强度的增强或劣化效应。从抗压强度变化趋势可以看出，浸水 8 d 之前，碳化试样 10P8M2KC 的抗压强度皆高于未浸水时 10P8M2K 试样的抗压强度，8～12 d 时抗压强度基本持平，直至 12 d 后浸水软化作用突显，表现为碳化试样的抗压强度低于 10P8M2K 试样的初始未浸水强度。结合强度相对变化率曲线可知，浸水初期（0～4 d）试样的抗压强度有一定程度的增加，此时定义为强化阶段，即浸水后残余矿物组分（矿渣）的活性得以激发，并发生水化反应，使试样的抗压强度得以增强；浸水 4 d 之后，持续弱化作用诱发微裂缝的产生与发展，宏观上表现为试样抗压强度的逐步降低，称为浸水软化阶段；持续浸水至 20 d，试样强度的劣化效应较为明显，但仍维持在初始强度的 60%左右，并未发生试块的崩解或剥落，整体水稳性表现良好。这就是说，引入 CO_2 碳化封存技术，在实现 CO_2 以碳酸盐矿物形式封存的同时，可充分利用其自身的胶结能力，改善土体的孔隙结构与颗粒间的黏结，以强化空间网状结构，显著增强试样的水稳性。

11.3.2 干湿循环

将试样反复处于湿润、干燥状态，达到一定次数后测量其质量和抗压强度，研究试样抗压强度和质量随干湿循环时间的变化趋势。图 11.18 为干湿循环过程中碳化和未碳化试样的质量变化曲线与外观形貌演化过程。10P8M2KC 试样的初始质量及第 1 次干循环后的质量均高于 10P8M2K，这是因为碳化过程中 10P8M2KC 试样中封存了部分 CO_2 气体，且部分自由水转化为结晶水，40℃干循环时自由水蒸发而结晶水及碳酸盐保留，致使试样的初始质量及干循环后的质量均高于 10P8M2K 试样。经历第 1 次干循环时，10P8M2K 和 10P8M2KC 试样的质量变化较显著；随着干湿循环次数的增加，干重（干循环时）和湿重（湿循环时）都趋于稳定。这说明，活性 MgO-矿渣固化作用及 CO_2 碳化作用均能促使土体形成稳定的黏聚体结构，有效增强土颗粒之间的黏结团聚而降低干湿循环的损伤破坏，从而干湿循环过程中试样的质量近乎保持稳定。观察干湿循环过程中试样的外观变化发现，10P8M2K 试样表面有明显的裂隙生成，而 10P8M2KC 试样表面则基本无裂隙产生，更未发现土粒剥落现象。可以认为，碳化-固化联合加固使淤泥具备更为优异的抗干湿开裂能力。

10P8M2KC 和 10P8M2K 试样的抗压强度及强度相对变化率随干湿循环时间的变化趋势如图 11.19 所示。可以看出，10 次干湿循环过程中，碳化试样 10P8M2KC 的抗压强度始终明显高于未碳化 10P8M2K 试样。这主要是因为 CO_2 碳化过程可迅速生成碳酸盐胶结产物，并发挥强化整体结构的作用，有效增强碳化试样的抗压强度；未碳化试样 10P8M2K 由于活性 MgO 自身的水化作用及其激发的矿渣胶结产物的固化作用而形成一定的强度，但试样强度的增加幅度明显弱于干湿损伤劣化程度，试样表面发生开裂，强度逐渐弱化，即随干湿循环次数的增加，试样的抗压强度逐渐降低。结合试样强度相对变化率曲线可知，10P8M2KC 试样的强度发展经历了三个变化阶段：0～8 d（4 次干湿循环），试样的抗压强度快速升高，此时干湿循环促使弱酸性环境下的矿渣活性激发，并加速矿渣的水化过程，发挥胶结作用，称为干湿强化阶段；8～16 d（4～8 次干湿循环），试样内部充分反应，增强效应渐渐减弱，干湿

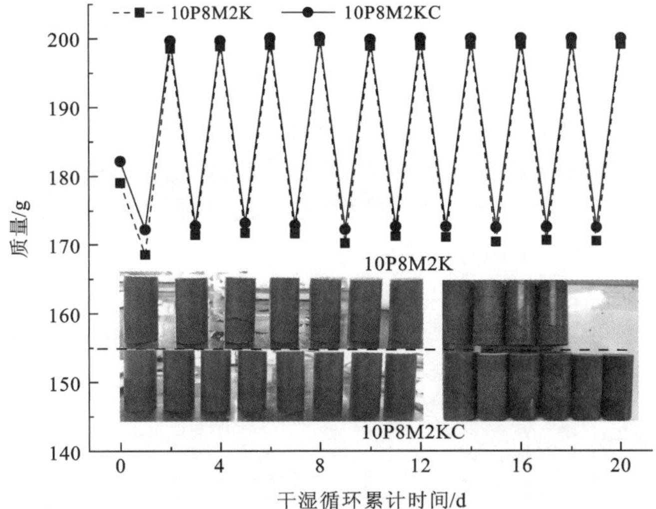

图 11.18　试样质量随干湿循环累计时间的变化曲线与外观形貌演化过程（2 d 为一次干湿循环）

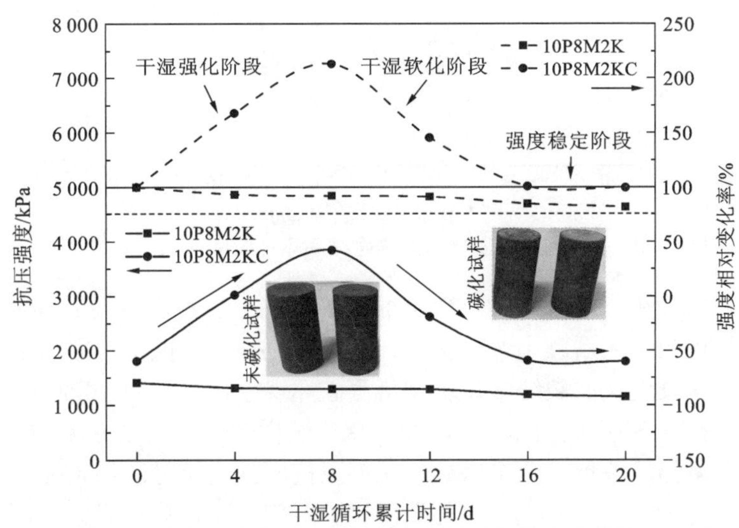

图 11.19　试样抗压强度及强度相对变化率随干湿循环累计时间的变化曲线（2 d 为一次干湿循环）

循环反复胀缩形成微裂缝，湿循环中水的弱化作用（介质作用、溶蚀作用、水膜作用）和后续微观测试发现的碳化产物转化共同使试样的抗压强度降低，定义为干湿软化阶段；16～20 d（8～10 次干湿循环）对应干湿循环后期，干湿往复使内部土颗粒发生形态改变（见 SEM 试验），土颗粒和胶结产物间形成稳定联结结构，强度值趋于稳定，破坏程度微弱，最终维持在初始强度水平。10P8M2K 试样的强度相对变化率随干湿循环次数的增加不断下降，这是因为水化产物的胶结能力不如碳化产物，在干湿循环过程中无法保持结构完整而逐步开裂弱化，无法充分发挥矿渣的潜在活性，经 20 d（10 次干湿循环）后，最终残余强度值达到初始强度的 76%。上述分析说明，CO_2 碳化活性 MgO-矿渣加固技术能有效增强土体抵抗干湿循环损伤破坏的性能。

11.3.3 冻融循环

冻融循环作为温度变化的具体形式，可被理解为特殊的强风化作用形式，对土的物理力学性质有强烈的影响。通过跟踪冻融循环试样的无侧限抗压强度变化过程，评价冻融循环作用影响碳化试样与固化试样的强度特性。试样 10P8M2K 和 10P8M2KC 随冻融循环累计时间的无侧限抗压强度变化趋势如图 11.20 所示。

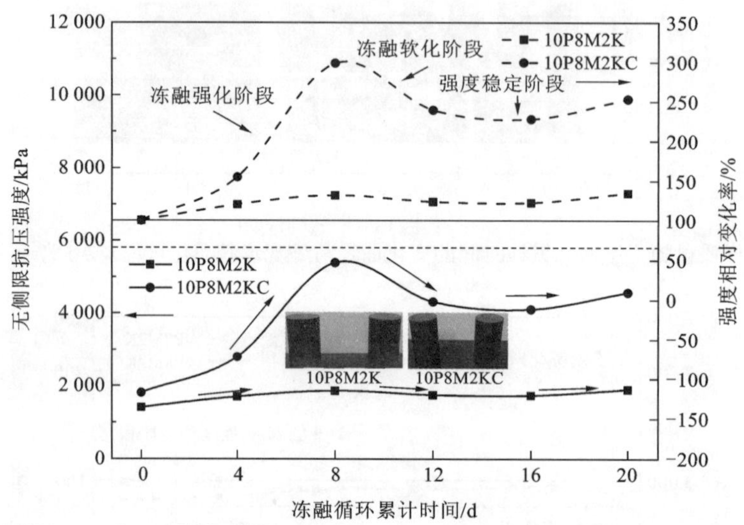

图 11.20 试样抗压强度及强度相对变化率随冻融循环累计时间（2 d 为一次循环）的变化曲线

冻融循环过程中，碳化试样 10P8M2KC 的无侧限抗压强度始终大于固化试样 10P8M2K，但整体上两者均呈现先增大后减小直至基本稳定的变化规律。值得一提的是，两组试样的外观结构较为完好，未发现表面裂缝、试块剥落等破坏现象，这说明 10P8M2K 和 10P8M2KC 试样均具备良好的抗冻融损伤特性，但 10P8M2KC 试样的性能明显更优。分析试样的强度相对变化率可知，冻融循环条件下两组试样的无侧限抗压强度相对于初始强度有不同程度的提高，10P8M2KC 试样的强度相对变化率与干湿试验对应的变化规律类似，也大体呈现三个阶段，分别对应冻融强化（矿渣活性激发）、冻融软化（冻融损伤）和强度稳定（结构稳定）阶段。10P8M2K 试样则表现为无侧限抗压强度先小幅上升而后在 4 次冻融循环时达到稳定的规律，这是因为冻融循环初期（0～4 次冻融循环），10P8M2K 试样矿渣活性的激发与残余活性 MgO 的水化程度不及碳化试样，而后（4 次冻融循环之后）试样的无侧限抗压强度更多地取决于冻融损伤与内部土颗粒结构的变化：土颗粒具有双电层结构，试样内部矿物成分表面带有一定的负电荷，形成覆盖在黏土颗粒附近的电场，水分子和其中溶解的带正电的盐离子在电场中定向排列。当处于-20 ℃环境中时，试样内部的自由水和土颗粒周围的结合水依次被冻结，使原电化学力失去平衡，原本远离土颗粒的自由水被土颗粒四周吸引，直至电场再次平衡，形成迁移—冻结循环，当温度升高至 20 ℃时，土颗粒又反向，实现解冻—迁出循环；在整个冻融循环中，自由水和结合水不断迁移，导致土体结构性的改变，使得尖锐土颗粒不断变为光滑圆润接触面[15]，从而引起无侧限抗压强度的增加。最终当试样内部的水分迁移通道形成时，土颗粒形态逐步稳定，进而使强度趋于稳定。

11.4 耐久性演变机制

11.4.1 XRD

选取浸水、干湿循环及冻融循环试验典型破坏试样进行 XRD 测试，采用同一仪器在同批次同原始投料前提下进行试验，明确碳化-固化联合作用诱发淤泥内部化学产物的形成及演变机制，结果如图 11.21 所示。

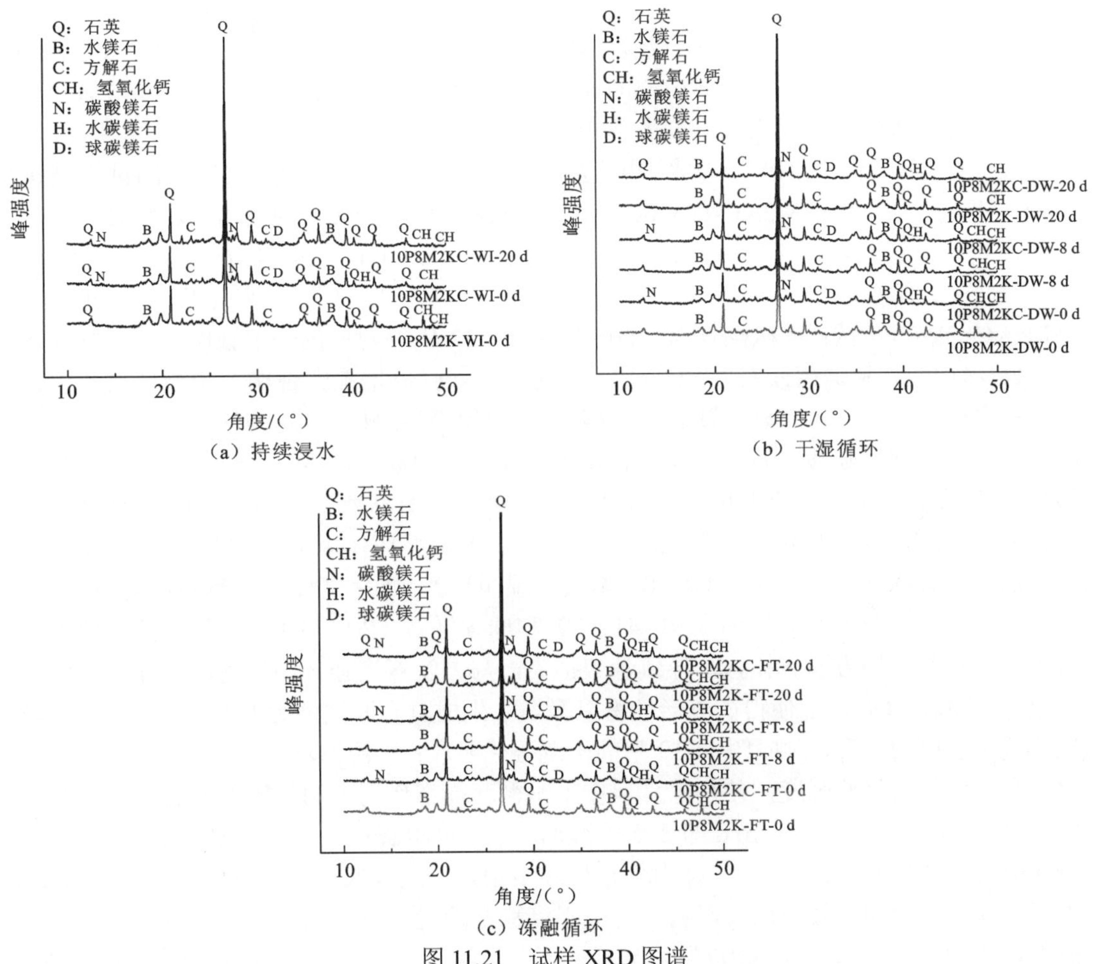

（a）持续浸水　（b）干湿循环

（c）冻融循环

图 11.21　试样 XRD 图谱

对于浸水试验，选取 10P8M2K-WI-0d、10P8M2KC-WI-0d、10P8M2KC-WI-20d 试样进行 XRD 测试，XRD 图谱见图 11.21（a）。相较于未碳化试样 10P8M2K-WI-0d，碳化试样中探测出碳酸镁石（$MgCO_3·3H_2O$）、水碳镁石[$Mg_5(CO_3)_4(OH)_2·4H_2O$]和球碳镁石[$Mg_5(CO_3)_4(OH)_2·5H_2O$]。这充分说明，0.5 h 碳化过程促使 10P8M2KC 试样内部的 $Mg(OH)_2$ 与 CO_2 之间发生碳化反应，即 CO_2 气体以镁碳酸盐系列矿物的形式稳定存在于土体中，实现 CO_2 的碳化封存。与此同时，在 10P8M2K-WI-0d 试样中存在部分 $Ca(OH)_2$（2θ=47.6°、48.6°），但碳化后 10P8M2KC-WI-0d 图谱中的 $Ca(OH)_2$ 对应的衍射峰强度大幅度减小，而

10P8M2KC-WI-20d 相较于 10P8M2KC-WI-0d 在 $Ca(OH)_2$ 对应的衍射峰处强度又有所增加，这是因为碳化反应使 $Ca(OH)_2$ 转化为 $CaCO_3$，对应的衍射峰首先减弱，但浸水试验中的 CO_3^{2-} 环境又在一定程度上激发了矿渣活性组分，从而使矿渣中的含钙物相水化生成 $Ca(OH)_2$[5]。虽然三组试样中均能在 $2\theta=23°$ 和 31° 处探测到方解石，但可以明显看出碳化试样 10P8M2KC-WI-0d、10P8M2KC-WI-20d 中的 $CaCO_3$ 衍射峰强度高于 10P8M2K-WI-0d 试样，说明 10P8M2K-WI-0d 中的 $CaCO_3$ 为淤泥土本身的成分或由矿渣与空气中的 CO_2 接触产生[12]，CO_2 碳化过程消耗 10P8M2K-WI-0d 试样中矿渣水化形成的 $Ca(OH)_2$，最终以方解石形态存在于土体内部。碳化试样浸水 0 与 20 d 之间的 XRD 图谱的差异还体现在：浸水 20 d 试样中未发现水碳镁石（浸水 0 时在 $2\theta=41.2°$ 处存在），与前述研究的试验现象相同，再次证实浸水条件下镁式碳酸盐之间可以发生相互转化。浸水条件下起填充作用的水碳镁石减少（浸水 20 d 在 $2\theta=41.2°$ 处不存在），引起试样内部的孔隙增加，易于水分侵蚀破坏，最终可导致试样强度的下降，与浸水软化阶段宏观强度表现相吻合。

选取经干湿循环作用 0 、8 d 和 20 d 后的碳化与未碳化试样进行 XRD 测试，结果如图 11.21（b）所示。10P8M2KC-DW-0d 和 10P8M2KC-DW-8d 试样中皆能识别到碳酸镁石、水碳镁石和球碳镁石，但 10P8M2KC-DW-8d 试样中 $Ca(OH)_2$（$2\theta=47.6°$ 和 48.6° ）的衍射峰峰值强度有所增加，表明此时矿渣的水化活性得以激发，水化生成 $Ca(OH)_2$。10P8M2KC-DW-20d 试样中碳酸镁石（$2\theta=13.7°$ 和 27.4° ）对应的峰值强度显著下降，水碳镁石（$2\theta=41.2°$ ）和球碳镁石（$2\theta=32.1°$ ）的衍射峰强度增加，说明干湿循环试验中，镁式碳酸盐也可发生变化，即碳酸镁石向水碳镁石和球碳镁石转化，这与浸水试验中镁式碳酸盐的转化规律不同。碳酸镁石、水碳镁石和球碳镁石的微观形态各异，进而发挥不同作用，碳酸镁石微观硬度高，辅助土颗粒组成高强土骨架，花骨状水碳镁石和球碳镁石填充土体孔隙，密实试样，形成稳定的空间结构。综合上述干湿循环作用下 10P8M2KC 试样内部矿物成分的变化规律可知：在 0～8 d（0～4 次干湿循环），碳化试样中的部分碳酸镁石（$2\theta=13.7°$ 和 27.4° ）转化为水碳镁石（$2\theta=41.2°$ ）和球碳镁石（$2\theta=32.1°$ ），损失的骨架支撑作用可由矿渣碳化产物方解石补强，导致骨架损失，与方解石增强共同作用后试样结构保持密实、稳定，同时 CO_3^{2-} 环境使得矿渣活性得以激发，生成具有胶结能力的 $Ca(OH)_2$，宏观表现为试样抗压强度的上升，对应图 11.19 中的干湿强化阶段；干湿循环 4 次即 8 d 之后，碳酸镁石保持在较低的衍射峰强度，使得土骨架在干湿循环损伤作用下的抗压能力弱化，宏观强度降低，此时为干湿软化阶段；16 d 即 8 次干湿循环后，水碳镁石积累到一定程度[图 11.21（b）中对应衍射峰（$2\theta=41.2°$ ）]，试样内部结构逐步稳定，足以抵御干湿循环引起的结构破坏，则干湿循环对试样强度暂无太大影响，对应强度稳定阶段。对于未碳化 10P8M2K 试样，经干湿循环 0、8 d 和 20 d 后，XRD 图谱显示并无明显的矿物成分变化，$Ca(OH)_2$ 衍射峰在干湿循环过程中的峰强度变化不如碳化试样，这是由于 10P8M2K 试样的整体内部结构弱于 10P8M2KC 试样，干湿循环作用并不利于矿渣活性的发挥，干湿循环过程中水分的入侵—蒸发往复作用引发试样结构的损失，从而出现宏观抗压强度随干湿循环次数增加而下降的现象。

对于冻融循环试验，选取 0、4 和 10 次冻融循环后的碳化与未碳化典型试样进行 XRD 测试，结果见图 11.21（c）。分析图谱发现，碳化试样中水镁石 $Mg(OH)_2$（$2\theta=18.6°$ ）的含量均低于未碳化试样，这与碳化过程中 CO_2 碳化，消耗部分 $Mg(OH)_2$ 有关，也说明 0.5 h 碳化时间并不足以使碳化反应进行完全，而残留部分 $Mg(OH)_2$。进一步分析发现，经冻融损伤后碳化和未碳化试样内的镁碳酸盐均无明显变化，这与冻融试验过程中试样始终被保鲜膜密封包裹有关，即试样并未与外界产生水汽交换，故并未能促使镁碳酸盐间的形态转化，而碳化与未碳化试样的完整外观和高抗压强度使得干湿循环中矿渣的活性得以激发，导致 $Ca(OH)_2$ 的峰值强度有一定程度的提升。综合来说，冻融循环效应使试样的宏观强度发生变化，宏观强度的变化更多地被矿渣活性的激发与冻结—解冻循环作用后土体内部的微观结构演变所诱发，可由下面的 SEM 试验结果进行观察与验证。

11.4.2 SEM

图 11.22 为碳化前后试样和不同环境侵蚀破坏试样的 SEM 结果。观察图 11.22（a）发现，10P8M2K 试样的结构相对松散，孔隙相对偏多，土颗粒间的接触面绝大多数不规则，很少能发现光滑圆润的接触面，部分孔隙被片状水镁石和 $Ca(OH)_2$ 晶体填充，但内部仍存在可供水分入侵的孔隙，因而经短暂浸水即发生崩解。分析图 11.22（b）中 10P8M2KC 碳化试样发现，其断面结构密实，孔隙较少，可以清晰发现棱柱状晶体碳酸镁石、花骨状水碳镁石和球碳镁石三种镁式碳酸盐的存在，同时还可以发现六方柱状晶型的方解石。值得一提的是，部分学者[16-18]指出，有活性 MgO 存在时，Mg^{2+} 可与 $CaCO_3$ 相结合生成 $Ca(Mg)CO_3$，且 $CaCO_3$ 与 $Ca(Mg)CO_3$ 的衍射峰重合，并不能由 XRD 清晰识别，尽管本章中未能发现 $Ca(Mg)CO_3$ 的存在，但这将在后续研究中予以特别重视。棱柱状碳酸镁石和六方柱状方解石的结晶度好，微观硬度高，附在土颗粒表面构建内部骨架，主要起支撑作用。花骨状水碳镁石和球碳镁石更为有效地填充试样内部颗粒间及团粒间的孔隙，黏结土体，形成稳定的空间网络结构。方解石、碳酸镁石、水碳镁石和球碳镁石协同作用，使得 10P8M2KC 试样的结构更加完整，具备良好的耐久性。

（a）10P8M2K

（b）10P8M2KC

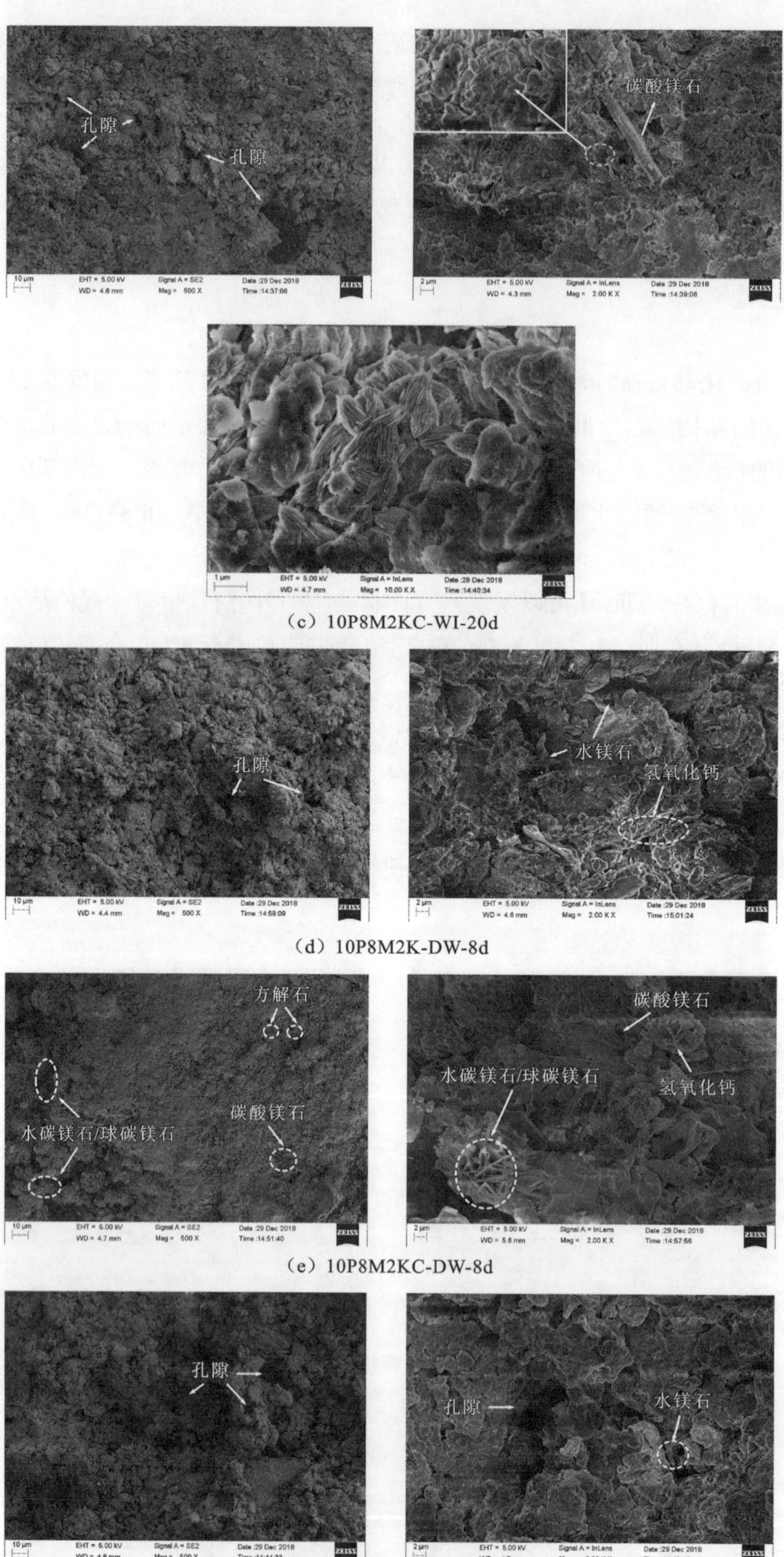
孔隙
孔隙
碳酸镁石
(c) 10P8M2KC-WI-20d
孔隙
水镁石
氢氧化钙
(d) 10P8M2K-DW-8d
方解石
水碳镁石/球碳镁石
碳酸镁石
碳酸镁石
水碳镁石/球碳镁石
氢氧化钙
(e) 10P8M2KC-DW-8d
孔隙
孔隙
水镁石
(f) 10P8M2K-DW-20d

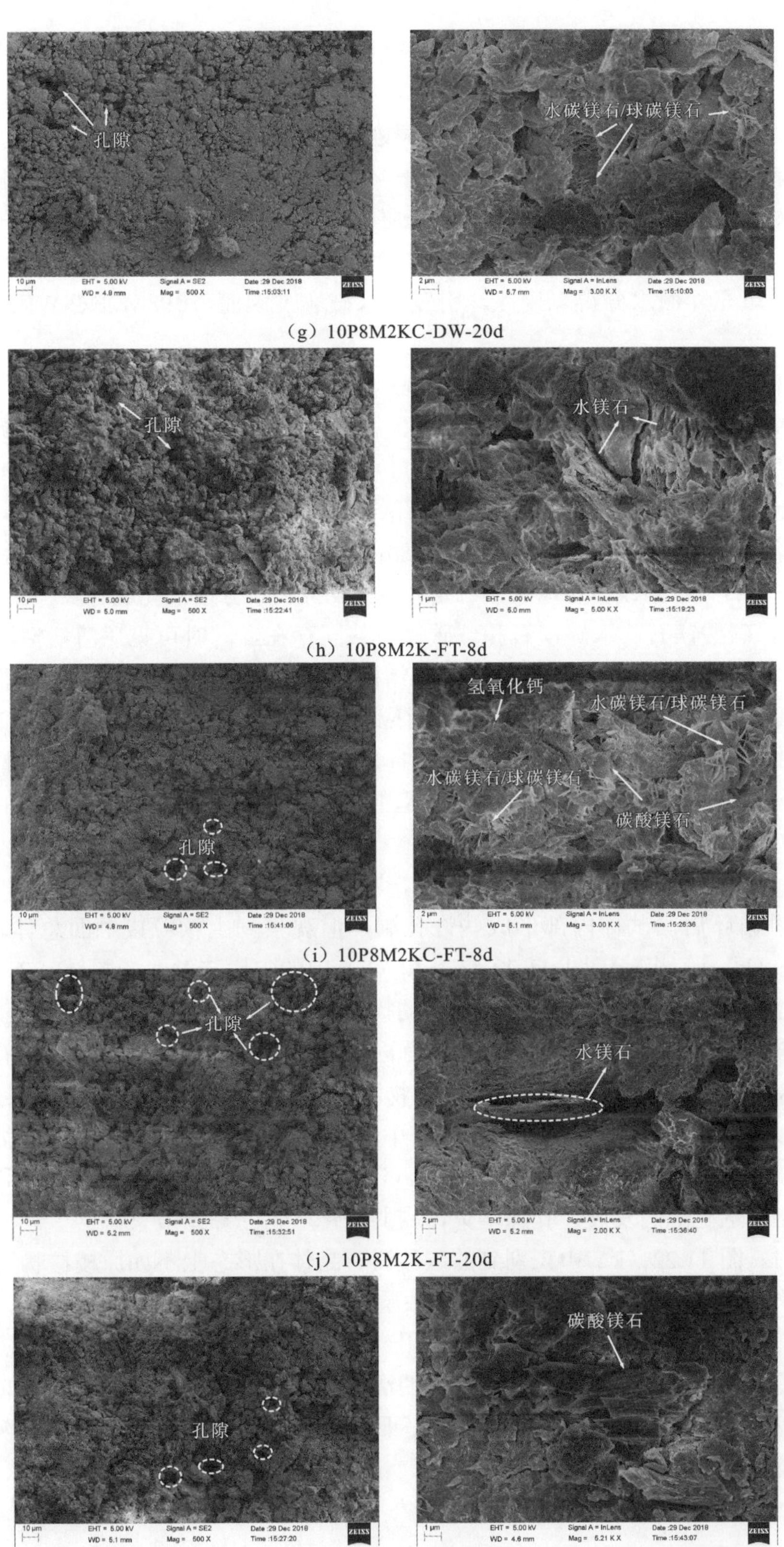

（g）10P8M2KC-DW-20d

（h）10P8M2K-FT-8d

（i）10P8M2KC-FT-8d

（j）10P8M2K-FT-20d

（k）10P8M2KC-FT-20d

图 11.22　试样 SEM 图

图 11.22（c）为浸水 20 d 后 10P8M2KC 试样的 SEM 照片。在试样内部的土颗粒间易观测到附着于土颗粒表面的碳酸镁石，但难以寻找到花骨状结构晶体。将图中虚线圈所示部位放大 10 000 倍后可见到刚形成的片状集合体梭状晶体，其整体长度不足 1 μm，附着于土颗粒表面，具有一定的胶结能力，这可能是 CO_3^{2-} 环境下矿渣经浸水活性激发而水化的 $Ca(OH)_2$ 或长期浸水时水的溶蚀作用诱发碳酸镁石表层被侵蚀演变而成，这需要后续开展深入研究进行验证。试样在部分花骨状水碳镁石和球碳镁石转化为碳酸镁石后，孔隙的填充能力下降，未被有效填充，而水分得以侵入，引发浸水破坏，因而 10P8M2KC-WI-20d 试样的强度呈现软化趋势。

干湿循环后碳化和未碳化试样的断面微观形貌如图 11.22（d）～（g）所示。图 11.22（d）所示为 10P8M2K-DW-8d 试样表面的部分孔隙，断面放大 2 000 倍后可观察到黏结土颗粒并填充孔隙的水镁石和 $Ca(OH)_2$ 晶体。与图 11.22（f）中的 10P8M2K-DW-20d 试样相似，试样断面孔隙与裂缝无法得到有效填充，干湿循环损伤试样内部的胶结能力与结构完整性，宏观表现为抗压强度的降低。碳化试样 10P8M2KC-DW-8d［图 11.22（e）］的断面非常完整，结构密实，方解石、碳酸镁石、水碳镁石和球碳镁石充分填充孔隙，水分侵入孔道有限。放大 2000 倍的 SEM 图证实，碳酸镁石、水碳镁石和球碳镁石共同存在，同时可见矿渣活性激发后的片状 $Ca(OH)_2$ 晶体，上述产物既能有效支撑土骨架结构又可密实填充孔隙，因而显著提升了试样的抗压强度且其值高于未经干湿循环的试样，对应于图 11.19 中的干湿强化阶段。干湿循环 20 d 试样 10P8M2KC-DW-20d 的微观形貌图如图 11.22（g）所示，试样断面形态完整，大范围存在于颗粒孔隙间的水碳镁石和球碳镁石产物起主导作用，填充并维持孔隙结构的稳定，对应于图 11.19 中干湿循环末期的强度稳定阶段。

图 11.22（h）～（k）是经冻融循环 8 d、20 d 后 10P8M2K 和 10P8M2KC 试样的 SEM 图。经过冻融循环后，试样内部形成些许孔洞，但观察到土颗粒接触面总体较为圆滑［图 11.22（h）～（k）］。相较于图 11.22（a）和（b）中的尖锐接触面，图 11.22（h）～（k）中的圆滑接触面既可以避免在受压时土颗粒的损伤，又可以增大接触面积，分散压力，而使试样的抗压强度增加，因而本试验条件下经冻融循环的试样的强度高于未冻融前初始试样的强度。浸水 8 d 时，图 11.22（h）中的水化产物和图 11.22（i）中的碳化产物都起到有效填充孔隙且黏结颗粒的作用，这恰能解释图 11.20 中宏观抗压强度在此时（4 次冻融循环）达到峰值的内在机制。继续冻融至 20 d 时［图 11.22（j）］，未碳化试样内部的水镁石和 $Ca(OH)_2$ 晶体不足以阻止冻融孔隙的发展，孔隙增大，减弱水化产物的黏结效果。

与此同时，图 11.22（k）中识别到的碳酸镁石晶体在形态上不如原棱柱状规则，且能观察到断裂现象。上述分析说明，经历多次冻融循环后，未碳化试样［图 11.22（j）］和碳化试样［图 11.22（k）］中的骨架支撑和孔隙填充作用产生了一定程度的下降，但土颗粒接触面趋向于更适合受力的圆滑接触面，同时部分矿渣的活性被激发，生成具有胶结能力的 $Ca(OH)_2$ 晶体，总体表现为随着迁移孔道的形成，强度趋于稳定，SEM 结果与冻融循环下碳化和未碳化试样的宏观抗压强度的变化趋势一致。

11.5　碳生产—应用全生命周期排放量分析

针对前述所选试验材料——活性 MgO、粉煤灰和矿渣，分析材料生产过程中的 CO_2 排放量和碳化过程中的 CO_2 吸入量，通过与硅酸盐水泥碳排放对比，综合评价基于 CO_2 碳化概念的工业副产物加固淤泥技术在生产—应用全生命周期中的碳排放量。

前述研究重点探索活性 MgO-粉煤灰和活性 MgO-矿渣两种材料的碳化机理与碳化加固土效果，基于所得试验结果各选取三种典型配比混合试样，即 10P10M0F（10%活性 MgO）、10P7M3F（7%活性 MgO＋3%粉煤灰）、10P5M5F（5%活性 MgO＋5%粉煤灰）和 10P2M8K（2%活性 MgO＋8%矿渣）、10P5M5K（5%活性 MgO＋5%矿渣）、10P8M2K（8%活性 MgO＋2%矿渣）进行分析。选取 10%PC 作为对比试样，研究活性 MgO 混掺工业副产物的全生命周期的碳减排效果。

表 11.5 展示了波特兰水泥和活性 MgO 生产过程中 CO_2 排放量的数据。水泥生产过程中排放的 CO_2 来源于水泥生产原料（石灰石）中碳酸钙分解的 CO_2 与生产过程中燃料燃烧所产生的 CO_2[19]。综合分析发现，生产 1 t 水泥需要排放约 0.9 t CO_2，而生产 1 t 活性 MgO 对应的 CO_2 排放量为 1.4 t[20]，即约为硅酸盐水泥排放 CO_2 的 1.6 倍，CO_2 排放更为严重。

表 11.5　波特兰水泥和活性 MgO 生产过程中的 CO_2 排放量[19-20]

材料	CO_2 来源	1 t 产品的 CO_2 排放量/t	总值/t
水泥	原料中碳酸盐分解	0.527 2	0.894 6
	窑灰煅烧	0.009 0	
	原料中有机碳燃烧	0.012 0	
	水泥窑燃料燃烧	0.235 0	
	水泥生产电力排放	0.111 4	
活性 MgO	生产过程中 CO_2 排放	1.4	1.4

表 11.6 总结了前述试验中不同活性 MgO 和粉煤灰/矿渣质量比试样在设定试验条件下的 CO_2 吸入量和吸收率。其中，CO_2 吸收率定义为 CO_2 吸入量与试样中固化剂添加量的质量比。观察可知，活性 MgO-粉煤灰固化淤泥试样（10P5M5F、10P7M3F、10P10M0F）经碳化 24 h 后所吸收的 CO_2 质量基本相近（10.32 g、9.94 g、10.2 g），活性 MgO-矿渣试样（10P2M8K、10P5M5K、10P8M2K）则表现为随活性 MgO 和矿渣质量比的增加而增大，即碳化 24 h 后 CO_2 吸入量分别为 6.08 g、9.03 g、9.85 g。研究表明，活性 MgO-粉煤灰/矿渣固化淤泥试样的 CO_2 吸入量或碳化效果受多种复杂因素影响，包括试样内部的孔隙结构、含水状态、活性 MgO 掺量、粉煤灰/矿渣掺量及其内部活性组分的类型与含量等。粉煤灰的形态效应在试样内部起到致密填充作用，可有效解释试验初期（1 h）MgO-粉煤灰碳化速率低于 MgO-矿渣的现象。随着碳化时间的延长与活性 MgO 和矿渣/粉煤灰质量比的升高，更多的 CO_2 可以更充分地与粉煤灰/矿渣进行碳化反应，从而引起 CO_2 吸入量的显著增加。

表 11.6　设定试验条件下的 CO_2 吸入量和吸收率

试样	10P5M5F				10P7M3F				10P10M0F			
含水率/%	10											
碳化模式	围压 300 kPa、气压 150 kPa											
碳化时间/h	1	6	12	24	1	6	12	24	1	6	12	24
CO_2 吸入量/g	0.37	3.26	7.75	10.32	1.79	4.5	5.93	9.94	2.41	6.30	8.2	10.2
CO_2 吸收率/%	2.06	18.11	43.06	57.33	9.94	25.00	32.94	55.22	13.39	35.00	45.56	56.67

试样	10P2M8K				10P5M5K				10P8M2K			
含水率/%	10											
碳化模式	围压 300 kPa、气压 150 kPa											
碳化时间/h	1	6	12	24	1	6	12	24	1	6	12	24
CO_2 吸入量/g	3.20	4.12	4	6.08	2.59	7.07	8.57	9.03	3.05	7.24	8.33	9.85
CO_2 吸收率/%	17.78	22.89	22.22	33.78	14.39	39.28	47.61	50.17	16.94	40.22	46.28	54.72

值得注意的是：①矿渣中的CaO 含量高于粉煤灰，矿渣中钙镁物相通常以 C_2S（$2CaO·SiO_2$）、C_3S（$3CaO·SiO_2$）、$MgSiO_3$ 和 $CaSiO_3$ 形式存在，导致水化与碳化反应速度较慢，即溶出的可供碳化反应的 Ca^{2+}、Mg^{2+}较少；②活性 MgO–粉煤灰/矿渣固化淤泥的碳化效果评价，是固–液–气三相共存且互相作用的复杂系统工程，受到材料自身性质、外部反应条件，甚至制样过程及碳化试验操作等多种因素的影响，简单采用碳化前后的质量差计算 CO_2 吸入量等指标不尽合理，需尝试采用 CO_2 吸收率、CO_2 有效反应量及其他物理化学指标进行综合评定，但较为完善的 CO_2 碳化效果综合评价体系仍然非常值得深入研究。

表 11.7 为生产活性 MgO–粉煤灰/矿渣固化材料的 CO_2 实际排放量，即生产过程中 CO_2 排放量与碳化过程中 CO_2 吸入量的差值。分析可知，分别生产 1 000 kg 的水泥、MgO–粉煤灰/矿渣，后者相比前者在 CO_2 排放量方面变化规律不一（与活性 MgO–粉煤灰/矿渣掺量及两者的质量比有关），这主要是因为生产 1 000 kg 活性 MgO 材料时 CO_2 的排放量高达 1 400 kg。因此，降低活性 MgO 占比，增加工业副产物用量，才有可能达到优于水泥的 CO_2 减排效果（如 10P5M5K 与 10P5M5F 试样，CO_2 排放量降至 700 kg）。

表 11.7　碳化试样中 CO_2 实际排放量与减排量

固化剂类别	水泥	10P5M5F	10P7M3F	10P10M0F	10P2M8K	10P5M5K	10P8M2K
水泥用量/kg	1000	0	0	0	0	0	0
MgO 用量/kg	0	500	700	1000	200	500	800
粉煤灰用量/kg	0	500	300	0	0	0	0
矿渣用量/kg	0	0	0	0	800	500	200
水泥生产 CO_2 排放量/kg	895	0	0	0	0	0	0
MgO 生产 CO_2 排放量/kg	0	700	980	1400	280	700	1120
粉煤灰生产 CO_2 排放量/kg	0	0	0	0	0	0	0

续表

固化剂类别	水泥	10P5M5F	10P7M3F	10P10M0F	10P2M8K	10P5M5K	10P8M2K
矿渣生产 CO_2 排放量/kg	0	0	0	0	0	0	0
生产过程总 CO_2 排放量/kg	895	700	980	1400	280	700	1120
碳化过程 CO_2 吸收率/%	未开展水泥碳化试验	57.33	55.22	56.67	33.78	50.17	54.72
碳化过程 CO_2 吸入量/kg		573.3	552.2	566.7	337.8	501.7	547.2
全过程 CO_2 排放量/kg		126.7	427.8	833.3	−57.8	198.3	572.8

注：全过程 CO_2 排放量出现负数意味着“负碳”，即在碳化过程中吸收 CO_2 的量大于生产过程中所释放的 CO_2；本表以 1 000 kg 为例，加压模式为 300 kPa＋150 kPa，碳化时间为 24 h。

CO_2 碳化技术与工业副产物协同作用，可实现 CO_2 存储与土体加固的双赢目的，达到固废资源化利用与节能减排的效果。纯 MgO 试样（10P10M0F）的 CO_2 排放量由 1400 kg 降低为 833.3 kg，低于水泥生产过程中的 CO_2 排放量（895 kg）。对于碳化作用诱发试样强度明显增长的两组试样（10P7M3F、10P8M2K），它们的全过程 CO_2 排放量分别仅为水泥生产 CO_2 排放量的 48%和 64%，可有效降低 CO_2 的排放量。进一步观察发现，10P2M8K 试样由于活性 MgO 的掺量较低，最终实现了“负碳”，这说明材料生产过程中 CO_2 的排放量小于材料碳化过程中 CO_2 的吸入量，即选择适宜的活性 MgO-粉煤灰/矿渣质量比对于 CO_2 的减排效果具有至关重要的作用。

11.6 本章小结

本章采用 CO_2 碳化-固化联合技术改良武汉东湖疏浚淤泥，研究 CO_2 碳化活性 MgO、矿渣和活性 MgO-矿渣三种材料对固化淤泥抗压强度与 CO_2 封存量的影响，明确多种因素下碳化固化土强度和 CO_2 封存量的变化规律。选取持续浸水、干湿循环和冻融循环三种室内加速模拟试验，研究复杂气候条件下碳化固化淤泥试样的物理力学性质和微观特征，明确外界环境干扰、诱发试样产物形态和微观结构演变的机制。

（1）对于 CO_2 碳化矿渣固化淤泥，碳化作用使试样强度有所提高，抗压强度与 CO_2 吸入量整体较小，但随矿渣掺量和 CO_2 通气压力的提升而增加。矿渣中的 CaO 主要以硅酸二钙（C_2S）等矿物成分存在，直接水化程度偏低，水化碳化后形成的 $CaCO_3$ 膜覆盖于颗粒表层，阻碍碳化反应的持续进行。对于单掺矿渣固化淤泥，适当提高含水率可提高碳化试样的抗压强度与 CO_2 封存性能，但过度提高含水率会使试样内部的孔隙被水分填充而降低 CO_2 气体在试样内部的流通速度，影响碳化效率。

（2）以活性 MgO 同质量比例替代部分矿渣后，碳化试样的抗压强度得到显著改良，CO_2 的封存性能得以明显增强，且固化材料掺量增加有助于提高碳化试样的抗压强度与 CO_2 封存量。对于适宜的活性 MgO/矿渣掺量（即最优的活性 MgO 和矿渣的质量比为 8∶2），碳化试样的抗压强度为纯矿渣碳化试样的 4.5 倍。随着碳化时间的增加，碳化试样的抗压强度先升高至峰值，之后降低直至基本稳定，最优碳化时间可视为 3 h。活性 MgO-矿渣固化淤泥的 CO_2 吸入量曲线快速增加后增幅趋于平缓，这是因为 CO_2 流通通道表层碳化，使 CO_2 侵入速率降低，碳化深度受限，可通过增加 CO_2 气压或碳化时间进一步提升 CO_2 封存量。

（3）CO_2 被碳化于碳酸盐形式的产物中，可实现 CO_2 的永久稳定封存。CO_2 碳化矿渣固化淤泥产物的形式为方解石、球霰石和文石，CO_2 碳化活性 MgO 固化淤泥中探测到碳酸镁石、水碳镁石和球碳镁石三种主要碳酸盐形式。CO_2 碳化活性 MgO-矿渣固化淤泥试样的强度大幅度增加，在适宜条件（最优的 MgO 和矿渣的质量比）下超过单掺活性 MgO 或矿渣固化淤泥的碳化强度，本质上是因为碳化产物（$CaCO_3$、$MgCO_3$）共同填充粒间孔隙，与黏结颗粒形成骨架完整、结构致密的固化体。

（4）碳化作用可有效增强活性 MgO-矿渣固化淤泥试样的水稳性和抗裂性能，这是因为 CO_2 碳化封存产物有效填充孔隙，并黏结土颗粒形成稳定的空间结构，从而增强试样抵抗浸水崩解的性能。浸水后碳化试样内的 CO_2 碳化封存产物球碳镁石与水碳镁石向碳酸镁石转化，转变初期矿渣活性被激发，三种镁碳酸盐与方解石协同作用，使得浸水强化，后期球碳镁石与水碳镁石减少，使得孔隙增加，在水的介质作用、溶蚀作用和水膜作用下强度下降。

（5）在镁碳酸盐和方解石等碳化产物的骨架-填充-黏结协同作用下，干湿循环条件下碳化试样的强度表现优异。微观分析表明，干湿循环下碳酸镁石向水碳镁石和球碳镁石转化，转化初期由于方解石具有较高的微观硬度，可部分替换转化的碳酸镁石，起到补强作用。矿渣颗粒在 CO_3^{2-} 环境下的活性被激发，与残余的活性 MgO 水化，视为干湿强化阶段；转化中期，起骨架支撑作用的碳酸镁石大量转化，使试样在干湿损伤后抗压强度呈下降趋势，视为干湿弱化阶段；转化后期，足量水碳镁石和球碳镁石使土体内部的结构致密，有效抵御干湿循环破坏，视为强度稳定阶段。

（6）冻融循环时未碳化和碳化试样内部的水化产物及碳化产物的形态并未发生显著变化，碳化试样的高初始强度使得循环初期矿渣活性激发时的强度提升明显，但循环过程中土样内部的水分发生反复迁移与相变，土颗粒形态受土中水状态的变化而不断调整，最终光滑土颗粒和碳化产物形成高抗压体系而在受压时展现出更优异的力学性能。当冻融循环次数继续增加时，土体内部的水分迁移通道形成，抗压体系趋于稳定，宏观上表现为抗压强度趋于稳定。

参 考 文 献

[1] LISKA M. Performance of reactive magnesia cement and porous construction products[D]. Cambridge: University of Cambridge, 2009.

[2] 刘松玉, 曹菁菁, 蔡光华. 活性氧化镁碳化固化粉质黏土微观机制[J]. 岩土力学, 2018, 39(5): 1543-1552, 1563.

[3] CANTERFORD J H, TSAMBOURAKIS G, LAMBERT B. Some observations on the properties of dypingite, $Mg_5(CO_3)_4(OH)_2 \cdot 5H_2O$, and related minerals[J]. Mineralogical magazine, 1984, 48: 437-442.

[4] 唐辉. 利用炼钢厂废渣碳酸化固定 CO_2 的研究[D]. 武汉: 武汉科技大学, 2012.

[5] 袁俊航, 隆威. 酸性矿渣粉活性激发剂配方试验研究[J]. 探矿工程(岩土钻掘工程), 2015, 6: 71-75.

[6] 王鹏, 许金余, 方新宇, 等. 红砂岩吸水软化及冻融循环力学特性劣化[J]. 岩土力学, 2018, 39(6): 2065-2072.

[7] 李广才. 水泥水化系统中 $Ca(OH)_2$ 的热重定量测定研究及应用[J]. 硅酸盐通报, 1986, 5: 57-62.

[8] HE L, YU D, LV W, et al. A novel method for CO_2 sequestration via indirect carbonation of coal fly ash[J].

Industrial & engineering chemistry research, 2013, 52(43): 15138-15145.
[9] 高艳芳, 王海水. 柠檬酸钠与碳酸钙晶型和形貌的控制[J]. 应用化学, 2015, 32(7): 831-836.
[10] 罗佳, 孔凡滔, 马新胜. 仿生碳化中天冬氨酸对碳酸钙晶型和形貌的影响[J]. 无机盐工业, 2017, 49(3): 26-30.
[11] 蒋伟丽, 卢豹, 张峰, 等. 矿渣碳化硬化过程的研究[J]. 硅酸盐通报, 2017, 36(2): 539-544.
[12] DING Y, DAI J G, SHI C J. Mechanical properties of alkali-activated concrete: A state-of-the-art review[J]. Construction and building materials, 2016, 127: 68-79.
[13] 李陇岗, 杨建元, 钟辉, 等. $Mg(OH)_2$热分解动力学机理研究[J]. 盐湖研究, 2006, 14(1): 39-42.
[14] BOTHA A, STRYDOM C A. DTA and FT-IR analysis of the rehydration of basic magnesium carbonate[J]. Journal of thermal analysis & calorimetry, 2003, 71(3): 987-996.
[15] 郑郧, 马巍, 邴慧. 冻融循环对土结构性影响的试验研究及影响机制分析[J]. 岩土力学, 2015, 36(5): 1282-1287.
[16] DE SILVA P, BUCEA L, SIRIVIVATNANON V. Chemical, microstructural and strength development of calcium and magnesium carbonate binders[J]. Cement and concrete research, 2009, 39: 460-465.
[17] MO L, PANESAR D K. Effects of accelerated carbonation on the microstructure of Portland cement pastes containing reactive MgO[J]. Cement and concrete research, 2012, 42: 769-777.
[18] MO L, PANESAR D K. Accelerated carbonation-a potential approach to sequester CO_2 in cement paste containing slag and reactive MgO[J]. Cement and concrete composites, 2013, 43: 69-77.
[19] 何宏涛. 水泥生产二氧化碳排放分析和定量化探讨[J]. 水泥工程, 2009, 1: 61-65.
[20] EUROPEAN IPPC BUREAU. Reference document on best available techniques in cement, lime, and magnesium oxide manufacturing industries[R]. Seville: European Commission, 2013.